MA GÉNÉALOGIE

14 générations - 16383 ancêtres

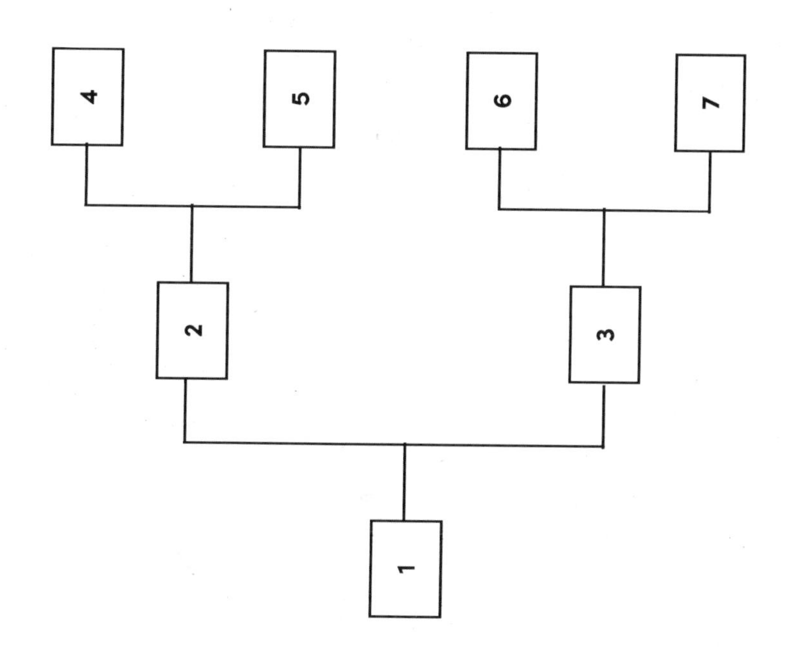

Olivier Léonard

Dépot légal: août 2021
Villefranche-sur-Saône
Code ISBN : 9798463917584
imprimé à la demande
Marque éditoriale : Independently published

Sommaire

Partie I

Comment remplir ce livre ?....IV

Où trouver des informations sur vos ancêtres ?....XI

Index des ascendants....XVI

Partie II

Fiches détaillées sosas 1 à 255 (Générations 1 à 8)....1 à 255

Partie III

Fiches détaillées sosas 256 à 511 (Générations 9 à 14)....256 à 511

Partie IV

Fiches «lieux»....512 à 561

Fiches «autres individus»....562 à 613

Fiches «migrations»....614 à 633

Frises chronologiques....634 à 643

Annuaire des sources....643à 651

Notes....651 à 675

Ce livre appartient à:

....

Date de début des recherches:

....

Comment remplir ce livre ?

1. Les fiches individuelles

Cet ouvrage contient 511 fiches individuelles de deux types différents.

1.1 La fiche individuelle pour les individus de la génération I à VIII (256 fiches)

→Les ancêtres présents dans cet ouvrage on été numérotés selon la méthode Sosa-Stradonitz. Il s'agit d'un système de numérotation qui permet de classer les ancêtres d'un individu. L'individu dont on établit la généalogie est appelé de cujus et porte le n°1. Son père le n°2, sa mère le n°3. Ses grands-parents les n° 4,5,6,7 ...
Les nombres pairs désignent un homme et les nombres impairs une femme. L'ascendant portant le n° N a pour père le n° 2N et pour mère le n° 2N+1.

→Renvoi vers des fiches : Pour préciser ou développer certaines informations vous pouvez indiquer un renvoi vers une fiche détaillée prévue à cet effet à la fin de cet ouvrage (voir sections 2 à 6).

→ Vos sources : Il est important pour un généalogiste de connaître la source de chaque information afin de pouvoir aller rechercher de nouveau cette dernière mais aussi de savoir si elle est plus ou moins fiable. Pour indiquer une source, inscrivez en exposant le numéro de source correspondant à ce que vous avez mis dans l'annuaire des sources (p. 643 à 651). Par exemple: 10 avril 1893 (1).

L'état civil (commun aux hommes et femmes)

Sosa 8 Nom : Durand Prénoms : Robert Fernand dit Bobosse ♂

▶2ème génération - *Arrière-Arrière-Grand-père paternel* - ***Index page xx***

Enfant : ☑ *Légitime* ☐ *Naturel* ☐ *Adopté* ☐ *Trouvé* ☐ *Reconnu* ☐ *Adultérin* ☐ *Légitimé* ☐ *Implexe*
Né le : 9 avril 1893 (2) à Moyen, Lorraine (p.520) (2)
Baptisé le : 10 avril 1893 à Eglise Saint-Martin (Moyen) (3)
Parrain : Emile Poirier (p.536) (3) Marraine : Marie Poinsard (tante) (3)
Fils de : Jean (sosa 3) & de: Amélie Rouyer (sosa 4)
Nationalité : Française Religion : Catholique Etudes: Certificat d'étude
Profession(s) : Gardien de cimetière, commis des finances publiques
Décédé le : 3 mars 1963 à Moyen, Lorraine (p.520) Cause: Maladie
☑ *Inhumé* ☐ *Incinéré* ☐ *Disparu* le : 10 mars 1963 à Lunéville (p.522)

35 x 45 mm

→ Pseudonymes/titres : Vous pouvez mettre les pseudonymes ou les titres dans le champ dédié aux prénoms.

→ Filiations : Les enfants « légitimes » sont ceux dont les parents sont mariés. La naissance est qualifiée de « naturelle » dans le cas contraire. La reconnaissance d'un enfant naturel est une déclaration solennelle et volontaire par laquelle, la filiation de l'enfant est indiquée, le plus souvent par un seul parent, et le plus souvent par la mère ; dans ce cas, l'enfant porte le nom de la mère.

→Un implexe dans un arbre généalogique est un même ancêtre apparaissant à plusieurs endroits de l'arbre. La notion se rattache à celle de consanguinité définie par le droit canonique puis par le Code civil, mais l'évolution de la génétique ayant donné un sens tout différent à ce terme, il est préférable de ne pas l'utiliser.

→Un encart à droite est prévu à droit pour y insérer une photographie d'identité ou un blason d'une taille 35x45mm. Vous pouvez aussi y mettre un QR code afin de faire un lien vers une page en ligne(https://q-r-code.fr/).

La situation matrimoniale et les événements familiaux
Il s'agit de tous les événements vécus lors de l'union avec le conjoint sosa.

SITUATION MATRIMONIALE ☒ *Mariage civil* ☒ *Mariage religieux* ☐ *PACS* ☐ *Union libre*

Le : 30 juillet 1919 à Lunéville, Lorraine (p.522) ☐ *Contrat de mariage*

Témoins du marié : Albert Rouyer, cousin (p.550) et Jean Lebrun (ami)

Témoins de la mariée : Emilie Ruer, cousine et Jeanne Ruer (tante) (p.553)

☐ *Séparation* ☐ *Divorce* ☒ *Veuvage ~~du marié~~/de la mariée* Le : 3 mars 1963

ÉVÉNEMENTS FAMILIAUX 1919: La famille habite à Lunéville (54) ; 1927: Communion de Rosalie ; 1929: Achat d'une maison à Gerbéviller (p.523) ; 1929: Déménagement à Gerbéviller (54) ;

→ Veuvage: rayez la mention inutile (du marié/de la mariée). La date à indiquer en cas de veuvage est la date de décès du conjoint.

→ Évènements familiaux : Vous pouvez y notifier tous les événements concernant la famille comme par exemple les changements de domicile, les communions ou autres événements religieux des enfants, la mort d'un proche, les achats de maisons ou de parcelles, les mariages des enfants...

Les enfants

Cette partie est située dans la fiche individuelle des femmes et concerne uniquement les enfants du couple d'ancêtre. Les enfants issus d'autres mariages ou avec d'autres hommes ou femmes n'étant pas des ancêtres font l'objet d'un autre encart.

ENFANTS ♂ ...2.... ♀ ...1....	Sexe	° Naissance	† Mort	Conjoint
Rosalie Hermine (sosa 4)	F	08/11/1920	14/01/1983	x 1952 - Georges Marchand
Paul René	H	25/10/1922	25/10/1922	
Jean Baptiste	H	05/02/1924	11/07/2002	x 1960 - Georgette Prin

→ Les champs situés en haut à droite d' «enfants» précisent le nombre de garçons et de filles.

Les encarts individuels communs aux hommes et aux femmes

AUTRES UNION(S)/ ENFANTS x 1919 - Jeanne Berliet - 1 enfant - Jean (1919-1950)

FRÈRES ET SOEURS ♂ 2 ♀ 2 1. Jean (1890-1944)
2. Camille (1895-1898) 3. Marie (1896-1920) 4. Amélie (1900-1970)
5. 6. 7.
8. 9. 10.

ÉVÉNEMENTS INDIVIDUELS 1900 : Communion ; 1921 : devient conseiller municipal
1929 : Devient commis des contributions indirects ; 1960: Retraite

→ Autres unions/enfants : Mettez ici les autres mariages et enfants issus de ces derniers. Vous pouvez utiliser le symbole «x» utilisé en généalogie pour représenter une union.

→ Évènements individuels : Vous pouvez y mettre de nombreux types d'événements concernant uniquement l'individu concerné comme par exemple:
- Les retraites,
- Les naturalisations,
- Les changements de professions ou d'employeurs,
- Les testaments,
- Les inventaires après décès,
- Les ventes de biens ou de parcelles,
- Les domiciles avant et après le mariage...

Le parcours militaire (pour les hommes)
Le but de cet encart est de résumer la vie militaire de l'individu concerné. C'est à dire le service militaire en lui même ainsi que les éventuels mobilisations ultérieures.

PARCOURS MILITAIRE □ *Réformé* □ *Exempté* Classe : 1913 N° Matricule: 9875
Affectation(s) : 36ème Régiment d'Infanterie
Campagne(s): Contre les allemands (1914-1915)
Médaille(s) : Croix de guerre ; citation □ *Mort pour la France* □ *Blessé* le : 03/09/1915

→Le terme «réformé» est réservé aux sujets jugés inaptes à remplir une quelconque fonction dans l'armée pour des raisons physiques.

→Le terme «exempté» s'appliquait à ceux qui étaient dispensés de se rendre sous les drapeaux pour des raisons autres que physiques comme par exemple les pères de 6 enfants pendant la guerre 1914-1918.

→Les affectations désignent les régiments dans lesquels l'individu a servi pendant sont service militaire mais aussi lorsque ce dernier a été mobilisé.

→La mention «Mort pour la France» est accordée, suivant certaines conditions, en vertu des articles L488 à L492bis du code des pensions militaires d'invalidité et des victimes de la guerre.

Si vous avez plus d'informations sur le parcours militaire de votre ancêtre comme par exemple son hôpital de convalescence, vous pourrez noter ces dernières dans le dernier encart intitulé «notes».

1.2 La fiche individuelle pour les individus de la génération IX ainsi que leur ascendance jusqu'à la génération XIV (255 fiches).

L'état civil et la famille

La première partie de la fiche consacrée à l'état civil, à la situation matrimoniale et aux enfants reprends d'une manière un peu moins détaillée les mêmes informations que dans les fiches individuelles de la génération I à VIII.

L'encart destiné à mettre une photo, un blason ou même un QR code renvoyant vers une page en ligne est plus petit et a une taille de 35x26mm.

L'ascendance de l'individu concerné jusqu'à la XIVème génération

→Comme dans les fiches individuelles, chaque ancêtre est numéroté selon la méthode Sosa-Stradoniz. Cette dernière est un système de numérotation qui permet de classer les ancêtres d'un individu. L'individu dont on établit la généalogie est appellé de cujus et porte le n°1. Son père le n°2, sa mère le n°3. Ses grands-parents les n° 4,5,6,7 ...

L'ascendant portant le n° N a pour père le n° 2N et pour mère le n° 2N+1.

Si N est pair, il désigne donc un homme, la femme dont il a eu un enfant porte le n° N+1 et cet enfant porte le n° N/2.

Si N est impair, il désigne donc une femme et l'homme dont elle a eu un enfant porte le n° N-1 et cet enfant porte le n° (N-1)/2.

Par exemple le sosa 1514 est un homme car son n° sosa est pair, son père porte le n°3028 et sa mère le n°3029. Son enfant porte quant à lui le n°757.

Dans l'ascendance représentée dans cette fiche, les hommes sont situés en haut ou à gauche.

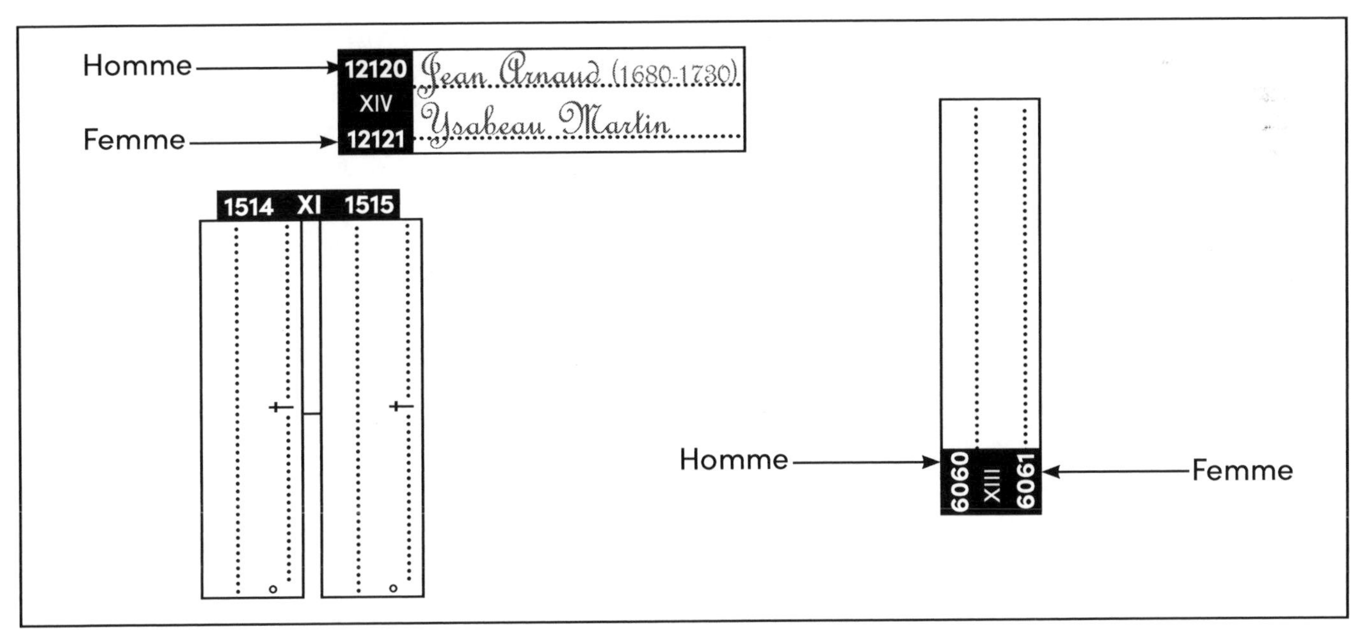

→ Signification des symboles pour les générations X et XI les symboles:
° naissance le; † mort; x marié le.

→ Si jamais vous souhaitez détailler la vie d'un individu présent dans cette ascendance, vous avez la possibilité d'effectuer un renvoi vers une fiche «individu» prévu à cet effet à la fin de cet ouvrage.

2. La fiche «lieu» (100 lieux)

Cette fiche a été conçue afin que vous puissiez donner plus d'éléments concernant un lieu apparaissant dans votre généalogie.

→Vous pouvez mettre tous les types de lieu. Il peut s'agir d'une commune, d'un hameau, d'un quartier, d'une église, d'une maison, d'une parcelle,d'une école...

→Afin de mieux retrouver le lieu sur un carte surtout si ce dernier est petit comme une maison, vous pouvez sur Google Map faire un clic droit sur le lieu désiré et vous verrez apparaître en première position la latitude et la longitude. Pour retrouver un lieu sur Google Map tapez dans la recherche la latitude puis la longitude comme par exemple 45.990566, 4.726005 .
Vous pouvez aussi utiliser le site suivant: https://www.coordonnees-gps.fr/

→Afin de relier un lieu à vos ancêtres, un espace a été réservé afin que vous puissiez indiquer les n° sosa des ancêtres ayant un lien avec ce dernier.

→Un espace en format carte postale (150x100mm) a aussi été créé afin d'y insérer un document iconographique comme une carte postale, un extrait de plan Cassini, un extrait de plan cadastral, une vue aérienne, un extrait d'une carte d'état major...
Vous trouverez tous ces types de cartes sur le Geoportail (https://www.geoportail.gouv.fr/carte).
Vous pouvez aussi y mettre pourquoi pas des QR codes renvoyant vers des pages en ligne.

Nom du lieu: Luvigny

LUVIGNY — LE CENTRE

Type de lieu :
Commune

Latitude :
48,50132

Longitude :
7,06999

Sosas concernés
8; 9; 10; 11 ;12

Notes:

3. La fiche «autre individu» (200 fiches)

Cette fiche a été conçue afin que vous puissiez décrire plus précisément un individu de votre choix. Ce dernier peut être un frère ou une sœur d'un de vos ancêtres, un parrain ou une marraine et même un de vos ancêtres ne bénéficiant pas de fiche détaillée (génération X à XIV).

Nom : Martin Prénoms : Ysabeau

☐ Homme ☒ Femme Individu lié avec sosa(s) : 2540 ; 2541

Type de lien: Témoin de mariage, ami, voisine

Né(e) le : 09/04/1752 à Luvigny

Fils/Fille de : Jean & de: Marie Muret

Profession(s) : Boulangère

Décédé(e) le : .... à .... Cause: ....

Notes : ....

4. La fiche «migration»

Ces fiches couvrant le monde entier permettent de suivre les migrations de vos ancêtres. Pour indiquer une migration, suivez le modèle présent sur la carte, indiquez le numéro dans la première case et remplissez le reste du tableau.

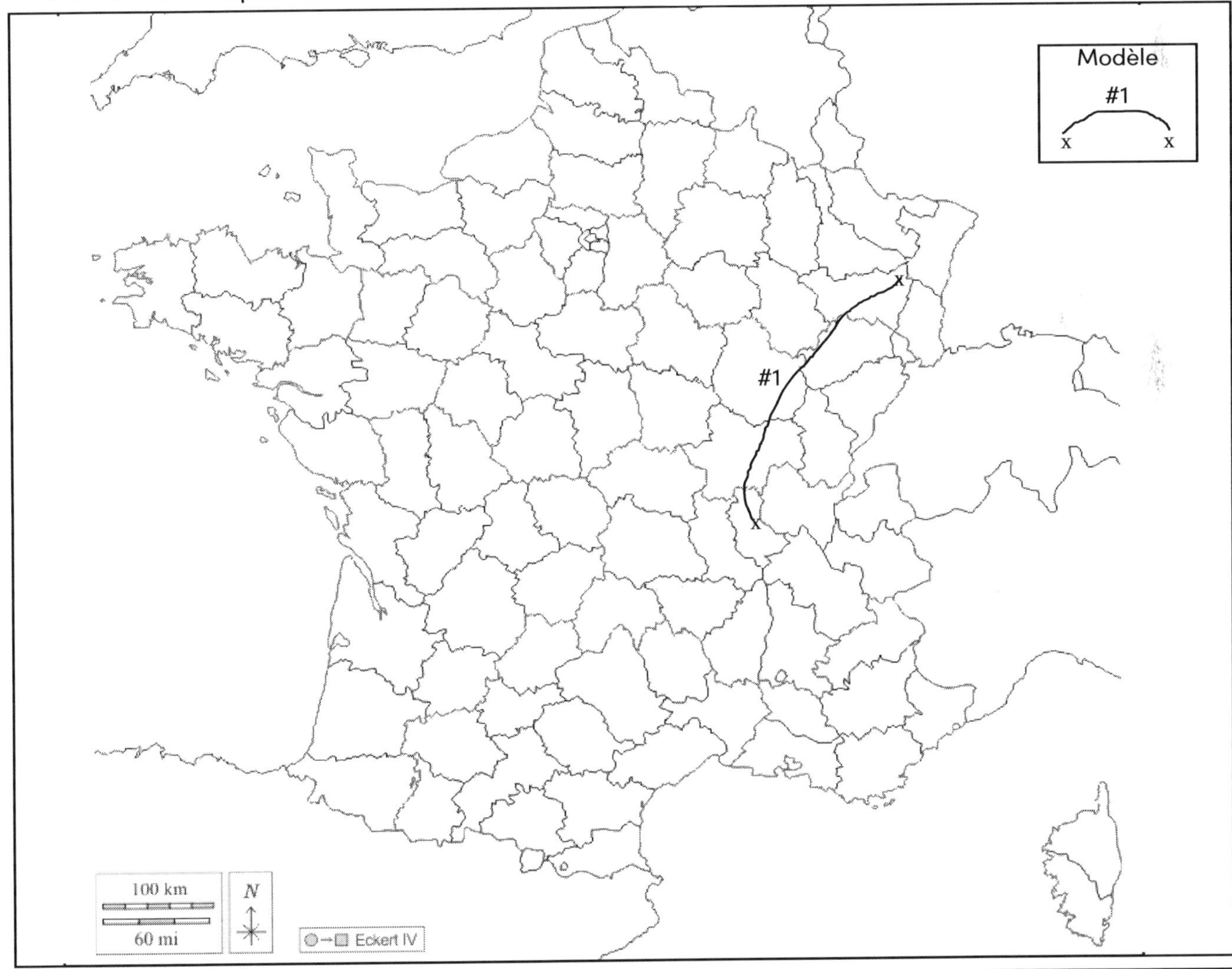

N°	Noms	Années	Départ	Arrivée
1	Robert Martin (sosa 16) + Yvette Refut	1850	Luvigny	Villefranche/Saône

5. Les frises chronologiques

Les frises chronologiques ont pour but de rassembler en un seul lieu les événements les plus importants de votre généalogie. Vous pourrez alors en un seul coup d'œil visualiser toutes les grands événements de votre famille.

Titre: Guerre 1914-1918 - après guerre Années : 1880-1930

Blessures de guerre
Paul Martin (sosa 16)
1915

1880 1890 1900 1910 1920 1930

Service militaire
Paul Martin (sosa 16)
1900

Décès suite à ses blessures
Paul Martin (sosa 16)
1927

6. L'annuaire des sources

Reporter dans ces tableaux vos sources et indiquez ces dernières en exposant à la fin de chaque information. Par exemple: 10 avril 1893 [(1)].

7. Les notes

Écrivez dans cette partie toutes informations que vous jugerez nécessaire. N'oubliez pas d'indiquer le numéro de page de la note utilisée pour y faire référence dans votre généalogie.

Où trouver des informations sur vos ancêtres ?

Afin de constituer efficacement votre généalogie et éviter les erreurs, il est primordial de se reposer sur des documents fiables.

Vous trouverez donc ci-après des éléments permettant de vous aider à récolter des informations fiables sur vos ancêtres.

1. Les archives familiales

Avant toutes recherches dans les services d'archives départementales ou autres, il est indispensable dans un premier temps de réunir le maximum de documents sur vos ancêtres auprès de votre famille même si ces derniers vous semblent peu importants.

En effet, tous les documents peuvent receler des informations précieuses comme des dates de naissance et de décès, des lieux d'habitation, l'existence d'enfants...

Plus vous remontez dans le temps, plus votre ancêtre a de descendants. N'hésitez donc pas à vous rapprocher aussi de vos lointains cousins qui auront peut être par exemple une photo de mariage de votre ancêtre commun.

De nombreux documents contiennent des données personnelles et ces derniers peuvent être de natures complètement diverses: extraits d'actes d'état civil, livrets de famille, actes notariés, livrets militaires, photographies, lettres, cartes de vote, reconnaissances de dettes....

Une fois ces documents réunis, épluchez les un par un afin d'en ressortir chaque information.

Exemple de documents:

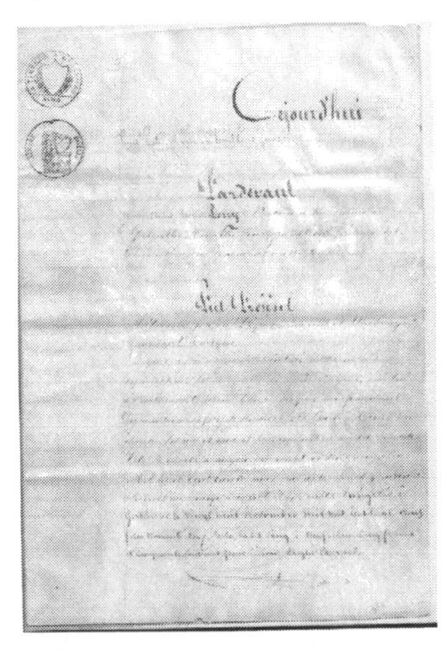

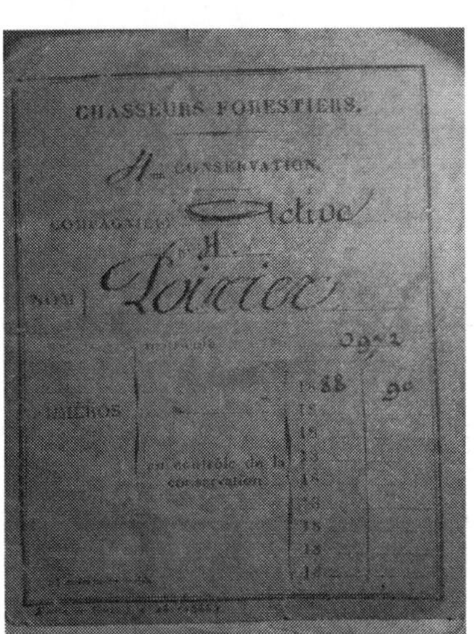

CHASSEURS FORESTIERS.

41me CONSERVATION.

Active

Poirier

Souvenez-vous dans vos Prières

MADAME MARCEL RUER

NÉE GERMAINE HUSSON

(Sainte-Agnès)

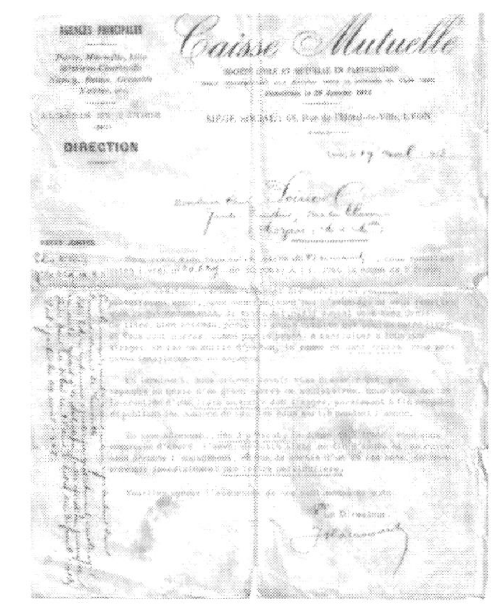

AGENCES PRINCIPALES

Caisse Mutuelle

DIRECTION

2. Les registres d'état civil et paroissiaux

Sur les actes d'état civil et religieux (naissance, baptêmes, mariages, décès), vous trouverez entre autres les informations suivantes:

- Nom et prénoms de l'individu,
- Dates et lieux de naissances, mariages décès,
- Le nom et prénoms de chaque parent,
- Certains noms d'autres membres de la famille ou d'amis,
- Le nom du parrain et de la marraine sur les registres paroissiaux avant 1789,
- Les professions de vos ancêtres,
- Les lieux de résidence de vos ancêtres...

Exemple d'un acte de naissance datant de 1843 (Archives en ligne des Vosges - https://archives.vosges.fr/)

Si vos ancêtres sont notamment français, vous aurez la chance de trouver facilement les actes d'état civil avant 1900. En effet, la quasi totalité des archives départementales ont mis en ligne leurs registres d'état civil ainsi que leurs registres paroissiaux. Il est cependant plus difficile de retrouver des actes à certains endroits où les archives ont brûlés pendant la guerre par exemple ou pendant la commune pour les archives de Paris.

Généralement, on peut remonter jusqu'au XVIIème siècle. Mais tout dépend :

- Des archives : leur ancienneté varie d'une région ou d'une commune à l'autre.
- Du milieu social et culturel : alors qu'il est quasiment impossible d'établir la généalogie d'un enfant abandonné, vous pouvez espérer remonter jusqu'au Moyen Age si vous avez des ancêtres nobles.

En règle générale, on ne remonte pas au même niveau pour chaque branche de l'arbre et chaque famille. On peut très bien être bloqué en 1815 pour une famille, alors que pour une autre on remonte jusqu'en 1650.

→ Pour rechercher des actes d'état civil (naissance, mariage, décès) avant 1900 ou parfois un peu après, rendez-vous sur le site internet des archives départementales du lieu de résidence de votre ancêtre et parcourez les archives en ligne.

→ Avant la révolution seuls les religieux établissaient les actes d'état civil. Vous trouverez donc pour cette période uniquement des registres paroissiaux (baptêmes, mariages, sépultures).

→ Pour les actes d'état civil beaucoup plus récents de moins de 100 ans, les archives ne pouvant être publiques, nous vous invitons à faire une demande à la commune concernée par courrier ou par mail en y incluant le plus d'informations possibles sur l'acte désiré ainsi que tout élément prouvant votre filiation avec le ou les individus concernés.

→ Pour l'outre mer et les anciennes colonies françaises, les archives en lignes sont disponibles sur: http://anom.archivesnationales.culture.gouv.fr/

3. Les recensements de population

Vous trouverez les listes nominatives des habitants de 1836 à 1936 aux archives départementales du département actuel concerné soit dans les archives en ligne de leur site Internet ou soit physiquement sur place en série M. La consultation physique de documents est gratuite. Renseignez vous auprès des archives du département concerné.

Vous trouverez dans ces listes, les informations suivantes:

- L'adresse du domicile de vos ancêtres,
- La composition des foyers,
- Le nom d'éventuels domestiques,
- L'âge de chacun des membres du foyer,
- La profession de chacun des membres du foyer et son employeur.

Désignation		Numéros par quartier, village, hameau ou rue.			Noms	Prénoms	Année de naissance	Lieu de naissance	Nationalité	Situation par rapport au chef de ménage	Profession	Pour les patrons, chefs d'entreprise, ouvriers à domicile, marquer : patron. Pour les employés et ouvriers, indiquer le nom du patron ou de l'entreprise qui les emploie
des quartiers, villages ou hameaux	des rues dans les villes	des maisons	des ménages	des individus	de famille							
1	2	3	4	5	6	7	8	9	10	11	12	13
rue de la Colline		11	1	2	Desalme	Berthe	1879	[illegible]	Française	épouse		
				3	Desalme	Marcelle	1904	Flavigny	id	fille		
				4	Desalme	Jeanne	1907	[illegible]	id	fille		
				5	Desalme	Henri	1913	Nancy	id	fils		
				6	Morlet	Georges	1910	[illegible]	id	apprenti	boulanger	Desalme

Extrait d'une liste nominative de recensement de population à Nancy en 1926
(Archives de Meurthe-et-Moselle en ligne - http://archivesenligne.archives.cg54.fr/)

4. Les registres matricules militaires

Quasiment la totalité des archives départementales ont mis en ligne les fiches matricules des soldats ayant participé à la première guerre mondiale. Cela concerne les classes allant de 1887 à 1921. Vous aurez la possibilité selon les archives départementales de retrouver les recrutements et les fiches matricules des classes précédentes soit en ligne sur leurs sites internet ou soit directement sur place dans la série R.

La « classe » désigne l'année du vingtième anniversaire des jeunes gens et, par conséquent, de leur recensement et de leur incorporation sous les drapeaux pour effectuer leur service militaire.

Les fiches matricules retracent la carrière militaire de votre ancêtre et contient de nombreuses informations concernant:
- L'état civil de l'individu,
- les régiments d'affection,
- Les antécédents judiciaires,
- Les domiciles de l'individu,
- Les campagnes militaires effectués,
- Les faits de guerre (réforme, blessures, médailles...)...

→ Pour plus de facilité pour retrouver la fiche de votre ancêtre pendant al première guerre mondiale, vous pouvez utiliser la base de données suivante: http://www.culture.fr/Genealogie/Grand-Memorial

→ Si votre ancêtre est mort pour la France, vous pouvez utiliser la base de données Mémoires des hommes des archives de la défense: https://www.memoiredeshommes.sga.defense.gouv.fr/ Vous y trouverez aussi les journaux de marche des régiments de votre ancêtre afin de connaître un peu mieux son parcours. C'est le cas notamment pendant la première guerre mondiale.

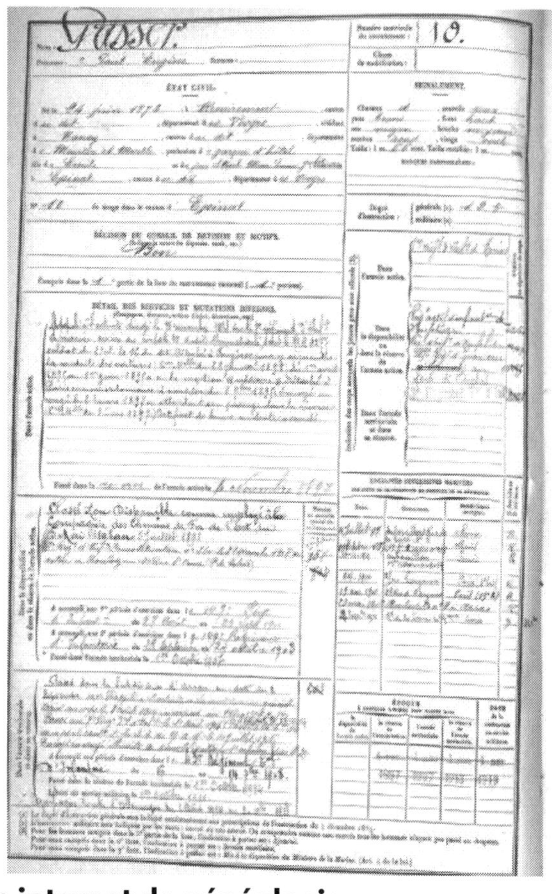

Exemple d'une fiche matricule de la classe 1893 (Archives en ligne des Vosges - https://archives.vosges.fr/)

5. Les sites internet de généalogie

Sur les sites internet souvent payants de généalogie vous pourrez retrouver de nombreuses bases de données, les indexations des archives d'état civil, de recensement de population et autres...

Vous retrouverez aussi les arbres généalogiques d'autres membres sur lesquels vous retrouverez surement des ancêtres communs.

Les plus utilisés en France sont:

- Geneanet,
- Filae,
- My Heritage,
- Ancestry...

Vous avez aussi de nombreuses archives présentes sur le site Internet des Mormons: https://www.familysearch.org/fr/

6. Les associations généalogiques

Les associations généalogiques situés prés de chez vous peuvent aussi être d'une aide précieuse afin de vous aider dans vos démarches. Ces dernières ont aussi indexées beaucoup de registres d'état civil qui pourront faciliter vos recherches.

7. Les actes notariés

Les plus connus sont:
-Les contrats de mariage,
-Les testaments,

-Les inventaires après décès,
-Les baux et actes de vente,
-Les partages,
-Les déclaration de grossesse...

Vous trouverez ces actes aux archives départementales en série E ou dans vos archives familiales.

8. Les matrices cadastrales

Ces dernières vous permettront de connaître le patrimoine de votre ancêtre sur une commune. Vous pouvez consulter ces matrices aux archives départementales dans la série P.

4. Autres archives et documents utiles

N'hésitez pas à explorer les archives départementales où vous trouverez beaucoup d'autres types de documents comme les archives judiciaires, des cartes de combattants, des monographies des villages de vos ancêtres...

D'autres centre d'archives existent et ont aussi parfois des archives en ligne:

Archives municipales : la mairie conserve les documents utiles au fonctionnement de la commune tel l'état-civil, , les recensements de population, le cadastre et sa matrice mais aussi des documents officiels méconnus comme les délibérations du conseil municipal, les archives concernant les dommages de guerre qui ont été créés pendant l'entre-deux guerres pour les communes concernées etc.
Selon les communes, selon leur taille et leur budget, toutes n'ont pas les mêmes documents conservés en mairie. C'est pourquoi vous aurez parfois dans les grandes villes les registres paroissiaux d'avant la Révolution, alors que les petites communes ne les ont plus.
Tout est question de budget pour avoir l'espace et les conditions de conservation nécessaires.

Archives nationales : comme les Archives départementales, les Archives nationales collectent, classent, conservent et communiquent les documents d'intérêts nationaux.
Il existe plusieurs sites du CARAN (Centre d'Accueil et de Recherche des Archives Nationales) où sont entreposés physiquement les documents et objets, comme Pierrefitte-sur-Seine (pour tout ce qui est postérieur à la Révolution) et l'Hôtel Soubise à Paris (pour tout ce qui est antérieur à la Révolution).
Certains centres d'Archives sont spécialisés et relèvent également des Archives nationales comme les Archives nationales du monde du travail de Roubaix ou encore les Archives nationales d'Outre-Mer d'Aix-en-Provence.

Autres types d'Archives : les Archives d'ordre militaire, autres que les registres matricules, relèvent du Ministère des armées et sont conservées par les Services Historiques de la Défense dans divers dépôts comme le Service Historique de la Défense du château de Vincennes ou encore le Service Historique de la Défense de Toulon etc.
Les Archives des affaires étrangères de La Courneuve ou Nantes conservent les documents administratifs produits à l'étranger comme les documents des administrations des ambassades à l'étranger et des protectorats. Les Archives du ministères des finances à Bercy qui conservent notamment les états de services et dossiers de carrières des agents relevant du ministère des finances comme les douaniers ou les inspecteurs des impôts par exemple.

INDEX DES ASCENDANTS

La numérotation selon la méthode Sosa-Stradonitz

- L'individu à la racine de l'arbre (appelé «de cujus») a le numéro 1.
- Son père a le numéro 2 (1x2).
- Sa mère a le numéro 3 (1x2+1).
- Le père de sa mère aura le numéro 6 (3x2).
- La mère de sa mère aura le numéro 7 (3x2+1).

En connaissant le numéro Sosa d'un individu on peut voir immédiatement s'il s'agit d'un homme (numéro pair) ou d'une femme (numéro impair). Le numéro Sosa du mari de l'ancêtre 1077 est 1076.

<u>Comment calculer N le numéro Sosa de l'enfant d'un couple:</u>

N=Np/2

N=(Nm-1)/2

Exemple 1 : Une mère possède le numéro 7, son enfant portera le numéro 7-1 divisé par 2=3.

Exemple 2 : Le numéro Sosa d'un père est 2048, son fils (ou sa fille) portera le numéro 1024.

<u>Comment calculer les numéros Sosa Np et Nm des parents d'un individu N</u>

Numéro du père : Np=Nx2.

Numéro de la mère : Nm=Nx2+1

Exemple : Le père de 50 est 100 et sa mère est 101.

Génération 1	Génération 2	Génération 3	Gén. 4	Gén. 5	Gén. 6	Gén. 7	Gén. 8	Gén. 9	Gén. 10	Gén. 11	Gén. 12	Gén. 13	Gén. 14	Gén. 15
		sosas	sosas	sosas	sosas	sosas	sosas	sosas	sosas	sosas	sosas	sosas	sosas	sosas
SOSA 1	2 - Père	4 - Grand père paternel	8 à 9	16 à 19	32 à 39	64 à 79	128 à 159	256 à 319	512 à 639	1024 à 1179	2048 à 2559	4096 à 5119	8192 à 10239	16384 à 20479
		5 - Grand mère paternel	10 à 11	20 à 23	40 à 47	80 à 95	160 à 191	320 à 383	640 à 767	1280 à 1535	2560 à 3071	5120 à 6143	10240 à 12287	20480 à 24575
	3 - Mère	6 - Grand père maternelle	12 à 13	24 à 27	48 à 55	96 à 111	192 à 223	384 à 447	768 à 895	1536 à 1791	3072 à 3583	6144 à 7167	12288 à 14335	24576 à 28672
		7 - Grand mère maternelle	14 à 15	28 à 31	56 à 63	112 à 127	224 à 255	448 à 511	896 à 1023	1792 à 2047	3584 à 4095	7168 à 8191	14336 à 16383	28672 à 32767

Vous retrouverez ci-après les ascendances de chacun des grands parents afin que vous puissiez repérer et situer chacun de vos ancêtres par rapport à vous (sosa 1) jusqu'à la génération 14.

Pour mieux visualiser l'avancée de vos recherches, coloriez les cases des ancêtres ayant été trouvés (en vert par exemple).

Index: Ascendance du grand père paternel (sosa 4)

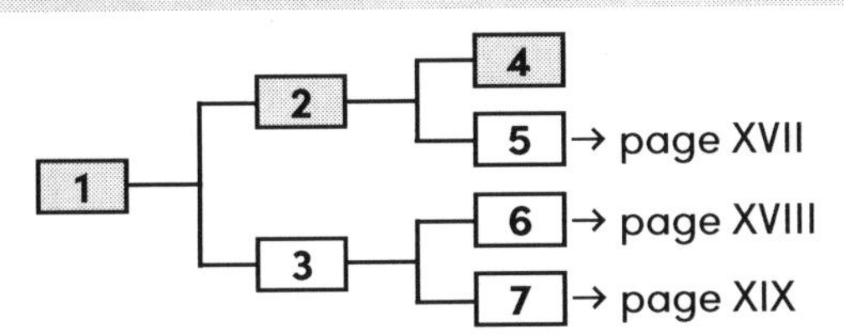

→ page XVII
→ page XVIII
→ page XIX

→ Pour mieux visualiser l'avancée de vos recherches, coloriez les cases des ancêtres ayant été trouvés (en vert par exemple).

→ Les n° de sosas pairs sont les hommes.

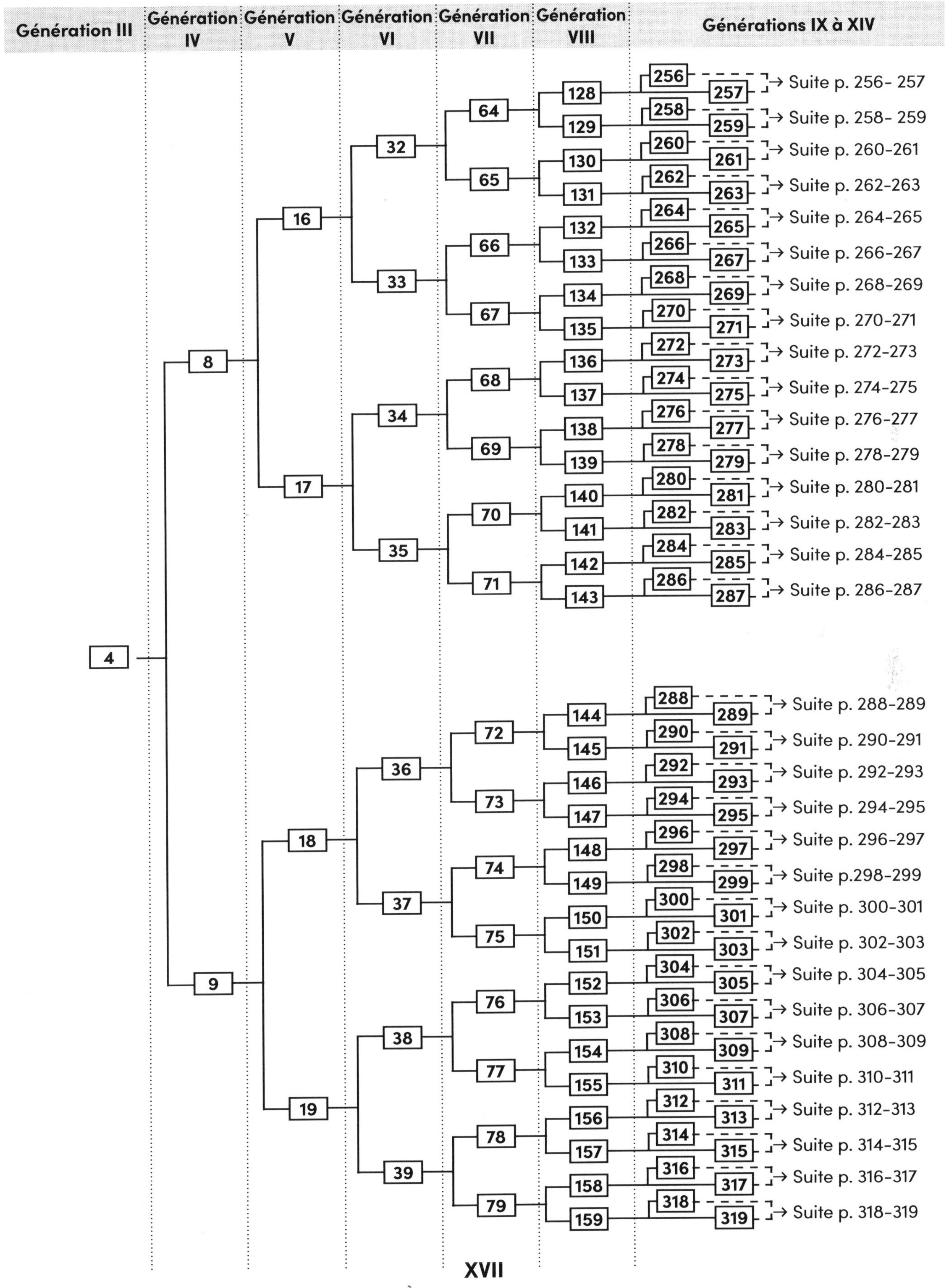

→ Suite p. 256- 257
→ Suite p. 258- 259
→ Suite p. 260-261
→ Suite p. 262-263
→ Suite p. 264-265
→ Suite p. 266-267
→ Suite p. 268-269
→ Suite p. 270-271
→ Suite p. 272-273
→ Suite p. 274-275
→ Suite p. 276-277
→ Suite p. 278-279
→ Suite p. 280-281
→ Suite p. 282-283
→ Suite p. 284-285
→ Suite p. 286-287
→ Suite p. 288-289
→ Suite p. 290-291
→ Suite p. 292-293
→ Suite p. 294-295
→ Suite p. 296-297
→ Suite p.298-299
→ Suite p. 300-301
→ Suite p. 302-303
→ Suite p. 304-305
→ Suite p. 306-307
→ Suite p. 308-309
→ Suite p. 310-311
→ Suite p. 312-313
→ Suite p. 314-315
→ Suite p. 316-317
→ Suite p. 318-319

Index: Ascendance de la grand mère paternelle (sosa 5)

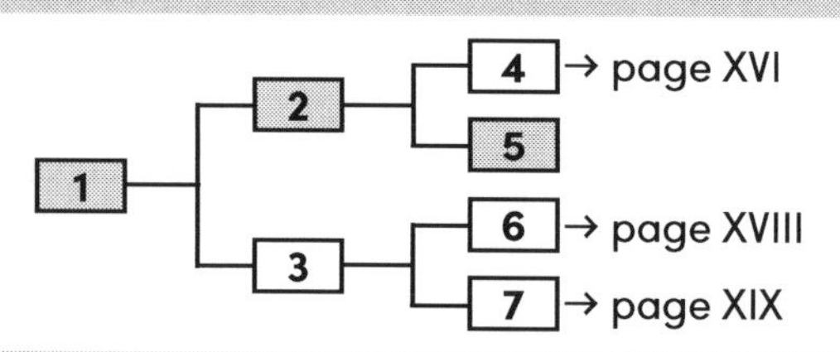

→ Pour mieux visualiser l'avancée de vos recherches, coloriez les cases des ancêtres ayant été trouvés (en vert par exemple).

→ Les n° de sosas pairs sont les hommes.

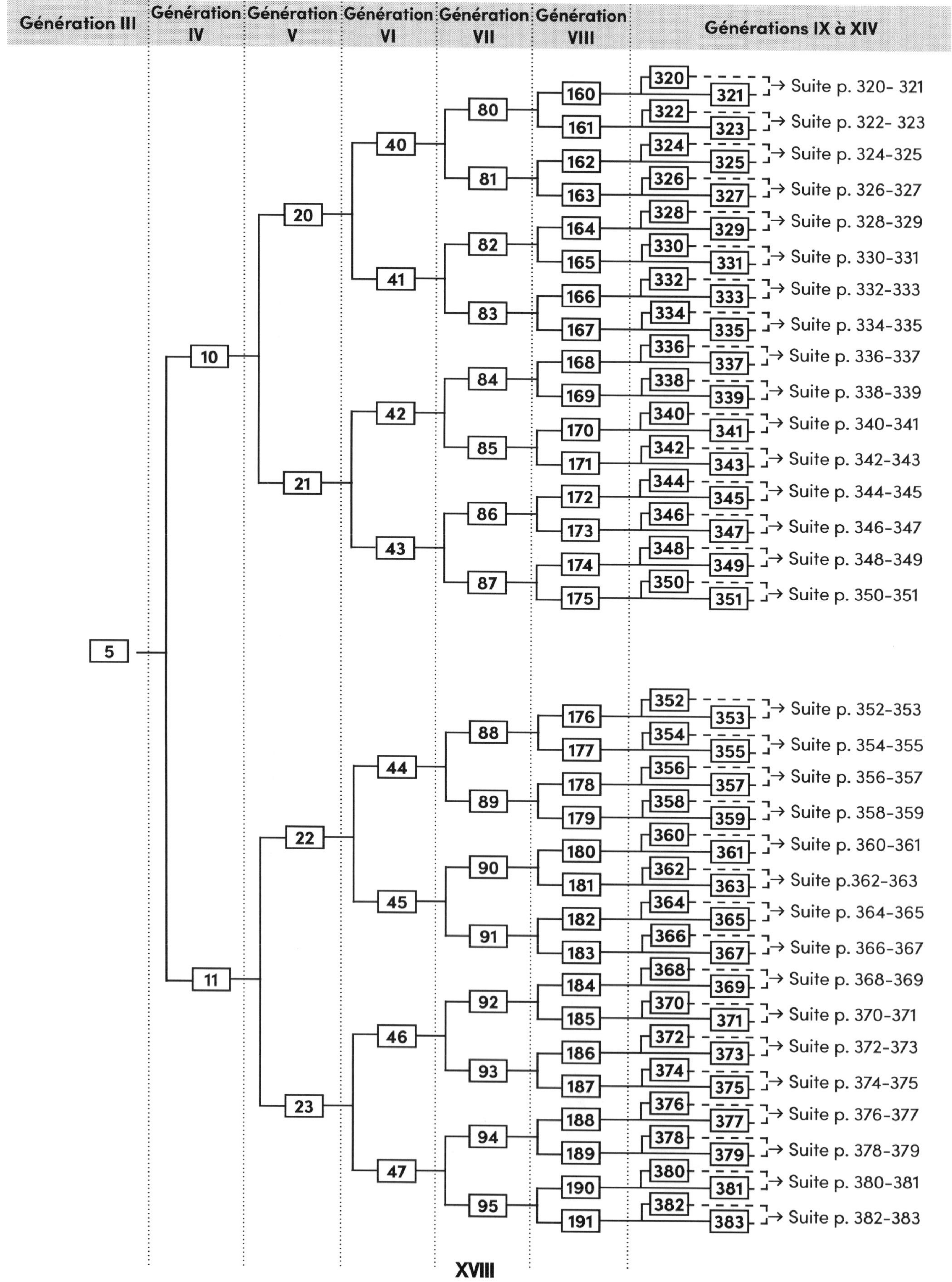

Index: Ascendance du grand-père maternel (sosa 6)

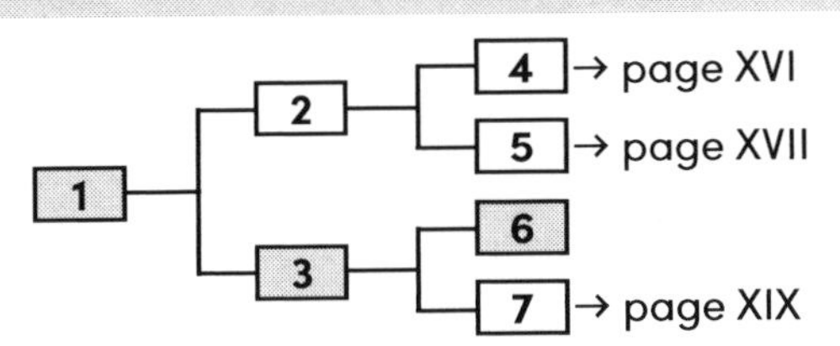

→ Pour mieux visualiser l'avancée de vos recherches, coloriez les cases des ancêtres ayant été trouvés (en vert par exemple).
→ Les n° de sosas pairs sont les hommes.

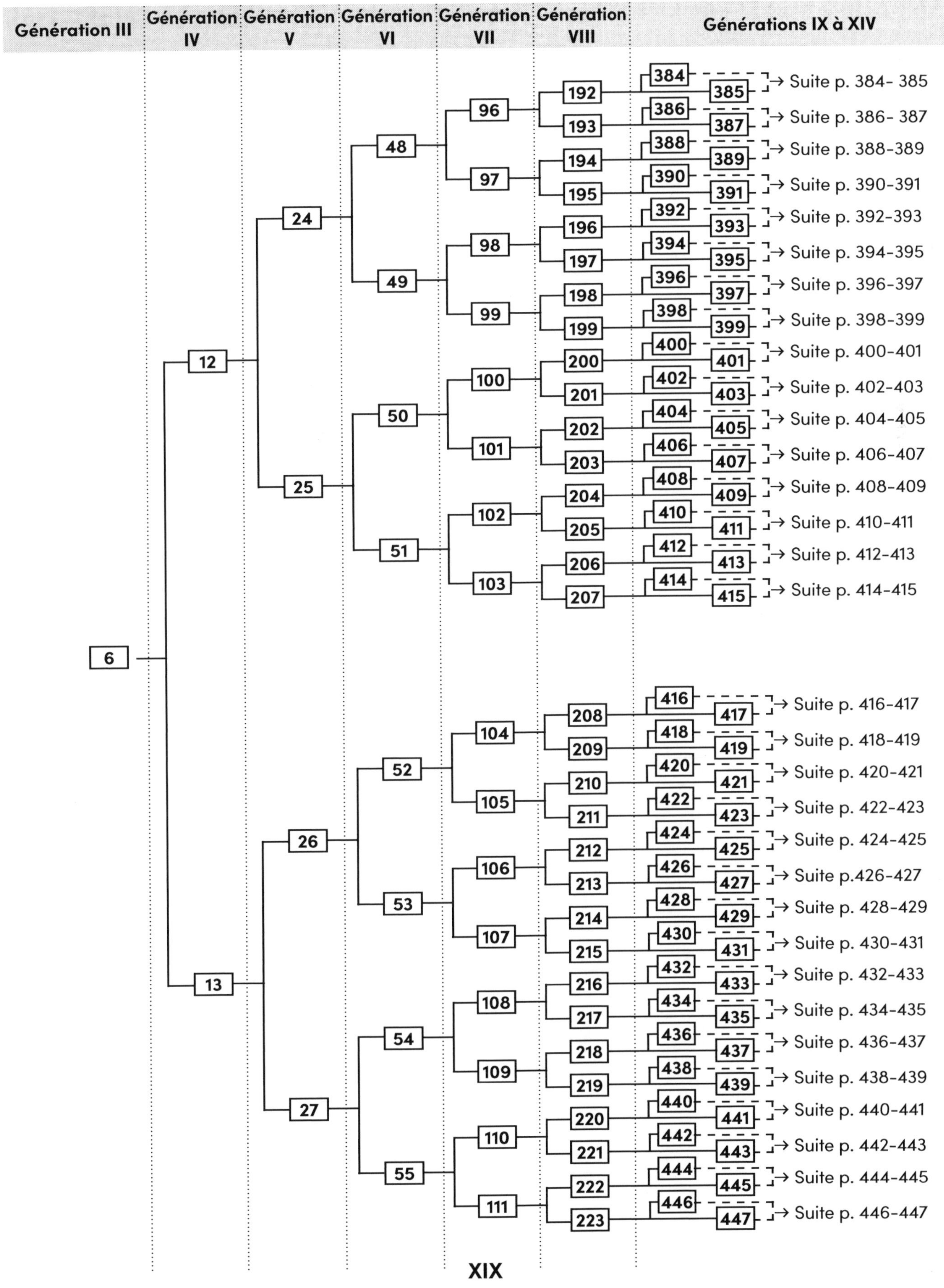

Index: Ascendance de la grand-mère maternelle (sosa 7)

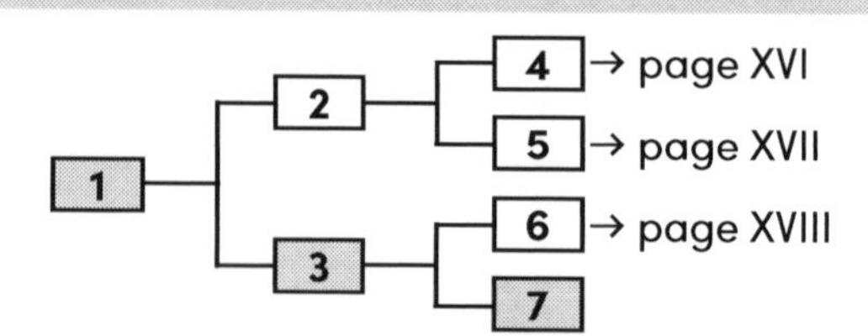

→ Pour mieux visualiser l'avancée de vos recherches, coloriez les cases des ancêtres ayant été trouvés (en vert par exemple).

→ Les n° de sosas pairs sont les hommes.

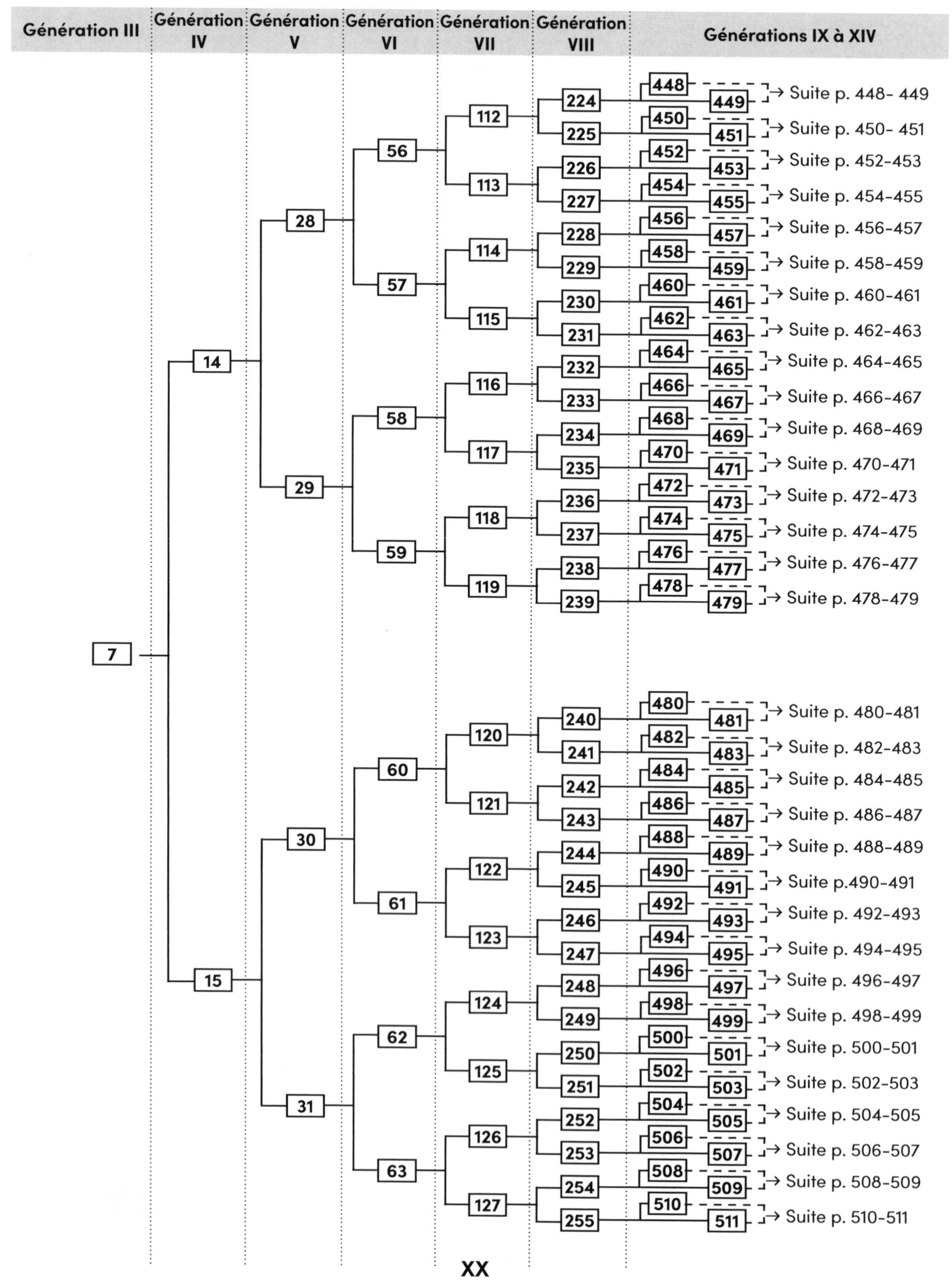

Sosa
1

Nom : .... Prénoms : ....

▸1ère génération - *De Cujus - Origine* - ***Index page XVI***

☐ *Implexe*

Enfant : ☐ *Légitime* ☐ *Naturel* ☐ *Adopté* ☐ *Trouvé* ☐ *Reconnu* ☐ *Adultérin* ☐ *Légitimé*

Né(e) le : ....à.................................

Baptisé(e) le : ....à.................................

Parrain : ....Marraine : ....

Fils/Fille de : ....& de: ....

Nationalité : ....Religion : ....Etudes: ....

Profession(s) : ....

Décédé(e) le : ....à....................Cause:....................

☐ *Inhumé(e)* ☐ *Incinéré(e)* ☐ *Disparu(e)* le : ....à....................

SITUATION MATRIMONIALE ☐ *Mariage civil* ☐ *Mariage religieux* ☐ *PACS* ☐ *Union libre*

Le : ....à.................................. ☐ *Contrat de mariage*

Avec : .... ☐ *Séparation* ☐ *Divorce* ☐ *Veuvage* Le : ....

Notes : ....

ENFANTS ♂ .... ♀	*Sexe*	*° Naissance*	*† Mort*	*Conjoint*
....	......	....	....	....
....	......	....	....	....
....	......	....	....	....
....	......	....	....	....
....	......	....	....	....
....	......	....	....	....

AUTRES UNION(S)/ENFANTS ....

....

....

....

FRÈRES ET SOEURS ♂ .... ♀ .... 1. ....

2. .... 3. .... 4. ....

5. .... 6. .... 7. ....

8. .... 9. .... 10. ....

ÉVÉNEMENTS INDIVIDUELS ....

....

....

....

....

....

....

....

NOTES ....

....

....

....

....

4 5 6 7
2 3
1

Sosa
2

Nom : .... Prénoms : .... ♂

▸2ème génération - *Ascendant* - ***Index page XVI***

Enfant : ☐ *Légitime* ☐ *Naturel* ☐ *Adopté* ☐ *Trouvé* ☐ *Reconnu* ☐ *Adultérin* ☐ *Légitimé* ☐ *Implexe*

Né le : .... à ....

Baptisé le : .... à ....

Parrain : .... Marraine : ....

Fils de : .... & de: ....

Nationalité : .... Religion : .... Etudes: ....

Profession(s) : ....

Décédé le : .... à .... Cause: ....

☐ *Inhumé* ☐ *Incinéré* ☐ *Disparu* le : .... à ....

SITUATION MATRIMONIALE

☐ *Mariage civil* ☐ *Mariage religieux* ☐ *PACS* ☐ *Union libre*

Le : .... à .... ☐ *Contrat de mariage*

Témoins du marié : ....

Témoins de la mariée : ....

☐ *Séparation* ☐ *Divorce* ☐ *Veuvage du marié/de la mariée* Le : ....

ÉVÉNEMENTS FAMILIAUX

....

AUTRES UNION(S)/ ENFANTS

....

FRÈRES ET SOEURS

(détails p.5) ♂ .... ♀ ....

1. ....
2. ....
3. ....
4. ....
5. ....
6. ....
7. ....
8. ....
9. ....
10. ....

ÉVÉNEMENTS INDIVIDUELS

....

PARCOURS MILITAIRE

☐ *Réformé* ☐ *Exempté* Classe : .... N° Matricule: ....

Affectation(s) : ....

Campagne(s): ....

Médaille(s) : .... ☐ *Mort pour la France* ☐ *Blessé* le : ....

8 | 9 | 10 | 11

4 | 5

2

1

NOTES

....

♀ Nom : .... Prénoms : ....

Sosa 3

▸2ème génération - *Ascendant* - ***Index page XVI***

☐ *Implexe*

Enfant : ☐ *Légitime* ☐ *Naturel* ☐ *Adopté* ☐ *Trouvé* ☐ *Reconnu* ☐ *Adultérin* ☐ *Légitimé*

Née le : ....à.......................................

Baptisée le : ....à.......................................

Parrain : ....Marraine : ....

Fille de : ....& de: ....

Nationalité : ....Religion : ....Etudes: ....

Profession(s) : ....

Décédée le : ....à......................................Cause:......................

☐ *Inhumée* ☐ *Incinérée* ☐ *Disparue* le : ....à..............................

ENFANTS ♂ .... ♀	*Sexe*	*° Naissance*	*† Mort*	*Conjoint*
....	......	....	....	....
....	......	....	....	....
....	......	....	....	....
....	......	....	....	....
....	......	....	....	....
....	......	....	....	....
....	......	....	....	....
....	......	....	....	....
....	......	....	....	....
....	......	....	....	....

AUTRES UNION(S)/ ENFANTS ....

....

....

....

FRÈRES ET SOEURS *(détails p.7)* ♂ .... ♀ .... **1.**.......................................

2........................................ **3.**....................................... **4.**.......................................

5........................................ **6.**....................................... **7.**.......................................

8........................................ **9.**....................................... **10.**.......................................

ÉVÉNEMENTS INDIVIDUELS ....

....

....

....

....

....

....

....

NOTES ....

....

....

....

....

12 13 14 15

6 7

3

1

Sosa
4

Nom : .... Prénoms : .... ♂

▸3ème génération – *Ascendant paternel* – ***Index page XVI***

Enfant : ☐ *Légitime* ☐ *Naturel* ☐ *Adopté* ☐ *Trouvé* ☐ *Reconnu* ☐ *Adultérin* ☐ *Légitimé* ☐ *Implexe*

Né le : .... à ....

Baptisé le : .... à ....

Parrain : .... Marraine : ....

Fils de : .... & de: ....

Nationalité : .... Religion : .... Etudes: ....

Profession(s) : ....

Décédé le : .... à .... Cause: ....

☐ *Inhumé* ☐ *Incinéré* ☐ *Disparu* le : .... à ....

SITUATION MATRIMONIALE

☐ *Mariage civil* ☐ *Mariage religieux* ☐ *PACS* ☐ *Union libre*

Le : .... à .... ☐ *Contrat de mariage*

Témoins du marié : ....

Témoins de la mariée : ....

☐ *Séparation* ☐ *Divorce* ☐ *Veuvage du marié/de la mariée* Le : ....

ÉVÉNEMENTS FAMILIAUX

....

....

....

....

....

....

AUTRES UNION(S)/ ENFANTS

....

....

....

....

FRÈRES ET SOEURS *(détails p.9)*

♂ .... ♀ ....

1. ....

2. .... 3. .... 4. ....

5. .... 6. .... 7. ....

8. .... 9. .... 10. ....

ÉVÉNEMENTS INDIVIDUELS

....

....

....

....

PARCOURS MILITAIRE

☐ *Réformé* ☐ *Exempté* Classe : .... N° Matricule: ....

Affectation(s) : ....

Campagne(s): ....

Médaille(s) : .... ☐ *Mort pour la France* ☐ *Blessé* le : ....

16	17	18	19
8		9	
	4		
	2		

NOTES

....

....

....

....

....

Sosa
5

♀ Nom : .... Prénoms : ....

▸3ème génération - *Ascendant paternel* - ***Index page XVI***

☐ *Implexe*

Enfant : ☐ *Légitime* ☐ *Naturel* ☐ *Adopté* ☐ *Trouvé* ☐ *Reconnu* ☐ *Adultérin* ☐ *Légitimé*

Née le : .... à ....

Baptisée le : .... à ....

Parrain : .... Marraine : ....

Fille de : .... & de: ....

Nationalité : .... Religion : .... Etudes: ....

Profession(s) : ....

Décédée le : .... à .... Cause: ....

☐ *Inhumée* ☐ *Incinérée* ☐ *Disparue* le : .... à ....

ENFANTS ♂ .... ♀	*Sexe*	*° Naissance*	*† Mort*	*Conjoint*
....	......	....	....	....
....	......	....	....	....
....	......	....	....	....
....	......	....	....	....
....	......	....	....	....
....	......	....	....	....
....	......	....	....	....
....	......	....	....	....
....	......	....	....	....
....	......	....	....	....

AUTRES UNION(S)/ ENFANTS ....

....

....

....

FRÈRES ET SOEURS *(détails p.11)* ♂ .... ♀ .... **1.**..............................

2................................... **3.**.................................. **4.**..................................

5................................... **6.**.................................. **7.**..................................

8................................... **9.**.................................. **10.**.................................

ÉVÉNEMENTS INDIVIDUELS ....

....

....

....

....

....

....

....

NOTES ....

....

....

....

....

20	21	22	23
10		11	
5			
2			

Sosa **6** Nom : ....Prénoms : .... ♂

▸3ème génération - *Ascendant maternel* - ***Index page XVI***

Enfant : ☐ *Légitime* ☐ *Naturel* ☐ *Adopté* ☐ *Trouvé* ☐ *Reconnu* ☐ *Adultérin* ☐ *Légitimé* ☐ *Implexe*

Né le : ....à..

Baptisé le : ....à..

Parrain : ....Marraine : ....

Fils de : ....& de: ....

Nationalité : ....Religion : ....Etudes: ....

Profession(s) : ....

Décédé le : ....à..Cause:......................

☐ *Inhumé* ☐ *Incinéré* ☐ *Disparu* le : ....à..

SITUATION MATRIMONIALE

☐ *Mariage civil* ☐ *Mariage religieux* ☐ *PACS* ☐ *Union libre*

Le : ....à.. ☐ *Contrat de mariage*

Témoins du marié : ....

Témoins de la mariée : ....

☐ *Séparation* ☐ *Divorce* ☐ *Veuvage du marié/de la mariée* Le : ....

ÉVÉNEMENTS FAMILIAUX

....

....

....

....

....

AUTRES UNION(S)/ ENFANTS

....

....

....

....

FRÈRES ET SOEURS *(détails p.13)*

♂ .... ♀ .... 1.........................

2.........................3.........................4.........................

5.........................6.........................7.........................

8.........................9.........................10.........................

ÉVÉNEMENTS INDIVIDUELS

....

....

....

....

PARCOURS MILITAIRE

☐ *Réformé* ☐ *Exempté* Classe : ....N° Matricule: ....

Affectation(s) : ....

Campagne(s): ....

Médaille(s) : ....☐ *Mort pour la France* ☐ *Blessé* le : ....

24	25	26	27
12		13	
6			
3			

NOTES

....

....

....

....

....

♀ Nom : ....Prénoms : ....

▶3ème génération - *Ascendant maternel* - ***Index page XVI***

☐ *Implexe*

Enfant : ☐ *Légitime* ☐ *Naturel* ☐ *Adopté* ☐ *Trouvé* ☐ *Reconnu* ☐ *Adultérin* ☐ *Légitimé*

Née le : ....à..

Baptisée le : ....à..

Parrain : ....Marraine : ....

Fille de : ....& de: ....

Nationalité : ....Religion : ....Etudes: ....

Profession(s) : ....

Décédée le : ....à....................Cause:....................

☐ *Inhumée* ☐ *Incinérée* ☐ *Disparue* le : ....à....................

ENFANTS ♂ .... ♀	*Sexe*	*° Naissance*	*† Mort*	*Conjoint*
....	.....	....	....	....
....	.....	....	....	....
....	.....	....	....	....
....	.....	....	....	....
....	.....	....	....	....
....	.....	....	....	....
....	.....	....	....	....
....	.....	....	....	....
....	.....	....	....	....
....	.....	....	....	....

AUTRES UNION(S)/ENFANTS ....

....

....

....

FRÈRES ET SOEURS *(détails p.15)* ♂ .... ♀ .... 1..

2.................... 3.................... 4....................

5.................... 6.................... 7....................

8.................... 9.................... 10....................

ÉVÉNEMENTS INDIVIDUELS ....

....

....

....

....

....

....

....

NOTES ....

....

....

....

....

28 29 30 31

14 15

7

3

Sosa 8

Nom : .... Prénoms : .... ♂

▸4ème génération - *Ascendant paternel* - ***Index page XVI***

Enfant : ☐ *Légitime* ☐ *Naturel* ☐ *Adopté* ☐ *Trouvé* ☐ *Reconnu* ☐ *Adultérin* ☐ *Légitimé* ☐ *Implexe*

Né le : ....à...

Baptisé le : ....à...

Parrain : ....Marraine : ....

Fils de : ....& de: ....

Nationalité : ....Religion : ....Etudes: ....

Profession(s) : ....

Décédé le : ....à..Cause:.........................

☐ *Inhumé* ☐ *Incinéré* ☐ *Disparu* le : ....à..

SITUATION MATRIMONIALE

☐ *Mariage civil* ☐ *Mariage religieux* ☐ *PACS* ☐ *Union libre*

Le : ....à.. ☐ *Contrat de mariage*

Témoins du marié : ....

Témoins de la mariée : ....

☐ *Séparation* ☐ *Divorce* ☐ *Veuvage du marié/de la mariée* Le : ....

ÉVÉNEMENTS FAMILIAUX

....

....

....

....

....

....

AUTRES UNION(S)/ ENFANTS

....

....

....

....

FRÈRES ET SOEURS

(détails p.17)

♂ .... ♀ .... 1...

2...3...4...

5...6...7...

8...9...10.......................................

ÉVÉNEMENTS INDIVIDUELS

....

....

....

....

PARCOURS MILITAIRE

☐ *Réformé* ☐ *Exempté* Classe : ....N° Matricule: ....

Affectation(s) : ....

Campagne(s): ....

Médaille(s) : ....☐ *Mort pour la France* ☐ *Blessé* le : ....

32 33 34 35

16 17

8

4

NOTES

....

....

....

....

....

Sosa
9

♀ Nom : ....Prénoms : ....

▸4ème génération - *Ascendant paternel* - ***Index page XVI***

☐ *Implexe*

Enfant : ☐ *Légitime* ☐ *Naturel* ☐ *Adopté* ☐ *Trouvé* ☐ *Reconnu* ☐ *Adultérin* ☐ *Légitimé*

Née le : ....à..

Baptisée le : ....à..

Parrain : ....Marraine : ....

Fille de : ....& de: ....

Nationalité : ....Religion : ....Etudes: ....

Profession(s) : ....

Décédée le : ....à...................................Cause:....................

☐ *Inhumée* ☐ *Incinérée* ☐ *Disparue* le : ....à..................................

ENFANTS ♂ .... ♀	*Sexe*	*° Naissance*	*† Mort*	*Conjoint*
....	.....	....	....	....
....	.....	....	....	....
....	.....	....	....	....
....	.....	....	....	....
....	.....	....	....	....
....	.....	....	....	....
....	.....	....	....	....
....	.....	....	....	....
....	.....	....	....	....
....	.....	....	....	....

AUTRES UNION(S)/ENFANTS ....

....

....

....

FRÈRES ET SOEURS *(détails p.19)* ♂ .... ♀ ....

1..

2.......................... 3.......................... 4..........................

5.......................... 6.......................... 7..........................

8.......................... 9.......................... 10.........................

ÉVÉNEMENTS INDIVIDUELS ....

....

....

....

....

....

....

....

NOTES ....

....

....

....

....

36 37 38 39

18 19

9

4

Sosa **10** Nom : .... Prénoms : .... ♂

▶4ème génération - *Ascendant paternel* - ***Index page XVI***

Enfant : ☐ *Légitime* ☐ *Naturel* ☐ *Adopté* ☐ *Trouvé* ☐ *Reconnu* ☐ *Adultérin* ☐ *Légitimé* ☐ *Implexe*

Né le : .... à ....

Baptisé le : .... à ....

Parrain : .... Marraine : ....

Fils de : .... & de: ....

Nationalité : .... Religion : .... Etudes: ....

Profession(s) : ....

Décédé le : .... à .... Cause: ....

☐ *Inhumé* ☐ *Incinéré* ☐ *Disparu* le : .... à ....

SITUATION MATRIMONIALE

☐ *Mariage civil* ☐ *Mariage religieux* ☐ *PACS* ☐ *Union libre*

Le : .... à .... ☐ *Contrat de mariage*

Témoins du marié : ....

Témoins de la mariée : ....

☐ *Séparation* ☐ *Divorce* ☐ *Veuvage du marié/de la mariée* Le : ....

ÉVÉNEMENTS FAMILIAUX

....

AUTRES UNION(S)/ ENFANTS

....

FRÈRES ET SOEURS *(détails p.21)* ♂ .... ♀ ....

1. ....
2. ....
3. ....
4. ....
5. ....
6. ....
7. ....
8. ....
9. ....
10. ....

ÉVÉNEMENTS INDIVIDUELS

....

PARCOURS MILITAIRE

☐ *Réformé* ☐ *Exempté* Classe : .... N° Matricule: ....

Affectation(s) : ....

Campagne(s): ....

Médaille(s) : .... ☐ *Mort pour la France* ☐ *Blessé* le : ....

40 41 42 43
20 21
10
5

NOTES

....

♀ Nom : .... Prénoms : ....

▶4ème génération - *Ascendant paternel* - ***Index page XVI***

☐ *Implexe*

Enfant : ☐ *Légitime* ☐ *Naturel* ☐ *Adopté* ☐ *Trouvé* ☐ *Reconnu* ☐ *Adultérin* ☐ *Légitimé*

Née le : .... à ....

Baptisée le : .... à ....

Parrain : .... Marraine : ....

Fille de : .... & de: ....

Nationalité : .... Religion : .... Etudes: ....

Profession(s) : ....

Décédée le : .... à .... Cause: ....

☐ *Inhumée* ☐ *Incinérée* ☐ *Disparue* le : .... à ....

ENFANTS ♂ .... ♀	*Sexe*	*° Naissance*	*† Mort*	*Conjoint*
....	......	....	....	....
....	......	....	....	....
....	......	....	....	....
....	......	....	....	....
....	......	....	....	....
....	......	....	....	....
....	......	....	....	....
....	......	....	....	....
....	......	....	....	....
....	......	....	....	....

AUTRES UNION(S)/ ENFANTS ....

....

....

....

FRÈRES ET SOEURS *(détails p.23)* ♂ .... ♀ .... 1. ....

2. .... 3. .... 4. ....

5. .... 6. .... 7. ....

8. .... 9. .... 10. ....

ÉVÉNEMENTS INDIVIDUELS ....

....

....

....

....

....

....

....

NOTES ....

....

....

....

....

44 45 46 47
22 23
11
5

Sosa
12 Nom : ....Prénoms : .... ♂

▸4ème génération - *Ascendant maternel* - ***Index page XVI***

Enfant : ☐ *Légitime* ☐ *Naturel* ☐ *Adopté* ☐ *Trouvé* ☐ *Reconnu* ☐ *Adultérin* ☐ *Légitimé* ☐ *Implexe*

Né le : ....à..

Baptisé le : ....à..

Parrain : ....Marraine : ....

Fils de : ....& de: ....

Nationalité : ....Religion : ....Etudes: ....

Profession(s) : ....

Décédé le : ....à...Cause:.........................

☐ *Inhumé* ☐ *Incinéré* ☐ *Disparu* le : ....à...

SITUATION MATRIMONIALE

☐ *Mariage civil* ☐ *Mariage religieux* ☐ *PACS* ☐ *Union libre*

Le : ....à... ☐ *Contrat de mariage*

Témoins du marié : ....

Témoins de la mariée : ....

☐ *Séparation* ☐ *Divorce* ☐ *Veuvage du marié/de la mariée* Le : ....

ÉVÉNEMENTS FAMILIAUX

....

....

....

....

....

....

AUTRES UNION(S)/ ENFANTS

....

....

....

....

FRÈRES ET SOEURS *(détails p.25)*

♂ .... ♀ .... **1.**..

2...**3.**..**4.**..

5...**6.**..**7.**..

8...**9.**..**10.**......................................

ÉVÉNEMENTS INDIVIDUELS

....

....

....

....

PARCOURS MILITAIRE

☐ *Réformé* ☐ *Exempté* Classe : ....N° Matricule: ....

Affectation(s) : ....

Campagne(s): ....

Médaille(s) : ....☐ *Mort pour la France* ☐ *Blessé* le : ....

48	49	50	51
24		25	
12			
6			

NOTES

....

....

....

....

....

Sosa 13

♀ Nom : .... Prénoms : ....

▸4ème génération - *Ascendant maternel* - ***Index page XVI***

☐ *Implexe*

Enfant : ☐ *Légitime* ☐ *Naturel* ☐ *Adopté* ☐ *Trouvé* ☐ *Reconnu* ☐ *Adultérin* ☐ *Légitimé*

Née le : .... à ....

Baptisée le : .... à ....

Parrain : .... Marraine : ....

Fille de : .... & de: ....

Nationalité : .... Religion : .... Etudes: ....

Profession(s) : ....

Décédée le : .... à .... Cause: ....

☐ *Inhumée* ☐ *Incinérée* ☐ *Disparue* le : .... à ....

ENFANTS ♂ .... ♀	*Sexe*	*° Naissance*	*† Mort*	*Conjoint*
....	.....	....	....	....
....	.....	....	....	....
....	.....	....	....	....
....	.....	....	....	....
....	.....	....	....	....
....	.....	....	....	....
....	.....	....	....	....
....	.....	....	....	....
....	.....	....	....	....
....	.....	....	....	....

AUTRES UNION(S)/ENFANTS ....

....

....

....

FRÈRES ET SOEURS *(détails p.27)* ♂ .... ♀ .... 1. ....

2. .... 3. .... 4. ....

5. .... 6. .... 7. ....

8. .... 9. .... 10. ....

ÉVÉNEMENTS INDIVIDUELS ....

....

....

....

....

....

....

....

NOTES ....

....

....

....

....

52 53 54 55

26 27

13

6

Sosa **14** Nom : .... Prénoms : .... ♂

▸4ème génération - *Ascendant maternel* - ***Index page XVI***

Enfant : ☐ *Légitime* ☐ *Naturel* ☐ *Adopté* ☐ *Trouvé* ☐ *Reconnu* ☐ *Adultérin* ☐ *Légitimé* ☐ *Implexe*

Né le : .... à ....

Baptisé le : .... à ....

Parrain : .... Marraine : ....

Fils de : .... & de: ....

Nationalité : .... Religion : .... Etudes: ....

Profession(s) : ....

Décédé le : .... à .... Cause: ....

☐ *Inhumé* ☐ *Incinéré* ☐ *Disparu* le : .... à ....

SITUATION MATRIMONIALE

☐ *Mariage civil* ☐ *Mariage religieux* ☐ *PACS* ☐ *Union libre*

Le : .... à .... ☐ *Contrat de mariage*

Témoins du marié : ....

Témoins de la mariée : ....

☐ *Séparation* ☐ *Divorce* ☐ *Veuvage du marié/de la mariée* Le : ....

ÉVÉNEMENTS FAMILIAUX

....

....

....

....

....

AUTRES UNION(S)/ ENFANTS

....

....

....

FRÈRES ET SOEURS

(détails p.29) ♂ .... ♀ ....

1. ....
2. ....
3. ....
4. ....
5. ....
6. ....
7. ....
8. ....
9. ....
10. ....

ÉVÉNEMENTS INDIVIDUELS

....

....

....

PARCOURS MILITAIRE

☐ *Réformé* ☐ *Exempté* Classe : .... N° Matricule: ....

Affectation(s) : ....

Campagne(s): ....

Médaille(s) : .... ☐ *Mort pour la France* ☐ *Blessé* le : ....

56	57	58	59
28		29	
14			
7			

NOTES

....

....

....

....

....

Sosa **15**

♀ Nom : .... Prénoms : ....

▸4ème génération - *Ascendant maternel* - ***Index page XVI***

☐ *Implexe*

Enfant : ☐ *Légitime* ☐ *Naturel* ☐ *Adopté* ☐ *Trouvé* ☐ *Reconnu* ☐ *Adultérin* ☐ *Légitimé*

Née le : .... à ....

Baptisée le : .... à ....

Parrain : .... Marraine : ....

Fille de : .... & de: ....

Nationalité : .... Religion : .... Etudes: ....

Profession(s) : ....

Décédée le : .... à .... Cause: ....

☐ *Inhumée* ☐ *Incinérée* ☐ *Disparue* le : .... à ....

ENFANTS ♂ .... ♀	*Sexe*	*° Naissance*	*† Mort*	*Conjoint*
....	.....	....	....	....
....	.....	....	....	....
....	.....	....	....	....
....	.....	....	....	....
....	.....	....	....	....
....	.....	....	....	....
....	.....	....	....	....
....	.....	....	....	....
....	.....	....	....	....
....	.....	....	....	....

AUTRES UNION(S)/ ENFANTS ....

....

....

....

FRÈRES ET SOEURS *(détails p.31)* ♂ .... ♀ .... **1.** ....

2. .... **3.** .... **4.** ....

5. .... **6.** .... **7.** ....

8. .... **9.** .... **10.** ....

ÉVÉNEMENTS INDIVIDUELS ....

....

....

....

....

....

....

....

NOTES ....

....

....

....

....

60	61	62	63
30		31	
15			
7			

Sosa **16** Nom : .... Prénoms : .... ♂

▸5ème génération - *Ascendant paternel* - ***Index page XVI***

Enfant : ☐ *Légitime* ☐ *Naturel* ☐ *Adopté* ☐ *Trouvé* ☐ *Reconnu* ☐ *Adultérin* ☐ *Légitimé* ☐ *Implexe*

Né le : .... à ....

Baptisé le : .... à ....

Parrain : .... Marraine : ....

Fils de : .... & de: ....

Nationalité : .... Religion : .... Etudes: ....

Profession(s) : ....

Décédé le : .... à .... Cause: ....

☐ *Inhumé* ☐ *Incinéré* ☐ *Disparu* le : .... à ....

SITUATION MATRIMONIALE

☐ *Mariage civil* ☐ *Mariage religieux* ☐ *PACS* ☐ *Union libre*

Le : .... à .... ☐ *Contrat de mariage*

Témoins du marié : ....

Témoins de la mariée : ....

☐ *Séparation* ☐ *Divorce* ☐ *Veuvage du marié/de la mariée* Le : ....

ÉVÉNEMENTS FAMILIAUX

....

....

....

....

....

AUTRES UNION(S)/ ENFANTS

....

....

....

FRÈRES ET SOEURS *(détails p.33)* ♂ .... ♀ ....

1. ....
2. ....
3. ....
4. ....
5. ....
6. ....
7. ....
8. ....
9. ....
10. ....

ÉVÉNEMENTS INDIVIDUELS

....

....

....

PARCOURS MILITAIRE

☐ *Réformé* ☐ *Exempté* Classe : .... N° Matricule: ....

Affectation(s) : ....

Campagne(s): ....

Médaille(s) : .... ☐ *Mort pour la France* ☐ *Blessé* le : ....

64	65	66	67
32		33	
16			
8			

NOTES

....

....

....

....

♀ Nom : .... Prénoms : ....

▶5ème génération - *Ascendant paternel* - ***Index page XVI***

☐ *Implexe*

Enfant : ☐ *Légitime* ☐ *Naturel* ☐ *Adopté* ☐ *Trouvé* ☐ *Reconnu* ☐ *Adultérin* ☐ *Légitimé*

Née le : .... à ....

Baptisée le : .... à ....

Parrain : .... Marraine : ....

Fille de : .... & de: ....

Nationalité : .... Religion : .... Etudes: ....

Profession(s) : ....

Décédée le : .... à .... Cause: ....

☐ *Inhumée* ☐ *Incinérée* ☐ *Disparue* le : .... à ....

ENFANTS ♂ .... ♀	*Sexe*	*° Naissance*	*† Mort*	*Conjoint*
....	......	....	....	....
....	......	....	....	....
....	......	....	....	....
....	......	....	....	....
....	......	....	....	....
....	......	....	....	....
....	......	....	....	....
....	......	....	....	....
....	......	....	....	....
....	......	....	....	....

AUTRES UNION(S)/ ENFANTS ....

....

....

....

FRÈRES ET SOEURS *(détails p.35)* ♂ .... ♀ .... 1. ....

2. .... 3. .... 4. ....

5. .... 6. .... 7. ....

8. .... 9. .... 10. ....

ÉVÉNEMENTS INDIVIDUELS ....

....

....

....

....

....

....

....

NOTES ....

....

....

....

....

Sosa 18 Nom : .... Prénoms : .... ♂

▶5ème génération - *Ascendant paternel* - ***Index page XVI***

Enfant : ☐ *Légitime* ☐ *Naturel* ☐ *Adopté* ☐ *Trouvé* ☐ *Reconnu* ☐ *Adultérin* ☐ *Légitimé* ☐ *Implexe*

Né le : .... à ....

Baptisé le : .... à ....

Parrain : .... Marraine : ....

Fils de : .... & de: ....

Nationalité : .... Religion : .... Etudes: ....

Profession(s) : ....

Décédé le : .... à .... Cause: ....

☐ *Inhumé* ☐ *Incinéré* ☐ *Disparu* le : .... à ....

SITUATION MATRIMONIALE

☐ *Mariage civil* ☐ *Mariage religieux* ☐ *PACS* ☐ *Union libre*

Le : .... à .... ☐ *Contrat de mariage*

Témoins du marié : ....

Témoins de la mariée : ....

☐ *Séparation* ☐ *Divorce* ☐ *Veuvage du marié/de la mariée* Le : ....

ÉVÉNEMENTS FAMILIAUX

....

....

....

....

....

....

AUTRES UNION(S)/ ENFANTS

....

....

....

....

FRÈRES ET SOEURS *(détails p.37)*

♂ .... ♀ .... 1. ....

2. .... 3. .... 4. ....

5. .... 6. .... 7. ....

8. .... 9. .... 10. ....

ÉVÉNEMENTS INDIVIDUELS

....

....

....

....

PARCOURS MILITAIRE

☐ *Réformé* ☐ *Exempté* Classe : .... N° Matricule: ....

Affectation(s) : ....

Campagne(s): ....

Médaille(s) : .... ☐ *Mort pour la France* ☐ *Blessé* le : ....

72	73	74	75
36		37	
18			
9			

NOTES

....

....

....

....

....

♀ Nom : .... Prénoms : ....

▸5ème génération - *Ascendant paternel* - ***Index page XVI***

☐ *Implexe*

Enfant : ☐ *Légitime* ☐ *Naturel* ☐ *Adopté* ☐ *Trouvé* ☐ *Reconnu* ☐ *Adultérin* ☐ *Légitimé*

Née le : .... à ....

Baptisée le : .... à ....

Parrain : .... Marraine : ....

Fille de : .... & de: ....

Nationalité : .... Religion : .... Etudes: ....

Profession(s) : ....

Décédée le : .... à .... Cause: ....

☐ *Inhumée* ☐ *Incinérée* ☐ *Disparue* le : .... à ....

ENFANTS ♂ .... ♀ ....

	Sexe	*° Naissance*	*† Mort*	*Conjoint*
....	......	....	....	....
....	......	....	....	....
....	......	....	....	....
....	......	....	....	....
....	......	....	....	....
....	......	....	....	....
....	......	....	....	....
....	......	....	....	....
....	......	....	....	....
....	......	....	....	....

AUTRES UNION(S)/ ENFANTS ....

....

....

....

FRÈRES ET SOEURS *(détails p.39)* ♂ .... ♀ .... 1. ....

2. .... 3. .... 4. ....

5. .... 6. .... 7. ....

8. .... 9. .... 10. ....

ÉVÉNEMENTS INDIVIDUELS ....

....

....

....

....

....

....

....

NOTES ....

....

....

....

....

76 77 78 79
38 39
19
9

Sosa
20 Nom : ....Prénoms : .... ♂

▶5ème génération - *Ascendant paternel* - ***Index page XVI***

Enfant : ☐ *Légitime* ☐ *Naturel* ☐ *Adopté* ☐ *Trouvé* ☐ *Reconnu* ☐ *Adultérin* ☐ *Légitimé* ☐ *Implexe*

Né le : ....à...

Baptisé le : ....à...

Parrain : ....Marraine : ....

Fils de : ....& de: ....

Nationalité : ....Religion : ....Etudes: ....

Profession(s) : ....

Décédé le : ....à.......................................Cause:.......................

☐ *Inhumé* ☐ *Incinéré* ☐ *Disparu* le : ....à..

SITUATION MATRIMONIALE

☐ *Mariage civil* ☐ *Mariage religieux* ☐ *PACS* ☐ *Union libre*

Le : ....à.. ☐ *Contrat de mariage*

Témoins du marié : ....

Témoins de la mariée : ....

☐ *Séparation* ☐ *Divorce* ☐ *Veuvage du marié/de la mariée* Le : ....

ÉVÉNEMENTS FAMILIAUX

....

....

....

....

....

AUTRES UNION(S)/ ENFANTS

....

....

....

FRÈRES ET SOEURS *(détails p.41)* ♂ .... ♀ ....

1.....................................

2.....................................3.....................................4.....................................

5.....................................6.....................................7.....................................

8.....................................9.....................................10...................................

ÉVÉNEMENTS INDIVIDUELS

....

....

....

PARCOURS MILITAIRE

☐ *Réformé* ☐ *Exempté* Classe : ....N° Matricule: ....

Affectation(s) : ....

Campagne(s): ....

Médaille(s) : ....☐ *Mort pour la France* ☐ *Blessé* le : ....

80 | 81 | 82 | 83
40 | 41
20
10

NOTES

....

....

....

....

♀ Nom : ....Prénoms : ....

Sosa **21**

▸5ème génération - *Ascendant paternel* - ***Index page XVI***

☐ *Implexe*

Enfant : ☐ *Légitime* ☐ *Naturel* ☐ *Adopté* ☐ *Trouvé* ☐ *Reconnu* ☐ *Adultérin* ☐ *Légitimé*

Née le : ....à..............................

Baptisée le : ....à..............................

Parrain : ....Marraine : ....

Fille de : ....& de: ....

Nationalité : ....Religion : ....Etudes: ....

Profession(s) : ....

Décédée le : ....à....................Cause:....................

☐ *Inhumée* ☐ *Incinérée* ☐ *Disparue* le : ....à....................

ENFANTS ♂ .... ♀	*Sexe*	*° Naissance*	*† Mort*	*Conjoint*
....	......	....	....	....
....	......	....	....	....
....	......	....	....	....
....	......	....	....	....
....	......	....	....	....
....	......	....	....	....
....	......	....	....	....
....	......	....	....	....
....	......	....	....	....
....	......	....	....	....

AUTRES UNION(S)/ ENFANTS ....

....

....

....

FRÈRES ET SOEURS *(détails p.43)* ♂ .... ♀ .... **1.**..............................

2.....................**3.**....................**4.**....................

5.....................**6.**....................**7.**....................

8.....................**9.**....................**10.**....................

ÉVÉNEMENTS INDIVIDUELS ....

....

....

....

....

....

....

....

NOTES ....

....

....

....

....

84	85	86	87
42		43	
21			
10			

Sosa
22 Nom : ....Prénoms : .... ♂

▸5ème génération - *Ascendant paternel* - ***Index page XVI***

Enfant : ☐ *Légitime* ☐ *Naturel* ☐ *Adopté* ☐ *Trouvé* ☐ *Reconnu* ☐ *Adultérin* ☐ *Légitimé* ☐ *Implexe*

Né le : ....à..

Baptisé le : ....à..

Parrain : ....Marraine : ....

Fils de : ....& de: ....

Nationalité : ....Religion : ....Etudes: ....

Profession(s) : ....

Décédé le : ....à...Cause:....................

☐ *Inhumé* ☐ *Incinéré* ☐ *Disparu* le : ....à.....................................

SITUATION MATRIMONIALE

☐ *Mariage civil* ☐ *Mariage religieux* ☐ *PACS* ☐ *Union libre*

Le : ....à.. ☐ *Contrat de mariage*

Témoins du marié : ....

Témoins de la mariée : ....

☐ *Séparation* ☐ *Divorce* ☐ *Veuvage du marié/de la mariée* Le : ....

ÉVÉNEMENTS FAMILIAUX

....
....
....
....
....
....

AUTRES UNION(S)/ ENFANTS

....
....
....
....

FRÈRES ET SOEURS

(détails p.45) ♂ .... ♀ ....

1..
2...3...4...
5...6...7...
8...9...10..

ÉVÉNEMENTS INDIVIDUELS

....
....
....
....

PARCOURS MILITAIRE

☐ *Réformé* ☐ *Exempté* Classe : ....N° Matricule: ....

Affectation(s) : ....

Campagne(s): ....

Médaille(s) : ....☐ *Mort pour la France* ☐ *Blessé* le : ....

88 | 89 | 90 | 91
44 | 45
22
11

NOTES

....
....
....
....
....

♀ Nom : .... Prénoms : .... **Sosa 23**

▶5ème génération - *Ascendant paternel* - ***Index page XVI***

□ *Implexe*

Enfant : □ *Légitime* □ *Naturel* □ *Adopté* □ *Trouvé* □ *Reconnu* □ *Adultérin* □ *Légitimé*

Née le : .... à ....

Baptisée le : .... à ....

Parrain : .... Marraine : ....

Fille de : .... & de: ....

Nationalité : .... Religion : .... Etudes: ....

Profession(s) : ....

Décédée le : .... à .... Cause: ....

□ *Inhumée* □ *Incinérée* □ *Disparue* le : .... à ....

ENFANTS ♂ .... ♀ ....

	Sexe	*° Naissance*	*† Mort*	*Conjoint*
....	......	....	....	....
....	......	....	....	....
....	......	....	....	....
....	......	....	....	....
....	......	....	....	....
....	......	....	....	....
....	......	....	....	....
....	......	....	....	....
....	......	....	....	....
....	......	....	....	....

AUTRES UNION(S)/ENFANTS ....

....

....

....

FRÈRES ET SOEURS *(détails p.47)* ♂ .... ♀ ....

1. ....
2. ....
3. ....
4. ....
5. ....
6. ....
7. ....
8. ....
9. ....
10. ....

ÉVÉNEMENTS INDIVIDUELS ....

....

....

....

....

....

....

....

NOTES ....

....

....

....

....

92 93 94 95

46 47

23

11

Sosa
24

Nom : .... Prénoms : .... ♂

▸5ème génération - *Ascendant maternel* - ***Index page XVI***

Enfant : ☐ *Légitime* ☐ *Naturel* ☐ *Adopté* ☐ *Trouvé* ☐ *Reconnu* ☐ *Adultérin* ☐ *Légitimé* ☐ *Implexe*

Né le : .... à ....

Baptisé le : .... à ....

Parrain : .... Marraine : ....

Fils de : .... & de: ....

Nationalité : .... Religion : .... Etudes: ....

Profession(s) : ....

Décédé le : .... à .... Cause: ....

☐ *Inhumé* ☐ *Incinéré* ☐ *Disparu* le : .... à ....

SITUATION MATRIMONIALE

☐ *Mariage civil* ☐ *Mariage religieux* ☐ *PACS* ☐ *Union libre*

Le : .... à .... ☐ *Contrat de mariage*

Témoins du marié : ....

Témoins de la mariée : ....

☐ *Séparation* ☐ *Divorce* ☐ *Veuvage du marié/de la mariée* Le : ....

ÉVÉNEMENTS FAMILIAUX

....

AUTRES UNION(S)/ ENFANTS

....

FRÈRES ET SOEURS (*détails p.49*)

♂ .... ♀ ....

1. ....
2. ....
3. ....
4. ....
5. ....
6. ....
7. ....
8. ....
9. ....
10. ....

ÉVÉNEMENTS INDIVIDUELS

....

PARCOURS MILITAIRE

☐ *Réformé* ☐ *Exempté* Classe : .... N° Matricule: ....

Affectation(s) : ....

Campagne(s): ....

Médaille(s) : .... ☐ *Mort pour la France* ☐ *Blessé* le : ....

96 97 98 99

48 49

24

12

NOTES

....

♀ Nom : ....Prénoms : ....

Sosa 25

▸5ème génération - *Ascendant maternel* - ***Index page XVI***

☐ *Implexe*

Enfant : ☐ *Légitime* ☐ *Naturel* ☐ *Adopté* ☐ *Trouvé* ☐ *Reconnu* ☐ *Adultérin* ☐ *Légitimé*

Née le : ....à..

Baptisée le : ....à...

Parrain : ....Marraine : ....

Fille de : ....& de: ....

Nationalité : ....Religion : ....Etudes: ....

Profession(s) : ....

Décédée le : ....à.....................................Cause:.........................

☐ *Inhumée* ☐ *Incinérée* ☐ *Disparue* le : ....à.......................................

ENFANTS ♂ .... ♀	*Sexe*	*° Naissance*	*† Mort*	*Conjoint*
....	.....	....	....	....
....	.....	....	....	....
....	.....	....	....	....
....	.....	....	....	....
....	.....	....	....	....
....	.....	....	....	....
....	.....	....	....	....
....	.....	....	....	....
....	.....	....	....	....
....	.....	....	....	....

AUTRES UNION(S)/ ENFANTS ....

....

....

....

FRÈRES ET SOEURS *(détails p.51)* ♂ .... ♀ .... **1.**...

2........................................**3.**.......................................**4.**.......................................

5........................................**6.**.......................................**7.**.......................................

8........................................**9.**.......................................**10.**.....................................

ÉVÉNEMENTS INDIVIDUELS ....

....

....

....

....

....

....

....

NOTES ....

....

....

....

....

100 | 101 | 102 | 103

50 | 51

25

12

Sosa
26

Nom : .... Prénoms : .... ♂

▸5ème génération - *Ascendant maternel* - ***Index page XVI***

Enfant : ☐ *Légitime* ☐ *Naturel* ☐ *Adopté* ☐ *Trouvé* ☐ *Reconnu* ☐ *Adultérin* ☐ *Légitimé* ☐ *Implexe*

Né le : .... à ....

Baptisé le : .... à ....

Parrain : .... Marraine : ....

Fils de : .... & de: ....

Nationalité : .... Religion : .... Etudes: ....

Profession(s) : ....

Décédé le : .... à .... Cause: ....

☐ *Inhumé* ☐ *Incinéré* ☐ *Disparu* le : .... à ....

SITUATION MATRIMONIALE

☐ *Mariage civil* ☐ *Mariage religieux* ☐ *PACS* ☐ *Union libre*

Le : .... à .... ☐ *Contrat de mariage*

Témoins du marié : ....

Témoins de la mariée : ....

☐ *Séparation* ☐ *Divorce* ☐ *Veuvage du marié/de la mariée* Le : ....

ÉVÉNEMENTS FAMILIAUX

....

AUTRES UNION(S)/ ENFANTS

....

FRÈRES ET SOEURS *(détails p.53)*

(détails p.53)

♂ .... ♀ ....

1. ....
2. ....
3. ....
4. ....
5. ....
6. ....
7. ....
8. ....
9. ....
10. ....

ÉVÉNEMENTS INDIVIDUELS

....

PARCOURS MILITAIRE

☐ *Réformé* ☐ *Exempté* Classe : .... N° Matricule: ....

Affectation(s) : ....

Campagne(s): ....

Médaille(s) : .... ☐ *Mort pour la France* ☐ *Blessé* le : ....

104 | 105 | 106 | 107

52 | 53

26

13

NOTES

....

♀ Nom : ....Prénoms : ....

▸5ème génération - *Ascendant maternel* - ***Index page XVI***

☐ *Implexe*

Enfant : ☐ *Légitime* ☐ *Naturel* ☐ *Adopté* ☐ *Trouvé* ☐ *Reconnu* ☐ *Adultérin* ☐ *Légitimé*

Née le : ....à..............................

Baptisée le : ....à..............................

Parrain : ....Marraine : ....

Fille de : ....& de: ....

Nationalité : ....Religion : ....Etudes: ....

Profession(s) : ....

Décédée le : ....à....................Cause:....................

☐ *Inhumée* ☐ *Incinérée* ☐ *Disparue* le : ....à....................

ENFANTS ♂ .... ♀	*Sexe*	*° Naissance*	*† Mort*	*Conjoint*
....	.....	....	....	....
....	.....	....	....	....
....	.....	....	....	....
....	.....	....	....	....
....	.....	....	....	....
....	.....	....	....	....
....	.....	....	....	....
....	.....	....	....	....
....	.....	....	....	....
....	.....	....	....	....

AUTRES UNION(S)/ ENFANTS ....

....

....

....

FRÈRES ET SOEURS *(détails p.55)* ♂ .... ♀ .... **1.**....................

2..................... **3.**.................... **4.**....................

5..................... **6.**.................... **7.**....................

8..................... **9.**.................... **10.**....................

ÉVÉNEMENTS INDIVIDUELS ....

....

....

....

....

....

....

....

NOTES ....

....

....

....

....

108	109	110	111
54		55	
27			
13			

Sosa **28** Nom : ....Prénoms : .... ♂

▸5ème génération - *Ascendant maternel* - ***Index page XVI***

Enfant : ☐ *Légitime* ☐ *Naturel* ☐ *Adopté* ☐ *Trouvé* ☐ *Reconnu* ☐ *Adultérin* ☐ *Légitimé* ☐ *Implexe*

Né le : ....à..

Baptisé le : ....à...

Parrain : ....Marraine : ....

Fils de : ....& de: ....

Nationalité : ....Religion : ....Etudes: ....

Profession(s) : ....

Décédé le : ....à..Cause:.....................

☐ *Inhumé* ☐ *Incinéré* ☐ *Disparu* le : ....à.....................................

SITUATION MATRIMONIALE

☐ *Mariage civil* ☐ *Mariage religieux* ☐ *PACS* ☐ *Union libre*

Le : ....à.. ☐ *Contrat de mariage*

Témoins du marié : ....

Témoins de la mariée : ....

☐ *Séparation* ☐ *Divorce* ☐ *Veuvage du marié/de la mariée* Le : ....

ÉVÉNEMENTS FAMILIAUX

....

....

....

....

....

....

AUTRES UNION(S)/ ENFANTS

....

....

....

....

FRÈRES ET SOEURS

(détails p.57) ♂ .... ♀ ....

1...

2..................................3..................................4..................................

5..................................6..................................7..................................

8..................................9..................................10................................

ÉVÉNEMENTS INDIVIDUELS

....

....

....

....

PARCOURS MILITAIRE

☐ *Réformé* ☐ *Exempté* Classe : ....N° Matricule: ....

Affectation(s) : ....

Campagne(s): ....

Médaille(s) : ....☐ *Mort pour la France* ☐ *Blessé* le : ....

112	113	114	115
56		57	
28			
14			

NOTES

....

....

....

....

....

♀ Nom : ....Prénoms : ....

▶5ème génération - *Ascendant maternel* - ***Index page XVI***

☐ *Implexe*

Enfant : ☐ *Légitime* ☐ *Naturel* ☐ *Adopté* ☐ *Trouvé* ☐ *Reconnu* ☐ *Adultérin* ☐ *Légitimé*

Née le : ....à..

Baptisée le : ....à...

Parrain : ....Marraine : ....

Fille de : ....& de: ....

Nationalité : ....Religion : ....Etudes: ....

Profession(s) : ....

Décédée le : ....à.................................Cause:.........................

☐ *Inhumée* ☐ *Incinérée* ☐ *Disparue* le : ....à..

ENFANTS ♂ .... ♀	*Sexe*	*° Naissance*	*† Mort*	*Conjoint*
....	......	....	....	....
....	......	....	....	....
....	......	....	....	....
....	......	....	....	....
....	......	....	....	....
....	......	....	....	....
....	......	....	....	....
....	......	....	....	....
....	......	....	....	....
....	......	....	....	....

AUTRES UNION(S)/ ENFANTS ....

....

....

....

FRÈRES ET SOEURS *(détails p.59)* ♂ .... ♀ .... **1.**...

2....**3.**...**4.**...

5....**6.**...**7.**...

8....**9.**...**10.**...

ÉVÉNEMENTS INDIVIDUELS ....

....

....

....

....

....

....

....

NOTES ....

....

....

....

....

116	117	118	119
58		59	
29			
14			

Sosa **30** Nom : ....Prénoms : .... ♂

▶5ème génération - *Ascendant maternel* - ***Index page XVI***

Enfant : ☐ *Légitime* ☐ *Naturel* ☐ *Adopté* ☐ *Trouvé* ☐ *Reconnu* ☐ *Adultérin* ☐ *Légitimé* ☐ *Implexe*

Né le : ....à..

Baptisé le : ....à...

Parrain : ....Marraine : ....

Fils de : ....& de: ....

Nationalité : ....Religion : ....Etudes: ....

Profession(s) : ....

Décédé le : ....à...Cause:...................

☐ *Inhumé* ☐ *Incinéré* ☐ *Disparu* le : ....à.......................................

SITUATION MATRIMONIALE

☐ *Mariage civil* ☐ *Mariage religieux* ☐ *PACS* ☐ *Union libre*

Le : ....à...☐ *Contrat de mariage*

Témoins du marié : ....

Témoins de la mariée : ....

☐ *Séparation* ☐ *Divorce* ☐ *Veuvage du marié/de la mariée* Le : ....

ÉVÉNEMENTS FAMILIAUX

....

....

....

....

....

AUTRES UNION(S)/ ENFANTS

....

....

....

FRÈRES ET SOEURS *(détails p.61)* ♂ .... ♀ ....

1...

2................................... **3.**.................................. **4.**..................................

5................................... **6.**.................................. **7.**..................................

8................................... **9.**.................................. **10.**.................................

ÉVÉNEMENTS INDIVIDUELS

....

....

....

PARCOURS MILITAIRE

☐ *Réformé* ☐ *Exempté* Classe : ....N° Matricule: ....

Affectation(s) : ....

Campagne(s): ....

Médaille(s) : ....☐ *Mort pour la France* ☐ *Blessé* le : ....

120 121 122 123

60 61

30

15

NOTES

....

....

....

....

Sosa **31**

♀ Nom : .... Prénoms : ....

▸5ème génération - *Ascendant maternel* - ***Index page XVI***

☐ *Implexe*

Enfant : ☐ *Légitime* ☐ *Naturel* ☐ *Adopté* ☐ *Trouvé* ☐ *Reconnu* ☐ *Adultérin* ☐ *Légitimé*

Née le : .... à ....

Baptisée le : .... à ....

Parrain : .... Marraine : ....

Fille de : .... & de: ....

Nationalité : .... Religion : .... Etudes: ....

Profession(s) : ....

Décédée le : .... à .... Cause: ....

☐ *Inhumée* ☐ *Incinérée* ☐ *Disparue* le : .... à ....

ENFANTS ♂ .... ♀	*Sexe*	*° Naissance*	† *Mort*	*Conjoint*
....	.....	....	....	....
....	.....	....	....	....
....	.....	....	....	....
....	.....	....	....	....
....	.....	....	....	....
....	.....	....	....	....
....	.....	....	....	....
....	.....	....	....	....
....	.....	....	....	....
....	.....	....	....	....

AUTRES UNION(S)/ ENFANTS ....

....

....

....

FRÈRES ET SOEURS *(détails p.63)* ♂ .... ♀ .... 1. ....

2. .... 3. .... 4. ....

5. .... 6. .... 7. ....

8. .... 9. .... 10. ....

ÉVÉNEMENTS INDIVIDUELS ....

....

....

....

....

....

....

....

NOTES ....

....

....

....

....

124	125	126	127
62		63	
31			
15			

Sosa 32 Nom : ....Prénoms : .... ♂

▸6ème génération - *Ascendant paternel* - ***Index page XVI***

Enfant : ☐ *Légitime* ☐ *Naturel* ☐ *Adopté* ☐ *Trouvé* ☐ *Reconnu* ☐ *Adultérin* ☐ *Légitimé* ☐ *Implexe*

Né le : ....à...

Baptisé le : ....à...

Parrain : ....Marraine : ....

Fils de : ....& de: ....

Nationalité : ....Religion : ....Etudes: ....

Profession(s) : ....

Décédé le : ....à...Cause:...........................

☐ *Inhumé* ☐ *Incinéré* ☐ *Disparu* le : ....à..

SITUATION MATRIMONIALE

☐ *Mariage civil* ☐ *Mariage religieux* ☐ *PACS* ☐ *Union libre*

Le : ....à.. ☐ *Contrat de mariage*

Témoins du marié : ....

Témoins de la mariée : ....

☐ *Séparation* ☐ *Divorce* ☐ *Veuvage du marié/de la mariée* Le : ....

ÉVÉNEMENTS FAMILIAUX

....

....

....

....

....

AUTRES UNION(S)/ ENFANTS

....

....

....

FRÈRES ET SOEURS *(détails p.65)* ♂ .... ♀ ....

(détails p.65)

1........................................

2........................................**3.**.......................................**4.**.......................................

5........................................**6.**.......................................**7.**.......................................

8........................................**9.**.......................................**10.**.....................................

ÉVÉNEMENTS INDIVIDUELS

....

....

....

PARCOURS MILITAIRE

☐ *Réformé* ☐ *Exempté* Classe : ....N° Matricule: ....

Affectation(s) : ....

Campagne(s): ....

Médaille(s) : ....☐ *Mort pour la France* ☐ *Blessé* le : ....

128	129	130	131
64		65	
	32		
	16		

NOTES

....

....

....

....

Sosa **33**

♀ Nom : .... Prénoms : ....

▸6ème génération - *Ascendant paternel* - ***Index page XVI***

☐ *Implexe*

Enfant : ☐ *Légitime* ☐ *Naturel* ☐ *Adopté* ☐ *Trouvé* ☐ *Reconnu* ☐ *Adultérin* ☐ *Légitimé*

Née le : .... à ....

Baptisée le : .... à ....

Parrain : .... Marraine : ....

Fille de : .... & de: ....

Nationalité : .... Religion : .... Etudes: ....

Profession(s) : ....

Décédée le : .... à .... Cause: ....

☐ *Inhumée* ☐ *Incinérée* ☐ *Disparue* le : .... à ....

ENFANTS ♂ .... ♀	*Sexe*	*° Naissance*	*† Mort*	*Conjoint*
....	.....	....	....	....
....	.....	....	....	....
....	.....	....	....	....
....	.....	....	....	....
....	.....	....	....	....
....	.....	....	....	....
....	.....	....	....	....
....	.....	....	....	....
....	.....	....	....	....
....	.....	....	....	....

AUTRES UNION(S)/ ENFANTS ....

....

....

....

FRÈRES ET SOEURS *(détails p.67)* ♂ .... ♀ .... 1. ....

2. .... 3. .... 4. ....

5. .... 6. .... 7. ....

8. .... 9. .... 10. ....

ÉVÉNEMENTS INDIVIDUELS ....

....

....

....

....

....

....

....

NOTES ....

....

....

....

....

132	133	134	135
66		67	
33			
16			

Sosa 34 Nom : .... Prénoms : .... ♂

▶6ème génération – *Ascendant paternel* – ***Index page XVI***

Enfant : ☐ *Légitime* ☐ *Naturel* ☐ *Adopté* ☐ *Trouvé* ☐ *Reconnu* ☐ *Adultérin* ☐ *Légitimé* ☐ *Implexe*

Né le : .... à...

Baptisé le : .... à...

Parrain : .... Marraine : ....

Fils de : .... & de: ....

Nationalité : .... Religion : .... Etudes: ....

Profession(s) : ....

Décédé le : .... à.. Cause:............................

☐ *Inhumé* ☐ *Incinéré* ☐ *Disparu* le : .... à..

SITUATION MATRIMONIALE

☐ *Mariage civil* ☐ *Mariage religieux* ☐ *PACS* ☐ *Union libre*

Le : .... à.. ☐ *Contrat de mariage*

Témoins du marié : ....

Témoins de la mariée : ....

☐ *Séparation* ☐ *Divorce* ☐ *Veuvage du marié/de la mariée* Le : ....

ÉVÉNEMENTS FAMILIAUX

....

....

....

....

....

AUTRES UNION(S)/ ENFANTS

....

....

....

FRÈRES ET SOEURS

(détails p.69) ♂ .... ♀ ....

1.. 2.. 3.. 4..

5.. 6.. 7..

8.. 9.. 10..

ÉVÉNEMENTS INDIVIDUELS

....

....

....

PARCOURS MILITAIRE

☐ *Réformé* ☐ *Exempté* Classe : .... N° Matricule: ....

Affectation(s) : ....

Campagne(s): ....

Médaille(s) : .... ☐ *Mort pour la France* ☐ *Blessé* le : ....

136	137	138	139
68		69	
34			
17			

NOTES

....

....

....

....

....

Sosa **35**

♀ Nom : .... Prénoms : ....

▸6ème génération - *Ascendant paternel* - ***Index page XVI***

☐ *Implexe*

Enfant : ☐ *Légitime* ☐ *Naturel* ☐ *Adopté* ☐ *Trouvé* ☐ *Reconnu* ☐ *Adultérin* ☐ *Légitimé*

Née le : .... à ....

Baptisée le : .... à ....

Parrain : .... Marraine : ....

Fille de : .... & de: ....

Nationalité : .... Religion : .... Etudes: ....

Profession(s) : ....

Décédée le : .... à .... Cause: ....

☐ *Inhumée* ☐ *Incinérée* ☐ *Disparue* le : .... à ....

ENFANTS ♂ .... ♀ ....

	Sexe	*° Naissance*	*† Mort*	*Conjoint*
....	......	....	....	....
....	......	....	....	....
....	......	....	....	....
....	......	....	....	....
....	......	....	....	....
....	......	....	....	....
....	......	....	....	....
....	......	....	....	....
....	......	....	....	....
....	......	....	....	....

AUTRES UNION(S)/ ENFANTS

....

....

....

FRÈRES ET SOEURS *(détails p.71)* ♂ .... ♀ ....

1. ....

2. .... 3. .... 4. ....

5. .... 6. .... 7. ....

8. .... 9. .... 10. ....

ÉVÉNEMENTS INDIVIDUELS

....

....

....

....

....

....

....

NOTES

....

....

....

....

140 141 142 143

70 71

35

17

Sosa 36 Nom : ....Prénoms : .... ♂

▸6ème génération - *Ascendant paternel* - ***Index page XVI***

Enfant : ☐ *Légitime* ☐ *Naturel* ☐ *Adopté* ☐ *Trouvé* ☐ *Reconnu* ☐ *Adultérin* ☐ *Légitimé* ☐ *Implexe*

Né le : ....à...

Baptisé le : ....à...

Parrain : ....Marraine : ....

Fils de : ....& de: ....

Nationalité : ....Religion : ....Etudes: ....

Profession(s) : ....

Décédé le : ....à...Cause:............................

☐ *Inhumé* ☐ *Incinéré* ☐ *Disparu* le : ....à...

SITUATION MATRIMONIALE

☐ *Mariage civil* ☐ *Mariage religieux* ☐ *PACS* ☐ *Union libre*

Le : ....à... ☐ *Contrat de mariage*

Témoins du marié : ....

Témoins de la mariée : ....

☐ *Séparation* ☐ *Divorce* ☐ *Veuvage du marié/de la mariée* Le : ....

ÉVÉNEMENTS FAMILIAUX

....

....

....

....

....

AUTRES UNION(S)/ ENFANTS

....

....

....

FRÈRES ET SOEURS

(détails p.73) ♂ .... ♀ ....

1. ....
2. ....
3. ....
4. ....
5. ....
6. ....
7. ....
8. ....
9. ....
10. ....

ÉVÉNEMENTS INDIVIDUELS

....

....

....

PARCOURS MILITAIRE

☐ *Réformé* ☐ *Exempté* Classe : ....N° Matricule: ....

Affectation(s) : ....

Campagne(s): ....

Médaille(s) : ....☐ *Mort pour la France* ☐ *Blessé* le : ....

144	145	146	147
72		73	
36			
18			

NOTES

....

....

....

....

....

♀ Nom : Prénoms :

▸6ème génération - *Ascendant paternel* - ***Index page XVI***

☐ *Implexe*

Enfant : ☐ *Légitime* ☐ *Naturel* ☐ *Adopté* ☐ *Trouvé* ☐ *Reconnu* ☐ *Adultérin* ☐ *Légitimé*

Née le : à

Baptisée le : à

Parrain : Marraine :

Fille de : & de:

Nationalité : Religion : Etudes:

Profession(s) :

Décédée le : à Cause:

☐ *Inhumée* ☐ *Incinérée* ☐ *Disparue* le : à

ENFANTS ♂ ♀	*Sexe*	*° Naissance*	*† Mort*	*Conjoint*

AUTRES UNION(S)/ENFANTS

FRÈRES ET SOEURS *(détails p.75)* ♂ ♀ **1.**

2. **3.** **4.**

5. **6.** **7.**

8. **9.** **10.**

ÉVÉNEMENTS INDIVIDUELS

NOTES

148	149	150	151
74		75	
37			
18			

Sosa 38 Nom : .... Prénoms : .... ♂

▶ 6ème génération - *Ascendant paternel* - ***Index page XVI***

Enfant : ☐ *Légitime* ☐ *Naturel* ☐ *Adopté* ☐ *Trouvé* ☐ *Reconnu* ☐ *Adultérin* ☐ *Légitimé* ☐ *Implexe*

Né le : .... à ....

Baptisé le : .... à ....

Parrain : .... Marraine : ....

Fils de : .... & de: ....

Nationalité : .... Religion : .... Etudes: ....

Profession(s) : ....

Décédé le : .... à .... Cause: ....

☐ *Inhumé* ☐ *Incinéré* ☐ *Disparu* le : .... à ....

SITUATION MATRIMONIALE

☐ *Mariage civil* ☐ *Mariage religieux* ☐ *PACS* ☐ *Union libre*

Le : .... à .... ☐ *Contrat de mariage*

Témoins du marié : ....

Témoins de la mariée : ....

☐ *Séparation* ☐ *Divorce* ☐ *Veuvage du marié/de la mariée* Le : ....

ÉVÉNEMENTS FAMILIAUX

....

AUTRES UNION(S)/ ENFANTS

....

FRÈRES ET SOEURS *(détails p.77)*

♂ .... ♀ ....

1. ....
2. ....
3. ....
4. ....
5. ....
6. ....
7. ....
8. ....
9. ....
10. ....

ÉVÉNEMENTS INDIVIDUELS

....

PARCOURS MILITAIRE

☐ *Réformé* ☐ *Exempté* Classe : .... N° Matricule: ....

Affectation(s) : ....

Campagne(s): ....

Médaille(s) : .... ☐ *Mort pour la France* ☐ *Blessé* le : ....

152 153 154 155
76 77
38
19

NOTES

....

Sosa **39**

♀ Nom : ....Prénoms : ....

▸6ème génération - *Ascendant paternel* - ***Index page XVI***

☐ *Implexe*

Enfant : ☐ *Légitime* ☐ *Naturel* ☐ *Adopté* ☐ *Trouvé* ☐ *Reconnu* ☐ *Adultérin* ☐ *Légitimé*

Née le : ....à...

Baptisée le : ....à...

Parrain : ....Marraine : ....

Fille de : ....& de: ....

Nationalité : ....Religion : ....Etudes: ....

Profession(s) : ....

Décédée le : ....à.......................................Cause:..................................

☐ *Inhumée* ☐ *Incinérée* ☐ *Disparue* le : ....à..

ENFANTS ♂ .... ♀	*Sexe*	*° Naissance*	*† Mort*	*Conjoint*
....	......	....	....	....
....	......	....	....	....
....	......	....	....	....
....	......	....	....	....
....	......	....	....	....
....	......	....	....	....
....	......	....	....	....
....	......	....	....	....
....	......	....	....	....
....	......	....	....	....

AUTRES UNION(S)/ ENFANTS ....

....

....

....

FRÈRES ET SOEURS *(détails p.79)* ♂ .... ♀ .... **1.**...

2...**3.**..**4.**..

5...**6.**..**7.**..

8...**9.**..**10.**..

ÉVÉNEMENTS INDIVIDUELS ....

....

....

....

....

....

....

....

NOTES ....

....

....

....

....

156 157 158 159

78 79

39

19

Sosa
40 Nom : .... Prénoms : .... ♂

▸6ème génération - *Ascendant paternel* - ***Index page XVI***

Enfant : ☐ *Légitime* ☐ *Naturel* ☐ *Adopté* ☐ *Trouvé* ☐ *Reconnu* ☐ *Adultérin* ☐ *Légitimé* ☐ *Implexe*

Né le : .... à ....

Baptisé le : .... à ....

Parrain : .... Marraine : ....

Fils de : .... & de: ....

Nationalité : .... Religion : .... Etudes: ....

Profession(s) : ....

Décédé le : .... à .... Cause:..........................

☐ *Inhumé* ☐ *Incinéré* ☐ *Disparu* le : .... à ....

SITUATION MATRIMONIALE

☐ *Mariage civil* ☐ *Mariage religieux* ☐ *PACS* ☐ *Union libre*

Le : .... à .... ☐ *Contrat de mariage*

Témoins du marié : ....

Témoins de la mariée : ....

☐ *Séparation* ☐ *Divorce* ☐ *Veuvage du marié/de la mariée* Le : ....

ÉVÉNEMENTS FAMILIAUX

....

....

....

....

....

....

AUTRES UNION(S)/ ENFANTS

....

....

....

....

FRÈRES ET SOEURS *(détails p.81)* ♂ .... ♀ ....

1. ....
2. ....
3. ....
4. ....
5. ....
6. ....
7. ....
8. ....
9. ....
10. ....

ÉVÉNEMENTS INDIVIDUELS

....

....

....

....

PARCOURS MILITAIRE

☐ *Réformé* ☐ *Exempté* Classe : .... N° Matricule: ....

Affectation(s) : ....

Campagne(s): ....

Médaille(s) : .... ☐ *Mort pour la France* ☐ *Blessé* le : ....

160	161	162	163
80		81	
	40		
	20		

NOTES

....

....

....

....

....

♀ Nom : .... Prénoms : ....

Sosa **41**

▸6ème génération - *Ascendant paternel* - ***Index page XVI***

☐ *Implexe*

Enfant : ☐ *Légitime* ☐ *Naturel* ☐ *Adopté* ☐ *Trouvé* ☐ *Reconnu* ☐ *Adultérin* ☐ *Légitimé*

Née le : .... à ....

Baptisée le : .... à ....

Parrain : .... Marraine : ....

Fille de : .... & de: ....

Nationalité : .... Religion : .... Etudes: ....

Profession(s) : ....

Décédée le : .... à .... Cause: ....

☐ *Inhumée* ☐ *Incinérée* ☐ *Disparue* le : .... à ....

ENFANTS ♂ .... ♀	*Sexe*	*° Naissance*	*† Mort*	*Conjoint*
...	...	...	...	...
...	...	...	...	...
...	...	...	...	...
...	...	...	...	...
...	...	...	...	...
...	...	...	...	...
...	...	...	...	...
...	...	...	...	...
...	...	...	...	...
...	...	...	...	...

AUTRES UNION(S)/ ENFANTS ....

....

....

....

FRÈRES ET SOEURS *(détails p.83)* ♂ .... ♀ .... 1. ....

2. .... 3. .... 4. ....

5. .... 6. .... 7. ....

8. .... 9. .... 10. ....

ÉVÉNEMENTS INDIVIDUELS ....

....

....

....

....

....

....

....

NOTES ....

....

....

....

....

164 165 166 167

82 83

41

20

Sosa 42 Nom : .... Prénoms : .... ♂

▸6ème génération - *Ascendant paternel* - ***Index page XVI***

Enfant : ☐ *Légitime* ☐ *Naturel* ☐ *Adopté* ☐ *Trouvé* ☐ *Reconnu* ☐ *Adultérin* ☐ *Légitimé* ☐ *Implexe*

Né le : .... à ....

Baptisé le : .... à ....

Parrain : .... Marraine : ....

Fils de : .... & de: ....

Nationalité : .... Religion : .... Etudes: ....

Profession(s) : ....

Décédé le : .... à .... Cause: ....

☐ *Inhumé* ☐ *Incinéré* ☐ *Disparu* le : .... à ....

SITUATION MATRIMONIALE

☐ *Mariage civil* ☐ *Mariage religieux* ☐ *PACS* ☐ *Union libre*

Le : .... à .... ☐ *Contrat de mariage*

Témoins du marié : ....

Témoins de la mariée : ....

☐ *Séparation* ☐ *Divorce* ☐ *Veuvage du marié/de la mariée* Le : ....

ÉVÉNEMENTS FAMILIAUX

....

....

....

....

....

AUTRES UNION(S)/ ENFANTS

....

....

....

FRÈRES ET SOEURS (*détails p.85*)

♂ .... ♀ ....

1. ....
2. ....
3. ....
4. ....
5. ....
6. ....
7. ....
8. ....
9. ....
10. ....

ÉVÉNEMENTS INDIVIDUELS

....

....

....

PARCOURS MILITAIRE

☐ *Réformé* ☐ *Exempté* Classe : .... N° Matricule: ....

Affectation(s) : ....

Campagne(s): ....

Médaille(s) : .... ☐ *Mort pour la France* ☐ *Blessé* le : ....

168 | 169 | 170 | 171

84 | 85

42

21

NOTES

....

....

....

....

♀ Nom : ....Prénoms : ....

▶6ème génération - *Ascendant paternel* - ***Index page XVI***

☐ *Implexe*

Enfant : ☐ *Légitime* ☐ *Naturel* ☐ *Adopté* ☐ *Trouvé* ☐ *Reconnu* ☐ *Adultérin* ☐ *Légitimé*

Née le : ....à..............................

Baptisée le : ....à..............................

Parrain : ....Marraine : ....

Fille de : ....& de: ....

Nationalité : ....Religion : ....Etudes: ....

Profession(s) : ....

Décédée le : ....à....................Cause:....................

☐ *Inhumée* ☐ *Incinérée* ☐ *Disparue* le : ....à....................

ENFANTS ♂ .... ♀	*Sexe*	*° Naissance*	*† Mort*	*Conjoint*
....	......	....	....	....
....	......	....	....	....
....	......	....	....	....
....	......	....	....	....
....	......	....	....	....
....	......	....	....	....
....	......	....	....	....
....	......	....	....	....
....	......	....	....	....
....	......	....	....	....

AUTRES UNION(S)/ ENFANTS ....

....

....

....

FRÈRES ET SOEURS *(détails p.87)* ♂ .... ♀ .... **1.**..............................

2.....................**3.**....................**4.**....................

5.....................**6.**....................**7.**....................

8.....................**9.**....................**10.**....................

ÉVÉNEMENTS INDIVIDUELS ....

....

....

....

....

....

....

....

NOTES ....

....

....

....

....

172 173 174 175
86 87
43
21

Sosa **44** Nom : ....Prénoms : .... ♂

▸6ème génération - *Ascendant paternel* - ***Index page XVI***

Enfant : ☐ *Légitime* ☐ *Naturel* ☐ *Adopté* ☐ *Trouvé* ☐ *Reconnu* ☐ *Adultérin* ☐ *Légitimé* ☐ *Implexe*

Né le : ....à...

Baptisé le : ....à...

Parrain : ....Marraine : ....

Fils de : ....& de: ....

Nationalité : ....Religion : ....Etudes: ....

Profession(s) : ....

Décédé le : ....à...Cause:......................

☐ *Inhumé* ☐ *Incinéré* ☐ *Disparu* le : ....à...

SITUATION MATRIMONIALE

☐ *Mariage civil* ☐ *Mariage religieux* ☐ *PACS* ☐ *Union libre*

Le : ....à.. ☐ *Contrat de mariage*

Témoins du marié : ....

Témoins de la mariée : ....

☐ *Séparation* ☐ *Divorce* ☐ *Veuvage du marié/de la mariée* Le : ....

ÉVÉNEMENTS FAMILIAUX

....

....

....

....

....

AUTRES UNION(S)/ ENFANTS

....

....

....

FRÈRES ET SOEURS

(détails p.89) ♂ .... ♀ .... **1.**......................................

2....................................**3.**...................................**4.**...................................

5....................................**6.**...................................**7.**...................................

8....................................**9.**...................................**10.**.................................

ÉVÉNEMENTS INDIVIDUELS

....

....

....

PARCOURS MILITAIRE

☐ *Réformé* ☐ *Exempté* Classe : ....N° Matricule: ....

Affectation(s) : ....

Campagne(s): ....

Médaille(s) : ....☐ *Mort pour la France* ☐ *Blessé* le : ....

176	177	178	179
88		89	
44			
22			

NOTES

....

....

....

....

♀ Nom : .... Prénoms : ....

▸6ème génération - *Ascendant paternel* - ***Index page XVI***

☐ *Implexe*

Enfant : ☐ *Légitime* ☐ *Naturel* ☐ *Adopté* ☐ *Trouvé* ☐ *Reconnu* ☐ *Adultérin* ☐ *Légitimé*

Née le : .... à ....

Baptisée le : .... à ....

Parrain : .... Marraine : ....

Fille de : .... & de: ....

Nationalité : .... Religion : .... Etudes: ....

Profession(s) : ....

Décédée le : .... à .... Cause: ....

☐ *Inhumée* ☐ *Incinérée* ☐ *Disparue* le : .... à ....

ENFANTS ♂ .... ♀	*Sexe*	*° Naissance*	*† Mort*	*Conjoint*
....	......	....	....	....
....	......	....	....	....
....	......	....	....	....
....	......	....	....	....
....	......	....	....	....
....	......	....	....	....
....	......	....	....	....
....	......	....	....	....
....	......	....	....	....
....	......	....	....	....

AUTRES UNION(S)/ENFANTS ....

....

....

....

FRÈRES ET SOEURS *(détails p.91)* ♂ .... ♀ ....

1. ....
2. ....
3. ....
4. ....
5. ....
6. ....
7. ....
8. ....
9. ....
10. ....

ÉVÉNEMENTS INDIVIDUELS ....

....

....

....

....

....

....

....

NOTES ....

....

....

....

....

180	181	182	183
90		91	
45			
22			

Sosa
46 Nom : ....Prénoms : .... ♂

▸6ème génération - *Ascendant paternel* - ***Index page XVI***

Enfant : ☐ *Légitime* ☐ *Naturel* ☐ *Adopté* ☐ *Trouvé* ☐ *Reconnu* ☐ *Adultérin* ☐ *Légitimé* ☐ *Implexe*

Né le : ....à..

Baptisé le : ....à..

Parrain : ....Marraine : ....

Fils de : ....& de: ....

Nationalité : ....Religion : ....Etudes: ....

Profession(s) : ....

Décédé le : ....à....................Cause:....................

☐ *Inhumé* ☐ *Incinéré* ☐ *Disparu* le : ....à....................

SITUATION MATRIMONIALE ☐ *Mariage civil* ☐ *Mariage religieux* ☐ *PACS* ☐ *Union libre*

Le : ....à.. ☐ *Contrat de mariage*

Témoins du marié : ....

Témoins de la mariée : ....

☐ *Séparation* ☐ *Divorce* ☐ *Veuvage du marié/de la mariée* Le : ....

ÉVÉNEMENTS FAMILIAUX ....

....

....

....

....

....

AUTRES UNION(S)/ ENFANTS ....

....

....

....

FRÈRES ET SOEURS *(détails p.93)* ♂ .... ♀ .... 1....................

2.................... 3.................... 4....................

5.................... 6.................... 7....................

8.................... 9.................... 10....................

ÉVÉNEMENTS INDIVIDUELS ....

....

....

....

PARCOURS MILITAIRE ☐ *Réformé* ☐ *Exempté* Classe : ....N° Matricule: ....

Affectation(s) : ....

Campagne(s): ....

Médaille(s) : ....☐ *Mort pour la France* ☐ *Blessé* le : ....

184	185	186	187
92		93	
46			
23			

NOTES ....

....

....

....

....

Sosa
47

♀ Nom : .... Prénoms : ....

▸6ème génération - *Ascendant paternel* - ***Index page XVI***

☐ *Implexe*

Enfant : ☐ *Légitime* ☐ *Naturel* ☐ *Adopté* ☐ *Trouvé* ☐ *Reconnu* ☐ *Adultérin* ☐ *Légitimé*

Née le : .... à ....

Baptisée le : .... à ....

Parrain : .... Marraine : ....

Fille de : .... & de: ....

Nationalité : .... Religion : .... Etudes: ....

Profession(s) : ....

Décédée le : .... à .... Cause: ....

☐ *Inhumée* ☐ *Incinérée* ☐ *Disparue* le : .... à ....

ENFANTS ♂ .... ♀	*Sexe*	*° Naissance*	*† Mort*	*Conjoint*
....	......	....	....	....
....	......	....	....	....
....	......	....	....	....
....	......	....	....	....
....	......	....	....	....
....	......	....	....	....
....	......	....	....	....
....	......	....	....	....
....	......	....	....	....
....	......	....	....	....

AUTRES UNION(S)/ENFANTS ....

....

....

....

FRÈRES ET SOEURS *(détails p.95)* ♂ .... ♀ .... **1.** ....

2. .... **3.** .... **4.** ....

5. .... **6.** .... **7.** ....

8. .... **9.** .... **10.** ....

ÉVÉNEMENTS INDIVIDUELS ....

....

....

....

....

....

....

....

NOTES ....

....

....

....

....

188	189	190	191
94		95	
47			
23			

Sosa **48** Nom : .... Prénoms : .... ♂

▸6ème génération - *Ascendant maternel* - ***Index page XVI***

Enfant : ☐ *Légitime* ☐ *Naturel* ☐ *Adopté* ☐ *Trouvé* ☐ *Reconnu* ☐ *Adultérin* ☐ *Légitimé* ☐ *Implexe*

Né le : .... à ....

Baptisé le : .... à ....

Parrain : .... Marraine : ....

Fils de : .... & de: ....

Nationalité : .... Religion : .... Etudes: ....

Profession(s) : ....

Décédé le : .... à .... Cause: ....

☐ *Inhumé* ☐ *Incinéré* ☐ *Disparu* le : .... à ....

SITUATION MATRIMONIALE

☐ *Mariage civil* ☐ *Mariage religieux* ☐ *PACS* ☐ *Union libre*

Le : .... à .... ☐ *Contrat de mariage*

Témoins du marié : ....

Témoins de la mariée : ....

☐ *Séparation* ☐ *Divorce* ☐ *Veuvage du marié/de la mariée* Le : ....

ÉVÉNEMENTS FAMILIAUX

....

AUTRES UNION(S)/ ENFANTS

....

FRÈRES ET SOEURS

(détails p.97) ♂ .... ♀ ....

1. ....
2. ....
3. ....
4. ....
5. ....
6. ....
7. ....
8. ....
9. ....
10. ....

ÉVÉNEMENTS INDIVIDUELS

....

PARCOURS MILITAIRE

☐ *Réformé* ☐ *Exempté* Classe : .... N° Matricule: ....

Affectation(s) : ....

Campagne(s): ....

Médaille(s) : .... ☐ *Mort pour la France* ☐ *Blessé* le : ....

192 193 194 195

96 97

48

24

NOTES

....

♀ Nom : .... Prénoms : .... **Sosa 49**

▶6ème génération - *Ascendant maternel* - ***Index page XVI***

☐ *Implexe*

Enfant : ☐ *Légitime* ☐ *Naturel* ☐ *Adopté* ☐ *Trouvé* ☐ *Reconnu* ☐ *Adultérin* ☐ *Légitimé*

Née le : .... à ....

Baptisée le : .... à ....

Parrain : .... Marraine : ....

Fille de : .... & de: ....

Nationalité : .... Religion : .... Etudes: ....

Profession(s) : ....

Décédée le : .... à .... Cause: ....

☐ *Inhumée* ☐ *Incinérée* ☐ *Disparue* le : .... à ....

ENFANTS ♂ .... ♀	*Sexe*	*° Naissance*	*† Mort*	*Conjoint*
....	......	....	....	....
....	......	....	....	....
....	......	....	....	....
....	......	....	....	....
....	......	....	....	....
....	......	....	....	....
....	......	....	....	....
....	......	....	....	....
....	......	....	....	....
....	......	....	....	....

AUTRES UNION(S)/ENFANTS ....

....

....

....

FRÈRES ET SOEURS *(détails p.99)* ♂ .... ♀ .... 1. ....

2. .... 3. .... 4. ....

5. .... 6. .... 7. ....

8. .... 9. .... 10. ....

ÉVÉNEMENTS INDIVIDUELS ....

....

....

....

....

....

....

....

NOTES ....

....

....

....

....

196	197	198	199
98		99	
49			
24			

Sosa 50 Nom : .... Prénoms : .... ♂

▸6ème génération - *Ascendant maternel* - ***Index page XVI***

Enfant : ☐ *Légitime* ☐ *Naturel* ☐ *Adopté* ☐ *Trouvé* ☐ *Reconnu* ☐ *Adultérin* ☐ *Légitimé* ☐ *Implexe*

Né le : .... à ....

Baptisé le : .... à ....

Parrain : .... Marraine : ....

Fils de : .... & de: ....

Nationalité : .... Religion : .... Etudes: ....

Profession(s) : ....

Décédé le : .... à .... Cause: ....

☐ *Inhumé* ☐ *Incinéré* ☐ *Disparu* le : .... à ....

SITUATION MATRIMONIALE

☐ *Mariage civil* ☐ *Mariage religieux* ☐ *PACS* ☐ *Union libre*

Le : .... à .... ☐ *Contrat de mariage*

Témoins du marié : ....

Témoins de la mariée : ....

☐ *Séparation* ☐ *Divorce* ☐ *Veuvage du marié/de la mariée* Le : ....

ÉVÉNEMENTS FAMILIAUX

....

....

....

....

....

AUTRES UNION(S)/ENFANTS

....

....

....

FRÈRES ET SOEURS *(détails p.101)*

♂ .... ♀ .... 1. ....

2. .... 3. .... 4. ....

5. .... 6. .... 7. ....

8. .... 9. .... 10. ....

ÉVÉNEMENTS INDIVIDUELS

....

....

....

PARCOURS MILITAIRE

☐ *Réformé* ☐ *Exempté* Classe : .... N° Matricule: ....

Affectation(s) : ....

Campagne(s): ....

Médaille(s) : .... ☐ *Mort pour la France* ☐ *Blessé* le : ....

200	201	202	203
100		101	
	50		
	25		

NOTES

....

....

....

....

Sosa **51**

♀ Nom : .... Prénoms : ....

▸6ème génération - *Ascendant maternel* - ***Index page XVI***

☐ *Implexe*

Enfant : ☐ *Légitime* ☐ *Naturel* ☐ *Adopté* ☐ *Trouvé* ☐ *Reconnu* ☐ *Adultérin* ☐ *Légitimé*

Née le : .... à ....

Baptisée le : .... à ....

Parrain : .... Marraine : ....

Fille de : .... & de: ....

Nationalité : .... Religion : .... Etudes: ....

Profession(s) : ....

Décédée le : .... à .... Cause: ....

☐ *Inhumée* ☐ *Incinérée* ☐ *Disparue* le : .... à ....

ENFANTS ♂ .... ♀	*Sexe*	*° Naissance*	*† Mort*	*Conjoint*
....	....	....	....	....
....	....	....	....	....
....	....	....	....	....
....	....	....	....	....
....	....	....	....	....
....	....	....	....	....
....	....	....	....	....
....	....	....	....	....
....	....	....	....	....
....	....	....	....	....

AUTRES UNION(S)/ ENFANTS ....

....

....

....

FRÈRES ET SOEURS *(détails p.103)* ♂ .... ♀ .... 1. ....

2. .... 3. .... 4. ....

5. .... 6. .... 7. ....

8. .... 9. .... 10. ....

ÉVÉNEMENTS INDIVIDUELS ....

....

....

....

....

....

....

....

NOTES ....

....

....

....

....

204 205 206 207

102 103

51

25

Sosa 52 Nom : .... Prénoms : .... ♂

▶6ème génération - *Ascendant maternel* - ***Index page XVI***

Enfant : ☐ *Légitime* ☐ *Naturel* ☐ *Adopté* ☐ *Trouvé* ☐ *Reconnu* ☐ *Adultérin* ☐ *Légitimé* ☐ *Implexe*

Né le : .... à ....

Baptisé le : .... à ....

Parrain : .... Marraine : ....

Fils de : .... & de: ....

Nationalité : .... Religion : .... Etudes: ....

Profession(s) : ....

Décédé le : .... à .... Cause: ....

☐ *Inhumé* ☐ *Incinéré* ☐ *Disparu* le : .... à ....

SITUATION MATRIMONIALE

☐ *Mariage civil* ☐ *Mariage religieux* ☐ *PACS* ☐ *Union libre*

Le : .... à .... ☐ *Contrat de mariage*

Témoins du marié : ....

Témoins de la mariée : ....

☐ *Séparation* ☐ *Divorce* ☐ *Veuvage du marié/de la mariée* Le : ....

ÉVÉNEMENTS FAMILIAUX

....

AUTRES UNION(S)/ENFANTS

....

FRÈRES ET SOEURS

(détails p.105) ♂ .... ♀ ....

1. ....
2. ....
3. ....
4. ....
5. ....
6. ....
7. ....
8. ....
9. ....
10. ....

ÉVÉNEMENTS INDIVIDUELS

....

PARCOURS MILITAIRE

☐ *Réformé* ☐ *Exempté* Classe : .... N° Matricule: ....

Affectation(s) : ....

Campagne(s): ....

Médaille(s) : .... ☐ *Mort pour la France* ☐ *Blessé* le : ....

208 209 210 211
104 105
52
26

NOTES

....

♀ Nom : .... Prénoms : ....

▸6ème génération - *Ascendant maternel* - ***Index page XVI***

☐ *Implexe*

Enfant : ☐ *Légitime* ☐ *Naturel* ☐ *Adopté* ☐ *Trouvé* ☐ *Reconnu* ☐ *Adultérin* ☐ *Légitimé*

Née le : .... à ....

Baptisée le : .... à ....

Parrain : .... Marraine : ....

Fille de : .... & de: ....

Nationalité : .... Religion : .... Etudes: ....

Profession(s) : ....

Décédée le : .... à .... Cause: ....

☐ *Inhumée* ☐ *Incinérée* ☐ *Disparue* le : .... à ....

ENFANTS ♂ .... ♀	*Sexe*	*° Naissance*	*† Mort*	*Conjoint*
...	...	...	...	...
...	...	...	...	...
...	...	...	...	...
...	...	...	...	...
...	...	...	...	...
...	...	...	...	...
...	...	...	...	...
...	...	...	...	...
...	...	...	...	...
...	...	...	...	...

AUTRES UNION(S)/ ENFANTS ....

....

....

....

FRÈRES ET SOEURS *(détails p.107)* ♂ .... ♀ .... 1. ....

2. .... 3. .... 4. ....

5. .... 6. .... 7. ....

8. .... 9. .... 10. ....

ÉVÉNEMENTS INDIVIDUELS ....

....

....

....

....

....

....

....

NOTES ....

....

....

....

....

212 213 214 215

106 107

53

26

Sosa
54 Nom : ....Prénoms : .... ♂

▶6ème génération - *Ascendant maternel* - ***Index page XVI***

Enfant : ☐ *Légitime* ☐ *Naturel* ☐ *Adopté* ☐ *Trouvé* ☐ *Reconnu* ☐ *Adultérin* ☐ *Légitimé* ☐ *Implexe*

Né le : ....à..

Baptisé le : ....à..

Parrain : ....Marraine : ....

Fils de : ....& de: ....

Nationalité : ....Religion : ....Etudes: ....

Profession(s) : ....

Décédé le : ....à....................................Cause:....................

☐ *Inhumé* ☐ *Incinéré* ☐ *Disparu* le : ....à...

SITUATION MATRIMONIALE

☐ *Mariage civil* ☐ *Mariage religieux* ☐ *PACS* ☐ *Union libre*

Le : ....à.. ☐ *Contrat de mariage*

Témoins du marié : ....

Témoins de la mariée : ....

☐ *Séparation* ☐ *Divorce* ☐ *Veuvage du marié/de la mariée* Le : ....

ÉVÉNEMENTS FAMILIAUX

....

....

....

....

....

AUTRES UNION(S)/ ENFANTS

....

....

....

FRÈRES ET SOEURS

(détails p.109) ♂ .... ♀ ....

1...

2.....................................3.....................................4.....................................

5.....................................6.....................................7.....................................

8.....................................9.....................................10....................................

ÉVÉNEMENTS INDIVIDUELS

....

....

....

PARCOURS MILITAIRE

☐ *Réformé* ☐ *Exempté* Classe : ....N° Matricule: ....

Affectation(s) : ....

Campagne(s): ....

Médaille(s) : ....☐ *Mort pour la France* ☐ *Blessé* le : ....

216 217 218 219

108 109

54

27

NOTES

....

....

....

....

♀ Nom : .... Prénoms : .... **Sosa 55**

▶6ème génération - *Ascendant maternel* - ***Index page XVI***

☐ *Implexe*

Enfant : ☐ *Légitime* ☐ *Naturel* ☐ *Adopté* ☐ *Trouvé* ☐ *Reconnu* ☐ *Adultérin* ☐ *Légitimé*

Née le : ....à...

Baptisée le : ....à...

Parrain : ....Marraine : ....

Fille de : ....& de: ....

Nationalité : ....Religion : ....Etudes: ....

Profession(s) : ....

Décédée le : ....à...................................Cause:.....................

☐ *Inhumée* ☐ *Incinérée* ☐ *Disparue* le : ....à.................................

ENFANTS ♂ .... ♀	*Sexe*	*° Naissance*	*† Mort*	*Conjoint*
....	.....	....	....	....
....	.....	....	....	....
....	.....	....	....	....
....	.....	....	....	....
....	.....	....	....	....
....	.....	....	....	....
....	.....	....	....	....
....	.....	....	....	....
....	.....	....	....	....
....	.....	....	....	....

AUTRES UNION(S)/ ENFANTS ....

....

....

....

FRÈRES ET SOEURS *(détails p.111)* ♂ .... ♀ .... 1...

2.................................3.................................4.................................

5.................................6.................................7.................................

8.................................9.................................10...............................

ÉVÉNEMENTS INDIVIDUELS ....

....

....

....

....

....

....

....

NOTES ....

....

....

....

....

220 221 222 223

110 111

55

27

Sosa
56 Nom : ....Prénoms : .... ♂

▶6ème génération - *Ascendant maternel* - ***Index page XVI***

Enfant : ☐ *Légitime* ☐ *Naturel* ☐ *Adopté* ☐ *Trouvé* ☐ *Reconnu* ☐ *Adultérin* ☐ *Légitimé* ☐ *Implexe*

Né le : ....à...

Baptisé le : ....à...

Parrain : ....Marraine : ....

Fils de : ....& de: ....

Nationalité : ....Religion : ....Etudes: ....

Profession(s) : ....

Décédé le : ....à.................................Cause:...........................

☐ *Inhumé* ☐ *Incinéré* ☐ *Disparu* le : ....à.......................................

SITUATION MATRIMONIALE

☐ *Mariage civil* ☐ *Mariage religieux* ☐ *PACS* ☐ *Union libre*

Le : ....à.. ☐ *Contrat de mariage*

Témoins du marié : ....

Témoins de la mariée : ....

☐ *Séparation* ☐ *Divorce* ☐ *Veuvage du marié/de la mariée* Le : ....

ÉVÉNEMENTS FAMILIAUX

....

....

....

....

....

....

AUTRES UNION(S)/ ENFANTS

....

....

....

....

FRÈRES ET SOEURS

(détails p.113) ♂ .... ♀ .... 1.......................................

2...................................3...................................4...................................

5...................................6...................................7...................................

8...................................9...................................10.................................

ÉVÉNEMENTS INDIVIDUELS

....

....

....

....

PARCOURS MILITAIRE

☐ *Réformé* ☐ *Exempté* Classe : ....N° Matricule: ....

Affectation(s) : ....

Campagne(s): ....

Médaille(s) : ....☐ *Mort pour la France* ☐ *Blessé* le : ....

224	225	226	227
112		113	
56			
28			

NOTES

....

....

....

....

....

Sosa **57**

♀ Nom : .... Prénoms : ....

▸6ème génération - *Ascendant maternel* - ***Index page XVI***

☐ *Implexe*

Enfant : ☐ *Légitime* ☐ *Naturel* ☐ *Adopté* ☐ *Trouvé* ☐ *Reconnu* ☐ *Adultérin* ☐ *Légitimé*

Née le : .... à ....

Baptisée le : .... à ....

Parrain : .... Marraine : ....

Fille de : .... & de: ....

Nationalité : .... Religion : .... Etudes: ....

Profession(s) : ....

Décédée le : .... à .... Cause: ....

☐ *Inhumée* ☐ *Incinérée* ☐ *Disparue* le : .... à ....

ENFANTS ♂ .... ♀	*Sexe*	*° Naissance*	*† Mort*	*Conjoint*
....	.....	....	....	....
....	.....	....	....	....
....	.....	....	....	....
....	.....	....	....	....
....	.....	....	....	....
....	.....	....	....	....
....	.....	....	....	....
....	.....	....	....	....
....	.....	....	....	....
....	.....	....	....	....

AUTRES UNION(S)/ ENFANTS ....

....

....

....

FRÈRES ET SOEURS *(détails p.115)* ♂ .... ♀ .... **1.** ....

2. .... **3.** .... **4.** ....

5. .... **6.** .... **7.** ....

8. .... **9.** .... **10.** ....

ÉVÉNEMENTS INDIVIDUELS ....

....

....

....

....

....

....

....

NOTES ....

....

....

....

....

228	229	230	231
114		115	
57			
28			

Sosa **58** Nom : ....Prénoms : .... ♂

▸6ème génération - *Ascendant maternel* - ***Index page XVI***

Enfant : ☐ *Légitime* ☐ *Naturel* ☐ *Adopté* ☐ *Trouvé* ☐ *Reconnu* ☐ *Adultérin* ☐ *Légitimé* ☐ *Implexe*

Né le : ....à..

Baptisé le : ....à..

Parrain : ....Marraine : ....

Fils de : ....& de: ....

Nationalité : ....Religion : ....Etudes: ....

Profession(s) : ....

Décédé le : ....à....................Cause:....................

☐ *Inhumé* ☐ *Incinéré* ☐ *Disparu* le : ....à....................

SITUATION MATRIMONIALE

☐ *Mariage civil* ☐ *Mariage religieux* ☐ *PACS* ☐ *Union libre*

Le : ....à.................................... ☐ *Contrat de mariage*

Témoins du marié : ....

Témoins de la mariée : ....

☐ *Séparation* ☐ *Divorce* ☐ *Veuvage du marié/de la mariée* Le : ....

ÉVÉNEMENTS FAMILIAUX

....

....

....

....

....

AUTRES UNION(S)/ ENFANTS

....

....

....

FRÈRES ET SOEURS

(détails p.117) ♂ .... ♀ ....

1. ....
2. ....
3. ....
4. ....
5. ....
6. ....
7. ....
8. ....
9. ....
10. ....

ÉVÉNEMENTS INDIVIDUELS

....

....

....

PARCOURS MILITAIRE

☐ *Réformé* ☐ *Exempté* Classe : ....N° Matricule: ....

Affectation(s) : ....

Campagne(s): ....

Médaille(s) : ....☐ *Mort pour la France* ☐ *Blessé* le : ....

232 | 233 | 234 | 235

116 | 117

58

29

NOTES

....

....

....

....

♀ Nom : .... Prénoms : ....

Sosa **59**

▸6ème génération - *Ascendant maternel* - ***Index page XVI***

☐ *Implexe*

Enfant : ☐ *Légitime* ☐ *Naturel* ☐ *Adopté* ☐ *Trouvé* ☐ *Reconnu* ☐ *Adultérin* ☐ *Légitimé*

Née le : .... à ....

Baptisée le : .... à ....

Parrain : .... Marraine : ....

Fille de : .... & de: ....

Nationalité : .... Religion : .... Etudes: ....

Profession(s) : ....

Décédée le : .... à .... Cause: ....

☐ *Inhumée* ☐ *Incinérée* ☐ *Disparue* le : .... à ....

ENFANTS ♂ .... ♀	*Sexe*	*° Naissance*	*† Mort*	*Conjoint*
....	....	....	....	....
....	....	....	....	....
....	....	....	....	....
....	....	....	....	....
....	....	....	....	....
....	....	....	....	....
....	....	....	....	....
....	....	....	....	....
....	....	....	....	....
....	....	....	....	....

AUTRES UNION(S)/ ENFANTS ....

....

....

....

FRÈRES ET SOEURS *(détails p.119)* ♂ .... ♀ .... 1. ....

2. .... 3. .... 4. ....

5. .... 6. .... 7. ....

8. .... 9. .... 10. ....

ÉVÉNEMENTS INDIVIDUELS ....

....

....

....

....

....

....

....

NOTES ....

....

....

....

....

236	237	238	239
118		119	
59			
29			

Sosa 60

Nom : ....Prénoms : .... ♂

▸6ème génération - *Ascendant maternel* - ***Index page XVI***

Enfant : ☐ *Légitime* ☐ *Naturel* ☐ *Adopté* ☐ *Trouvé* ☐ *Reconnu* ☐ *Adultérin* ☐ *Légitimé* ☐ *Implexe*

Né le : ....à..

Baptisé le : ....à...

Parrain : ....Marraine : ....

Fils de : ....& de: ....

Nationalité : ....Religion : ....Etudes: ....

Profession(s) : ....

Décédé le : ....à..Cause:.........................

☐ *Inhumé* ☐ *Incinéré* ☐ *Disparu* le : ....à...

SITUATION MATRIMONIALE

☐ *Mariage civil* ☐ *Mariage religieux* ☐ *PACS* ☐ *Union libre*

Le : ....à... ☐ *Contrat de mariage*

Témoins du marié : ....

Témoins de la mariée : ....

☐ *Séparation* ☐ *Divorce* ☐ *Veuvage du marié/de la mariée* Le : ....

ÉVÉNEMENTS FAMILIAUX

....

....

....

....

....

AUTRES UNION(S)/ENFANTS

....

....

....

FRÈRES ET SOEURS

(détails p.121) ♂ .... ♀ ....

1. ....
2. ....
3. ....
4. ....
5. ....
6. ....
7. ....
8. ....
9. ....
10. ....

ÉVÉNEMENTS INDIVIDUELS

....

....

....

PARCOURS MILITAIRE

☐ *Réformé* ☐ *Exempté* Classe : ....N° Matricule: ....

Affectation(s) : ....

Campagne(s): ....

Médaille(s) : ....☐ *Mort pour la France* ☐ *Blessé* le : ....

240 | 241 | 242 | 243

120 | 121

60

30

NOTES

....

....

....

....

Sosa
61

♀ Nom : ....Prénoms : ....

▸6ème génération - *Ascendant maternel* - ***Index page XVI***

☐ *Implexe*

Enfant : ☐ *Légitime* ☐ *Naturel* ☐ *Adopté* ☐ *Trouvé* ☐ *Reconnu* ☐ *Adultérin* ☐ *Légitimé*

Née le : ....à.................................

Baptisée le : ....à.................................

Parrain : ....Marraine : ....

Fille de : ....& de: ....

Nationalité : ....Religion : ....Etudes: ....

Profession(s) : ....

Décédée le : ....à..................Cause:..................

☐ *Inhumée* ☐ *Incinérée* ☐ *Disparue* le : ....à..................

ENFANTS ♂ .... ♀ ....

	Sexe	*° Naissance*	*† Mort*	*Conjoint*
....	.....	....	....	....
....	.....	....	....	....
....	.....	....	....	....
....	.....	....	....	....
....	.....	....	....	....
....	.....	....	....	....
....	.....	....	....	....
....	.....	....	....	....
....	.....	....	....	....
....	.....	....	....	....

AUTRES UNION(S)/ ENFANTS ....

....

....

....

FRÈRES ET SOEURS *(détails p.123)* ♂ .... ♀ .... 1.........................

2.................... 3.................... 4....................

5.................... 6.................... 7....................

8.................... 9.................... 10....................

ÉVÉNEMENTS INDIVIDUELS ....

....

....

....

....

....

....

....

NOTES ....

....

....

....

....

244	245	246	247
122		123	
61			
30			

Sosa
62 Nom : ....Prénoms : .... ♂

▸6ème génération - *Ascendant maternel* - ***Index page XVI***

Enfant : ☐ *Légitime* ☐ *Naturel* ☐ *Adopté* ☐ *Trouvé* ☐ *Reconnu* ☐ *Adultérin* ☐ *Légitimé* ☐ *Implexe*

Né le : ....à...

Baptisé le : ....à...

Parrain : ....Marraine : ....

Fils de : ....& de: ....

Nationalité : ....Religion : ....Etudes: ....

Profession(s) : ....

Décédé le : ....à.......................................Cause:.....................................

☐ *Inhumé* ☐ *Incinéré* ☐ *Disparu* le : ....à...

SITUATION MATRIMONIALE

☐ *Mariage civil* ☐ *Mariage religieux* ☐ *PACS* ☐ *Union libre*

Le : ....à.. ☐ *Contrat de mariage*

Témoins du marié : ....

Témoins de la mariée : ....

☐ *Séparation* ☐ *Divorce* ☐ *Veuvage du marié/de la mariée* Le : ....

ÉVÉNEMENTS FAMILIAUX

....

....

....

....

....

AUTRES UNION(S)/ ENFANTS

....

....

....

FRÈRES ET SOEURS

(détails p.125) ♂ .... ♀ .... 1...

2...3...4...

5...6...7...

8...9...10...

ÉVÉNEMENTS INDIVIDUELS

....

....

....

PARCOURS MILITAIRE

☐ *Réformé* ☐ *Exempté* Classe : ....N° Matricule: ....

Affectation(s) : ....

Campagne(s): ....

Médaille(s) : ....☐ *Mort pour la France* ☐ *Blessé* le : ....

248	249	250	251
124		125	
62			
31			

NOTES

....

....

....

....

Sosa **63**

♀ Nom : ....Prénoms : ....

▶6ème génération - *Ascendant maternel* - ***Index page XVI***

☐ *Implexe*

Enfant : ☐ *Légitime* ☐ *Naturel* ☐ *Adopté* ☐ *Trouvé* ☐ *Reconnu* ☐ *Adultérin* ☐ *Légitimé*

Née le : ....à..

Baptisée le : ....à..

Parrain : ....Marraine : ....

Fille de : ....& de: ....

Nationalité : ....Religion : ....Etudes: ....

Profession(s) : ....

Décédée le : ....à..........................Cause:......................

☐ *Inhumée* ☐ *Incinérée* ☐ *Disparue* le : ....à..........................

ENFANTS ♂ .... ♀	*Sexe*	*° Naissance*	*† Mort*	*Conjoint*
....	.....	....	....	....
....	.....	....	....	....
....	.....	....	....	....
....	.....	....	....	....
....	.....	....	....	....
....	.....	....	....	....
....	.....	....	....	....
....	.....	....	....	....
....	.....	....	....	....
....	.....	....	....	....

AUTRES UNION(S)/ ENFANTS ....

....

....

....

FRÈRES ET SOEURS *(détails p.127)* ♂ .... ♀ ....

1. ....
2. ....
3. ....
4. ....
5. ....
6. ....
7. ....
8. ....
9. ....
10. ....

ÉVÉNEMENTS INDIVIDUELS ....

....

....

....

....

....

....

....

NOTES ....

....

....

....

....

252	253	254	255
126		127	
63			
31			

Sosa 64

Nom : .... Prénoms : .... ♂

▸7ème génération - *Ascendant paternel* - ***Index page XVI***

Enfant : ☐ *Légitime* ☐ *Naturel* ☐ *Adopté* ☐ *Trouvé* ☐ *Reconnu* ☐ *Adultérin* ☐ *Légitimé* ☐ *Implexe*

Né le : .... à ....

Baptisé le : .... à ....

Parrain : .... Marraine : ....

Fils de : .... & de: ....

Nationalité : .... Religion : .... Etudes: ....

Profession(s) : ....

Décédé le : .... à .... Cause: ....

☐ *Inhumé* ☐ *Incinéré* ☐ *Disparu* le : .... à ....

SITUATION MATRIMONIALE

☐ *Mariage civil* ☐ *Mariage religieux* ☐ *PACS* ☐ *Union libre*

Le : .... à .... ☐ *Contrat de mariage*

Témoins du marié : ....

Témoins de la mariée : ....

☐ *Séparation* ☐ *Divorce* ☐ *Veuvage du marié/de la mariée* Le : ....

ÉVÉNEMENTS FAMILIAUX

....

AUTRES UNION(S)/ENFANTS

....

FRÈRES ET SOEURS

(détails p.129) ♂ .... ♀ ....

1. ....

2. .... **3.** .... **4.** ....

5. .... **6.** .... **7.** ....

8. .... **9.** .... **10.** ....

ÉVÉNEMENTS INDIVIDUELS

....

PARCOURS MILITAIRE

☐ *Réformé* ☐ *Exempté* Classe : .... N° Matricule: ....

Affectation(s) : ....

Campagne(s): ....

Médaille(s) : .... ☐ *Mort pour la France* ☐ *Blessé* le : ....

256 257 258 259

128 129

64

32

NOTES

....

Sosa **65**

♀ Nom : .... Prénoms : ....

▸7ème génération - *Ascendant paternel* - ***Index page XVI***

☐ *Implexe*

Enfant : ☐ *Légitime* ☐ *Naturel* ☐ *Adopté* ☐ *Trouvé* ☐ *Reconnu* ☐ *Adultérin* ☐ *Légitimé*

Née le : .... à ....

Baptisée le : .... à ....

Parrain : .... Marraine : ....

Fille de : .... & de: ....

Nationalité : .... Religion : .... Etudes: ....

Profession(s) : ....

Décédée le : .... à .... Cause: ....

☐ *Inhumée* ☐ *Incinérée* ☐ *Disparue* le : .... à ....

ENFANTS ♂ .... ♀	*Sexe*	*° Naissance*	*† Mort*	*Conjoint*

AUTRES UNION(S)/ ENFANTS ....

....

....

....

FRÈRES ET SOEURS *(détails p.131)* ♂ .... ♀ .... **1.** ....

2. .... **3.** .... **4.** ....

5. .... **6.** .... **7.** ....

8. .... **9.** .... **10.** ....

ÉVÉNEMENTS INDIVIDUELS ....

....

....

....

....

....

....

....

NOTES ....

....

....

....

....

260 261 262 263

130 131

65

32

Sosa
66 Nom : .... Prénoms : .... ♂

▸7ème génération - *Ascendant paternel* - ***Index page XVI***

Enfant : ☐ *Légitime* ☐ *Naturel* ☐ *Adopté* ☐ *Trouvé* ☐ *Reconnu* ☐ *Adultérin* ☐ *Légitimé* ☐ *Implexe*

Né le : .... à ....

Baptisé le : .... à ....

Parrain : .... Marraine : ....

Fils de : .... & de: ....

Nationalité : .... Religion : .... Etudes: ....

Profession(s) : ....

Décédé le : .... à .... Cause: ....

☐ *Inhumé* ☐ *Incinéré* ☐ *Disparu* le : .... à ....

SITUATION MATRIMONIALE

☐ *Mariage civil* ☐ *Mariage religieux* ☐ *PACS* ☐ *Union libre*

Le : .... à .... ☐ *Contrat de mariage*

Témoins du marié : ....

Témoins de la mariée : ....

☐ *Séparation* ☐ *Divorce* ☐ *Veuvage du marié/de la mariée* Le : ....

ÉVÉNEMENTS FAMILIAUX

....

....

....

....

....

AUTRES UNION(S)/ ENFANTS

....

....

....

FRÈRES ET SOEURS

(détails p.133) ♂ .... ♀ ....

1. ....
2. ....
3. ....
4. ....
5. ....
6. ....
7. ....
8. ....
9. ....
10. ....

ÉVÉNEMENTS INDIVIDUELS

....

....

....

PARCOURS MILITAIRE

☐ *Réformé* ☐ *Exempté* Classe : .... N° Matricule: ....

Affectation(s) : ....

Campagne(s): ....

Médaille(s) : .... ☐ *Mort pour la France* ☐ *Blessé* le : ....

264	265	266	267
132		133	
66			
33			

NOTES

....

....

....

....

♀ Nom : .... Prénoms : ....

▸7ème génération - *Ascendant paternel* - ***Index page XVI***

☐ *Implexe*

Enfant : ☐ *Légitime* ☐ *Naturel* ☐ *Adopté* ☐ *Trouvé* ☐ *Reconnu* ☐ *Adultérin* ☐ *Légitimé*

Née le : .... à ....

Baptisée le : .... à ....

Parrain : .... Marraine : ....

Fille de : .... & de: ....

Nationalité : .... Religion : .... Etudes: ....

Profession(s) : ....

Décédée le : .... à .... Cause: ....

☐ *Inhumée* ☐ *Incinérée* ☐ *Disparue* le : .... à ....

ENFANTS ♂ .... ♀	*Sexe*	*° Naissance*	*† Mort*	*Conjoint*
....	.....	....	....	....
....	.....	....	....	....
....	.....	....	....	....
....	.....	....	....	....
....	.....	....	....	....
....	.....	....	....	....
....	.....	....	....	....
....	.....	....	....	....
....	.....	....	....	....
....	.....	....	....	....

AUTRES UNION(S)/ ENFANTS

....

....

....

....

FRÈRES ET SOEURS *(détails p.135)* ♂ .... ♀ ....

1. ....
2. ....
3. ....
4. ....
5. ....
6. ....
7. ....
8. ....
9. ....
10. ....

ÉVÉNEMENTS INDIVIDUELS

....

....

....

....

....

....

....

....

NOTES

....

....

....

....

....

268 | 269 | 270 | 271

134 | 135

67

33

Sosa **68** Nom : ....Prénoms : .... ♂

▸7ème génération - *Ascendant paternel* - ***Index page XVI***

Enfant : ☐ *Légitime* ☐ *Naturel* ☐ *Adopté* ☐ *Trouvé* ☐ *Reconnu* ☐ *Adultérin* ☐ *Légitimé* ☐ *Implexe*

Né le : ....à..

Baptisé le : ....à..

Parrain : ....Marraine : ....

Fils de : ....& de: ....

Nationalité : ....Religion : ....Etudes: ....

Profession(s) : ....

Décédé le : ....à..Cause:..........................

☐ *Inhumé* ☐ *Incinéré* ☐ *Disparu* le : ....à..

SITUATION MATRIMONIALE

☐ *Mariage civil* ☐ *Mariage religieux* ☐ *PACS* ☐ *Union libre*

Le : ....à.. ☐ *Contrat de mariage*

Témoins du marié : ....

Témoins de la mariée : ....

☐ *Séparation* ☐ *Divorce* ☐ *Veuvage du marié/de la mariée* Le : ....

ÉVÉNEMENTS FAMILIAUX

....

....

....

....

....

AUTRES UNION(S)/ ENFANTS

....

....

....

FRÈRES ET SOEURS *(détails p.137)* ♂ .... ♀ ....

1....

2.... **3.**... **4.**...

5.... **6.**... **7.**...

8.... **9.**... **10.**...

ÉVÉNEMENTS INDIVIDUELS

....

....

....

PARCOURS MILITAIRE

☐ *Réformé* ☐ *Exempté* Classe : ....N° Matricule: ....

Affectation(s) : ....

Campagne(s): ....

Médaille(s) : .... ☐ *Mort pour la France* ☐ *Blessé* le : ....

272	273	274	275
136		137	
68			
34			

NOTES

....

....

....

....

♀ Nom : ....Prénoms : .... **Sosa 69**

▸7ème génération - *Ascendant paternel* - ***Index page XVI***

☐ *Implexe*

Enfant : ☐ *Légitime* ☐ *Naturel* ☐ *Adopté* ☐ *Trouvé* ☐ *Reconnu* ☐ *Adultérin* ☐ *Légitimé*

Née le : ....à...

Baptisée le : ....à..

Parrain : ....Marraine : ....

Fille de : ....& de: ....

Nationalité : ....Religion : ....Etudes: ....

Profession(s) : ....

Décédée le : ....à...Cause:........................

☐ *Inhumée* ☐ *Incinérée* ☐ *Disparue* le : ....à...

ENFANTS ♂ .... ♀	*Sexe*	*° Naissance*	*† Mort*	*Conjoint*

AUTRES UNION(S)/ ENFANTS ....

....

....

....

FRÈRES ET SOEURS *(détails p.139)* ♂ .... ♀ .... 1...

2.......................................3.......................................4.......................................

5.......................................6.......................................7.......................................

8.......................................9.......................................10.....................................

ÉVÉNEMENTS INDIVIDUELS ....

....

....

....

....

....

....

....

NOTES ....

....

....

....

....

276 | 277 | 278 | 279
138 | 139
69
34

Sosa 70 Nom : .... Prénoms : .... ♂

▸7ème génération - *Ascendant paternel* - ***Index page XVI***

Enfant : ☐ *Légitime* ☐ *Naturel* ☐ *Adopté* ☐ *Trouvé* ☐ *Reconnu* ☐ *Adultérin* ☐ *Légitimé* ☐ *Implexe*

Né le : .... à ....

Baptisé le : .... à ....

Parrain : .... Marraine : ....

Fils de : .... & de: ....

Nationalité : .... Religion : .... Etudes: ....

Profession(s) : ....

Décédé le : .... à .... Cause: ....

☐ *Inhumé* ☐ *Incinéré* ☐ *Disparu* le : .... à ....

SITUATION MATRIMONIALE

☐ *Mariage civil* ☐ *Mariage religieux* ☐ *PACS* ☐ *Union libre*

Le : .... à .... ☐ *Contrat de mariage*

Témoins du marié : ....

Témoins de la mariée : ....

☐ *Séparation* ☐ *Divorce* ☐ *Veuvage du marié/de la mariée* Le : ....

ÉVÉNEMENTS FAMILIAUX

....

AUTRES UNION(S)/ENFANTS

....

FRÈRES ET SOEURS

(détails p.141) ♂ .... ♀ ....

1. ....
2. ....
3. ....
4. ....
5. ....
6. ....
7. ....
8. ....
9. ....
10. ....

ÉVÉNEMENTS INDIVIDUELS

....

PARCOURS MILITAIRE

☐ *Réformé* ☐ *Exempté* Classe : .... N° Matricule: ....

Affectation(s) : ....

Campagne(s): ....

Médaille(s) : .... ☐ *Mort pour la France* ☐ *Blessé* le : ....

280	281	282	283
140		141	
70			
35			

NOTES

....

♀ Nom : ....Prénoms : ....

Sosa 71

▶7ème génération - *Ascendant paternel* - ***Index page XVI***

☐ *Implexe*

Enfant : ☐ *Légitime* ☐ *Naturel* ☐ *Adopté* ☐ *Trouvé* ☐ *Reconnu* ☐ *Adultérin* ☐ *Légitimé*

Née le : ....à..

Baptisée le : ....à..

Parrain : ....Marraine : ....

Fille de : ....& de: ....

Nationalité : ....Religion : ....Etudes: ....

Profession(s) : ....

Décédée le : ....à.................................Cause:......................

☐ *Inhumée* ☐ *Incinérée* ☐ *Disparue* le : ....à..............................

ENFANTS ♂ .... ♀ ....

	Sexe	*° Naissance*	*† Mort*	*Conjoint*
....	.....	....	....	....
....	.....	....	....	....
....	.....	....	....	....
....	.....	....	....	....
....	.....	....	....	....
....	.....	....	....	....
....	.....	....	....	....
....	.....	....	....	....
....	.....	....	....	....
....	.....	....	....	....

AUTRES UNION(S)/ ENFANTS ....

....

....

....

FRÈRES ET SOEURS *(détails p.143)* ♂ .... ♀ ....

1...

2.................................3.................................4.................................

5.................................6.................................7.................................

8.................................9.................................10...............................

ÉVÉNEMENTS INDIVIDUELS ....

....

....

....

....

....

....

....

NOTES ....

....

....

....

....

284 285 286 287

142 143

71

35

Sosa **72** Nom : .... Prénoms : .... ♂

▸7ème génération - *Ascendant paternel* - ***Index page XVI***

Enfant : ☐ *Légitime* ☐ *Naturel* ☐ *Adopté* ☐ *Trouvé* ☐ *Reconnu* ☐ *Adultérin* ☐ *Légitimé* ☐ *Implexe*

Né le : .... à ....

Baptisé le : .... à ....

Parrain : .... Marraine : ....

Fils de : .... & de: ....

Nationalité : .... Religion : .... Etudes: ....

Profession(s) : ....

Décédé le : .... à .... Cause: ....

☐ *Inhumé* ☐ *Incinéré* ☐ *Disparu* le : .... à ....

SITUATION MATRIMONIALE

☐ *Mariage civil* ☐ *Mariage religieux* ☐ *PACS* ☐ *Union libre*

Le : .... à .... ☐ *Contrat de mariage*

Témoins du marié : ....

Témoins de la mariée : ....

☐ *Séparation* ☐ *Divorce* ☐ *Veuvage du marié/de la mariée* Le : ....

ÉVÉNEMENTS FAMILIAUX

....

AUTRES UNION(S)/ENFANTS

....

FRÈRES ET SOEURS *(détails p.145)* ♂ .... ♀ ....

1. ....
2. ....
3. ....
4. ....
5. ....
6. ....
7. ....
8. ....
9. ....
10. ....

ÉVÉNEMENTS INDIVIDUELS

....

PARCOURS MILITAIRE

☐ *Réformé* ☐ *Exempté* Classe : .... N° Matricule: ....

Affectation(s) : ....

Campagne(s): ....

Médaille(s) : .... ☐ *Mort pour la France* ☐ *Blessé* le : ....

288	289	290	291
144		145	
72			
36			

NOTES

....

Sosa
73

♀ Nom : .... Prénoms : ....

▸7ème génération - *Ascendant paternel* - ***Index page XVI***

☐ *Implexe*

Enfant : ☐ *Légitime* ☐ *Naturel* ☐ *Adopté* ☐ *Trouvé* ☐ *Reconnu* ☐ *Adultérin* ☐ *Légitimé*

Née le : .... à ....

Baptisée le : .... à ....

Parrain : .... Marraine : ....

Fille de : .... & de: ....

Nationalité : .... Religion : .... Etudes: ....

Profession(s) : ....

Décédée le : .... à .... Cause: ....

☐ *Inhumée* ☐ *Incinérée* ☐ *Disparue* le : .... à ....

ENFANTS ♂ .... ♀	*Sexe*	*° Naissance*	*† Mort*	*Conjoint*
....	......	....	....	....
....	......	....	....	....
....	......	....	....	....
....	......	....	....	....
....	......	....	....	....
....	......	....	....	....
....	......	....	....	....
....	......	....	....	....
....	......	....	....	....
....	......	....	....	....

AUTRES UNION(S)/ENFANTS ....

....

....

....

FRÈRES ET SOEURS *(détails p.147)* ♂ .... ♀ .... 1. ....

2. .... 3. .... 4. ....

5. .... 6. .... 7. ....

8. .... 9. .... 10. ....

ÉVÉNEMENTS INDIVIDUELS ....

....

....

....

....

....

....

....

NOTES ....

....

....

....

....

292 | 293 | 294 | 295

146 | 147

73

36

Sosa
74 Nom : .... Prénoms : .... ♂

▸7ème génération - *Ascendant paternel* - ***Index page XVI***

Enfant : ☐ *Légitime* ☐ *Naturel* ☐ *Adopté* ☐ *Trouvé* ☐ *Reconnu* ☐ *Adultérin* ☐ *Légitimé* ☐ *Implexe*

Né le : .... à ....

Baptisé le : .... à ....

Parrain : .... Marraine : ....

Fils de : .... & de: ....

Nationalité : .... Religion : .... Etudes: ....

Profession(s) : ....

Décédé le : .... à .... Cause: ....

☐ *Inhumé* ☐ *Incinéré* ☐ *Disparu* le : .... à ....

SITUATION MATRIMONIALE

☐ *Mariage civil* ☐ *Mariage religieux* ☐ *PACS* ☐ *Union libre*

Le : .... à .... ☐ *Contrat de mariage*

Témoins du marié : ....

Témoins de la mariée : ....

☐ *Séparation* ☐ *Divorce* ☐ *Veuvage du marié/de la mariée* Le : ....

ÉVÉNEMENTS FAMILIAUX

....

AUTRES UNION(S)/ENFANTS

....

FRÈRES ET SOEURS

(détails p.149) ♂ .... ♀ ....

1. ....
2. ....
3. ....
4. ....
5. ....
6. ....
7. ....
8. ....
9. ....
10. ....

ÉVÉNEMENTS INDIVIDUELS

....

PARCOURS MILITAIRE

☐ *Réformé* ☐ *Exempté* Classe : .... N° Matricule: ....

Affectation(s) : ....

Campagne(s): ....

Médaille(s) : .... ☐ *Mort pour la France* ☐ *Blessé* le : ....

296 297 298 299

148 149

74

37

NOTES

....

Sosa
75

♀ Nom : ....Prénoms : ....

▸7ème génération - *Ascendant paternel* - ***Index page XVI***

☐ *Implexe*

Enfant : ☐ *Légitime* ☐ *Naturel* ☐ *Adopté* ☐ *Trouvé* ☐ *Reconnu* ☐ *Adultérin* ☐ *Légitimé*

Née le : ....à...

Baptisée le : ....à...

Parrain : ....Marraine : ....

Fille de : ....& de: ....

Nationalité : ....Religion : ....Etudes: ....

Profession(s) : ....

Décédée le : ....à.......................................Cause:.......................

☐ *Inhumée* ☐ *Incinérée* ☐ *Disparue* le : ....à...................................

ENFANTS ♂ .... ♀ ....

	Sexe	*° Naissance*	*† Mort*	*Conjoint*
....	......	....	....	....
....	......	....	....	....
....	......	....	....	....
....	......	....	....	....
....	......	....	....	....
....	......	....	....	....
....	......	....	....	....
....	......	....	....	....
....	......	....	....	....
....	......	....	....	....

AUTRES UNION(S)/ENFANTS ....

....

....

....

FRÈRES ET SOEURS *(détails p.151)* ♂ .... ♀ .... 1...

2.......................................3.......................................4.......................................

5.......................................6.......................................7.......................................

8.......................................9.......................................10.....................................

ÉVÉNEMENTS INDIVIDUELS ....

....

....

....

....

....

....

....

NOTES ....

....

....

....

....

300 301 302 303
150 151
75
37

Sosa
76 Nom : .... Prénoms : .... ♂

▶7ème génération - *Ascendant paternel* - ***Index page XVI***

Enfant : ☐ *Légitime* ☐ *Naturel* ☐ *Adopté* ☐ *Trouvé* ☐ *Reconnu* ☐ *Adultérin* ☐ *Légitimé* ☐ *Implexe*

Né le : .... à ....

Baptisé le : .... à ....

Parrain : .... Marraine : ....

Fils de : .... & de: ....

Nationalité : .... Religion : .... Etudes: ....

Profession(s) : ....

Décédé le : .... à .... Cause: ....

☐ *Inhumé* ☐ *Incinéré* ☐ *Disparu* le : .... à ....

SITUATION MATRIMONIALE

☐ *Mariage civil* ☐ *Mariage religieux* ☐ *PACS* ☐ *Union libre*

Le : .... à .... ☐ *Contrat de mariage*

Témoins du marié : ....

Témoins de la mariée : ....

☐ *Séparation* ☐ *Divorce* ☐ *Veuvage du marié/de la mariée* Le : ....

ÉVÉNEMENTS FAMILIAUX

....

....

....

....

....

AUTRES UNION(S)/ ENFANTS

....

....

....

FRÈRES ET SOEURS *(détails p.153)*

♂ .... ♀ .... 1. ....

2. .... 3. .... 4. ....

5. .... 6. .... 7. ....

8. .... 9. .... 10. ....

ÉVÉNEMENTS INDIVIDUELS

....

....

....

PARCOURS MILITAIRE

☐ *Réformé* ☐ *Exempté* Classe : .... N° Matricule: ....

Affectation(s) : ....

Campagne(s): ....

Médaille(s) : .... ☐ *Mort pour la France* ☐ *Blessé* le : ....

304	305	306	307
152		153	
76			
38			

NOTES

....

....

....

....

....

♀ Nom : .... Prénoms : .... **Sosa 77**

▸7ème génération - *Ascendant paternel* - ***Index page XVI***

☐ *Implexe*

Enfant : ☐ *Légitime* ☐ *Naturel* ☐ *Adopté* ☐ *Trouvé* ☐ *Reconnu* ☐ *Adultérin* ☐ *Légitimé*

Née le : .... à ....

Baptisée le : .... à ....

Parrain : .... Marraine : ....

Fille de : .... & de: ....

Nationalité : .... Religion : .... Etudes: ....

Profession(s) : ....

Décédée le : .... à .... Cause: ....

☐ *Inhumée* ☐ *Incinérée* ☐ *Disparue* le : .... à ....

ENFANTS ♂ .... ♀ ....

	Sexe	*° Naissance*	*† Mort*	*Conjoint*

AUTRES UNION(S)/ENFANTS

....

FRÈRES ET SOEURS *(détails p.155)* ♂ .... ♀ ....

1. ....
2. ....
3. ....
4. ....
5. ....
6. ....
7. ....
8. ....
9. ....
10. ....

ÉVÉNEMENTS INDIVIDUELS

....

NOTES

....

308	309	310	311
154		155	
77			
38			

Sosa 78 Nom : .... Prénoms : .... ♂

▸7ème génération - *Ascendant paternel* - ***Index page XVI***

Enfant : ☐ *Légitime* ☐ *Naturel* ☐ *Adopté* ☐ *Trouvé* ☐ *Reconnu* ☐ *Adultérin* ☐ *Légitimé* ☐ *Implexe*

Né le : .... à ....

Baptisé le : .... à ....

Parrain : .... Marraine : ....

Fils de : .... & de: ....

Nationalité : .... Religion : .... Etudes: ....

Profession(s) : ....

Décédé le : .... à .... Cause: ....

☐ *Inhumé* ☐ *Incinéré* ☐ *Disparu* le : .... à ....

SITUATION MATRIMONIALE

☐ *Mariage civil* ☐ *Mariage religieux* ☐ *PACS* ☐ *Union libre*

Le : .... à .... ☐ *Contrat de mariage*

Témoins du marié : ....

Témoins de la mariée : ....

☐ *Séparation* ☐ *Divorce* ☐ *Veuvage du marié/de la mariée* Le : ....

ÉVÉNEMENTS FAMILIAUX

....

....

....

....

....

AUTRES UNION(S)/ ENFANTS

....

....

....

FRÈRES ET SOEURS *(détails p.157)* ♂ .... ♀ ....

1. ....

2. .... 3. .... 4. ....

5. .... 6. .... 7. ....

8. .... 9. .... 10. ....

ÉVÉNEMENTS INDIVIDUELS

....

....

....

PARCOURS MILITAIRE

☐ *Réformé* ☐ *Exempté* Classe : .... N° Matricule: ....

Affectation(s) : ....

Campagne(s): ....

Médaille(s) : .... ☐ *Mort pour la France* ☐ *Blessé* le : ....

312	313	314	315
156		157	
	78		
	39		

NOTES

....

....

....

....

♀ Nom : .... Prénoms : ....

▸7ème génération - *Ascendant paternel* - ***Index page XVI***

☐ *Implexe*

Enfant : ☐ *Légitime* ☐ *Naturel* ☐ *Adopté* ☐ *Trouvé* ☐ *Reconnu* ☐ *Adultérin* ☐ *Légitimé*

Née le : .... à ....

Baptisée le : .... à ....

Parrain : .... Marraine : ....

Fille de : .... & de: ....

Nationalité : .... Religion : .... Etudes: ....

Profession(s) : ....

Décédée le : .... à .... Cause: ....

☐ *Inhumée* ☐ *Incinérée* ☐ *Disparue* le : .... à ....

ENFANTS ♂ .... ♀	*Sexe*	*° Naissance*	*† Mort*	*Conjoint*
....	.....	....	....	....
....	.....	....	....	....
....	.....	....	....	....
....	.....	....	....	....
....	.....	....	....	....
....	.....	....	....	....
....	.....	....	....	....
....	.....	....	....	....
....	.....	....	....	....
....	.....	....	....	....

AUTRES UNION(S)/ ENFANTS ....

....

....

....

FRÈRES ET SOEURS *(détails p.159)* ♂ .... ♀ .... 1. ....

2. .... 3. .... 4. ....

5. .... 6. .... 7. ....

8. .... 9. .... 10. ....

ÉVÉNEMENTS INDIVIDUELS ....

....

....

....

....

....

....

....

NOTES ....

....

....

....

....

316 317 318 319
158 159
79
39

Sosa
80 Nom : .... Prénoms : .... ♂

▸7ème génération - *Ascendant paternel* - ***Index page XVI***

Enfant : ☐ *Légitime* ☐ *Naturel* ☐ *Adopté* ☐ *Trouvé* ☐ *Reconnu* ☐ *Adultérin* ☐ *Légitimé* ☐ *Implexe*

Né le : .... à ....

Baptisé le : .... à ....

Parrain : .... Marraine : ....

Fils de : .... & de: ....

Nationalité : .... Religion : .... Etudes: ....

Profession(s) : ....

Décédé le : .... à .... Cause: ....

☐ *Inhumé* ☐ *Incinéré* ☐ *Disparu* le : .... à ....

SITUATION MATRIMONIALE

☐ *Mariage civil* ☐ *Mariage religieux* ☐ *PACS* ☐ *Union libre*

Le : .... à .... ☐ *Contrat de mariage*

Témoins du marié : ....

Témoins de la mariée : ....

☐ *Séparation* ☐ *Divorce* ☐ *Veuvage du marié/de la mariée* Le : ....

ÉVÉNEMENTS FAMILIAUX

....

AUTRES UNION(S)/ ENFANTS

....

FRÈRES ET SOEURS

(détails p.161) ♂ .... ♀ ....

1. ....
2. ....
3. ....
4. ....
5. ....
6. ....
7. ....
8. ....
9. ....
10. ....

ÉVÉNEMENTS INDIVIDUELS

....

PARCOURS MILITAIRE

☐ *Réformé* ☐ *Exempté* Classe : .... N° Matricule: ....

Affectation(s) : ....

Campagne(s): ....

Médaille(s) : .... ☐ *Mort pour la France* ☐ *Blessé* le : ....

320	321	322	323
160		161	
80			
40			

NOTES

....

Sosa
81

♀ Nom : ....Prénoms : ....

▸7ème génération - *Ascendant paternel* - ***Index page XVI***

☐ *Implexe*

Enfant : ☐ *Légitime* ☐ *Naturel* ☐ *Adopté* ☐ *Trouvé* ☐ *Reconnu* ☐ *Adultérin* ☐ *Légitimé*

Née le : ....à...

Baptisée le : ....à...

Parrain : ....Marraine : ....

Fille de : ....& de: ....

Nationalité : ....Religion : ....Etudes: ....

Profession(s) : ....

Décédée le : ....à.....................................Cause:......................

☐ *Inhumée* ☐ *Incinérée* ☐ *Disparue* le : ....à...................................

ENFANTS ♂ .... ♀	*Sexe*	*° Naissance*	*† Mort*	*Conjoint*
....	......	....	....	....
....	......	....	....	....
....	......	....	....	....
....	......	....	....	....
....	......	....	....	....
....	......	....	....	....
....	......	....	....	....
....	......	....	....	....
....	......	....	....	....
....	......	....	....	....

AUTRES UNION(S)/ENFANTS

....

....

....

....

FRÈRES ET SOEURS *(détails p.163)* ♂ .... ♀ ....

1. ....
2. ....
3. ....
4. ....
5. ....
6. ....
7. ....
8. ....
9. ....
10. ....

ÉVÉNEMENTS INDIVIDUELS

....

....

....

....

....

....

....

NOTES

....

....

....

....

....

324 325 326 327

162 163

81

40

Sosa 82 Nom : .... Prénoms : .... ♂

▸7ème génération - *Ascendant paternel* - ***Index page XVI***

Enfant : ☐ *Légitime* ☐ *Naturel* ☐ *Adopté* ☐ *Trouvé* ☐ *Reconnu* ☐ *Adultérin* ☐ *Légitimé* ☐ *Implexe*

Né le : .... à ....

Baptisé le : .... à ....

Parrain : .... Marraine : ....

Fils de : .... & de: ....

Nationalité : .... Religion : .... Etudes: ....

Profession(s) : ....

Décédé le : .... à .... Cause: ....

☐ *Inhumé* ☐ *Incinéré* ☐ *Disparu* le : .... à ....

SITUATION MATRIMONIALE

☐ *Mariage civil* ☐ *Mariage religieux* ☐ *PACS* ☐ *Union libre*

Le : .... à .... ☐ *Contrat de mariage*

Témoins du marié : ....

Témoins de la mariée : ....

☐ *Séparation* ☐ *Divorce* ☐ *Veuvage du marié/de la mariée* Le : ....

ÉVÉNEMENTS FAMILIAUX

....

AUTRES UNION(S)/ ENFANTS

....

FRÈRES ET SOEURS *(détails p.165)* ♂ .... ♀ ....

1. ....
2. ....
3. ....
4. ....
5. ....
6. ....
7. ....
8. ....
9. ....
10. ....

ÉVÉNEMENTS INDIVIDUELS

....

PARCOURS MILITAIRE

☐ *Réformé* ☐ *Exempté* Classe : .... N° Matricule: ....

Affectation(s) : ....

Campagne(s): ....

Médaille(s) : .... ☐ *Mort pour la France* ☐ *Blessé* le : ....

328 | 329 | 330 | 331 → 164 | 165 → 82 → 41

NOTES

....

Sosa **83**

♀ Nom : .... Prénoms : ....

▸7ème génération - *Ascendant paternel* - ***Index page XVI***

☐ *Implexe*

Enfant : ☐ *Légitime* ☐ *Naturel* ☐ *Adopté* ☐ *Trouvé* ☐ *Reconnu* ☐ *Adultérin* ☐ *Légitimé*

Née le : .... à ....

Baptisée le : .... à ....

Parrain : .... Marraine : ....

Fille de : .... & de: ....

Nationalité : .... Religion : .... Etudes: ....

Profession(s) : ....

Décédée le : .... à .... Cause: ....

☐ *Inhumée* ☐ *Incinérée* ☐ *Disparue* le : .... à ....

ENFANTS ♂ .... ♀	*Sexe*	*° Naissance*	*† Mort*	*Conjoint*
....	.....	....	....	....
....	.....	....	....	....
....	.....	....	....	....
....	.....	....	....	....
....	.....	....	....	....
....	.....	....	....	....
....	.....	....	....	....
....	.....	....	....	....
....	.....	....	....	....
....	.....	....	....	....

AUTRES UNION(S)/ ENFANTS ....

....

....

....

FRÈRES ET SOEURS *(détails p.167)* ♂ .... ♀ .... 1. ....

2. .... 3. .... 4. ....

5. .... 6. .... 7. ....

8. .... 9. .... 10. ....

ÉVÉNEMENTS INDIVIDUELS ....

....

....

....

....

....

....

....

NOTES ....

....

....

....

....

332	333	334	335
166		167	
83			
41			

Sosa 84 Nom : ....Prénoms : .... ♂

▶7ème génération - *Ascendant paternel* - ***Index page XVI***

Enfant : ☐ *Légitime* ☐ *Naturel* ☐ *Adopté* ☐ *Trouvé* ☐ *Reconnu* ☐ *Adultérin* ☐ *Légitimé* ☐ *Implexe*

Né le : ....à...

Baptisé le : ....à...

Parrain : ....Marraine : ....

Fils de : ....& de: ....

Nationalité : ....Religion : ....Etudes: ....

Profession(s) : ....

Décédé le : ....à.......................................Cause:................................

☐ *Inhumé* ☐ *Incinéré* ☐ *Disparu* le : ....à...

SITUATION MATRIMONIALE

☐ *Mariage civil* ☐ *Mariage religieux* ☐ *PACS* ☐ *Union libre*

Le : ....à.. ☐ *Contrat de mariage*

Témoins du marié : ....

Témoins de la mariée : ....

☐ *Séparation* ☐ *Divorce* ☐ *Veuvage du marié/de la mariée* Le : ....

ÉVÉNEMENTS FAMILIAUX

....

....

....

....

....

AUTRES UNION(S)/ ENFANTS

....

....

....

FRÈRES ET SOEURS

(détails p.169) ♂ .... ♀ .... 1...

2...3...4...

5...6...7...

8...9...10...

ÉVÉNEMENTS INDIVIDUELS

....

....

....

PARCOURS MILITAIRE

☐ *Réformé* ☐ *Exempté* Classe : ....N° Matricule: ....

Affectation(s) : ....

Campagne(s): ....

Médaille(s) : ....☐ *Mort pour la France* ☐ *Blessé* le : ....

336	337	338	339
168		169	
84			
42			

NOTES

....

....

....

....

....

♀ Nom : ....Prénoms : ....

▸7ème génération - *Ascendant paternel* - ***Index page XVI***

☐ *Implexe*

Enfant : ☐ *Légitime* ☐ *Naturel* ☐ *Adopté* ☐ *Trouvé* ☐ *Reconnu* ☐ *Adultérin* ☐ *Légitimé*

Née le : ....à..

Baptisée le : ....à..

Parrain : ....Marraine : ....

Fille de : ....& de: ....

Nationalité : ....Religion : ....Etudes: ....

Profession(s) : ....

Décédée le : ....à....................................Cause:.......................

☐ *Inhumée* ☐ *Incinérée* ☐ *Disparue* le : ....à....................................

ENFANTS ♂ .... ♀ ....

	Sexe	*° Naissance*	*† Mort*	*Conjoint*
....	......	....	....	....
....	......	....	....	....
....	......	....	....	....
....	......	....	....	....
....	......	....	....	....
....	......	....	....	....
....	......	....	....	....
....	......	....	....	....
....	......	....	....	....
....	......	....	....	....

AUTRES UNION(S)/ENFANTS ....

....

....

....

FRÈRES ET SOEURS *(détails p.171)* ♂ .... ♀ .... 1.................................

2.................................3.................................4.................................

5.................................6.................................7.................................

8.................................9.................................10...............................

ÉVÉNEMENTS INDIVIDUELS ....

....

....

....

....

....

....

....

NOTES ....

....

....

....

....

340 341 342 343
170 171
85
42

Sosa **86** Nom : ....Prénoms : .... ♂

▸7ème génération - *Ascendant paternel* - ***Index page XVI***

Enfant : ☐ *Légitime* ☐ *Naturel* ☐ *Adopté* ☐ *Trouvé* ☐ *Reconnu* ☐ *Adultérin* ☐ *Légitimé* ☐ *Implexe*

Né le : ....à..

Baptisé le : ....à..

Parrain : ....Marraine : ....

Fils de : ....& de: ....

Nationalité : ....Religion : ....Etudes: ....

Profession(s) : ....

Décédé le : ....à...Cause:......................

☐ *Inhumé* ☐ *Incinéré* ☐ *Disparu* le : ....à...

SITUATION MATRIMONIALE

☐ *Mariage civil* ☐ *Mariage religieux* ☐ *PACS* ☐ *Union libre*

Le : ....à.. ☐ *Contrat de mariage*

Témoins du marié : ....

Témoins de la mariée : ....

☐ *Séparation* ☐ *Divorce* ☐ *Veuvage du marié/de la mariée* Le : ....

ÉVÉNEMENTS FAMILIAUX

....

....

....

....

....

AUTRES UNION(S)/ ENFANTS

....

....

....

FRÈRES ET SOEURS *(détails p.173)* ♂ .... ♀ ....

1. ....

2. .... 3. .... 4. ....

5. .... 6. .... 7. ....

8. .... 9. .... 10. ....

ÉVÉNEMENTS INDIVIDUELS

....

....

....

PARCOURS MILITAIRE

☐ *Réformé* ☐ *Exempté* Classe : ....N° Matricule: ....

Affectation(s) : ....

Campagne(s): ....

Médaille(s) : ....☐ *Mort pour la France* ☐ *Blessé* le : ....

344 | 345 | 346 | 347

172 | 173

86

43

NOTES

....

....

....

....

♀ Nom : .... Prénoms : .... **Sosa 87**

▸7ème génération - *Ascendant paternel* - ***Index page XVI***

☐ *Implexe*

Enfant : ☐ *Légitime* ☐ *Naturel* ☐ *Adopté* ☐ *Trouvé* ☐ *Reconnu* ☐ *Adultérin* ☐ *Légitimé*

Née le : .... à ....

Baptisée le : .... à ....

Parrain : .... Marraine : ....

Fille de : .... & de: ....

Nationalité : .... Religion : .... Etudes: ....

Profession(s) : ....

Décédée le : .... à .... Cause: ....

☐ *Inhumée* ☐ *Incinérée* ☐ *Disparue* le : .... à ....

ENFANTS ♂ .... ♀	*Sexe*	*° Naissance*	*† Mort*	*Conjoint*

AUTRES UNION(S)/ ENFANTS ....

....

....

....

FRÈRES ET SOEURS *(détails p.175)* ♂ .... ♀ .... **1.** ....

2. .... **3.** .... **4.** ....

5. .... **6.** .... **7.** ....

8. .... **9.** .... **10.** ....

ÉVÉNEMENTS INDIVIDUELS ....

....

....

....

....

....

....

....

NOTES ....

....

....

....

....

348 349 350 351

174 175

87

43

Sosa **88** Nom : .... Prénoms : .... ♂

▶7ème génération - *Ascendant paternel* - ***Index page XVI***

Enfant : ☐ *Légitime* ☐ *Naturel* ☐ *Adopté* ☐ *Trouvé* ☐ *Reconnu* ☐ *Adultérin* ☐ *Légitimé* ☐ *Implexe*

Né le : .... à ....

Baptisé le : .... à ....

Parrain : .... Marraine : ....

Fils de : .... & de: ....

Nationalité : .... Religion : .... Etudes: ....

Profession(s) : ....

Décédé le : .... à .... Cause: ....

☐ *Inhumé* ☐ *Incinéré* ☐ *Disparu* le : .... à ....

SITUATION MATRIMONIALE

☐ *Mariage civil* ☐ *Mariage religieux* ☐ *PACS* ☐ *Union libre*

Le : .... à .... ☐ *Contrat de mariage*

Témoins du marié : ....

Témoins de la mariée : ....

☐ *Séparation* ☐ *Divorce* ☐ *Veuvage du marié/de la mariée* Le : ....

ÉVÉNEMENTS FAMILIAUX

....

....

....

....

....

AUTRES UNION(S)/ ENFANTS

....

....

....

FRÈRES ET SOEURS *(détails p.177)* ♂ .... ♀ ....

1. ....
2. ....
3. ....
4. ....
5. ....
6. ....
7. ....
8. ....
9. ....
10. ....

ÉVÉNEMENTS INDIVIDUELS

....

....

....

PARCOURS MILITAIRE

☐ *Réformé* ☐ *Exempté* Classe : .... N° Matricule: ....

Affectation(s) : ....

Campagne(s): ....

Médaille(s) : .... ☐ *Mort pour la France* ☐ *Blessé* le : ....

352 | 353 | 354 | 355
176 | 177
88
44

NOTES

....

....

....

....

....

♀ Nom : .... Prénoms : ....

Sosa **89**

▸7ème génération - *Ascendant paternel* - ***Index page XVI***

☐ *Implexe*

Enfant : ☐ *Légitime* ☐ *Naturel* ☐ *Adopté* ☐ *Trouvé* ☐ *Reconnu* ☐ *Adultérin* ☐ *Légitimé*

Née le : .... à ....

Baptisée le : .... à ....

Parrain : .... Marraine : ....

Fille de : .... & de: ....

Nationalité : .... Religion : .... Etudes: ....

Profession(s) : ....

Décédée le : .... à .... Cause: ....

☐ *Inhumée* ☐ *Incinérée* ☐ *Disparue* le : .... à ....

ENFANTS ♂ .... ♀	*Sexe*	*° Naissance*	*† Mort*	*Conjoint*
....	......	....	....	....
....	......	....	....	....
....	......	....	....	....
....	......	....	....	....
....	......	....	....	....
....	......	....	....	....
....	......	....	....	....
....	......	....	....	....
....	......	....	....	....
....	......	....	....	....

AUTRES UNION(S)/ ENFANTS ....

....

....

....

FRÈRES ET SOEURS *(détails p.179)* ♂ .... ♀ .... **1.**..

2..................................... **3.**.................................... **4.**....................................

5..................................... **6.**.................................... **7.**....................................

8..................................... **9.**.................................... **10.**..................................

ÉVÉNEMENTS INDIVIDUELS ....

....

....

....

....

....

....

....

NOTES ....

....

....

....

....

356	357	358	359
178		179	
89			
44			

Sosa
90

Nom : .... Prénoms : .... ♂

▸7ème génération - *Ascendant paternel* - ***Index page XVI***

Enfant : ☐ *Légitime* ☐ *Naturel* ☐ *Adopté* ☐ *Trouvé* ☐ *Reconnu* ☐ *Adultérin* ☐ *Légitimé* ☐ *Implexe*

Né le : .... à ....

Baptisé le : .... à ....

Parrain : .... Marraine : ....

Fils de : .... & de: ....

Nationalité : .... Religion : .... Etudes: ....

Profession(s) : ....

Décédé le : .... à .... Cause: ....

☐ *Inhumé* ☐ *Incinéré* ☐ *Disparu* le : .... à ....

SITUATION MATRIMONIALE

☐ *Mariage civil* ☐ *Mariage religieux* ☐ *PACS* ☐ *Union libre*

Le : .... à .... ☐ *Contrat de mariage*

Témoins du marié : ....

Témoins de la mariée : ....

☐ *Séparation* ☐ *Divorce* ☐ *Veuvage du marié/de la mariée* Le : ....

ÉVÉNEMENTS FAMILIAUX

....

AUTRES UNION(S)/ ENFANTS

....

FRÈRES ET SOEURS *(détails p.181)*

♂ .... ♀ ....

1. ....
2. ....
3. ....
4. ....
5. ....
6. ....
7. ....
8. ....
9. ....
10. ....

ÉVÉNEMENTS INDIVIDUELS

....

PARCOURS MILITAIRE

☐ *Réformé* ☐ *Exempté* Classe : .... N° Matricule: ....

Affectation(s) : ....

Campagne(s): ....

Médaille(s) : .... ☐ *Mort pour la France* ☐ *Blessé* le : ....

360 | 361 | 362 | 363

180 | 181

90

45

NOTES

....

♀ Nom : ....Prénoms : ....

▸7ème génération - *Ascendant paternel* - ***Index page XVI***

☐ *Implexe*

Enfant : ☐ *Légitime* ☐ *Naturel* ☐ *Adopté* ☐ *Trouvé* ☐ *Reconnu* ☐ *Adultérin* ☐ *Légitimé*

Née le : ....à...

Baptisée le : ....à...

Parrain : ....Marraine : ....

Fille de : ....& de: ....

Nationalité : ....Religion : ....Etudes: ....

Profession(s) : ....

Décédée le : ....à....................................Cause:..........................

☐ *Inhumée* ☐ *Incinérée* ☐ *Disparue* le : ....à....................................

ENFANTS ♂ .... ♀	*Sexe*	*° Naissance*	*† Mort*	*Conjoint*
....	......	....	....	....
....	......	....	....	....
....	......	....	....	....
....	......	....	....	....
....	......	....	....	....
....	......	....	....	....
....	......	....	....	....
....	......	....	....	....
....	......	....	....	....
....	......	....	....	....

AUTRES UNION(S)/ ENFANTS ....

....

....

....

FRÈRES ET SOEURS *(détails p.183)* ♂ .... ♀ .... **1.**...............................

2.................................**3.**................................**4.**................................

5.................................**6.**................................**7.**................................

8.................................**9.**................................**10.**..............................

ÉVÉNEMENTS INDIVIDUELS ....

....

....

....

....

....

....

....

NOTES ....

....

....

....

....

364 | 365 | 366 | 367

182 | 183

91

45

Sosa
92 Nom : ....Prénoms : .... ♂

▸7ème génération - *Ascendant paternel* - ***Index page XVI***

Enfant : ☐ *Légitime* ☐ *Naturel* ☐ *Adopté* ☐ *Trouvé* ☐ *Reconnu* ☐ *Adultérin* ☐ *Légitimé* ☐ *Implexe*

Né le : ....à..

Baptisé le : ....à..

Parrain : ....Marraine : ....

Fils de : ....& de: ....

Nationalité : ....Religion : ....Etudes: ....

Profession(s) : ....

Décédé le : ....à.....................................Cause:......................

☐ *Inhumé* ☐ *Incinéré* ☐ *Disparu* le : ....à..

SITUATION MATRIMONIALE

☐ *Mariage civil* ☐ *Mariage religieux* ☐ *PACS* ☐ *Union libre*

Le : ....à.. ☐ *Contrat de mariage*

Témoins du marié : ....

Témoins de la mariée : ....

☐ *Séparation* ☐ *Divorce* ☐ *Veuvage du marié/de la mariée* Le : ....

ÉVÉNEMENTS FAMILIAUX

....

....

....

....

....

AUTRES UNION(S)/ ENFANTS

....

....

....

FRÈRES ET SOEURS

(détails p.185) ♂ .... ♀ .... **1.**......................................

2.....................................**3.**....................................**4.**....................................

5.....................................**6.**....................................**7.**....................................

8.....................................**9.**....................................**10.**..................................

ÉVÉNEMENTS INDIVIDUELS

....

....

....

PARCOURS MILITAIRE

☐ *Réformé* ☐ *Exempté* Classe : ....N° Matricule: ....

Affectation(s) : ....

Campagne(s): ....

Médaille(s) : ....☐ *Mort pour la France* ☐ *Blessé* le : ....

368	369	370	371
184		185	
	92		
	46		

NOTES

....

....

....

....

♀ Nom : .... Prénoms : .... **Sosa 93**

▸7ème génération - *Ascendant paternel* - ***Index page XVI***

☐ *Implexe*

Enfant : ☐ *Légitime* ☐ *Naturel* ☐ *Adopté* ☐ *Trouvé* ☐ *Reconnu* ☐ *Adultérin* ☐ *Légitimé*

Née le : .... à ....

Baptisée le : .... à ....

Parrain : .... Marraine : ....

Fille de : .... & de: ....

Nationalité : .... Religion : .... Etudes: ....

Profession(s) : ....

Décédée le : .... à .... Cause: ....

☐ *Inhumée* ☐ *Incinérée* ☐ *Disparue* le : .... à ....

ENFANTS ♂ .... ♀	*Sexe*	*° Naissance*	*† Mort*	*Conjoint*
....	......	....	....	....
....	......	....	....	....
....	......	....	....	....
....	......	....	....	....
....	......	....	....	....
....	......	....	....	....
....	......	....	....	....
....	......	....	....	....
....	......	....	....	....
....	......	....	....	....

AUTRES UNION(S)/ ENFANTS ....

....

....

....

FRÈRES ET SOEURS *(détails p.187)* ♂ .... ♀ .... 1. ....

2. .... 3. .... 4. ....

5. .... 6. .... 7. ....

8. .... 9. .... 10. ....

ÉVÉNEMENTS INDIVIDUELS ....

....

....

....

....

....

....

....

NOTES ....

....

....

....

....

372	373	374	375
186		187	
93			
46			

Sosa 94 Nom : ....Prénoms : .... ♂

▸7ème génération - *Ascendant paternel* - ***Index page XVI***

Enfant : ☐ *Légitime* ☐ *Naturel* ☐ *Adopté* ☐ *Trouvé* ☐ *Reconnu* ☐ *Adultérin* ☐ *Légitimé* ☐ *Implexe*

Né le : ....à...

Baptisé le : ....à..

Parrain : ....Marraine : ....

Fils de : ....& de: ....

Nationalité : ....Religion : ....Etudes: ....

Profession(s) : ....

Décédé le : ....à..Cause:...........................

☐ *Inhumé* ☐ *Incinéré* ☐ *Disparu* le : ....à...

SITUATION MATRIMONIALE

☐ *Mariage civil* ☐ *Mariage religieux* ☐ *PACS* ☐ *Union libre*

Le : ....à.. ☐ *Contrat de mariage*

Témoins du marié : ....

Témoins de la mariée : ....

☐ *Séparation* ☐ *Divorce* ☐ *Veuvage du marié/de la mariée* Le : ....

ÉVÉNEMENTS FAMILIAUX

....

....

....

....

....

AUTRES UNION(S)/ENFANTS

....

....

....

FRÈRES ET SOEURS

(détails p.189) ♂ .... ♀ .... 1.....................................

2.......................................3.......................................4.......................................

5.......................................6.......................................7.......................................

8.......................................9.......................................10.....................................

ÉVÉNEMENTS INDIVIDUELS

....

....

....

PARCOURS MILITAIRE

☐ *Réformé* ☐ *Exempté* Classe : ....N° Matricule: ....

Affectation(s) : ....

Campagne(s): ....

Médaille(s) : ....☐ *Mort pour la France* ☐ *Blessé* le : ....

376	377	378	379
188		189	
94			
47			

NOTES

....

....

....

....

....

Sosa 95

♀ Nom : .... Prénoms : ....

▶7ème génération - *Ascendant paternel* - ***Index page XVI***

☐ *Implexe*

Enfant : ☐ *Légitime* ☐ *Naturel* ☐ *Adopté* ☐ *Trouvé* ☐ *Reconnu* ☐ *Adultérin* ☐ *Légitimé*

Née le : .... à ....

Baptisée le : .... à ....

Parrain : .... Marraine : ....

Fille de : .... & de: ....

Nationalité : .... Religion : .... Etudes: ....

Profession(s) : ....

Décédée le : .... à .... Cause: ....

☐ *Inhumée* ☐ *Incinérée* ☐ *Disparue* le : .... à ....

ENFANTS ♂ .... ♀	*Sexe*	*° Naissance*	*† Mort*	*Conjoint*
....	......	....	....	....
....	......	....	....	....
....	......	....	....	....
....	......	....	....	....
....	......	....	....	....
....	......	....	....	....
....	......	....	....	....
....	......	....	....	....
....	......	....	....	....
....	......	....	....	....

AUTRES UNION(S)/ENFANTS

....

FRÈRES ET SOEURS *(détails p.191)* ♂ .... ♀ ....

1. ....
2. ....
3. ....
4. ....
5. ....
6. ....
7. ....
8. ....
9. ....
10. ....

ÉVÉNEMENTS INDIVIDUELS

....

NOTES

....

380	381	382	383
190		191	
95			
47			

Sosa
96

Nom : ....Prénoms : .... ♂

▸7ème génération – *Ascendant maternel* – ***Index page XVI***

Enfant : ☐ *Légitime* ☐ *Naturel* ☐ *Adopté* ☐ *Trouvé* ☐ *Reconnu* ☐ *Adultérin* ☐ *Légitimé* ☐ *Implexe*

Né le : ....à..

Baptisé le : ....à..

Parrain : ....Marraine : ....

Fils de : ....& de: ....

Nationalité : ....Religion : ....Etudes: ....

Profession(s) : ....

Décédé le : ....à....................Cause:....................

☐ *Inhumé* ☐ *Incinéré* ☐ *Disparu* le : ....à....................

SITUATION MATRIMONIALE

☐ *Mariage civil* ☐ *Mariage religieux* ☐ *PACS* ☐ *Union libre*

Le : ....à.................... ☐ *Contrat de mariage*

Témoins du marié : ....

Témoins de la mariée : ....

☐ *Séparation* ☐ *Divorce* ☐ *Veuvage du marié/de la mariée* Le : ....

ÉVÉNEMENTS FAMILIAUX

....

AUTRES UNION(S)/ENFANTS

....

FRÈRES ET SOEURS

(détails p.193) ♂ .... ♀ ....

1. ....
2. ....
3. ....
4. ....
5. ....
6. ....
7. ....
8. ....
9. ....
10. ....

ÉVÉNEMENTS INDIVIDUELS

....

PARCOURS MILITAIRE

☐ *Réformé* ☐ *Exempté* Classe : ....N° Matricule: ....

Affectation(s) : ....

Campagne(s): ....

Médaille(s) : ....☐ *Mort pour la France* ☐ *Blessé* le : ....

384 385 386 387
192 193
96
48

NOTES

....

Sosa **97**

♀ Nom : .... Prénoms : ....

▸7ème génération - *Ascendant maternel* - ***Index page XVI***

☐ *Implexe*

Enfant : ☐ *Légitime* ☐ *Naturel* ☐ *Adopté* ☐ *Trouvé* ☐ *Reconnu* ☐ *Adultérin* ☐ *Légitimé*

Née le : .... à ....

Baptisée le : .... à ....

Parrain : .... Marraine : ....

Fille de : .... & de: ....

Nationalité : .... Religion : .... Etudes: ....

Profession(s) : ....

Décédée le : .... à .... Cause: ....

☐ *Inhumée* ☐ *Incinérée* ☐ *Disparue* le : .... à ....

ENFANTS ♂ .... ♀	*Sexe*	*° Naissance*	*† Mort*	*Conjoint*

AUTRES UNION(S)/ENFANTS ....

FRÈRES ET SOEURS *(détails p.195)* ♂ .... ♀ ....

1. ....
2. ....
3. ....
4. ....
5. ....
6. ....
7. ....
8. ....
9. ....
10. ....

ÉVÉNEMENTS INDIVIDUELS ....

NOTES ....

388	389	390	391
194		195	
97			
48			

Sosa 98 Nom : .... Prénoms : .... ♂

▸7ème génération - *Ascendant maternel* - ***Index page XVI***

Enfant : ☐ *Légitime* ☐ *Naturel* ☐ *Adopté* ☐ *Trouvé* ☐ *Reconnu* ☐ *Adultérin* ☐ *Légitimé* ☐ *Implexe*

Né le : .... à ....

Baptisé le : .... à ....

Parrain : .... Marraine : ....

Fils de : .... & de: ....

Nationalité : .... Religion : .... Etudes: ....

Profession(s) : ....

Décédé le : .... à .... Cause: ....

☐ *Inhumé* ☐ *Incinéré* ☐ *Disparu* le : .... à ....

SITUATION MATRIMONIALE

☐ *Mariage civil* ☐ *Mariage religieux* ☐ *PACS* ☐ *Union libre*

Le : .... à .... ☐ *Contrat de mariage*

Témoins du marié : ....

Témoins de la mariée : ....

☐ *Séparation* ☐ *Divorce* ☐ *Veuvage du marié/de la mariée* Le : ....

ÉVÉNEMENTS FAMILIAUX

....

....

....

....

....

AUTRES UNION(S)/ ENFANTS

....

....

....

FRÈRES ET SOEURS *(détails p.197)* ♂ .... ♀ ....

1. ....
2. ....
3. ....
4. ....
5. ....
6. ....
7. ....
8. ....
9. ....
10. ....

ÉVÉNEMENTS INDIVIDUELS

....

....

....

PARCOURS MILITAIRE

☐ *Réformé* ☐ *Exempté* Classe : .... N° Matricule: ....

Affectation(s) : ....

Campagne(s): ....

Médaille(s) : .... ☐ *Mort pour la France* ☐ *Blessé* le : ....

392 393 394 395

196 197

98

49

NOTES

....

....

....

....

....

Sosa **99**

♀ Nom : .... Prénoms : ....

▸7ème génération - *Ascendant maternel* - ***Index page XVI***

☐ *Implexe*

Enfant : ☐ *Légitime* ☐ *Naturel* ☐ *Adopté* ☐ *Trouvé* ☐ *Reconnu* ☐ *Adultérin* ☐ *Légitimé*

Née le : .... à ....

Baptisée le : .... à ....

Parrain : .... Marraine : ....

Fille de : .... & de: ....

Nationalité : .... Religion : .... Etudes: ....

Profession(s) : ....

Décédée le : .... à .... Cause: ....

☐ *Inhumée* ☐ *Incinérée* ☐ *Disparue* le : .... à ....

ENFANTS ♂ .... ♀ ....

	Sexe	*° Naissance*	*† Mort*	*Conjoint*
....	.....	....	....	....
....	.....	....	....	....
....	.....	....	....	....
....	.....	....	....	....
....	.....	....	....	....
....	.....	....	....	....
....	.....	....	....	....
....	.....	....	....	....
....	.....	....	....	....
....	.....	....	....	....

AUTRES UNION(S)/ ENFANTS ....

....

....

....

FRÈRES ET SOEURS *(détails p.199)* ♂ .... ♀ .... 1. ....

2. .... 3. .... 4. ....

5. .... 6. .... 7. ....

8. .... 9. .... 10. ....

ÉVÉNEMENTS INDIVIDUELS ....

....

....

....

....

....

....

....

NOTES ....

....

....

....

....

396	397	398	399
198		199	
99			
49			

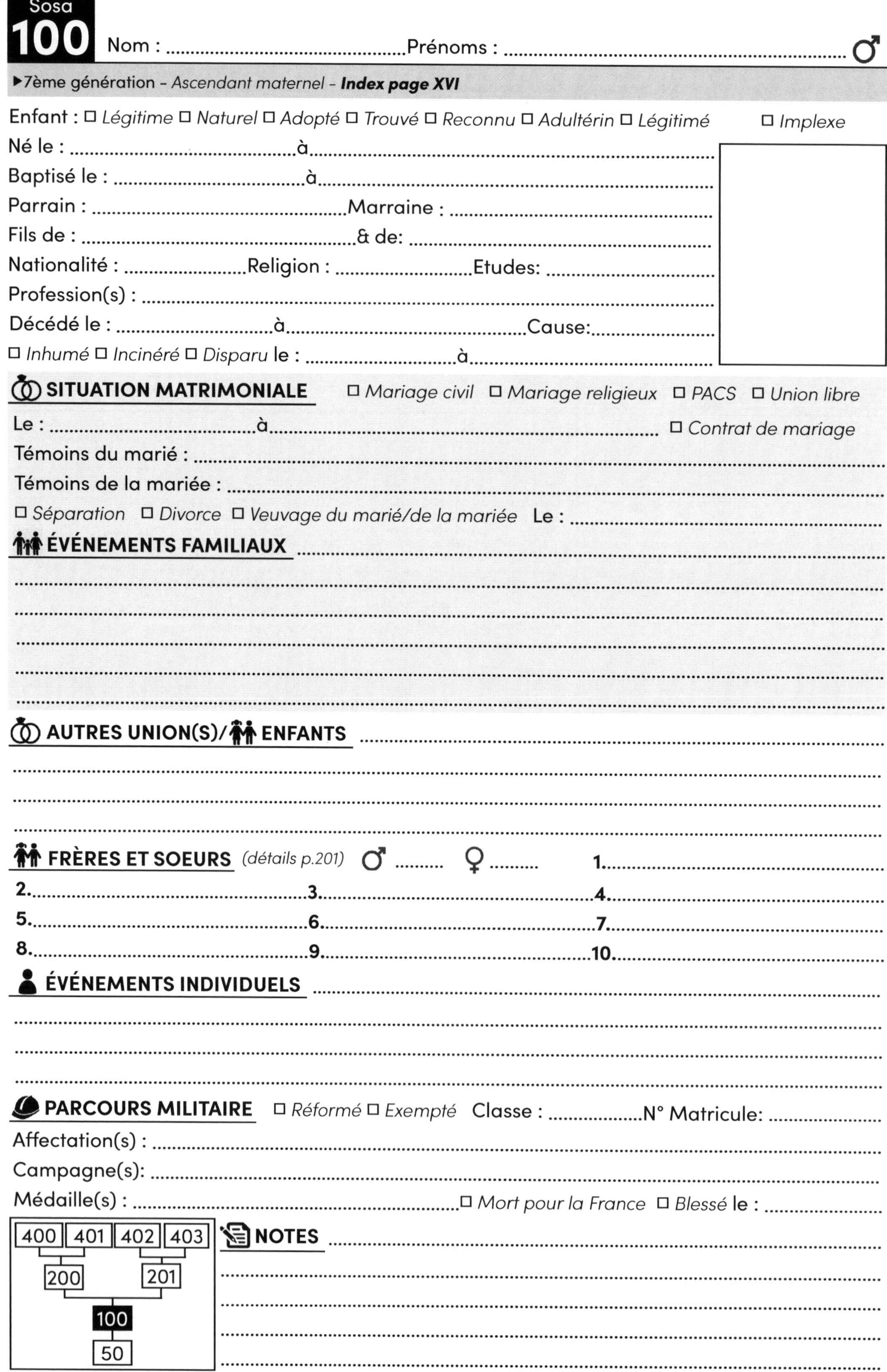

Sosa **100** Nom : ....Prénoms : .... ♂

▸7ème génération - *Ascendant maternel* - ***Index page XVI***

Enfant : ☐ *Légitime* ☐ *Naturel* ☐ *Adopté* ☐ *Trouvé* ☐ *Reconnu* ☐ *Adultérin* ☐ *Légitimé* ☐ *Implexe*

Né le : ....à...

Baptisé le : ....à...

Parrain : ....Marraine : ....

Fils de : ....& de: ....

Nationalité : ....Religion : ....Etudes: ....

Profession(s) : ....

Décédé le : ....à...Cause:.........................

☐ *Inhumé* ☐ *Incinéré* ☐ *Disparu* le : ....à..

SITUATION MATRIMONIALE

☐ *Mariage civil* ☐ *Mariage religieux* ☐ *PACS* ☐ *Union libre*

Le : ....à.. ☐ *Contrat de mariage*

Témoins du marié : ....

Témoins de la mariée : ....

☐ *Séparation* ☐ *Divorce* ☐ *Veuvage du marié/de la mariée* Le : ....

ÉVÉNEMENTS FAMILIAUX

....

....

....

....

....

AUTRES UNION(S)/ENFANTS

....

....

....

FRÈRES ET SOEURS *(détails p.201)* ♂ .... ♀ ....

1. ....
2. ....
3. ....
4. ....
5. ....
6. ....
7. ....
8. ....
9. ....
10. ....

ÉVÉNEMENTS INDIVIDUELS

....

....

....

PARCOURS MILITAIRE

☐ *Réformé* ☐ *Exempté* Classe : ....N° Matricule: ....

Affectation(s) : ....

Campagne(s): ....

Médaille(s) : ....☐ *Mort pour la France* ☐ *Blessé* le : ....

NOTES

....

....

....

....

♀ Nom : ....Prénoms : ....

▸7ème génération - *Ascendant maternel* - ***Index page XVI***

☐ *Implexe*

Enfant : ☐ *Légitime* ☐ *Naturel* ☐ *Adopté* ☐ *Trouvé* ☐ *Reconnu* ☐ *Adultérin* ☐ *Légitimé*

Née le : ....à..

Baptisée le : ....à..

Parrain : ....Marraine : ....

Fille de : ....& de: ....

Nationalité : ....Religion : ....Etudes: ....

Profession(s) : ....

Décédée le : ....à..Cause:.........................

☐ *Inhumée* ☐ *Incinérée* ☐ *Disparue* le : ....à......................................

ENFANTS ♂ .... ♀ ....

	Sexe	*° Naissance*	*† Mort*	*Conjoint*
....	......	....	....	....
....	......	....	....	....
....	......	....	....	....
....	......	....	....	....
....	......	....	....	....
....	......	....	....	....
....	......	....	....	....
....	......	....	....	....
....	......	....	....	....
....	......	....	....	....

AUTRES UNION(S)/ ENFANTS ....

....

....

....

FRÈRES ET SOEURS *(détails p.203)* ♂ .... ♀ .... **1.**..................................

2...................................**3.**..................................**4.**..................................

5...................................**6.**..................................**7.**..................................

8...................................**9.**..................................**10.**................................

ÉVÉNEMENTS INDIVIDUELS ....

....

....

....

....

....

....

....

NOTES ....

....

....

....

....

404 405 406 407
202 203
101
50

Sosa **102** Nom : ....Prénoms : .... ♂

▸7ème génération - *Ascendant maternel* - ***Index page XVI***

Enfant : ☐ *Légitime* ☐ *Naturel* ☐ *Adopté* ☐ *Trouvé* ☐ *Reconnu* ☐ *Adultérin* ☐ *Légitimé* ☐ *Implexe*

Né le : ....à...

Baptisé le : ....à..

Parrain : ....Marraine : ....

Fils de : ....& de: ....

Nationalité : ....Religion : ....Etudes: ....

Profession(s) : ....

Décédé le : ....à..Cause:.......................

☐ *Inhumé* ☐ *Incinéré* ☐ *Disparu* le : ....à...

SITUATION MATRIMONIALE

☐ *Mariage civil* ☐ *Mariage religieux* ☐ *PACS* ☐ *Union libre*

Le : ....à.. ☐ *Contrat de mariage*

Témoins du marié : ....

Témoins de la mariée : ....

☐ *Séparation* ☐ *Divorce* ☐ *Veuvage du marié/de la mariée* Le : ....

ÉVÉNEMENTS FAMILIAUX

....

....

....

....

....

....

AUTRES UNION(S)/ENFANTS

....

....

....

....

FRÈRES ET SOEURS

(détails p.205) ♂ .... ♀ .... 1...

2...3...4...

5...6...7...

8...9...10...

ÉVÉNEMENTS INDIVIDUELS

....

....

....

....

PARCOURS MILITAIRE

☐ *Réformé* ☐ *Exempté* Classe : ....N° Matricule: ....

Affectation(s) : ....

Campagne(s): ....

Médaille(s) : ....☐ *Mort pour la France* ☐ *Blessé* le : ....

408 | 409 | 410 | 411

204 | 205

102

51

NOTES

....

....

....

....

....

♀ Nom : .... Prénoms : .... **Sosa 103**

▸7ème génération - *Ascendant maternel* - ***Index page XVI***

☐ *Implexe*

Enfant : ☐ *Légitime* ☐ *Naturel* ☐ *Adopté* ☐ *Trouvé* ☐ *Reconnu* ☐ *Adultérin* ☐ *Légitimé*

Née le : .... à ....

Baptisée le : .... à ....

Parrain : .... Marraine : ....

Fille de : .... & de: ....

Nationalité : .... Religion : .... Etudes: ....

Profession(s) : ....

Décédée le : .... à .... Cause: ....

☐ *Inhumée* ☐ *Incinérée* ☐ *Disparue* le : .... à ....

ENFANTS ♂ .... ♀	*Sexe*	*° Naissance*	*† Mort*	*Conjoint*
....	.....	....	....	....
....	.....	....	....	....
....	.....	....	....	....
....	.....	....	....	....
....	.....	....	....	....
....	.....	....	....	....
....	.....	....	....	....
....	.....	....	....	....
....	.....	....	....	....
....	.....	....	....	....

AUTRES UNION(S)/ENFANTS

....

....

....

....

FRÈRES ET SOEURS *(détails p.207)* ♂ .... ♀ ....

(détails p.207)

1. ....

2. .... 3. .... 4. ....

5. .... 6. .... 7. ....

8. .... 9. .... 10. ....

ÉVÉNEMENTS INDIVIDUELS

....

....

....

....

....

....

....

....

NOTES

....

....

....

....

....

412	413	414	415
206		207	
103			
51			

Sosa 104 Nom : ....Prénoms : .... ♂

▸7ème génération - *Ascendant maternel* - ***Index page XVI***

Enfant : ☐ *Légitime* ☐ *Naturel* ☐ *Adopté* ☐ *Trouvé* ☐ *Reconnu* ☐ *Adultérin* ☐ *Légitimé* ☐ *Implexe*

Né le : ....à..

Baptisé le : ....à..

Parrain : ....Marraine : ....

Fils de : ....& de: ....

Nationalité : ....Religion : ....Etudes: ....

Profession(s) : ....

Décédé le : ....à..Cause:..........................

☐ *Inhumé* ☐ *Incinéré* ☐ *Disparu* le : ....à...

SITUATION MATRIMONIALE

☐ *Mariage civil* ☐ *Mariage religieux* ☐ *PACS* ☐ *Union libre*

Le : ....à.. ☐ *Contrat de mariage*

Témoins du marié : ....

Témoins de la mariée : ....

☐ *Séparation* ☐ *Divorce* ☐ *Veuvage du marié/de la mariée* Le : ....

ÉVÉNEMENTS FAMILIAUX

....

....

....

....

....

AUTRES UNION(S)/ ENFANTS

....

....

....

FRÈRES ET SOEURS

(*détails p.209*) ♂ .... ♀ .... 1...

2...3...4...

5...6...7...

8...9...10...

ÉVÉNEMENTS INDIVIDUELS

....

....

....

PARCOURS MILITAIRE

☐ *Réformé* ☐ *Exempté* Classe : ....N° Matricule: ....

Affectation(s) : ....

Campagne(s): ....

Médaille(s) : ....☐ *Mort pour la France* ☐ *Blessé* le : ....

416	417	418	419
208		209	
104			
52			

NOTES

....

....

....

....

♀ Nom : .... Prénoms : ....

Sosa 105

▸7ème génération - *Ascendant maternel* - ***Index page XVI***

☐ *Implexe*

Enfant : ☐ *Légitime* ☐ *Naturel* ☐ *Adopté* ☐ *Trouvé* ☐ *Reconnu* ☐ *Adultérin* ☐ *Légitimé*

Née le : .... à ....

Baptisée le : .... à ....

Parrain : .... Marraine : ....

Fille de : .... & de: ....

Nationalité : .... Religion : .... Etudes: ....

Profession(s) : ....

Décédée le : .... à .... Cause: ....

☐ *Inhumée* ☐ *Incinérée* ☐ *Disparue* le : .... à ....

ENFANTS ♂ .... ♀	*Sexe*	*° Naissance*	*† Mort*	*Conjoint*

AUTRES UNION(S)/ ENFANTS ....

....

....

....

FRÈRES ET SOEURS *(détails p.211)* ♂ .... ♀ ....

1. ....
2. ....
3. ....
4. ....
5. ....
6. ....
7. ....
8. ....
9. ....
10. ....

ÉVÉNEMENTS INDIVIDUELS ....

....

....

....

....

....

....

....

NOTES ....

....

....

....

....

420	421	422	423
210		211	
105			
52			

Sosa 106 Nom : .... Prénoms : .... ♂

▸7ème génération - *Ascendant maternel* - ***Index page XVI***

Enfant : ☐ *Légitime* ☐ *Naturel* ☐ *Adopté* ☐ *Trouvé* ☐ *Reconnu* ☐ *Adultérin* ☐ *Légitimé* ☐ *Implexe*

Né le : .... à ....

Baptisé le : .... à ....

Parrain : .... Marraine : ....

Fils de : .... & de: ....

Nationalité : .... Religion : .... Etudes: ....

Profession(s) : ....

Décédé le : .... à .... Cause: ....

☐ *Inhumé* ☐ *Incinéré* ☐ *Disparu* le : .... à ....

SITUATION MATRIMONIALE

☐ *Mariage civil* ☐ *Mariage religieux* ☐ *PACS* ☐ *Union libre*

Le : .... à .... ☐ *Contrat de mariage*

Témoins du marié : ....

Témoins de la mariée : ....

☐ *Séparation* ☐ *Divorce* ☐ *Veuvage du marié/de la mariée* Le : ....

ÉVÉNEMENTS FAMILIAUX

....

AUTRES UNION(S)/ ENFANTS

....

FRÈRES ET SOEURS

(détails p.213) ♂ .... ♀ ....

1. ....
2. ....
3. ....
4. ....
5. ....
6. ....
7. ....
8. ....
9. ....
10. ....

ÉVÉNEMENTS INDIVIDUELS

....

PARCOURS MILITAIRE

☐ *Réformé* ☐ *Exempté* Classe : .... N° Matricule: ....

Affectation(s) : ....

Campagne(s): ....

Médaille(s) : .... ☐ *Mort pour la France* ☐ *Blessé* le : ....

424	425	426	427
212		213	
106			
53			

NOTES

....

♀ Nom : ....Prénoms : ....

▸7ème génération - *Ascendant maternel* - ***Index page XVI***

☐ *Implexe*

Enfant : ☐ *Légitime* ☐ *Naturel* ☐ *Adopté* ☐ *Trouvé* ☐ *Reconnu* ☐ *Adultérin* ☐ *Légitimé*

Née le : ....à..

Baptisée le : ....à...

Parrain : ....Marraine : ....

Fille de : ....& de: ....

Nationalité : ....Religion : ....Etudes: ....

Profession(s) : ....

Décédée le : ....à..Cause:..........................

☐ *Inhumée* ☐ *Incinérée* ☐ *Disparue* le : ....à..

ENFANTS ♂ .... ♀	*Sexe*	*° Naissance*	*† Mort*	*Conjoint*

AUTRES UNION(S)/ ENFANTS

....

....

....

FRÈRES ET SOEURS *(détails p.215)* ♂ .... ♀ ....

1. ....
2. ....
3. ....
4. ....
5. ....
6. ....
7. ....
8. ....
9. ....
10. ....

ÉVÉNEMENTS INDIVIDUELS

....

....

....

....

....

....

....

NOTES

....

....

....

....

428 429 430 431

214 215

107

53

Sosa **108** Nom : .... Prénoms : .... ♂

▸7ème génération - *Ascendant maternel* - ***Index page XVI***

Enfant : ☐ *Légitime* ☐ *Naturel* ☐ *Adopté* ☐ *Trouvé* ☐ *Reconnu* ☐ *Adultérin* ☐ *Légitimé* ☐ *Implexe*

Né le : .... à ....

Baptisé le : .... à ....

Parrain : .... Marraine : ....

Fils de : .... & de: ....

Nationalité : .... Religion : .... Etudes: ....

Profession(s) : ....

Décédé le : .... à .... Cause: ....

☐ *Inhumé* ☐ *Incinéré* ☐ *Disparu* le : .... à ....

SITUATION MATRIMONIALE

☐ *Mariage civil* ☐ *Mariage religieux* ☐ *PACS* ☐ *Union libre*

Le : .... à .... ☐ *Contrat de mariage*

Témoins du marié : ....

Témoins de la mariée : ....

☐ *Séparation* ☐ *Divorce* ☐ *Veuvage du marié/de la mariée* Le : ....

ÉVÉNEMENTS FAMILIAUX

....

AUTRES UNION(S)/ENFANTS

....

FRÈRES ET SOEURS

(détails p.217) ♂ .... ♀ ....

1. ....
2. ....
3. ....
4. ....
5. ....
6. ....
7. ....
8. ....
9. ....
10. ....

ÉVÉNEMENTS INDIVIDUELS

....

PARCOURS MILITAIRE

☐ *Réformé* ☐ *Exempté* Classe : .... N° Matricule: ....

Affectation(s) : ....

Campagne(s): ....

Médaille(s) : .... ☐ *Mort pour la France* ☐ *Blessé* le : ....

432	433	434	435
216		217	
108			
54			

NOTES

....

♀ Nom : .... Prénoms : ....

▶7ème génération - *Ascendant maternel* - ***Index page XVI***

☐ *Implexe*

Enfant : ☐ *Légitime* ☐ *Naturel* ☐ *Adopté* ☐ *Trouvé* ☐ *Reconnu* ☐ *Adultérin* ☐ *Légitimé*

Née le : .... à ....

Baptisée le : .... à ....

Parrain : .... Marraine : ....

Fille de : .... & de: ....

Nationalité : .... Religion : .... Etudes: ....

Profession(s) : ....

Décédée le : .... à .... Cause: ....

☐ *Inhumée* ☐ *Incinérée* ☐ *Disparue* le : .... à ....

ENFANTS ♂ .... ♀	*Sexe*	*° Naissance*	*† Mort*	*Conjoint*
...	...	...	...	...
...	...	...	...	...
...	...	...	...	...
...	...	...	...	...
...	...	...	...	...
...	...	...	...	...
...	...	...	...	...
...	...	...	...	...
...	...	...	...	...
...	...	...	...	...

AUTRES UNION(S)/ ENFANTS ....

....

....

....

FRÈRES ET SOEURS *(détails p.219)* ♂ .... ♀ .... 1. ....

2. .... 3. .... 4. ....

5. .... 6. .... 7. ....

8. .... 9. .... 10. ....

ÉVÉNEMENTS INDIVIDUELS ....

....

....

....

....

....

....

....

NOTES ....

....

....

....

....

436	437	438	439
218		219	
109			
54			

Sosa **110** Nom : ....Prénoms : .... ♂

▸7ème génération - *Ascendant maternel* - ***Index page XVI***

Enfant : ☐ *Légitime* ☐ *Naturel* ☐ *Adopté* ☐ *Trouvé* ☐ *Reconnu* ☐ *Adultérin* ☐ *Légitimé* ☐ *Implexe*

Né le : ....à...

Baptisé le : ....à..

Parrain : ....Marraine : ....

Fils de : ....& de: ....

Nationalité : ....Religion : ....Etudes: ....

Profession(s) : ....

Décédé le : ....à....................................Cause:.......................

☐ *Inhumé* ☐ *Incinéré* ☐ *Disparu* le : ....à.......................................

SITUATION MATRIMONIALE

☐ *Mariage civil* ☐ *Mariage religieux* ☐ *PACS* ☐ *Union libre*

Le : ....à.. ☐ *Contrat de mariage*

Témoins du marié : ....

Témoins de la mariée : ....

☐ *Séparation* ☐ *Divorce* ☐ *Veuvage du marié/de la mariée* Le : ....

ÉVÉNEMENTS FAMILIAUX

....

....

....

....

....

AUTRES UNION(S)/ ENFANTS

....

....

....

FRÈRES ET SOEURS

(détails p.221) ♂ .... ♀ .... 1...

2...3...4...

5...6...7...

8...9...10.......................................

ÉVÉNEMENTS INDIVIDUELS

....

....

....

....

PARCOURS MILITAIRE

☐ *Réformé* ☐ *Exempté* Classe : ....N° Matricule: ....

Affectation(s) : ....

Campagne(s): ....

Médaille(s) : ....☐ *Mort pour la France* ☐ *Blessé* le : ....

440 | 441 | 442 | 443

220 | 221

110

55

NOTES

....

....

....

....

♀ Nom : .... Prénoms : ....

▸7ème génération - *Ascendant maternel* - ***Index page XVI***

☐ *Implexe*

Enfant : ☐ *Légitime* ☐ *Naturel* ☐ *Adopté* ☐ *Trouvé* ☐ *Reconnu* ☐ *Adultérin* ☐ *Légitimé*

Née le : .... à ....

Baptisée le : .... à ....

Parrain : .... Marraine : ....

Fille de : .... & de: ....

Nationalité : .... Religion : .... Etudes: ....

Profession(s) : ....

Décédée le : .... à .... Cause: ....

☐ *Inhumée* ☐ *Incinérée* ☐ *Disparue* le : .... à ....

ENFANTS ♂ .... ♀	*Sexe*	*° Naissance*	*† Mort*	*Conjoint*

AUTRES UNION(S)/ ENFANTS ....

....

....

....

FRÈRES ET SOEURS *(détails p.223)* ♂ .... ♀ .... **1.** ....

2. .... **3.** .... **4.** ....

5. .... **6.** .... **7.** ....

8. .... **9.** .... **10.** ....

ÉVÉNEMENTS INDIVIDUELS ....

....

....

....

....

....

....

....

NOTES ....

....

....

....

....

444	445	446	447
222		223	
111			
55			

Sosa
112 Nom : .... Prénoms : .... ♂

▸7ème génération - *Ascendant maternel* - ***Index page XVI***

Enfant : ☐ *Légitime* ☐ *Naturel* ☐ *Adopté* ☐ *Trouvé* ☐ *Reconnu* ☐ *Adultérin* ☐ *Légitimé* ☐ *Implexe*

Né le : .... à ....

Baptisé le : .... à ....

Parrain : .... Marraine : ....

Fils de : .... & de: ....

Nationalité : .... Religion : .... Etudes: ....

Profession(s) : ....

Décédé le : .... à .... Cause: ....

☐ *Inhumé* ☐ *Incinéré* ☐ *Disparu* le : .... à ....

SITUATION MATRIMONIALE

☐ *Mariage civil* ☐ *Mariage religieux* ☐ *PACS* ☐ *Union libre*

Le : .... à .... ☐ *Contrat de mariage*

Témoins du marié : ....

Témoins de la mariée : ....

☐ *Séparation* ☐ *Divorce* ☐ *Veuvage du marié/de la mariée* Le : ....

ÉVÉNEMENTS FAMILIAUX

....

AUTRES UNION(S)/ ENFANTS

....

FRÈRES ET SOEURS

(détails p.225) ♂ .... ♀ ....

1. ....
2. ....
3. ....
4. ....
5. ....
6. ....
7. ....
8. ....
9. ....
10. ....

ÉVÉNEMENTS INDIVIDUELS

....

PARCOURS MILITAIRE

☐ *Réformé* ☐ *Exempté* Classe : .... N° Matricule: ....

Affectation(s) : ....

Campagne(s): ....

Médaille(s) : .... ☐ *Mort pour la France* ☐ *Blessé* le : ....

448 | 449 | 450 | 451

224 | 225

112

56

NOTES

....

♀ Nom : ....Prénoms : ....

▸7ème génération - *Ascendant maternel* - ***Index page XVI***

☐ *Implexe*

Enfant : ☐ *Légitime* ☐ *Naturel* ☐ *Adopté* ☐ *Trouvé* ☐ *Reconnu* ☐ *Adultérin* ☐ *Légitimé*

Née le : ....à..

Baptisée le : ....à..

Parrain : ....Marraine : ....

Fille de : ....& de: ....

Nationalité : ....Religion : ....Etudes: ....

Profession(s) : ....

Décédée le : ....à....................Cause:....................

☐ *Inhumée* ☐ *Incinérée* ☐ *Disparue* le : ....à....................

ENFANTS ♂ .... ♀	*Sexe*	*° Naissance*	*† Mort*	*Conjoint*
....	.....	....	....	....
....	.....	....	....	....
....	.....	....	....	....
....	.....	....	....	....
....	.....	....	....	....
....	.....	....	....	....
....	.....	....	....	....
....	.....	....	....	....
....	.....	....	....	....
....	.....	....	....	....

AUTRES UNION(S)/ ENFANTS ....

....

....

....

FRÈRES ET SOEURS *(détails p.227)* ♂ .... ♀ .... **1.**..

2.....................**3.**....................**4.**....................

5.....................**6.**....................**7.**....................

8.....................**9.**....................**10.**....................

ÉVÉNEMENTS INDIVIDUELS ....

....

....

....

....

....

....

....

NOTES ....

....

....

....

....

452	453	454	455
226		227	
113			
56			

Sosa 114 Nom : .... Prénoms : .... ♂

▸7ème génération – *Ascendant maternel* – ***Index page XVI***

Enfant : ☐ *Légitime* ☐ *Naturel* ☐ *Adopté* ☐ *Trouvé* ☐ *Reconnu* ☐ *Adultérin* ☐ *Légitimé* ☐ *Implexe*

Né le : ....à...

Baptisé le : ....à...

Parrain : ....Marraine : ....

Fils de : ....& de: ....

Nationalité : ....Religion : ....Etudes: ....

Profession(s) : ....

Décédé le : ....à..Cause:.........................

☐ *Inhumé* ☐ *Incinéré* ☐ *Disparu* le : ....à...

SITUATION MATRIMONIALE

☐ *Mariage civil* ☐ *Mariage religieux* ☐ *PACS* ☐ *Union libre*

Le : ....à.. ☐ *Contrat de mariage*

Témoins du marié : ....

Témoins de la mariée : ....

☐ *Séparation* ☐ *Divorce* ☐ *Veuvage du marié/de la mariée* Le : ....

ÉVÉNEMENTS FAMILIAUX

....

....

....

....

....

AUTRES UNION(S)/ ENFANTS

....

....

....

FRÈRES ET SOEURS

(détails p.229) ♂ .... ♀ ....

1. ....
2. ....
3. ....
4. ....
5. ....
6. ....
7. ....
8. ....
9. ....
10. ....

ÉVÉNEMENTS INDIVIDUELS

....

....

....

PARCOURS MILITAIRE

☐ *Réformé* ☐ *Exempté* Classe : ....N° Matricule: ....

Affectation(s) : ....

Campagne(s): ....

Médaille(s) : ....☐ *Mort pour la France* ☐ *Blessé* le : ....

456 457 458 459

228 229

114

57

NOTES

....

....

....

....

♀ Nom : .... Prénoms : .... **Sosa 115**

▸7ème génération - *Ascendant maternel* - ***Index page XVI***

☐ *Implexe*

Enfant : ☐ *Légitime* ☐ *Naturel* ☐ *Adopté* ☐ *Trouvé* ☐ *Reconnu* ☐ *Adultérin* ☐ *Légitimé*

Née le : .... à ....

Baptisée le : .... à ....

Parrain : .... Marraine : ....

Fille de : .... & de: ....

Nationalité : .... Religion : .... Etudes: ....

Profession(s) : ....

Décédée le : .... à .... Cause: ....

☐ *Inhumée* ☐ *Incinérée* ☐ *Disparue* le : .... à ....

ENFANTS ♂ .... ♀	*Sexe*	*° Naissance*	*† Mort*	*Conjoint*
....	......	....	....	....
....	......	....	....	....
....	......	....	....	....
....	......	....	....	....
....	......	....	....	....
....	......	....	....	....
....	......	....	....	....
....	......	....	....	....
....	......	....	....	....
....	......	....	....	....

AUTRES UNION(S)/ ENFANTS ....

....

....

....

FRÈRES ET SOEURS *(détails p.231)* ♂ .... ♀ .... **1.**..............................

2............................... **3.**.............................. **4.**..............................

5............................... **6.**.............................. **7.**..............................

8............................... **9.**.............................. **10.**..............................

ÉVÉNEMENTS INDIVIDUELS ....

....

....

....

....

....

....

....

NOTES ....

....

....

....

....

460 461 462 463
230 231
115
57

Sosa
116 Nom : .... Prénoms : .... ♂

▸7ème génération - *Ascendant maternel* - ***Index page XVI***

Enfant : ☐ *Légitime* ☐ *Naturel* ☐ *Adopté* ☐ *Trouvé* ☐ *Reconnu* ☐ *Adultérin* ☐ *Légitimé* ☐ *Implexe*

Né le : .... à ....

Baptisé le : .... à ....

Parrain : .... Marraine : ....

Fils de : .... & de: ....

Nationalité : .... Religion : .... Etudes: ....

Profession(s) : ....

Décédé le : .... à .... Cause: ....

☐ *Inhumé* ☐ *Incinéré* ☐ *Disparu* le : .... à ....

SITUATION MATRIMONIALE

☐ *Mariage civil* ☐ *Mariage religieux* ☐ *PACS* ☐ *Union libre*

Le : .... à .... ☐ *Contrat de mariage*

Témoins du marié : ....

Témoins de la mariée : ....

☐ *Séparation* ☐ *Divorce* ☐ *Veuvage du marié/de la mariée* Le : ....

ÉVÉNEMENTS FAMILIAUX

....

AUTRES UNION(S)/ ENFANTS

....

FRÈRES ET SOEURS

(détails p.233)

♂ .... ♀ ....

1. ....
2. ....
3. ....
4. ....
5. ....
6. ....
7. ....
8. ....
9. ....
10. ....

ÉVÉNEMENTS INDIVIDUELS

....

PARCOURS MILITAIRE

☐ *Réformé* ☐ *Exempté* Classe : .... N° Matricule: ....

Affectation(s) : ....

Campagne(s): ....

Médaille(s) : .... ☐ *Mort pour la France* ☐ *Blessé* le : ....

464 465 466 467
232 233
116
58

NOTES

....

Sosa **117**

♀ Nom : .... Prénoms : ....

▶7ème génération - *Ascendant maternel* - ***Index page XVI***

☐ *Implexe*

Enfant : ☐ *Légitime* ☐ *Naturel* ☐ *Adopté* ☐ *Trouvé* ☐ *Reconnu* ☐ *Adultérin* ☐ *Légitimé*

Née le : .... à ....

Baptisée le : .... à ....

Parrain : .... Marraine : ....

Fille de : .... & de: ....

Nationalité : .... Religion : .... Etudes: ....

Profession(s) : ....

Décédée le : .... à .... Cause: ....

☐ *Inhumée* ☐ *Incinérée* ☐ *Disparue* le : .... à ....

ENFANTS ♂ .... ♀	*Sexe*	° *Naissance*	† *Mort*	*Conjoint*

AUTRES UNION(S)/ ENFANTS ....

FRÈRES ET SOEURS *(détails p.235)* ♂ .... ♀ ....

1\. ....
2\. .... 3. .... 4. ....
5\. .... 6. .... 7. ....
8\. .... 9. .... 10. ....

ÉVÉNEMENTS INDIVIDUELS ....

NOTES ....

468	469	470	471
234		235	
117			
58			

Sosa 118 Nom : .... Prénoms : .... ♂

▸7ème génération - *Ascendant maternel* - ***Index page XVI***

Enfant : ☐ *Légitime* ☐ *Naturel* ☐ *Adopté* ☐ *Trouvé* ☐ *Reconnu* ☐ *Adultérin* ☐ *Légitimé* ☐ *Implexe*

Né le : .... à ....

Baptisé le : .... à ....

Parrain : .... Marraine : ....

Fils de : .... & de: ....

Nationalité : .... Religion : .... Etudes: ....

Profession(s) : ....

Décédé le : .... à .... Cause: ....

☐ *Inhumé* ☐ *Incinéré* ☐ *Disparu* le : .... à ....

SITUATION MATRIMONIALE

☐ *Mariage civil* ☐ *Mariage religieux* ☐ *PACS* ☐ *Union libre*

Le : .... à .... ☐ *Contrat de mariage*

Témoins du marié : ....

Témoins de la mariée : ....

☐ *Séparation* ☐ *Divorce* ☐ *Veuvage du marié/de la mariée* Le : ....

ÉVÉNEMENTS FAMILIAUX

....

....

....

....

....

AUTRES UNION(S)/ ENFANTS

....

....

....

FRÈRES ET SOEURS

(détails p.237) ♂ .... ♀ .... 1. ....

2. .... 3. .... 4. ....

5. .... 6. .... 7. ....

8. .... 9. .... 10. ....

ÉVÉNEMENTS INDIVIDUELS

....

....

....

PARCOURS MILITAIRE

☐ *Réformé* ☐ *Exempté* Classe : .... N° Matricule: ....

Affectation(s) : ....

Campagne(s): ....

Médaille(s) : .... ☐ *Mort pour la France* ☐ *Blessé* le : ....

472 | 473 | 474 | 475
236 | 237
118
59

NOTES

....

....

....

....

Sosa **119**

♀ Nom : .... Prénoms : ....

▸7ème génération - *Ascendant maternel* - ***Index page XVI***

☐ *Implexe*

Enfant : ☐ *Légitime* ☐ *Naturel* ☐ *Adopté* ☐ *Trouvé* ☐ *Reconnu* ☐ *Adultérin* ☐ *Légitimé*

Née le : .... à ....

Baptisée le : .... à ....

Parrain : .... Marraine : ....

Fille de : .... & de: ....

Nationalité : .... Religion : .... Etudes: ....

Profession(s) : ....

Décédée le : .... à .... Cause: ....

☐ *Inhumée* ☐ *Incinérée* ☐ *Disparue* le : .... à ....

ENFANTS ♂ .... ♀	*Sexe*	*° Naissance*	*† Mort*	*Conjoint*
....	......	....	....	....
....	......	....	....	....
....	......	....	....	....
....	......	....	....	....
....	......	....	....	....
....	......	....	....	....
....	......	....	....	....
....	......	....	....	....
....	......	....	....	....
....	......	....	....	....

AUTRES UNION(S)/ENFANTS ....

....

....

....

FRÈRES ET SOEURS *(détails p.239)* ♂ .... ♀ ....

1. ....
2. ....
3. ....
4. ....
5. ....
6. ....
7. ....
8. ....
9. ....
10. ....

ÉVÉNEMENTS INDIVIDUELS ....

....

....

....

....

....

....

....

NOTES ....

....

....

....

....

476	477	478	479
238		239	
119			
59			

Sosa
120 Nom : .... Prénoms : .... ♂

▸7ème génération - *Ascendant maternel* - ***Index page XVI***

Enfant : ☐ *Légitime* ☐ *Naturel* ☐ *Adopté* ☐ *Trouvé* ☐ *Reconnu* ☐ *Adultérin* ☐ *Légitimé* ☐ *Implexe*

Né le : ....à...

Baptisé le : ....à..

Parrain : ....Marraine : ....

Fils de : ....& de: ....

Nationalité : ....Religion : ....Etudes: ....

Profession(s) : ....

Décédé le : ....à...Cause:.........................

☐ *Inhumé* ☐ *Incinéré* ☐ *Disparu* le : ....à...

SITUATION MATRIMONIALE

☐ *Mariage civil* ☐ *Mariage religieux* ☐ *PACS* ☐ *Union libre*

Le : ....à.. ☐ *Contrat de mariage*

Témoins du marié : ....

Témoins de la mariée : ....

☐ *Séparation* ☐ *Divorce* ☐ *Veuvage du marié/de la mariée* Le : ....

ÉVÉNEMENTS FAMILIAUX

....

....

....

....

....

AUTRES UNION(S)/ ENFANTS

....

....

....

FRÈRES ET SOEURS *(détails p.241)* ♂ .... ♀ ....

1....

2...**3.**..**4.**..

5...**6.**..**7.**..

8...**9.**..**10.**......................................

ÉVÉNEMENTS INDIVIDUELS

....

....

....

PARCOURS MILITAIRE

☐ *Réformé* ☐ *Exempté* Classe : ....N° Matricule: ....

Affectation(s) : ....

Campagne(s): ....

Médaille(s) : ....☐ *Mort pour la France* ☐ *Blessé* le : ....

480	481	482	483
240		241	
	120		
	60		

NOTES

....

....

....

....

♀ Nom : ....Prénoms : ....

Sosa **121**

▸7ème génération - *Ascendant maternel* - ***Index page XVI***

☐ *Implexe*

Enfant : ☐ *Légitime* ☐ *Naturel* ☐ *Adopté* ☐ *Trouvé* ☐ *Reconnu* ☐ *Adultérin* ☐ *Légitimé*

Née le : ....à..

Baptisée le : ....à..

Parrain : ....Marraine : ....

Fille de : ....& de: ....

Nationalité : ....Religion : ....Etudes: ....

Profession(s) : ....

Décédée le : ....à.......................................Cause:......................

☐ *Inhumée* ☐ *Incinérée* ☐ *Disparue* le : ....à.......................................

ENFANTS ♂ .... ♀ ....

	Sexe	*° Naissance*	*† Mort*	*Conjoint*
....	......	....	....	....
....	......	....	....	....
....	......	....	....	....
....	......	....	....	....
....	......	....	....	....
....	......	....	....	....
....	......	....	....	....
....	......	....	....	....
....	......	....	....	....
....	......	....	....	....

AUTRES UNION(S)/ENFANTS ....

....

....

....

FRÈRES ET SOEURS *(détails p.243)* ♂ .... ♀ .... **1.**.......................................

2...**3.**..**4.**..

5...**6.**..**7.**..

8...**9.**..**10.**..

ÉVÉNEMENTS INDIVIDUELS ....

....

....

....

....

....

....

....

NOTES ....

....

....

....

....

484 485 486 487

242 243

121

60

Sosa
122 Nom : .... Prénoms : .... ♂

▸7ème génération - *Ascendant maternel* - ***Index page XVI***

Enfant : ☐ *Légitime* ☐ *Naturel* ☐ *Adopté* ☐ *Trouvé* ☐ *Reconnu* ☐ *Adultérin* ☐ *Légitimé* ☐ *Implexe*

Né le : .... à ....

Baptisé le : .... à ....

Parrain : .... Marraine : ....

Fils de : .... & de: ....

Nationalité : .... Religion : .... Etudes: ....

Profession(s) : ....

Décédé le : .... à .... Cause: ....

☐ *Inhumé* ☐ *Incinéré* ☐ *Disparu* le : .... à ....

SITUATION MATRIMONIALE

☐ *Mariage civil* ☐ *Mariage religieux* ☐ *PACS* ☐ *Union libre*

Le : .... à .... ☐ *Contrat de mariage*

Témoins du marié : ....

Témoins de la mariée : ....

☐ *Séparation* ☐ *Divorce* ☐ *Veuvage du marié/de la mariée* Le : ....

ÉVÉNEMENTS FAMILIAUX

....

....

....

....

....

AUTRES UNION(S)/ ENFANTS

....

....

....

FRÈRES ET SOEURS

(détails p.245) ♂ .... ♀ ....

1. ....
2. ....
3. ....
4. ....
5. ....
6. ....
7. ....
8. ....
9. ....
10. ....

ÉVÉNEMENTS INDIVIDUELS

....

....

....

PARCOURS MILITAIRE

☐ *Réformé* ☐ *Exempté* Classe : .... N° Matricule: ....

Affectation(s) : ....

Campagne(s): ....

Médaille(s) : .... ☐ *Mort pour la France* ☐ *Blessé* le : ....

488 489 490 491

244 245

122

61

NOTES

....

....

....

....

♀ Nom : ....Prénoms : ....

▸7ème génération - *Ascendant maternel* - ***Index page XVI***

☐ *Implexe*

Enfant : ☐ *Légitime* ☐ *Naturel* ☐ *Adopté* ☐ *Trouvé* ☐ *Reconnu* ☐ *Adultérin* ☐ *Légitimé*

Née le : ....à..

Baptisée le : ....à..

Parrain : ....Marraine : ....

Fille de : ....& de: ....

Nationalité : ....Religion : ....Etudes: ....

Profession(s) : ....

Décédée le : ....à..Cause:.........................

☐ *Inhumée* ☐ *Incinérée* ☐ *Disparue* le : ....à..

ENFANTS ♂ .... ♀	Sexe	° Naissance	† Mort	Conjoint
....	......	....	....	....
....	......	....	....	....
....	......	....	....	....
....	......	....	....	....
....	......	....	....	....
....	......	....	....	....
....	......	....	....	....
....	......	....	....	....
....	......	....	....	....
....	......	....	....	....

AUTRES UNION(S)/ ENFANTS ....

....

....

....

FRÈRES ET SOEURS *(détails p.247)* ♂ .... ♀ .... 1...

2.................................3.................................4.................................

5.................................6.................................7.................................

8.................................9.................................10...............................

ÉVÉNEMENTS INDIVIDUELS ....

....

....

....

....

....

....

....

NOTES ....

....

....

....

....

492	493	494	495
246		247	
123			
61			

Sosa
124 Nom : ....Prénoms : .... ♂

▸7ème génération - *Ascendant maternel* - ***Index page XVI***

Enfant : ☐ *Légitime* ☐ *Naturel* ☐ *Adopté* ☐ *Trouvé* ☐ *Reconnu* ☐ *Adultérin* ☐ *Légitimé* ☐ *Implexe*

Né le : ....à..

Baptisé le : ....à..

Parrain : ....Marraine : ....

Fils de : ....& de: ....

Nationalité : ....Religion : ....Etudes: ....

Profession(s) : ....

Décédé le : ....à..Cause:........................

☐ *Inhumé* ☐ *Incinéré* ☐ *Disparu* le : ....à..

SITUATION MATRIMONIALE

☐ *Mariage civil* ☐ *Mariage religieux* ☐ *PACS* ☐ *Union libre*

Le : ....à.. ☐ *Contrat de mariage*

Témoins du marié : ....

Témoins de la mariée : ....

☐ *Séparation* ☐ *Divorce* ☐ *Veuvage du marié/de la mariée* Le : ....

ÉVÉNEMENTS FAMILIAUX

....

....

....

....

....

AUTRES UNION(S)/ENFANTS

....

....

....

....

FRÈRES ET SOEURS

(détails p.249) ♂ .... ♀ .... 1. ....

2. .... 3. .... 4. ....

5. .... 6. .... 7. ....

8. .... 9. .... 10. ....

ÉVÉNEMENTS INDIVIDUELS

....

....

....

....

PARCOURS MILITAIRE

☐ *Réformé* ☐ *Exempté* Classe : ....N° Matricule: ....

Affectation(s) : ....

Campagne(s): ....

Médaille(s) : ....☐ *Mort pour la France* ☐ *Blessé* le : ....

496 | 497 | 498 | 499
248 | 249
124
62

NOTES

....

....

....

....

....

♀ Nom : ....Prénoms : .... **Sosa 125**

▸7ème génération - *Ascendant maternel* - ***Index page XVI***

☐ *Implexe*

Enfant : ☐ *Légitime* ☐ *Naturel* ☐ *Adopté* ☐ *Trouvé* ☐ *Reconnu* ☐ *Adultérin* ☐ *Légitimé*

Née le : ....à..........

Baptisée le : ....à..........

Parrain : ....Marraine : ....

Fille de : ....& de: ....

Nationalité : ....Religion : ....Etudes: ....

Profession(s) : ....

Décédée le : ....à..........Cause:..........

☐ *Inhumée* ☐ *Incinérée* ☐ *Disparue* le : ....à..........

ENFANTS ♂ .... ♀	*Sexe*	*° Naissance*	*† Mort*	*Conjoint*
....	......	....	....	....
....	......	....	....	....
....	......	....	....	....
....	......	....	....	....
....	......	....	....	....
....	......	....	....	....
....	......	....	....	....
....	......	....	....	....
....	......	....	....	....
....	......	....	....	....

AUTRES UNION(S)/ ENFANTS ....

....

....

....

FRÈRES ET SOEURS *(détails p.251)* ♂ .... ♀ .... **1.**..........

2...........**3.**..........**4.**..........

5...........**6.**..........**7.**..........

8...........**9.**..........**10.**..........

ÉVÉNEMENTS INDIVIDUELS ....

....

....

....

....

....

....

....

NOTES ....

....

....

....

....

500 | 501 | 502 | 503

250 | 251

125

62

Sosa
126 Nom : ....Prénoms : .... ♂

▸7ème génération - *Ascendant maternel* - ***Index page XVI***

Enfant : ☐ *Légitime* ☐ *Naturel* ☐ *Adopté* ☐ *Trouvé* ☐ *Reconnu* ☐ *Adultérin* ☐ *Légitimé* ☐ *Implexe*

Né le : ....à..

Baptisé le : ....à..

Parrain : ....Marraine : ....

Fils de : ....& de: ....

Nationalité : ....Religion : ....Etudes: ....

Profession(s) : ....

Décédé le : ....à..Cause:........................

☐ *Inhumé* ☐ *Incinéré* ☐ *Disparu* le : ....à...

SITUATION MATRIMONIALE

☐ *Mariage civil* ☐ *Mariage religieux* ☐ *PACS* ☐ *Union libre*

Le : ....à.. ☐ *Contrat de mariage*

Témoins du marié : ....

Témoins de la mariée : ....

☐ *Séparation* ☐ *Divorce* ☐ *Veuvage du marié/de la mariée* Le : ....

ÉVÉNEMENTS FAMILIAUX

....

....

....

....

....

AUTRES UNION(S)/ ENFANTS

....

....

....

FRÈRES ET SOEURS

(détails p.253) ♂ .... ♀ .... 1...

2...3...4...

5...6...7...

8...9...10...

ÉVÉNEMENTS INDIVIDUELS

....

....

....

PARCOURS MILITAIRE

☐ *Réformé* ☐ *Exempté* Classe : ....N° Matricule: ....

Affectation(s) : ....

Campagne(s): ....

Médaille(s) : ....☐ *Mort pour la France* ☐ *Blessé* le : ....

504 | 505 | 506 | 507
252 | 253
126
63

NOTES

....

....

....

....

Sosa **127**

♀ Nom : .... Prénoms : ....

▸7ème génération - *Ascendant maternel* - ***Index page XVI***

☐ *Implexe*

Enfant : ☐ *Légitime* ☐ *Naturel* ☐ *Adopté* ☐ *Trouvé* ☐ *Reconnu* ☐ *Adultérin* ☐ *Légitimé*

Née le : .... à ....

Baptisée le : .... à ....

Parrain : .... Marraine : ....

Fille de : .... & de: ....

Nationalité : .... Religion : .... Etudes: ....

Profession(s) : ....

Décédée le : .... à .... Cause: ....

☐ *Inhumée* ☐ *Incinérée* ☐ *Disparue* le : .... à ....

ENFANTS ♂ .... ♀	*Sexe*	*° Naissance*	*† Mort*	*Conjoint*
...	...	...	...	...
...	...	...	...	...
...	...	...	...	...
...	...	...	...	...
...	...	...	...	...
...	...	...	...	...
...	...	...	...	...
...	...	...	...	...
...	...	...	...	...
...	...	...	...	...

AUTRES UNION(S)/ ENFANTS ....

....

....

....

FRÈRES ET SOEURS *(détails p.255)* ♂ .... ♀ .... 1. ....

2. .... 3. .... 4. ....

5. .... 6. .... 7. ....

8. .... 9. .... 10. ....

ÉVÉNEMENTS INDIVIDUELS ....

....

....

....

....

....

....

....

NOTES ....

....

....

....

....

508	509	510	511
254		255	
127			
63			

Sosa **128** Nom : .... Prénoms : .... ♂

▸8ème génération - *Ascendant paternel* - ***Index page XVI***

Enfant : ☐ *Légitime* ☐ *Naturel* ☐ *Adopté* ☐ *Trouvé* ☐ *Reconnu* ☐ *Adultérin* ☐ *Légitimé* ☐ *Implexe*

Né le : .... à ....

Baptisé le : .... à ....

Parrain : .... Marraine : ....

Fils de : .... & de: ....

Nationalité : .... Religion : .... Etudes: ....

Profession(s) : ....

Décédé le : .... à .... Cause: ....

☐ *Inhumé* ☐ *Incinéré* ☐ *Disparu* le : .... à ....

SITUATION MATRIMONIALE

☐ *Mariage civil* ☐ *Mariage religieux* ☐ *PACS* ☐ *Union libre*

Le : .... à .... ☐ *Contrat de mariage*

Témoins du marié : ....

Témoins de la mariée : ....

☐ *Séparation* ☐ *Divorce* ☐ *Veuvage du marié/de la mariée* Le : ....

ÉVÉNEMENTS FAMILIAUX

....

....

....

....

....

AUTRES UNION(S)/ ENFANTS

....

....

....

FRÈRES ET SOEURS *(détails p.257)* ♂ .... ♀ ....

(détails p.257)

1. ....

2. .... 3. .... 4. ....

5. .... 6. .... 7. ....

8. .... 9. .... 10. ....

ÉVÉNEMENTS INDIVIDUELS

....

....

....

PARCOURS MILITAIRE

☐ *Réformé* ☐ *Exempté* Classe : .... N° Matricule: ....

Affectation(s) : ....

Campagne(s): ....

Médaille(s) : .... ☐ *Mort pour la France* ☐ *Blessé* le : ....

512	513	514	515
256		257	
128			
64			

NOTES

....

....

....

....

♀ Nom : ....Prénoms : .... Sosa **129**

▸8ème génération - *Ascendant paternel* - ***Index page XVI***

☐ *Implexe*

Enfant : ☐ *Légitime* ☐ *Naturel* ☐ *Adopté* ☐ *Trouvé* ☐ *Reconnu* ☐ *Adultérin* ☐ *Légitimé*

Née le : ....à..............................

Baptisée le : ....à..............................

Parrain : ....Marraine : ....

Fille de : ....& de: ....

Nationalité : ....Religion : ....Etudes: ....

Profession(s) : ....

Décédée le : ....à....................Cause:....................

☐ *Inhumée* ☐ *Incinérée* ☐ *Disparue* le : ....à....................

ENFANTS ♂ .... ♀	*Sexe*	*° Naissance*	*† Mort*	*Conjoint*
....	......	....	....	....
....	......	....	....	....
....	......	....	....	....
....	......	....	....	....
....	......	....	....	....
....	......	....	....	....
....	......	....	....	....
....	......	....	....	....
....	......	....	....	....
....	......	....	....	....

AUTRES UNION(S)/ ENFANTS ....

....

....

....

FRÈRES ET SOEURS *(détails p.259)* ♂ .... ♀ .... 1..............................

2..............................3..............................4..............................

5..............................6..............................7..............................

8..............................9..............................10..............................

ÉVÉNEMENTS INDIVIDUELS ....

....

....

....

....

....

....

....

NOTES ....

....

....

....

....

516 517 518 519

258 259

129

64

Sosa
130 Nom : ....Prénoms : .... ♂

▸8ème génération - *Ascendant paternel* - ***Index page XVI***

Enfant : ☐ *Légitime* ☐ *Naturel* ☐ *Adopté* ☐ *Trouvé* ☐ *Reconnu* ☐ *Adultérin* ☐ *Légitimé* ☐ *Implexe*

Né le : ....à...

Baptisé le : ....à...

Parrain : ....Marraine : ....

Fils de : ....& de: ....

Nationalité : ....Religion : ....Etudes: ....

Profession(s) : ....

Décédé le : ....à...Cause:.......................

☐ *Inhumé* ☐ *Incinéré* ☐ *Disparu* le : ....à...

SITUATION MATRIMONIALE

☐ *Mariage civil* ☐ *Mariage religieux* ☐ *PACS* ☐ *Union libre*

Le : ....à.. ☐ *Contrat de mariage*

Témoins du marié : ....

Témoins de la mariée : ....

☐ *Séparation* ☐ *Divorce* ☐ *Veuvage du marié/de la mariée* Le : ....

ÉVÉNEMENTS FAMILIAUX

....

....

....

....

....

AUTRES UNION(S)/ ENFANTS

....

....

....

FRÈRES ET SOEURS *(détails p.261)*

(détails p.261)

♂ .... ♀ .... 1...

2...3...4...

5...6...7...

8...9...10...

ÉVÉNEMENTS INDIVIDUELS

....

....

....

PARCOURS MILITAIRE

☐ *Réformé* ☐ *Exempté* Classe : ....N° Matricule: ....

Affectation(s) : ....

Campagne(s): ....

Médaille(s) : ....☐ *Mort pour la France* ☐ *Blessé* le : ....

520	521	522	523
260		261	
	130		
	65		

NOTES

....

....

....

....

Sosa **131**

♀ Nom : ....Prénoms : ....

▸8ème génération - *Ascendant paternel* - ***Index page XVI***

□ *Implexe*

Enfant : □ *Légitime* □ *Naturel* □ *Adopté* □ *Trouvé* □ *Reconnu* □ *Adultérin* □ *Légitimé*

Née le : ....à..

Baptisée le : ....à..

Parrain : ....Marraine : ....

Fille de : ....& de: ....

Nationalité : ....Religion : ....Etudes: ....

Profession(s) : ....

Décédée le : ....à..Cause:....................

□ *Inhumée* □ *Incinérée* □ *Disparue* le : ....à..

ENFANTS ♂ .... ♀	*Sexe*	*° Naissance*	*† Mort*	*Conjoint*
....	.....	....	....	....
....	.....	....	....	....
....	.....	....	....	....
....	.....	....	....	....
....	.....	....	....	....
....	.....	....	....	....
....	.....	....	....	....
....	.....	....	....	....
....	.....	....	....	....
....	.....	....	....	....

AUTRES UNION(S)/ENFANTS ....

....

....

....

FRÈRES ET SOEURS *(détails p.263)* ♂ .... ♀ .... 1..

2.......................................3.......................................4.......................................

5.......................................6.......................................7.......................................

8.......................................9.......................................10.......................................

ÉVÉNEMENTS INDIVIDUELS ....

....

....

....

....

....

....

....

NOTES ....

....

....

....

....

524	525	526	527
262		263	
131			
65			

Sosa
132 Nom : .... Prénoms : .... ♂

▸8ème génération - *Ascendant paternel* - ***Index page XVI***

Enfant : ☐ *Légitime* ☐ *Naturel* ☐ *Adopté* ☐ *Trouvé* ☐ *Reconnu* ☐ *Adultérin* ☐ *Légitimé* ☐ *Implexe*

Né le : .... à ....

Baptisé le : .... à ....

Parrain : .... Marraine : ....

Fils de : .... & de: ....

Nationalité : .... Religion : .... Etudes: ....

Profession(s) : ....

Décédé le : .... à .... Cause: ....

☐ *Inhumé* ☐ *Incinéré* ☐ *Disparu* le : .... à ....

SITUATION MATRIMONIALE

☐ *Mariage civil* ☐ *Mariage religieux* ☐ *PACS* ☐ *Union libre*

Le : .... à .... ☐ *Contrat de mariage*

Témoins du marié : ....

Témoins de la mariée : ....

☐ *Séparation* ☐ *Divorce* ☐ *Veuvage du marié/de la mariée* Le : ....

ÉVÉNEMENTS FAMILIAUX

....

AUTRES UNION(S)/ ENFANTS

....

FRÈRES ET SOEURS

(détails p.265) ♂ .... ♀ ....

1. ....
2. ....
3. ....
4. ....
5. ....
6. ....
7. ....
8. ....
9. ....
10. ....

ÉVÉNEMENTS INDIVIDUELS

....

PARCOURS MILITAIRE

☐ *Réformé* ☐ *Exempté* Classe : .... N° Matricule: ....

Affectation(s) : ....

Campagne(s): ....

Médaille(s) : .... ☐ *Mort pour la France* ☐ *Blessé* le : ....

528 529 530 531

264 265

132

66

NOTES

....

Sosa **133**

♀ Nom : .... Prénoms : ....

▶8ème génération - *Ascendant paternel* - ***Index page XVI***

☐ *Implexe*

Enfant : ☐ *Légitime* ☐ *Naturel* ☐ *Adopté* ☐ *Trouvé* ☐ *Reconnu* ☐ *Adultérin* ☐ *Légitimé*

Née le : .... à ....

Baptisée le : .... à ....

Parrain : .... Marraine : ....

Fille de : .... & de: ....

Nationalité : .... Religion : .... Etudes: ....

Profession(s) : ....

Décédée le : .... à .... Cause: ....

☐ *Inhumée* ☐ *Incinérée* ☐ *Disparue* le : .... à ....

ENFANTS ♂ .... ♀	*Sexe*	*° Naissance*	*† Mort*	*Conjoint*
....	......	....	....	....
....	......	....	....	....
....	......	....	....	....
....	......	....	....	....
....	......	....	....	....
....	......	....	....	....
....	......	....	....	....
....	......	....	....	....
....	......	....	....	....
....	......	....	....	....

AUTRES UNION(S)/ ENFANTS ....

....

....

....

FRÈRES ET SOEURS *(détails p.267)* ♂ .... ♀ .... 1. ....

2. .... 3. .... 4. ....

5. .... 6. .... 7. ....

8. .... 9. .... 10. ....

ÉVÉNEMENTS INDIVIDUELS ....

....

....

....

....

....

....

....

NOTES ....

....

....

....

....

532	533	534	535
266		267	
133			
66			

Sosa **134** Nom : ....Prénoms : .... ♂

▸8ème génération - *Ascendant paternel* - ***Index page XVI***

Enfant : ☐ *Légitime* ☐ *Naturel* ☐ *Adopté* ☐ *Trouvé* ☐ *Reconnu* ☐ *Adultérin* ☐ *Légitimé* ☐ *Implexe*

Né le : ....à..

Baptisé le : ....à..

Parrain : ....Marraine : ....

Fils de : ....& de: ....

Nationalité : ....Religion : ....Etudes: ....

Profession(s) : ....

Décédé le : ....à..Cause:........................

☐ *Inhumé* ☐ *Incinéré* ☐ *Disparu* le : ....à..

SITUATION MATRIMONIALE

☐ *Mariage civil* ☐ *Mariage religieux* ☐ *PACS* ☐ *Union libre*

Le : ....à.. ☐ *Contrat de mariage*

Témoins du marié : ....

Témoins de la mariée : ....

☐ *Séparation* ☐ *Divorce* ☐ *Veuvage du marié/de la mariée* Le : ....

ÉVÉNEMENTS FAMILIAUX

....

....

....

....

....

AUTRES UNION(S)/ENFANTS

....

....

....

FRÈRES ET SOEURS

(détails p.269) ♂ .... ♀ ....

1. ....
2. ....
3. ....
4. ....
5. ....
6. ....
7. ....
8. ....
9. ....
10. ....

ÉVÉNEMENTS INDIVIDUELS

....

....

....

PARCOURS MILITAIRE

☐ *Réformé* ☐ *Exempté* Classe : ....N° Matricule: ....

Affectation(s) : ....

Campagne(s): ....

Médaille(s) : ....☐ *Mort pour la France* ☐ *Blessé* le : ....

536 | 537 | 538 | 539

268 | 269

134

67

NOTES

....

....

....

....

♀ Nom : .... Prénoms : .... **Sosa 135**

▶8ème génération - *Ascendant paternel* - ***Index page XVI***

☐ *Implexe*

Enfant : ☐ *Légitime* ☐ *Naturel* ☐ *Adopté* ☐ *Trouvé* ☐ *Reconnu* ☐ *Adultérin* ☐ *Légitimé*

Née le : .... à ....

Baptisée le : .... à ....

Parrain : .... Marraine : ....

Fille de : .... & de: ....

Nationalité : .... Religion : .... Etudes: ....

Profession(s) : ....

Décédée le : .... à .... Cause: ....

☐ *Inhumée* ☐ *Incinérée* ☐ *Disparue* le : .... à ....

ENFANTS ♂ .... ♀	*Sexe*	*° Naissance*	*† Mort*	*Conjoint*
....	.....	....	....	....
....	.....	....	....	....
....	.....	....	....	....
....	.....	....	....	....
....	.....	....	....	....
....	.....	....	....	....
....	.....	....	....	....
....	.....	....	....	....
....	.....	....	....	....
....	.....	....	....	....

AUTRES UNION(S)/ ENFANTS ....

....

....

....

FRÈRES ET SOEURS *(détails p.271)* ♂ .... ♀ .... 1. ....

2. .... 3. .... 4. ....

5. .... 6. .... 7. ....

8. .... 9. .... 10. ....

ÉVÉNEMENTS INDIVIDUELS ....

....

....

....

....

....

....

....

NOTES ....

....

....

....

....

540 541 542 543
270 271
135
67

Sosa **136** Nom : .... Prénoms : .... ♂

▸8ème génération - *Ascendant paternel* - ***Index page XVI***

Enfant : ☐ *Légitime* ☐ *Naturel* ☐ *Adopté* ☐ *Trouvé* ☐ *Reconnu* ☐ *Adultérin* ☐ *Légitimé* ☐ *Implexe*

Né le : .... à ....

Baptisé le : .... à ....

Parrain : .... Marraine : ....

Fils de : .... & de: ....

Nationalité : .... Religion : .... Etudes: ....

Profession(s) : ....

Décédé le : .... à .... Cause: ....

☐ *Inhumé* ☐ *Incinéré* ☐ *Disparu* le : .... à ....

SITUATION MATRIMONIALE

☐ *Mariage civil* ☐ *Mariage religieux* ☐ *PACS* ☐ *Union libre*

Le : .... à .... ☐ *Contrat de mariage*

Témoins du marié : ....

Témoins de la mariée : ....

☐ *Séparation* ☐ *Divorce* ☐ *Veuvage du marié/de la mariée* Le : ....

ÉVÉNEMENTS FAMILIAUX

....

AUTRES UNION(S)/ENFANTS

....

FRÈRES ET SOEURS

(détails p.273) ♂ .... ♀ ....

1. ....
2. ....
3. ....
4. ....
5. ....
6. ....
7. ....
8. ....
9. ....
10. ....

ÉVÉNEMENTS INDIVIDUELS

....

PARCOURS MILITAIRE

☐ *Réformé* ☐ *Exempté* Classe : .... N° Matricule: ....

Affectation(s) : ....

Campagne(s): ....

Médaille(s) : .... ☐ *Mort pour la France* ☐ *Blessé* le : ....

544 545 546 547

272 273

136

68

NOTES

....

♀ Nom : .... Prénoms : .... **Sosa 137**

▶8ème génération - *Ascendant paternel* - ***Index page XVI***

☐ *Implexe*

Enfant : ☐ *Légitime* ☐ *Naturel* ☐ *Adopté* ☐ *Trouvé* ☐ *Reconnu* ☐ *Adultérin* ☐ *Légitimé*

Née le : .... à ....

Baptisée le : .... à ....

Parrain : .... Marraine : ....

Fille de : .... & de: ....

Nationalité : .... Religion : .... Etudes: ....

Profession(s) : ....

Décédée le : .... à .... Cause: ....

☐ *Inhumée* ☐ *Incinérée* ☐ *Disparue* le : .... à ....

ENFANTS ♂ .... ♀	*Sexe*	*° Naissance*	*† Mort*	*Conjoint*
....	......	....	....	....
....	......	....	....	....
....	......	....	....	....
....	......	....	....	....
....	......	....	....	....
....	......	....	....	....
....	......	....	....	....
....	......	....	....	....
....	......	....	....	....
....	......	....	....	....

AUTRES UNION(S)/ ENFANTS ....

....

....

....

FRÈRES ET SOEURS *(détails p.275)* ♂ .... ♀ .... 1. ....

2. .... 3. .... 4. ....

5. .... 6. .... 7. ....

8. .... 9. .... 10. ....

ÉVÉNEMENTS INDIVIDUELS ....

....

....

....

....

....

....

....

NOTES ....

....

....

....

....

548 | 549 | 550 | 551

274 | 275

137

68

Sosa **138** Nom : .... Prénoms : .... ♂

▸8ème génération - *Ascendant paternel* - ***Index page XVI***

Enfant : ☐ *Légitime* ☐ *Naturel* ☐ *Adopté* ☐ *Trouvé* ☐ *Reconnu* ☐ *Adultérin* ☐ *Légitimé* ☐ *Implexe*

Né le : .... à ....

Baptisé le : .... à ....

Parrain : .... Marraine : ....

Fils de : .... & de: ....

Nationalité : .... Religion : .... Etudes: ....

Profession(s) : ....

Décédé le : .... à .... Cause: ....

☐ *Inhumé* ☐ *Incinéré* ☐ *Disparu* le : .... à ....

SITUATION MATRIMONIALE

☐ *Mariage civil* ☐ *Mariage religieux* ☐ *PACS* ☐ *Union libre*

Le : .... à .... ☐ *Contrat de mariage*

Témoins du marié : ....

Témoins de la mariée : ....

☐ *Séparation* ☐ *Divorce* ☐ *Veuvage du marié/de la mariée* Le : ....

ÉVÉNEMENTS FAMILIAUX

....

....

....

....

....

AUTRES UNION(S)/ ENFANTS

....

....

....

FRÈRES ET SOEURS

(détails p.277) ♂ .... ♀ ....

1. ....

2. .... 3. .... 4. ....

5. .... 6. .... 7. ....

8. .... 9. .... 10. ....

ÉVÉNEMENTS INDIVIDUELS

....

....

....

PARCOURS MILITAIRE

☐ *Réformé* ☐ *Exempté* Classe : .... N° Matricule: ....

Affectation(s) : ....

Campagne(s): ....

Médaille(s) : .... ☐ *Mort pour la France* ☐ *Blessé* le : ....

552 553 554 555

276 277

138

69

NOTES

....

....

....

....

♀ Nom : ....Prénoms : .... **Sosa 139**

▶8ème génération - *Ascendant paternel* - ***Index page XVI***

☐ *Implexe*

Enfant : ☐ *Légitime* ☐ *Naturel* ☐ *Adopté* ☐ *Trouvé* ☐ *Reconnu* ☐ *Adultérin* ☐ *Légitimé*

Née le : ....à..

Baptisée le : ....à...

Parrain : ....Marraine : ....

Fille de : ....& de: ....

Nationalité : ....Religion : ....Etudes: ....

Profession(s) : ....

Décédée le : ....à.......................................Cause:.......................

☐ *Inhumée* ☐ *Incinérée* ☐ *Disparue* le : ....à..................................

ENFANTS ♂ .... ♀	*Sexe*	*° Naissance*	*† Mort*	*Conjoint*
....	......	....	....	....
....	......	....	....	....
....	......	....	....	....
....	......	....	....	....
....	......	....	....	....
....	......	....	....	....
....	......	....	....	....
....	......	....	....	....
....	......	....	....	....
....	......	....	....	....

AUTRES UNION(S)/ ENFANTS ....

....

....

....

FRÈRES ET SOEURS *(détails p.279)* ♂ .... ♀ .... 1...

2.......................................3.......................................4.......................................

5.......................................6.......................................7.......................................

8.......................................9.......................................10.....................................

ÉVÉNEMENTS INDIVIDUELS ....

....

....

....

....

....

....

....

NOTES ....

....

....

....

....

556	557	558	559
278		279	
139			
69			

Sosa 140 Nom : .... Prénoms : .... ♂

▸8ème génération - *Ascendant paternel* - ***Index page XVI***

Enfant : ☐ *Légitime* ☐ *Naturel* ☐ *Adopté* ☐ *Trouvé* ☐ *Reconnu* ☐ *Adultérin* ☐ *Légitimé* ☐ *Implexe*

Né le : .... à ....

Baptisé le : .... à ....

Parrain : .... Marraine : ....

Fils de : .... & de: ....

Nationalité : .... Religion : .... Etudes: ....

Profession(s) : ....

Décédé le : .... à .... Cause: ....

☐ *Inhumé* ☐ *Incinéré* ☐ *Disparu* le : .... à ....

SITUATION MATRIMONIALE

☐ *Mariage civil* ☐ *Mariage religieux* ☐ *PACS* ☐ *Union libre*

Le : .... à .... ☐ *Contrat de mariage*

Témoins du marié : ....

Témoins de la mariée : ....

☐ *Séparation* ☐ *Divorce* ☐ *Veuvage du marié/de la mariée* Le : ....

ÉVÉNEMENTS FAMILIAUX

....

AUTRES UNION(S)/ENFANTS

....

FRÈRES ET SOEURS

(détails p.281) ♂ .... ♀ ....

1. ....
2. ....
3. ....
4. ....
5. ....
6. ....
7. ....
8. ....
9. ....
10. ....

ÉVÉNEMENTS INDIVIDUELS

....

PARCOURS MILITAIRE

☐ *Réformé* ☐ *Exempté* Classe : .... N° Matricule: ....

Affectation(s) : ....

Campagne(s): ....

Médaille(s) : .... ☐ *Mort pour la France* ☐ *Blessé* le : ....

560	561	562	563
280		281	
140			
70			

NOTES

....

Sosa **141**

♀ Nom : ....Prénoms : ....

▸8ème génération - *Ascendant paternel* - ***Index page XVI***

☐ *Implexe*

Enfant : ☐ *Légitime* ☐ *Naturel* ☐ *Adopté* ☐ *Trouvé* ☐ *Reconnu* ☐ *Adultérin* ☐ *Légitimé*

Née le : ....à..

Baptisée le : ....à..

Parrain : ....Marraine : ....

Fille de : ....& de: ....

Nationalité : ....Religion : ....Etudes: ....

Profession(s) : ....

Décédée le : ....à......................................Cause:......................

☐ *Inhumée* ☐ *Incinérée* ☐ *Disparue* le : ....à......................................

ENFANTS ♂ .... ♀ ....

	Sexe	*° Naissance*	*† Mort*	*Conjoint*
....	......	....	....	....
....	......	....	....	....
....	......	....	....	....
....	......	....	....	....
....	......	....	....	....
....	......	....	....	....
....	......	....	....	....
....	......	....	....	....
....	......	....	....	....
....	......	....	....	....

AUTRES UNION(S)/ ENFANTS ....

....

....

....

FRÈRES ET SOEURS *(détails p.283)* ♂ .... ♀ .... 1. ....

2. .... 3. .... 4. ....

5. .... 6. .... 7. ....

8. .... 9. .... 10. ....

ÉVÉNEMENTS INDIVIDUELS ....

....

....

....

....

....

....

....

NOTES ....

....

....

....

....

564 | 565 | 566 | 567

282 | 283

141

70

Sosa
142 Nom : .... Prénoms : .... ♂

▸8ème génération - *Ascendant paternel* - ***Index page XVI***

Enfant : ☐ *Légitime* ☐ *Naturel* ☐ *Adopté* ☐ *Trouvé* ☐ *Reconnu* ☐ *Adultérin* ☐ *Légitimé* ☐ *Implexe*

Né le : .... à ....

Baptisé le : .... à ....

Parrain : .... Marraine : ....

Fils de : .... & de: ....

Nationalité : .... Religion : .... Etudes: ....

Profession(s) : ....

Décédé le : .... à .... Cause: ....

☐ *Inhumé* ☐ *Incinéré* ☐ *Disparu* le : .... à ....

SITUATION MATRIMONIALE

☐ *Mariage civil* ☐ *Mariage religieux* ☐ *PACS* ☐ *Union libre*

Le : .... à .... ☐ *Contrat de mariage*

Témoins du marié : ....

Témoins de la mariée : ....

☐ *Séparation* ☐ *Divorce* ☐ *Veuvage du marié/de la mariée* Le : ....

ÉVÉNEMENTS FAMILIAUX

....

AUTRES UNION(S)/ENFANTS

....

FRÈRES ET SOEURS *(détails p.285)* ♂ .... ♀ ....

1. ....
2. ....
3. ....
4. ....
5. ....
6. ....
7. ....
8. ....
9. ....
10. ....

ÉVÉNEMENTS INDIVIDUELS

....

PARCOURS MILITAIRE

☐ *Réformé* ☐ *Exempté* Classe : .... N° Matricule: ....

Affectation(s) : ....

Campagne(s): ....

Médaille(s) : .... ☐ *Mort pour la France* ☐ *Blessé* le : ....

568 569 570 571
284 285
142
71

NOTES

....

Sosa **143**

♀ Nom : .... Prénoms : ....

▶8ème génération - *Ascendant paternel* - ***Index page XVI***

☐ *Implexe*

Enfant : ☐ *Légitime* ☐ *Naturel* ☐ *Adopté* ☐ *Trouvé* ☐ *Reconnu* ☐ *Adultérin* ☐ *Légitimé*

Née le : .... à ....

Baptisée le : .... à ....

Parrain : .... Marraine : ....

Fille de : .... & de: ....

Nationalité : .... Religion : .... Etudes: ....

Profession(s) : ....

Décédée le : .... à .... Cause: ....

☐ *Inhumée* ☐ *Incinérée* ☐ *Disparue* le : .... à ....

ENFANTS ♂ .... ♀ ....

	Sexe	*° Naissance*	*† Mort*	*Conjoint*
....	......	....	....	....
....	......	....	....	....
....	......	....	....	....
....	......	....	....	....
....	......	....	....	....
....	......	....	....	....
....	......	....	....	....
....	......	....	....	....
....	......	....	....	....
....	......	....	....	....

AUTRES UNION(S)/ ENFANTS ....

....

....

....

FRÈRES ET SOEURS *(détails p.287)* ♂ .... ♀ .... 1. ....

2. .... 3. .... 4. ....

5. .... 6. .... 7. ....

8. .... 9. .... 10. ....

ÉVÉNEMENTS INDIVIDUELS ....

....

....

....

....

....

....

....

NOTES ....

....

....

....

....

572 573 574 575

286 287

143

71

Sosa
144 Nom : ....Prénoms : .... ♂

▸8ème génération - *Ascendant paternel* - ***Index page XVI***

Enfant : ☐ *Légitime* ☐ *Naturel* ☐ *Adopté* ☐ *Trouvé* ☐ *Reconnu* ☐ *Adultérin* ☐ *Légitimé* ☐ *Implexe*

Né le : ....à..

Baptisé le : ....à..

Parrain : ....Marraine : ....

Fils de : ....& de: ....

Nationalité : ....Religion : ....Etudes: ....

Profession(s) : ....

Décédé le : ....à.......................................Cause:......................

☐ *Inhumé* ☐ *Incinéré* ☐ *Disparu* le : ....à.......................................

SITUATION MATRIMONIALE

☐ *Mariage civil* ☐ *Mariage religieux* ☐ *PACS* ☐ *Union libre*

Le : ....à.. ☐ *Contrat de mariage*

Témoins du marié : ....

Témoins de la mariée : ....

☐ *Séparation* ☐ *Divorce* ☐ *Veuvage du marié/de la mariée* Le : ....

ÉVÉNEMENTS FAMILIAUX

....

....

....

....

....

AUTRES UNION(S)/ENFANTS

....

....

....

FRÈRES ET SOEURS *(détails p.289)* ♂ .... ♀ ....

1.......................................

2.......................................3.......................................4.......................................

5.......................................6.......................................7.......................................

8.......................................9.......................................10......................................

ÉVÉNEMENTS INDIVIDUELS

....

....

....

PARCOURS MILITAIRE

☐ *Réformé* ☐ *Exempté* Classe : ....N° Matricule: ....

Affectation(s) : ....

Campagne(s): ....

Médaille(s) : ....☐ *Mort pour la France* ☐ *Blessé* le : ....

576 | 577 | 578 | 579

288 | 289

144

72

NOTES

....

....

....

....

♀ Nom : .... Prénoms : ....

▸8ème génération - *Ascendant paternel* - ***Index page XVI***

☐ *Implexe*

Enfant : ☐ *Légitime* ☐ *Naturel* ☐ *Adopté* ☐ *Trouvé* ☐ *Reconnu* ☐ *Adultérin* ☐ *Légitimé*

Née le : .... à ....

Baptisée le : .... à ....

Parrain : .... Marraine : ....

Fille de : .... & de: ....

Nationalité : .... Religion : .... Etudes: ....

Profession(s) : ....

Décédée le : .... à .... Cause: ....

☐ *Inhumée* ☐ *Incinérée* ☐ *Disparue* le : .... à ....

ENFANTS ♂ .... ♀	*Sexe*	*° Naissance*	*† Mort*	*Conjoint*
....	......	....	....	....
....	......	....	....	....
....	......	....	....	....
....	......	....	....	....
....	......	....	....	....
....	......	....	....	....
....	......	....	....	....
....	......	....	....	....
....	......	....	....	....
....	......	....	....	....

AUTRES UNION(S)/ENFANTS

....

....

....

....

FRÈRES ET SOEURS

(*détails p.291*) ♂ .... ♀ ....

1. ....
2. .... 3. .... 4. ....
5. .... 6. .... 7. ....
8. .... 9. .... 10. ....

ÉVÉNEMENTS INDIVIDUELS

....

....

....

....

....

....

....

NOTES

....

....

....

....

....

580 | 581 | 582 | 583
290 | 291
145
72

Sosa
146 Nom : ....Prénoms : .... ♂

▸8ème génération - *Ascendant paternel* - ***Index page XVI***

Enfant : ☐ *Légitime* ☐ *Naturel* ☐ *Adopté* ☐ *Trouvé* ☐ *Reconnu* ☐ *Adultérin* ☐ *Légitimé* ☐ *Implexe*

Né le : ....à..

Baptisé le : ....à..

Parrain : ....Marraine : ....

Fils de : ....& de: ....

Nationalité : ....Religion : ....Etudes: ....

Profession(s) : ....

Décédé le : ....à....................Cause:....................

☐ *Inhumé* ☐ *Incinéré* ☐ *Disparu* le : ....à....................

SITUATION MATRIMONIALE

☐ *Mariage civil* ☐ *Mariage religieux* ☐ *PACS* ☐ *Union libre*

Le : ....à.................... ☐ *Contrat de mariage*

Témoins du marié : ....

Témoins de la mariée : ....

☐ *Séparation* ☐ *Divorce* ☐ *Veuvage du marié/de la mariée* Le : ....

ÉVÉNEMENTS FAMILIAUX

....

....

....

....

....

AUTRES UNION(S)/ENFANTS

....

....

....

FRÈRES ET SOEURS

(détails p.293) ♂ .... ♀ ....

1.....................

2..................... **3.**.................... **4.**....................

5..................... **6.**.................... **7.**....................

8..................... **9.**.................... **10.**....................

ÉVÉNEMENTS INDIVIDUELS

....

....

....

PARCOURS MILITAIRE

☐ *Réformé* ☐ *Exempté* Classe : ....N° Matricule: ....

Affectation(s) : ....

Campagne(s): ....

Médaille(s) : ....☐ *Mort pour la France* ☐ *Blessé* le : ....

584 585 586 587

292 293

146

73

NOTES

....

....

....

....

....

♀ Nom : .... Prénoms : ....

▶8ème génération - *Ascendant paternel* - ***Index page XVI***

□ *Implexe*

Enfant : □ *Légitime* □ *Naturel* □ *Adopté* □ *Trouvé* □ *Reconnu* □ *Adultérin* □ *Légitimé*

Née le : ....à..

Baptisée le : ....à..

Parrain : ....Marraine : ....

Fille de : ....& de: ....

Nationalité : ....Religion : ....Etudes: ....

Profession(s) : ....

Décédée le : ....à....................Cause:....................

□ *Inhumée* □ *Incinérée* □ *Disparue* le : ....à....................

ENFANTS ♂ .... ♀	*Sexe*	*° Naissance*	*† Mort*	*Conjoint*
....	......	....	....	....
....	......	....	....	....
....	......	....	....	....
....	......	....	....	....
....	......	....	....	....
....	......	....	....	....
....	......	....	....	....
....	......	....	....	....
....	......	....	....	....
....	......	....	....	....

AUTRES UNION(S)/ENFANTS

....

....

....

....

FRÈRES ET SOEURS *(détails p.295)* ♂ .... ♀ ....

1.................... 2.................... 3.................... 4....................
5.................... 6.................... 7....................
8.................... 9.................... 10....................

ÉVÉNEMENTS INDIVIDUELS

....

....

....

....

....

....

....

....

NOTES

....

....

....

....

....

588 589 590 591
294 295
147
73

Sosa **148** Nom : .... Prénoms : .... ♂

▸8ème génération - *Ascendant paternel* - ***Index page XVI***

Enfant : ☐ *Légitime* ☐ *Naturel* ☐ *Adopté* ☐ *Trouvé* ☐ *Reconnu* ☐ *Adultérin* ☐ *Légitimé* ☐ *Implexe*

Né le : .... à ....

Baptisé le : .... à ....

Parrain : .... Marraine : ....

Fils de : .... & de: ....

Nationalité : .... Religion : .... Etudes: ....

Profession(s) : ....

Décédé le : .... à .... Cause: ....

☐ *Inhumé* ☐ *Incinéré* ☐ *Disparu* le : .... à ....

SITUATION MATRIMONIALE

☐ *Mariage civil* ☐ *Mariage religieux* ☐ *PACS* ☐ *Union libre*

Le : .... à .... ☐ *Contrat de mariage*

Témoins du marié : ....

Témoins de la mariée : ....

☐ *Séparation* ☐ *Divorce* ☐ *Veuvage du marié/de la mariée* Le : ....

ÉVÉNEMENTS FAMILIAUX

....

....

....

....

....

AUTRES UNION(S)/ ENFANTS

....

....

....

FRÈRES ET SOEURS

(détails p.297) ♂ .... ♀ ....

1. ....
2. ....
3. ....
4. ....
5. ....
6. ....
7. ....
8. ....
9. ....
10. ....

ÉVÉNEMENTS INDIVIDUELS

....

....

....

PARCOURS MILITAIRE

☐ *Réformé* ☐ *Exempté* Classe : .... N° Matricule: ....

Affectation(s) : ....

Campagne(s): ....

Médaille(s) : .... ☐ *Mort pour la France* ☐ *Blessé* le : ....

592 593 594 595

296 297

148

74

NOTES

....

....

....

....

Sosa **149**

♀ Nom : .... Prénoms : ....

▸8ème génération - *Ascendant paternel* - ***Index page XVI***

☐ *Implexe*

Enfant : ☐ *Légitime* ☐ *Naturel* ☐ *Adopté* ☐ *Trouvé* ☐ *Reconnu* ☐ *Adultérin* ☐ *Légitimé*

Née le : .... à ....

Baptisée le : .... à ....

Parrain : .... Marraine : ....

Fille de : .... & de: ....

Nationalité : .... Religion : .... Etudes: ....

Profession(s) : ....

Décédée le : .... à .... Cause: ....

☐ *Inhumée* ☐ *Incinérée* ☐ *Disparue* le : .... à ....

ENFANTS ♂ .... ♀	*Sexe*	*° Naissance*	*† Mort*	*Conjoint*

AUTRES UNION(S)/ENFANTS ....

....

....

....

FRÈRES ET SOEURS *(détails p.299)* ♂ .... ♀ .... 1. ....

2. .... 3. .... 4. ....

5. .... 6. .... 7. ....

8. .... 9. .... 10. ....

ÉVÉNEMENTS INDIVIDUELS ....

....

....

....

....

....

....

....

NOTES ....

....

....

....

....

596 597 598 599

298 299

149

74

Sosa 150 Nom : .... Prénoms : .... ♂

▸8ème génération - *Ascendant paternel* - ***Index page XVI***

Enfant : ☐ *Légitime* ☐ *Naturel* ☐ *Adopté* ☐ *Trouvé* ☐ *Reconnu* ☐ *Adultérin* ☐ *Légitimé* ☐ *Implexe*

Né le : .... à ....

Baptisé le : .... à ....

Parrain : .... Marraine : ....

Fils de : .... & de: ....

Nationalité : .... Religion : .... Etudes: ....

Profession(s) : ....

Décédé le : .... à .... Cause: ....

☐ *Inhumé* ☐ *Incinéré* ☐ *Disparu* le : .... à ....

SITUATION MATRIMONIALE

☐ *Mariage civil* ☐ *Mariage religieux* ☐ *PACS* ☐ *Union libre*

Le : .... à .... ☐ *Contrat de mariage*

Témoins du marié : ....

Témoins de la mariée : ....

☐ *Séparation* ☐ *Divorce* ☐ *Veuvage du marié/de la mariée* Le : ....

ÉVÉNEMENTS FAMILIAUX

....

AUTRES UNION(S)/ENFANTS

....

FRÈRES ET SOEURS *(détails p.301)* ♂ .... ♀ ....

1. ....
2. ....
3. ....
4. ....
5. ....
6. ....
7. ....
8. ....
9. ....
10. ....

ÉVÉNEMENTS INDIVIDUELS

....

PARCOURS MILITAIRE

☐ *Réformé* ☐ *Exempté* Classe : .... N° Matricule: ....

Affectation(s) : ....

Campagne(s): ....

Médaille(s) : .... ☐ *Mort pour la France* ☐ *Blessé* le : ....

600 601 602 603
300 301
150
75

NOTES

....

♀ Nom : ....Prénoms : .... **Sosa 151**

▸8ème génération - *Ascendant paternel* - ***Index page XVI***

☐ *Implexe*

Enfant : ☐ *Légitime* ☐ *Naturel* ☐ *Adopté* ☐ *Trouvé* ☐ *Reconnu* ☐ *Adultérin* ☐ *Légitimé*

Née le : ....à..................................

Baptisée le : ....à..................................

Parrain : ....Marraine : ....

Fille de : ....& de: ....

Nationalité : ....Religion : ....Etudes: ....

Profession(s) : ....

Décédée le : ....à....................Cause:....................

☐ *Inhumée* ☐ *Incinérée* ☐ *Disparue* le : ....à....................

ENFANTS ♂ .... ♀	*Sexe*	*° Naissance*	*† Mort*	*Conjoint*
....	.....	....	....	....
....	.....	....	....	....
....	.....	....	....	....
....	.....	....	....	....
....	.....	....	....	....
....	.....	....	....	....
....	.....	....	....	....
....	.....	....	....	....
....	.....	....	....	....
....	.....	....	....	....

AUTRES UNION(S)/ ENFANTS ....

....

....

....

FRÈRES ET SOEURS *(détails p.303)* ♂ .... ♀ .... 1..................

2.................. 3.................. 4..................

5.................. 6.................. 7..................

8.................. 9.................. 10..................

ÉVÉNEMENTS INDIVIDUELS ....

....

....

....

....

....

....

....

NOTES ....

....

....

....

....

604 605 606 607

302 303

151

75

Sosa
152 Nom : .... Prénoms : .... ♂

▸8ème génération - *Ascendant paternel* - ***Index page XVI***

Enfant : ☐ *Légitime* ☐ *Naturel* ☐ *Adopté* ☐ *Trouvé* ☐ *Reconnu* ☐ *Adultérin* ☐ *Légitimé* ☐ *Implexe*
Né le : .... à ....
Baptisé le : .... à ....
Parrain : .... Marraine : ....
Fils de : .... & de: ....
Nationalité : .... Religion : .... Etudes: ....
Profession(s) : ....
Décédé le : .... à .... Cause: ....
☐ *Inhumé* ☐ *Incinéré* ☐ *Disparu* le : .... à ....

SITUATION MATRIMONIALE

☐ *Mariage civil* ☐ *Mariage religieux* ☐ *PACS* ☐ *Union libre*
Le : .... à .... ☐ *Contrat de mariage*
Témoins du marié : ....
Témoins de la mariée : ....
☐ *Séparation* ☐ *Divorce* ☐ *Veuvage du marié/de la mariée* Le : ....

ÉVÉNEMENTS FAMILIAUX

....

AUTRES UNION(S)/ENFANTS

....

FRÈRES ET SOEURS

(détails p.305) ♂ .... ♀ .... 1. ....
2. .... 3. .... 4. ....
5. .... 6. .... 7. ....
8. .... 9. .... 10. ....

ÉVÉNEMENTS INDIVIDUELS

....

PARCOURS MILITAIRE

☐ *Réformé* ☐ *Exempté* Classe : .... N° Matricule: ....
Affectation(s) : ....
Campagne(s): ....
Médaille(s) : .... ☐ *Mort pour la France* ☐ *Blessé* le : ....

608 | 609 | 610 | 611
304 | 305
152
76

NOTES

....

♀ Nom : .... Prénoms : ....

▶8ème génération - *Ascendant paternel* - ***Index page XVI***

☐ *Implexe*

Enfant : ☐ *Légitime* ☐ *Naturel* ☐ *Adopté* ☐ *Trouvé* ☐ *Reconnu* ☐ *Adultérin* ☐ *Légitimé*

Née le : .... à ....

Baptisée le : .... à ....

Parrain : .... Marraine : ....

Fille de : .... & de: ....

Nationalité : .... Religion : .... Etudes: ....

Profession(s) : ....

Décédée le : .... à .... Cause: ....

☐ *Inhumée* ☐ *Incinérée* ☐ *Disparue* le : .... à ....

ENFANTS ♂ .... ♀	*Sexe*	*° Naissance*	*† Mort*	*Conjoint*

AUTRES UNION(S)/ ENFANTS

....

....

....

....

FRÈRES ET SOEURS

(détails p.307) ♂ .... ♀ ....

1. ....
2. ....
3. ....
4. ....
5. ....
6. ....
7. ....
8. ....
9. ....
10. ....

ÉVÉNEMENTS INDIVIDUELS

....

....

....

....

....

....

....

....

NOTES

....

....

....

....

....

612	613	614	615
306		307	
153			
76			

Sosa 154 Nom : ....Prénoms : .... ♂

▸8ème génération - *Ascendant paternel* - ***Index page XVI***

Enfant : ☐ *Légitime* ☐ *Naturel* ☐ *Adopté* ☐ *Trouvé* ☐ *Reconnu* ☐ *Adultérin* ☐ *Légitimé* ☐ *Implexe*

Né le : ....à...

Baptisé le : ....à...

Parrain : ....Marraine : ....

Fils de : ....& de: ....

Nationalité : ....Religion : ....Etudes: ....

Profession(s) : ....

Décédé le : ....à...Cause:.........................

☐ *Inhumé* ☐ *Incinéré* ☐ *Disparu* le : ....à...

SITUATION MATRIMONIALE

☐ *Mariage civil* ☐ *Mariage religieux* ☐ *PACS* ☐ *Union libre*

Le : ....à.. ☐ *Contrat de mariage*

Témoins du marié : ....

Témoins de la mariée : ....

☐ *Séparation* ☐ *Divorce* ☐ *Veuvage du marié/de la mariée* Le : ....

ÉVÉNEMENTS FAMILIAUX

....

....

....

....

....

AUTRES UNION(S)/ ENFANTS

....

....

....

FRÈRES ET SOEURS *(détails p.309)*

♂ .... ♀ .... 1...

2...3...4...

5...6...7...

8...9...10...

ÉVÉNEMENTS INDIVIDUELS

....

....

....

PARCOURS MILITAIRE

☐ *Réformé* ☐ *Exempté* Classe : ....N° Matricule: ....

Affectation(s) : ....

Campagne(s): ....

Médaille(s) : ....☐ *Mort pour la France* ☐ *Blessé* le : ....

616	617	618	619
308		309	
154			
77			

NOTES

....

....

....

....

Sosa **155**

♀ Nom : .... Prénoms : ....

▶8ème génération - *Ascendant paternel* - ***Index page XVI***

☐ *Implexe*

Enfant : ☐ *Légitime* ☐ *Naturel* ☐ *Adopté* ☐ *Trouvé* ☐ *Reconnu* ☐ *Adultérin* ☐ *Légitimé*

Née le : .... à ....

Baptisée le : .... à ....

Parrain : .... Marraine : ....

Fille de : .... & de: ....

Nationalité : .... Religion : .... Etudes: ....

Profession(s) : ....

Décédée le : .... à .... Cause: ....

☐ *Inhumée* ☐ *Incinérée* ☐ *Disparue* le : .... à ....

ENFANTS ♂ .... ♀	*Sexe*	*° Naissance*	*† Mort*	*Conjoint*
....	.....	....	....	....
....	.....	....	....	....
....	.....	....	....	....
....	.....	....	....	....
....	.....	....	....	....
....	.....	....	....	....
....	.....	....	....	....
....	.....	....	....	....
....	.....	....	....	....
....	.....	....	....	....

AUTRES UNION(S)/ ENFANTS ....

....

....

....

FRÈRES ET SOEURS *(détails p.311)* ♂ .... ♀ .... 1. ....

2. .... 3. .... 4. ....

5. .... 6. .... 7. ....

8. .... 9. .... 10. ....

ÉVÉNEMENTS INDIVIDUELS ....

....

....

....

....

....

....

....

NOTES ....

....

....

....

....

620 621 622 623

310 311

155

77

Sosa
156 Nom : .... Prénoms : .... ♂

▸8ème génération - *Ascendant paternel* - ***Index page XVI***

Enfant : ☐ *Légitime* ☐ *Naturel* ☐ *Adopté* ☐ *Trouvé* ☐ *Reconnu* ☐ *Adultérin* ☐ *Légitimé* ☐ *Implexe*

Né le : .... à ....

Baptisé le : .... à ....

Parrain : .... Marraine : ....

Fils de : .... & de: ....

Nationalité : .... Religion : .... Etudes: ....

Profession(s) : ....

Décédé le : .... à .... Cause: ....

☐ *Inhumé* ☐ *Incinéré* ☐ *Disparu* le : .... à ....

SITUATION MATRIMONIALE

☐ *Mariage civil* ☐ *Mariage religieux* ☐ *PACS* ☐ *Union libre*

Le : .... à .... ☐ *Contrat de mariage*

Témoins du marié : ....

Témoins de la mariée : ....

☐ *Séparation* ☐ *Divorce* ☐ *Veuvage du marié/de la mariée* Le : ....

ÉVÉNEMENTS FAMILIAUX

....

....

....

....

....

....

AUTRES UNION(S)/ ENFANTS

....

....

....

....

FRÈRES ET SOEURS *(détails p.313)* ♂ .... ♀ ....

(détails p.313)

1. ....
2. ....
3. ....
4. ....
5. ....
6. ....
7. ....
8. ....
9. ....
10. ....

ÉVÉNEMENTS INDIVIDUELS

....

....

....

....

PARCOURS MILITAIRE

☐ *Réformé* ☐ *Exempté* Classe : .... N° Matricule: ....

Affectation(s) : ....

Campagne(s): ....

Médaille(s) : .... ☐ *Mort pour la France* ☐ *Blessé* le : ....

624	625	626	627
312		313	
156			
78			

NOTES

....

....

....

....

....

♀ Nom : ....Prénoms : ....

▶8ème génération - *Ascendant paternel* - ***Index page XVI***

☐ *Implexe*

Enfant : ☐ *Légitime* ☐ *Naturel* ☐ *Adopté* ☐ *Trouvé* ☐ *Reconnu* ☐ *Adultérin* ☐ *Légitimé*

Née le : ....à..............................

Baptisée le : ....à..............................

Parrain : ....Marraine : ....

Fille de : ....& de: ....

Nationalité : ....Religion : ....Etudes: ....

Profession(s) : ....

Décédée le : ....à..................Cause:..................

☐ *Inhumée* ☐ *Incinérée* ☐ *Disparue* le : ....à..................

ENFANTS ♂ .... ♀	*Sexe*	*° Naissance*	*† Mort*	*Conjoint*
....	.....	....	....	....
....	.....	....	....	....
....	.....	....	....	....
....	.....	....	....	....
....	.....	....	....	....
....	.....	....	....	....
....	.....	....	....	....
....	.....	....	....	....
....	.....	....	....	....
....	.....	....	....	....

AUTRES UNION(S)/ENFANTS ....

....

....

....

FRÈRES ET SOEURS *(détails p.315)* ♂ .... ♀ .... 1.........................

2.........................3.........................4.........................

5.........................6.........................7.........................

8.........................9.........................10.........................

ÉVÉNEMENTS INDIVIDUELS ....

....

....

....

....

....

....

....

NOTES ....

....

....

....

....

628	629	630	631
314		315	
157			
78			

Sosa
158 Nom : ....Prénoms : .... ♂

▸8ème génération - *Ascendant paternel* - ***Index page XVI***

Enfant : ☐ *Légitime* ☐ *Naturel* ☐ *Adopté* ☐ *Trouvé* ☐ *Reconnu* ☐ *Adultérin* ☐ *Légitimé* ☐ *Implexe*

Né le : ....à..

Baptisé le : ....à..

Parrain : ....Marraine : ....

Fils de : ....& de: ....

Nationalité : ....Religion : ....Etudes: ....

Profession(s) : ....

Décédé le : ....à...Cause:.........................

☐ *Inhumé* ☐ *Incinéré* ☐ *Disparu* le : ....à..

SITUATION MATRIMONIALE

☐ *Mariage civil* ☐ *Mariage religieux* ☐ *PACS* ☐ *Union libre*

Le : ....à.. ☐ *Contrat de mariage*

Témoins du marié : ....

Témoins de la mariée : ....

☐ *Séparation* ☐ *Divorce* ☐ *Veuvage du marié/de la mariée* Le : ....

ÉVÉNEMENTS FAMILIAUX

....

....

....

....

....

AUTRES UNION(S)/ENFANTS

....

....

....

FRÈRES ET SOEURS

(détails p.317) ♂ .... ♀ ....

1...
2...3...4...
5...6...7...
8...9...10...

ÉVÉNEMENTS INDIVIDUELS

....

....

....

PARCOURS MILITAIRE

☐ *Réformé* ☐ *Exempté* Classe : ....N° Matricule: ....

Affectation(s) : ....

Campagne(s): ....

Médaille(s) : ....☐ *Mort pour la France* ☐ *Blessé* le : ....

632 | 633 | 634 | 635
316 | 317
158
79

NOTES

....

....

....

....

Sosa **159**

♀ Nom : ....Prénoms : ....

▶8ème génération - *Ascendant paternel* - ***Index page XVI***

☐ *Implexe*

Enfant : ☐ *Légitime* ☐ *Naturel* ☐ *Adopté* ☐ *Trouvé* ☐ *Reconnu* ☐ *Adultérin* ☐ *Légitimé*

Née le : ....à...

Baptisée le : ....à...

Parrain : ....Marraine : ....

Fille de : ....& de: ....

Nationalité : ....Religion : ....Etudes: ....

Profession(s) : ....

Décédée le : ....à...Cause:.......................

☐ *Inhumée* ☐ *Incinérée* ☐ *Disparue* le : ....à....................................

ENFANTS ♂ .... ♀	*Sexe*	*° Naissance*	*† Mort*	*Conjoint*

AUTRES UNION(S)/ ENFANTS ....

....

....

....

FRÈRES ET SOEURS *(détails p.319)* ♂ .... ♀ .... 1.......................................

2...3...4...

5...6...7...

8...9...10...

ÉVÉNEMENTS INDIVIDUELS ....

....

....

....

....

....

....

....

NOTES ....

....

....

....

....

636 637 638 639

318 319

159

79

Sosa
160 Nom : ....Prénoms : .... ♂

▸8ème génération - *Ascendant paternel* - ***Index page XVI***

Enfant : ☐ *Légitime* ☐ *Naturel* ☐ *Adopté* ☐ *Trouvé* ☐ *Reconnu* ☐ *Adultérin* ☐ *Légitimé* ☐ *Implexe*

Né le : ....à..............................

Baptisé le : ....à..............................

Parrain : ....Marraine : ....

Fils de : ....& de: ....

Nationalité : ....Religion : ....Etudes: ....

Profession(s) : ....

Décédé le : ....à..............................Cause:....................

☐ *Inhumé* ☐ *Incinéré* ☐ *Disparu* le : ....à..............................

SITUATION MATRIMONIALE

☐ *Mariage civil* ☐ *Mariage religieux* ☐ *PACS* ☐ *Union libre*

Le : ....à.............................. ☐ *Contrat de mariage*

Témoins du marié : ....

Témoins de la mariée : ....

☐ *Séparation* ☐ *Divorce* ☐ *Veuvage du marié/de la mariée* Le : ....

ÉVÉNEMENTS FAMILIAUX

....

AUTRES UNION(S)/ ENFANTS

....

FRÈRES ET SOEURS *(détails p.321)* ♂ .... ♀ ....

1..............................
2..............................3..............................4..............................
5..............................6..............................7..............................
8..............................9..............................10..............................

ÉVÉNEMENTS INDIVIDUELS

....

PARCOURS MILITAIRE

☐ *Réformé* ☐ *Exempté* Classe : ....N° Matricule: ....

Affectation(s) : ....

Campagne(s): ....

Médaille(s) : ....☐ *Mort pour la France* ☐ *Blessé* le : ....

640 641 642 643
320 321
160
80

NOTES

....

Sosa **161**

♀ Nom : .... Prénoms : ....

▶8ème génération - *Ascendant paternel* - ***Index page XVI***

☐ *Implexe*

Enfant : ☐ *Légitime* ☐ *Naturel* ☐ *Adopté* ☐ *Trouvé* ☐ *Reconnu* ☐ *Adultérin* ☐ *Légitimé*

Née le : .... à ....

Baptisée le : .... à ....

Parrain : .... Marraine : ....

Fille de : .... & de: ....

Nationalité : .... Religion : .... Etudes: ....

Profession(s) : ....

Décédée le : .... à .... Cause: ....

☐ *Inhumée* ☐ *Incinérée* ☐ *Disparue* le : .... à ....

ENFANTS ♂ .... ♀	*Sexe*	*° Naissance*	*† Mort*	*Conjoint*
....	.....	....	....	....
....	.....	....	....	....
....	.....	....	....	....
....	.....	....	....	....
....	.....	....	....	....
....	.....	....	....	....
....	.....	....	....	....
....	.....	....	....	....
....	.....	....	....	....
....	.....	....	....	....

AUTRES UNION(S)/ ENFANTS ....

....

....

....

FRÈRES ET SOEURS *(détails p.323)* ♂ .... ♀ ....

1. ....
2. ....
3. ....
4. ....
5. ....
6. ....
7. ....
8. ....
9. ....
10. ....

ÉVÉNEMENTS INDIVIDUELS ....

....

....

....

....

....

....

....

NOTES ....

....

....

....

....

644	645	646	647
322		323	
161			
80			

Sosa
162 Nom : ....Prénoms : .... ♂

▸8ème génération - *Ascendant paternel* - ***Index page XVI***

Enfant : ☐ *Légitime* ☐ *Naturel* ☐ *Adopté* ☐ *Trouvé* ☐ *Reconnu* ☐ *Adultérin* ☐ *Légitimé* ☐ *Implexe*

Né le : ....à..

Baptisé le : ....à..

Parrain : ....Marraine : ....

Fils de : ....& de: ....

Nationalité : ....Religion : ....Etudes: ....

Profession(s) : ....

Décédé le : ....à....................Cause:....................

☐ *Inhumé* ☐ *Incinéré* ☐ *Disparu* le : ....à....................

SITUATION MATRIMONIALE

☐ *Mariage civil* ☐ *Mariage religieux* ☐ *PACS* ☐ *Union libre*

Le : ....à.. ☐ *Contrat de mariage*

Témoins du marié : ....

Témoins de la mariée : ....

☐ *Séparation* ☐ *Divorce* ☐ *Veuvage du marié/de la mariée* Le : ....

ÉVÉNEMENTS FAMILIAUX

....

....

....

....

....

....

AUTRES UNION(S)/ ENFANTS

....

....

....

....

FRÈRES ET SOEURS *(détails p.325)* ♂ .... ♀ ....

1. ....
2. ....
3. ....
4. ....
5. ....
6. ....
7. ....
8. ....
9. ....
10. ....

ÉVÉNEMENTS INDIVIDUELS

....

....

....

....

PARCOURS MILITAIRE

☐ *Réformé* ☐ *Exempté* Classe : ....N° Matricule: ....

Affectation(s) : ....

Campagne(s): ....

Médaille(s) : ....☐ *Mort pour la France* ☐ *Blessé* le : ....

648	649	650	651
324		325	
162			
81			

NOTES

....

....

....

....

....

♀ Nom : ....Prénoms : ....

▸8ème génération - *Ascendant paternel* - ***Index page XVI***

☐ *Implexe*

Enfant : ☐ *Légitime* ☐ *Naturel* ☐ *Adopté* ☐ *Trouvé* ☐ *Reconnu* ☐ *Adultérin* ☐ *Légitimé*

Née le : ....à..............................

Baptisée le : ....à..............................

Parrain : ....Marraine : ....

Fille de : ....& de: ....

Nationalité : ....Religion : ....Etudes: ....

Profession(s) : ....

Décédée le : ....à....................Cause:....................

☐ *Inhumée* ☐ *Incinérée* ☐ *Disparue* le : ....à....................

ENFANTS ♂ .... ♀	*Sexe*	*° Naissance*	*† Mort*	*Conjoint*
....	.....	....	....	....
....	.....	....	....	....
....	.....	....	....	....
....	.....	....	....	....
....	.....	....	....	....
....	.....	....	....	....
....	.....	....	....	....
....	.....	....	....	....
....	.....	....	....	....
....	.....	....	....	....

AUTRES UNION(S)/ ENFANTS ....

....

....

....

FRÈRES ET SOEURS *(détails p.327)* ♂ .... ♀ .... 1.............................

2.............................3.............................4.............................

5.............................6.............................7.............................

8.............................9.............................10.............................

ÉVÉNEMENTS INDIVIDUELS ....

....

....

....

....

....

....

....

NOTES ....

....

....

....

....

652 653 654 655
326 327
163
81

Sosa 164 Nom : .... Prénoms : .... ♂

▶8ème génération - *Ascendant paternel* - ***Index page XVI***

Enfant : ☐ *Légitime* ☐ *Naturel* ☐ *Adopté* ☐ *Trouvé* ☐ *Reconnu* ☐ *Adultérin* ☐ *Légitimé* ☐ *Implexe*

Né le : ....à..

Baptisé le : ....à..

Parrain : ....Marraine : ....

Fils de : ....& de: ....

Nationalité : ....Religion : ....Etudes: ....

Profession(s) : ....

Décédé le : ....à..Cause:.........................

☐ *Inhumé* ☐ *Incinéré* ☐ *Disparu* le : ....à...

SITUATION MATRIMONIALE

☐ *Mariage civil* ☐ *Mariage religieux* ☐ *PACS* ☐ *Union libre*

Le : ....à.. ☐ *Contrat de mariage*

Témoins du marié : ....

Témoins de la mariée : ....

☐ *Séparation* ☐ *Divorce* ☐ *Veuvage du marié/de la mariée* Le : ....

ÉVÉNEMENTS FAMILIAUX

....

....

....

....

....

....

AUTRES UNION(S)/ ENFANTS

....

....

....

....

FRÈRES ET SOEURS

(détails p.329) ♂ .... ♀ ....

1.......................................

2....................................... 3....................................... 4.......................................

5....................................... 6....................................... 7.......................................

8....................................... 9....................................... 10.....................................

ÉVÉNEMENTS INDIVIDUELS

....

....

....

....

PARCOURS MILITAIRE

☐ *Réformé* ☐ *Exempté* Classe : ....N° Matricule: ....

Affectation(s) : ....

Campagne(s): ....

Médaille(s) : ....☐ *Mort pour la France* ☐ *Blessé* le : ....

656	657	658	659
328		329	
	164		
	82		

NOTES

....

....

....

....

....

Sosa **165**

♀ Nom : .... Prénoms : ....

▶8ème génération - *Ascendant paternel* - ***Index page XVI***

☐ *Implexe*

Enfant : ☐ *Légitime* ☐ *Naturel* ☐ *Adopté* ☐ *Trouvé* ☐ *Reconnu* ☐ *Adultérin* ☐ *Légitimé*

Née le : .... à ....

Baptisée le : .... à ....

Parrain : .... Marraine : ....

Fille de : .... & de: ....

Nationalité : .... Religion : .... Etudes: ....

Profession(s) : ....

Décédée le : .... à .... Cause: ....

☐ *Inhumée* ☐ *Incinérée* ☐ *Disparue* le : .... à ....

ENFANTS ♂ .... ♀	*Sexe*	*° Naissance*	*† Mort*	*Conjoint*

AUTRES UNION(S)/ ENFANTS ....

FRÈRES ET SOEURS *(détails p.331)* ♂ .... ♀ .... 1. ....

2. .... 3. .... 4. ....

5. .... 6. .... 7. ....

8. .... 9. .... 10. ....

ÉVÉNEMENTS INDIVIDUELS ....

NOTES ....

660 661 662 663

330 331

165

82

Sosa **166** Nom : ....Prénoms : .... ♂

▸8ème génération - *Ascendant paternel* - ***Index page XVI***

Enfant : ☐ *Légitime* ☐ *Naturel* ☐ *Adopté* ☐ *Trouvé* ☐ *Reconnu* ☐ *Adultérin* ☐ *Légitimé* ☐ *Implexe*

Né le : ....à..

Baptisé le : ....à..

Parrain : ....Marraine : ....

Fils de : ....& de: ....

Nationalité : ....Religion : ....Etudes: ....

Profession(s) : ....

Décédé le : ....à...Cause:.......................

☐ *Inhumé* ☐ *Incinéré* ☐ *Disparu* le : ....à...

SITUATION MATRIMONIALE

☐ *Mariage civil* ☐ *Mariage religieux* ☐ *PACS* ☐ *Union libre*

Le : ....à... ☐ *Contrat de mariage*

Témoins du marié : ....

Témoins de la mariée : ....

☐ *Séparation* ☐ *Divorce* ☐ *Veuvage du marié/de la mariée* Le : ....

ÉVÉNEMENTS FAMILIAUX

....

....

....

....

....

....

AUTRES UNION(S)/ ENFANTS

....

....

....

....

FRÈRES ET SOEURS *(détails p.333)* ♂ .... ♀ ....

1....................................

2....**3.**...**4.**...................................

5....**6.**...**7.**...................................

8....**9.**...**10.**.................................

ÉVÉNEMENTS INDIVIDUELS

....

....

....

....

PARCOURS MILITAIRE

☐ *Réformé* ☐ *Exempté* Classe : ....N° Matricule: ....

Affectation(s) : ....

Campagne(s): ....

Médaille(s) : ....☐ *Mort pour la France* ☐ *Blessé* le : ....

664 665 666 667

332 333

166

83

NOTES

....

....

....

....

....

♀ Nom : ....Prénoms : ....

▶8ème génération - *Ascendant paternel* - ***Index page XVI***

☐ *Implexe*

Enfant : ☐ *Légitime* ☐ *Naturel* ☐ *Adopté* ☐ *Trouvé* ☐ *Reconnu* ☐ *Adultérin* ☐ *Légitimé*

Née le : ....à...

Baptisée le : ....à...

Parrain : ....Marraine : ....

Fille de : ....& de: ....

Nationalité : ....Religion : ....Etudes: ....

Profession(s) : ....

Décédée le : ....à.....................................Cause:......................

☐ *Inhumée* ☐ *Incinérée* ☐ *Disparue* le : ....à......................................

ENFANTS ♂ .... ♀	*Sexe*	*° Naissance*	*† Mort*	*Conjoint*
....	......	....	....	....
....	......	....	....	....
....	......	....	....	....
....	......	....	....	....
....	......	....	....	....
....	......	....	....	....
....	......	....	....	....
....	......	....	....	....
....	......	....	....	....
....	......	....	....	....

AUTRES UNION(S)/ ENFANTS ....

....

....

....

FRÈRES ET SOEURS *(détails p.335)* ♂ .... ♀ .... 1.......................................

2.......................................3.......................................4.......................................

5.......................................6.......................................7.......................................

8.......................................9.......................................10.....................................

ÉVÉNEMENTS INDIVIDUELS ....

....

....

....

....

....

....

....

NOTES ....

....

....

....

....

668 669 670 671
334 335
167
83

Sosa 168 Nom : .... Prénoms : .... ♂

▸8ème génération - *Ascendant paternel* - ***Index page XVI***

Enfant : ☐ *Légitime* ☐ *Naturel* ☐ *Adopté* ☐ *Trouvé* ☐ *Reconnu* ☐ *Adultérin* ☐ *Légitimé* ☐ *Implexe*

Né le : .... à ....

Baptisé le : .... à ....

Parrain : .... Marraine : ....

Fils de : .... & de: ....

Nationalité : .... Religion : .... Etudes: ....

Profession(s) : ....

Décédé le : .... à .... Cause: ....

☐ *Inhumé* ☐ *Incinéré* ☐ *Disparu* le : .... à ....

SITUATION MATRIMONIALE

☐ *Mariage civil* ☐ *Mariage religieux* ☐ *PACS* ☐ *Union libre*

Le : .... à .... ☐ *Contrat de mariage*

Témoins du marié : ....

Témoins de la mariée : ....

☐ *Séparation* ☐ *Divorce* ☐ *Veuvage du marié/de la mariée* Le : ....

ÉVÉNEMENTS FAMILIAUX

....

AUTRES UNION(S)/ ENFANTS

....

FRÈRES ET SOEURS

(*détails p.337*) ♂ .... ♀ ....

1. ....
2. ....
3. ....
4. ....
5. ....
6. ....
7. ....
8. ....
9. ....
10. ....

ÉVÉNEMENTS INDIVIDUELS

....

PARCOURS MILITAIRE

☐ *Réformé* ☐ *Exempté* Classe : .... N° Matricule: ....

Affectation(s) : ....

Campagne(s): ....

Médaille(s) : .... ☐ *Mort pour la France* ☐ *Blessé* le : ....

672 673 674 675

336 337

168

84

NOTES

....

♀ Nom : .... Prénoms : .... **Sosa 169**

▸8ème génération - *Ascendant paternel* - ***Index page XVI***

☐ *Implexe*

Enfant : ☐ *Légitime* ☐ *Naturel* ☐ *Adopté* ☐ *Trouvé* ☐ *Reconnu* ☐ *Adultérin* ☐ *Légitimé*

Née le : .... à ....

Baptisée le : .... à ....

Parrain : .... Marraine : ....

Fille de : .... & de: ....

Nationalité : .... Religion : .... Etudes: ....

Profession(s) : ....

Décédée le : .... à .... Cause: ....

☐ *Inhumée* ☐ *Incinérée* ☐ *Disparue* le : .... à ....

ENFANTS ♂ .... ♀	*Sexe*	*° Naissance*	*† Mort*	*Conjoint*

AUTRES UNION(S)/ ENFANTS ....

....

....

....

FRÈRES ET SOEURS *(détails p.339)* ♂ .... ♀ .... 1. ....

2. .... 3. .... 4. ....

5. .... 6. .... 7. ....

8. .... 9. .... 10. ....

ÉVÉNEMENTS INDIVIDUELS ....

....

....

....

....

....

....

....

NOTES ....

....

....

....

....

676 677 678 679

338 339

169

84

Sosa 170 Nom : .... Prénoms : .... ♂

▶ 8ème génération - *Ascendant paternel* - ***Index page XVI***

Enfant : ☐ *Légitime* ☐ *Naturel* ☐ *Adopté* ☐ *Trouvé* ☐ *Reconnu* ☐ *Adultérin* ☐ *Légitimé* ☐ *Implexe*

Né le : .... à ....

Baptisé le : .... à ....

Parrain : .... Marraine : ....

Fils de : .... & de: ....

Nationalité : .... Religion : .... Etudes: ....

Profession(s) : ....

Décédé le : .... à .... Cause: ....

☐ *Inhumé* ☐ *Incinéré* ☐ *Disparu* le : .... à ....

SITUATION MATRIMONIALE

☐ *Mariage civil* ☐ *Mariage religieux* ☐ *PACS* ☐ *Union libre*

Le : .... à .... ☐ *Contrat de mariage*

Témoins du marié : ....

Témoins de la mariée : ....

☐ *Séparation* ☐ *Divorce* ☐ *Veuvage du marié/de la mariée* Le : ....

ÉVÉNEMENTS FAMILIAUX

....

AUTRES UNION(S)/ENFANTS

....

FRÈRES ET SOEURS

(détails p.341) ♂ .... ♀ ....

1. ....
2. ....
3. ....
4. ....
5. ....
6. ....
7. ....
8. ....
9. ....
10. ....

ÉVÉNEMENTS INDIVIDUELS

....

PARCOURS MILITAIRE

☐ *Réformé* ☐ *Exempté* Classe : .... N° Matricule: ....

Affectation(s) : ....

Campagne(s): ....

Médaille(s) : .... ☐ *Mort pour la France* ☐ *Blessé* le : ....

680 681 682 683

340 341

170

85

NOTES

....

♀ Nom : .... Prénoms : .... **Sosa 171**

▶8ème génération - *Ascendant paternel* - ***Index page XVI***

☐ *Implexe*

Enfant : ☐ *Légitime* ☐ *Naturel* ☐ *Adopté* ☐ *Trouvé* ☐ *Reconnu* ☐ *Adultérin* ☐ *Légitimé*

Née le : ....à...

Baptisée le : ....à...

Parrain : ....Marraine : ....

Fille de : ....& de: ....

Nationalité : ....Religion : ....Etudes: ....

Profession(s) : ....

Décédée le : ....à..Cause:...........................

☐ *Inhumée* ☐ *Incinérée* ☐ *Disparue* le : ....à......................................

ENFANTS ♂ .... ♀	*Sexe*	*° Naissance*	*† Mort*	*Conjoint*
....	.....	....	....	....
....	.....	....	....	....
....	.....	....	....	....
....	.....	....	....	....
....	.....	....	....	....
....	.....	....	....	....
....	.....	....	....	....
....	.....	....	....	....
....	.....	....	....	....
....	.....	....	....	....

AUTRES UNION(S)/ ENFANTS ....

....

....

....

FRÈRES ET SOEURS *(détails p.343)* ♂ .... ♀ .... **1.**..................................

2..................................... **3.**.................................... **4.**....................................

5..................................... **6.**.................................... **7.**....................................

8..................................... **9.**.................................... **10.**..................................

ÉVÉNEMENTS INDIVIDUELS ....

....

....

....

....

....

....

....

NOTES ....

....

....

....

....

684	685	686	687
342		343	
	171		
	85		

Sosa
172 Nom : .... Prénoms : .... ♂

▸8ème génération - *Ascendant paternel* - ***Index page XVI***

Enfant : ☐ *Légitime* ☐ *Naturel* ☐ *Adopté* ☐ *Trouvé* ☐ *Reconnu* ☐ *Adultérin* ☐ *Légitimé* ☐ *Implexe*

Né le : .... à ....

Baptisé le : .... à ....

Parrain : .... Marraine : ....

Fils de : .... & de: ....

Nationalité : .... Religion : .... Etudes: ....

Profession(s) : ....

Décédé le : .... à .... Cause: ....

☐ *Inhumé* ☐ *Incinéré* ☐ *Disparu* le : .... à ....

SITUATION MATRIMONIALE

☐ *Mariage civil* ☐ *Mariage religieux* ☐ *PACS* ☐ *Union libre*

Le : .... à .... ☐ *Contrat de mariage*

Témoins du marié : ....

Témoins de la mariée : ....

☐ *Séparation* ☐ *Divorce* ☐ *Veuvage du marié/de la mariée* Le : ....

ÉVÉNEMENTS FAMILIAUX

....

AUTRES UNION(S)/ENFANTS

....

FRÈRES ET SOEURS

(détails p.345) ♂ .... ♀ ....

1. ....
2. ....
3. ....
4. ....
5. ....
6. ....
7. ....
8. ....
9. ....
10. ....

ÉVÉNEMENTS INDIVIDUELS

....

PARCOURS MILITAIRE

☐ *Réformé* ☐ *Exempté* Classe : .... N° Matricule: ....

Affectation(s) : ....

Campagne(s): ....

Médaille(s) : .... ☐ *Mort pour la France* ☐ *Blessé* le : ....

688 689 690 691

344 345

172

86

NOTES

....

Sosa **173**

♀ Nom : .... Prénoms : ....

▸8ème génération - *Ascendant paternel* - ***Index page XVI***

☐ *Implexe*

Enfant : ☐ *Légitime* ☐ *Naturel* ☐ *Adopté* ☐ *Trouvé* ☐ *Reconnu* ☐ *Adultérin* ☐ *Légitimé*

Née le : .... à ....

Baptisée le : .... à ....

Parrain : .... Marraine : ....

Fille de : .... & de: ....

Nationalité : .... Religion : .... Etudes: ....

Profession(s) : ....

Décédée le : .... à .... Cause: ....

☐ *Inhumée* ☐ *Incinérée* ☐ *Disparue* le : .... à ....

ENFANTS ♂ .... ♀	*Sexe*	*° Naissance*	*† Mort*	*Conjoint*
....	.....	....	....	....
....	.....	....	....	....
....	.....	....	....	....
....	.....	....	....	....
....	.....	....	....	....
....	.....	....	....	....
....	.....	....	....	....
....	.....	....	....	....
....	.....	....	....	....
....	.....	....	....	....

AUTRES UNION(S)/ ENFANTS ....

....

....

....

FRÈRES ET SOEURS *(détails p.347)* ♂ .... ♀ .... 1. ....

2. .... 3. .... 4. ....

5. .... 6. .... 7. ....

8. .... 9. .... 10. ....

ÉVÉNEMENTS INDIVIDUELS ....

....

....

....

....

....

....

....

NOTES ....

....

....

....

....

692 693 694 695

346 347

173

86

Sosa 174 Nom : .... Prénoms : .... ♂

▸8ème génération - *Ascendant paternel* - ***Index page XVI***

Enfant : ☐ *Légitime* ☐ *Naturel* ☐ *Adopté* ☐ *Trouvé* ☐ *Reconnu* ☐ *Adultérin* ☐ *Légitimé* ☐ *Implexe*

Né le : .... à ....

Baptisé le : .... à ....

Parrain : .... Marraine : ....

Fils de : .... & de: ....

Nationalité : .... Religion : .... Etudes: ....

Profession(s) : ....

Décédé le : .... à .... Cause: ....

☐ *Inhumé* ☐ *Incinéré* ☐ *Disparu* le : .... à ....

SITUATION MATRIMONIALE

☐ *Mariage civil* ☐ *Mariage religieux* ☐ *PACS* ☐ *Union libre*

Le : .... à .... ☐ *Contrat de mariage*

Témoins du marié : ....

Témoins de la mariée : ....

☐ *Séparation* ☐ *Divorce* ☐ *Veuvage du marié/de la mariée* Le : ....

ÉVÉNEMENTS FAMILIAUX

....

AUTRES UNION(S)/ ENFANTS

....

FRÈRES ET SOEURS

(détails p.349) ♂ .... ♀ ....

1. ....
2. ....
3. ....
4. ....
5. ....
6. ....
7. ....
8. ....
9. ....
10. ....

ÉVÉNEMENTS INDIVIDUELS

....

PARCOURS MILITAIRE

☐ *Réformé* ☐ *Exempté* Classe : .... N° Matricule: ....

Affectation(s) : ....

Campagne(s): ....

Médaille(s) : .... ☐ *Mort pour la France* ☐ *Blessé* le : ....

696	697	698	699
348		349	
174			
87			

NOTES

....

Sosa **175**

♀ Nom : .... Prénoms : ....

▸8ème génération - *Ascendant paternel* - ***Index page XVI***

☐ *Implexe*

Enfant : ☐ *Légitime* ☐ *Naturel* ☐ *Adopté* ☐ *Trouvé* ☐ *Reconnu* ☐ *Adultérin* ☐ *Légitimé*

Née le : .... à ....

Baptisée le : .... à ....

Parrain : .... Marraine : ....

Fille de : .... & de: ....

Nationalité : .... Religion : .... Etudes: ....

Profession(s) : ....

Décédée le : .... à .... Cause: ....

☐ *Inhumée* ☐ *Incinérée* ☐ *Disparue* le : .... à ....

ENFANTS ♂ .... ♀	*Sexe*	*° Naissance*	*† Mort*	*Conjoint*

AUTRES UNION(S)/ ENFANTS ....

....

....

....

FRÈRES ET SOEURS *(détails p.351)* ♂ .... ♀ .... 1. ....

2. .... 3. .... 4. ....

5. .... 6. .... 7. ....

8. .... 9. .... 10. ....

ÉVÉNEMENTS INDIVIDUELS ....

....

....

....

....

....

....

....

NOTES ....

....

....

....

....

700	701	702	703
350		351	
175			
87			

Sosa 176 Nom : .... Prénoms : .... ♂

▸8ème génération - *Ascendant paternel* - ***Index page XVI***

Enfant : ☐ *Légitime* ☐ *Naturel* ☐ *Adopté* ☐ *Trouvé* ☐ *Reconnu* ☐ *Adultérin* ☐ *Légitimé* ☐ *Implexe*

Né le : .... à ....

Baptisé le : .... à ....

Parrain : .... Marraine : ....

Fils de : .... & de: ....

Nationalité : .... Religion : .... Etudes: ....

Profession(s) : ....

Décédé le : .... à .... Cause: ....

☐ *Inhumé* ☐ *Incinéré* ☐ *Disparu* le : .... à ....

SITUATION MATRIMONIALE

☐ *Mariage civil* ☐ *Mariage religieux* ☐ *PACS* ☐ *Union libre*

Le : .... à .... ☐ *Contrat de mariage*

Témoins du marié : ....

Témoins de la mariée : ....

☐ *Séparation* ☐ *Divorce* ☐ *Veuvage du marié/de la mariée* Le : ....

ÉVÉNEMENTS FAMILIAUX

....

AUTRES UNION(S)/ ENFANTS

....

FRÈRES ET SOEURS

(détails p.353) ♂ .... ♀ ....

1. ....
2. ....
3. ....
4. ....
5. ....
6. ....
7. ....
8. ....
9. ....
10. ....

ÉVÉNEMENTS INDIVIDUELS

....

PARCOURS MILITAIRE

☐ *Réformé* ☐ *Exempté* Classe : .... N° Matricule: ....

Affectation(s) : ....

Campagne(s): ....

Médaille(s) : .... ☐ *Mort pour la France* ☐ *Blessé* le : ....

704	705	706	707
352		353	
176			
88			

NOTES

....

♀ Nom : .... Prénoms : ....

▸8ème génération - *Ascendant paternel* - ***Index page XVI***

☐ *Implexe*

Enfant : ☐ *Légitime* ☐ *Naturel* ☐ *Adopté* ☐ *Trouvé* ☐ *Reconnu* ☐ *Adultérin* ☐ *Légitimé*

Née le : .... à ....

Baptisée le : .... à ....

Parrain : .... Marraine : ....

Fille de : .... & de: ....

Nationalité : .... Religion : .... Etudes: ....

Profession(s) : ....

Décédée le : .... à .... Cause: ....

☐ *Inhumée* ☐ *Incinérée* ☐ *Disparue* le : .... à ....

ENFANTS ♂ .... ♀	*Sexe*	*° Naissance*	*† Mort*	*Conjoint*
.....	.....	.....	.....	.....
.....	.....	.....	.....	.....
.....	.....	.....	.....	.....
.....	.....	.....	.....	.....
.....	.....	.....	.....	.....
.....	.....	.....	.....	.....
.....	.....	.....	.....	.....
.....	.....	.....	.....	.....
.....	.....	.....	.....	.....
.....	.....	.....	.....	.....

AUTRES UNION(S)/ENFANTS

....

....

....

....

FRÈRES ET SOEURS *(détails p.355)* ♂ .... ♀ ....

1. ....
2. ....
3. ....
4. ....
5. ....
6. ....
7. ....
8. ....
9. ....
10. ....

ÉVÉNEMENTS INDIVIDUELS

....

....

....

....

....

....

....

....

NOTES

....

....

....

....

....

708 | 709 | 710 | 711

354 | 355

177

88

Sosa
178 Nom : ....Prénoms : .... ♂

▸8ème génération - *Ascendant paternel* - ***Index page XVI***

Enfant : ☐ *Légitime* ☐ *Naturel* ☐ *Adopté* ☐ *Trouvé* ☐ *Reconnu* ☐ *Adultérin* ☐ *Légitimé* ☐ *Implexe*

Né le : ....à..

Baptisé le : ....à..

Parrain : ....Marraine : ....

Fils de : ....& de: ....

Nationalité : ....Religion : ....Etudes: ....

Profession(s) : ....

Décédé le : ....à....................Cause:....................

☐ *Inhumé* ☐ *Incinéré* ☐ *Disparu* le : ....à....................

SITUATION MATRIMONIALE

☐ *Mariage civil* ☐ *Mariage religieux* ☐ *PACS* ☐ *Union libre*

Le : ....à.................... ☐ *Contrat de mariage*

Témoins du marié : ....

Témoins de la mariée : ....

☐ *Séparation* ☐ *Divorce* ☐ *Veuvage du marié/de la mariée* Le : ....

ÉVÉNEMENTS FAMILIAUX

....

....

....

....

....

AUTRES UNION(S)/ ENFANTS

....

....

....

FRÈRES ET SOEURS *(détails p.357)* ♂ .... ♀ ....

1....................
2.................... 3.................... 4....................
5.................... 6.................... 7....................
8.................... 9.................... 10....................

ÉVÉNEMENTS INDIVIDUELS

....

....

....

PARCOURS MILITAIRE

☐ *Réformé* ☐ *Exempté* Classe : ....N° Matricule: ....

Affectation(s) : ....

Campagne(s): ....

Médaille(s) : ....☐ *Mort pour la France* ☐ *Blessé* le : ....

712	713	714	715
356		357	
178			
89			

NOTES

....

....

....

....

♀ Nom : .... Prénoms : ....

▸8ème génération - *Ascendant paternel* - ***Index page XVI***

☐ *Implexe*

Enfant : ☐ *Légitime* ☐ *Naturel* ☐ *Adopté* ☐ *Trouvé* ☐ *Reconnu* ☐ *Adultérin* ☐ *Légitimé*

Née le : .... à ....

Baptisée le : .... à ....

Parrain : .... Marraine : ....

Fille de : .... & de: ....

Nationalité : .... Religion : .... Etudes: ....

Profession(s) : ....

Décédée le : .... à .... Cause: ....

☐ *Inhumée* ☐ *Incinérée* ☐ *Disparue* le : .... à ....

ENFANTS ♂ .... ♀	*Sexe*	*° Naissance*	*† Mort*	*Conjoint*
....	.....	....	....	....
....	.....	....	....	....
....	.....	....	....	....
....	.....	....	....	....
....	.....	....	....	....
....	.....	....	....	....
....	.....	....	....	....
....	.....	....	....	....
....	.....	....	....	....
....	.....	....	....	....

AUTRES UNION(S)/ ENFANTS ....

....

....

....

FRÈRES ET SOEURS *(détails p.359)* ♂ .... ♀ .... 1. ....

2. .... 3. .... 4. ....

5. .... 6. .... 7. ....

8. .... 9. .... 10. ....

ÉVÉNEMENTS INDIVIDUELS ....

....

....

....

....

....

....

....

NOTES ....

....

....

....

....

716 | 717 | 718 | 719

358 | 359

179

89

Sosa 180 Nom : .... Prénoms : .... ♂

▸8ème génération - *Ascendant paternel* - ***Index page XVI***

Enfant : ☐ *Légitime* ☐ *Naturel* ☐ *Adopté* ☐ *Trouvé* ☐ *Reconnu* ☐ *Adultérin* ☐ *Légitimé* ☐ *Implexe*

Né le : ....à...

Baptisé le : ....à...

Parrain : ....Marraine : ....

Fils de : ....& de: ....

Nationalité : ....Religion : ....Etudes: ....

Profession(s) : ....

Décédé le : ....à..Cause:.......................

☐ *Inhumé* ☐ *Incinéré* ☐ *Disparu* le : ....à...

SITUATION MATRIMONIALE

☐ *Mariage civil* ☐ *Mariage religieux* ☐ *PACS* ☐ *Union libre*

Le : ....à.. ☐ *Contrat de mariage*

Témoins du marié : ....

Témoins de la mariée : ....

☐ *Séparation* ☐ *Divorce* ☐ *Veuvage du marié/de la mariée* Le : ....

ÉVÉNEMENTS FAMILIAUX

....

....

....

....

....

AUTRES UNION(S)/ENFANTS

....

....

....

FRÈRES ET SOEURS

(détails p.361) ♂ .... ♀ ....

1...

2...3...4...

5...6...7...

8...9...10...

ÉVÉNEMENTS INDIVIDUELS

....

....

....

PARCOURS MILITAIRE

☐ *Réformé* ☐ *Exempté* Classe : ....N° Matricule: ....

Affectation(s) : ....

Campagne(s): ....

Médaille(s) : ....☐ *Mort pour la France* ☐ *Blessé* le : ....

720 | 721 | 722 | 723

360 | 361

180

90

NOTES

....

....

....

....

♀ Nom : .... Prénoms : ....

▸8ème génération - *Ascendant paternel* - ***Index page XVI***

☐ *Implexe*

Enfant : ☐ *Légitime* ☐ *Naturel* ☐ *Adopté* ☐ *Trouvé* ☐ *Reconnu* ☐ *Adultérin* ☐ *Légitimé*

Née le : .... à ....

Baptisée le : .... à ....

Parrain : .... Marraine : ....

Fille de : .... & de: ....

Nationalité : .... Religion : .... Etudes: ....

Profession(s) : ....

Décédée le : .... à .... Cause: ....

☐ *Inhumée* ☐ *Incinérée* ☐ *Disparue* le : .... à ....

ENFANTS ♂ .... ♀	*Sexe*	*° Naissance*	*† Mort*	*Conjoint*
....	.....	....	....	....
....	.....	....	....	....
....	.....	....	....	....
....	.....	....	....	....
....	.....	....	....	....
....	.....	....	....	....
....	.....	....	....	....
....	.....	....	....	....
....	.....	....	....	....
....	.....	....	....	....

AUTRES UNION(S)/ ENFANTS ....

....

....

....

FRÈRES ET SOEURS *(détails p.363)* ♂ .... ♀ .... 1. ....

2. .... 3. .... 4. ....

5. .... 6. .... 7. ....

8. .... 9. .... 10. ....

ÉVÉNEMENTS INDIVIDUELS ....

....

....

....

....

....

....

....

NOTES ....

....

....

....

....

724 725 726 727

362 363

181

90

Sosa **182** Nom : .... Prénoms : .... ♂

▸8ème génération - *Ascendant paternel* - ***Index page XVI***

Enfant : ☐ *Légitime* ☐ *Naturel* ☐ *Adopté* ☐ *Trouvé* ☐ *Reconnu* ☐ *Adultérin* ☐ *Légitimé* ☐ *Implexe*

Né le : .... à ....

Baptisé le : .... à ....

Parrain : .... Marraine : ....

Fils de : .... & de: ....

Nationalité : .... Religion : .... Etudes: ....

Profession(s) : ....

Décédé le : .... à .... Cause: ....

☐ *Inhumé* ☐ *Incinéré* ☐ *Disparu* le : .... à ....

SITUATION MATRIMONIALE

☐ *Mariage civil* ☐ *Mariage religieux* ☐ *PACS* ☐ *Union libre*

Le : .... à .... ☐ *Contrat de mariage*

Témoins du marié : ....

Témoins de la mariée : ....

☐ *Séparation* ☐ *Divorce* ☐ *Veuvage du marié/de la mariée* Le : ....

ÉVÉNEMENTS FAMILIAUX

....

AUTRES UNION(S)/ENFANTS

....

FRÈRES ET SOEURS

(détails p.365) ♂ .... ♀ ....

1. ....
2. ....
3. ....
4. ....
5. ....
6. ....
7. ....
8. ....
9. ....
10. ....

ÉVÉNEMENTS INDIVIDUELS

....

PARCOURS MILITAIRE

☐ *Réformé* ☐ *Exempté* Classe : .... N° Matricule: ....

Affectation(s) : ....

Campagne(s): ....

Médaille(s) : .... ☐ *Mort pour la France* ☐ *Blessé* le : ....

728 729 730 731

364 365

182

91

NOTES

....

Sosa **183**

♀ Nom : .... Prénoms : ....

▸8ème génération - *Ascendant paternel* - ***Index page XVI***

☐ *Implexe*

Enfant : ☐ *Légitime* ☐ *Naturel* ☐ *Adopté* ☐ *Trouvé* ☐ *Reconnu* ☐ *Adultérin* ☐ *Légitimé*

Née le : .... à ....

Baptisée le : .... à ....

Parrain : .... Marraine : ....

Fille de : .... & de: ....

Nationalité : .... Religion : .... Etudes: ....

Profession(s) : ....

Décédée le : .... à .... Cause: ....

☐ *Inhumée* ☐ *Incinérée* ☐ *Disparue* le : .... à ....

ENFANTS ♂ .... ♀	*Sexe*	*° Naissance*	*† Mort*	*Conjoint*
....	.....	....	....	....
....	.....	....	....	....
....	.....	....	....	....
....	.....	....	....	....
....	.....	....	....	....
....	.....	....	....	....
....	.....	....	....	....
....	.....	....	....	....
....	.....	....	....	....
....	.....	....	....	....

AUTRES UNION(S)/ ENFANTS ....

....

....

....

FRÈRES ET SOEURS *(détails p.367)* ♂ .... ♀ .... **1.** ....

2. .... **3.** .... **4.** ....

5. .... **6.** .... **7.** ....

8. .... **9.** .... **10.** ....

ÉVÉNEMENTS INDIVIDUELS ....

....

....

....

....

....

....

....

NOTES ....

....

....

....

....

732 733 734 735

366 367

183

91

Sosa 184 Nom : ....Prénoms : .... ♂

▸8ème génération - *Ascendant paternel* - ***Index page XVI***

Enfant : ☐ *Légitime* ☐ *Naturel* ☐ *Adopté* ☐ *Trouvé* ☐ *Reconnu* ☐ *Adultérin* ☐ *Légitimé* ☐ *Implexe*

Né le : ....à...

Baptisé le : ....à...

Parrain : ....Marraine : ....

Fils de : ....& de: ....

Nationalité : ....Religion : ....Etudes: ....

Profession(s) : ....

Décédé le : ....à...Cause:.......................

☐ *Inhumé* ☐ *Incinéré* ☐ *Disparu* le : ....à..

SITUATION MATRIMONIALE

☐ *Mariage civil* ☐ *Mariage religieux* ☐ *PACS* ☐ *Union libre*

Le : ....à.. ☐ *Contrat de mariage*

Témoins du marié : ....

Témoins de la mariée : ....

☐ *Séparation* ☐ *Divorce* ☐ *Veuvage du marié/de la mariée* Le : ....

ÉVÉNEMENTS FAMILIAUX

....

....

....

....

....

....

AUTRES UNION(S)/ ENFANTS

....

....

....

....

FRÈRES ET SOEURS

(détails p.369) ♂ .... ♀ ....

1...

2...3...4...

5...6...7...

8...9...10...

ÉVÉNEMENTS INDIVIDUELS

....

....

....

....

PARCOURS MILITAIRE

☐ *Réformé* ☐ *Exempté* Classe : ....N° Matricule: ....

Affectation(s) : ....

Campagne(s): ....

Médaille(s) : ....☐ *Mort pour la France* ☐ *Blessé* le : ....

736	737	738	739
368		369	
	184		
	92		

NOTES

....

....

....

....

....

♀ Nom : .... Prénoms : ....

▶8ème génération - *Ascendant paternel* - ***Index page XVI***

☐ *Implexe*

Enfant : ☐ *Légitime* ☐ *Naturel* ☐ *Adopté* ☐ *Trouvé* ☐ *Reconnu* ☐ *Adultérin* ☐ *Légitimé*

Née le : .... à ....

Baptisée le : .... à ....

Parrain : .... Marraine : ....

Fille de : .... & de: ....

Nationalité : .... Religion : .... Etudes: ....

Profession(s) : ....

Décédée le : .... à .... Cause: ....

☐ *Inhumée* ☐ *Incinérée* ☐ *Disparue* le : .... à ....

ENFANTS ♂ .... ♀	*Sexe*	*° Naissance*	*† Mort*	*Conjoint*
....	.....	....	....	....
....	.....	....	....	....
....	.....	....	....	....
....	.....	....	....	....
....	.....	....	....	....
....	.....	....	....	....
....	.....	....	....	....
....	.....	....	....	....
....	.....	....	....	....
....	.....	....	....	....

AUTRES UNION(S)/ ENFANTS ....

....

....

....

FRÈRES ET SOEURS *(détails p.371)* ♂ .... ♀ .... 1. ....

2. .... 3. .... 4. ....

5. .... 6. .... 7. ....

8. .... 9. .... 10. ....

ÉVÉNEMENTS INDIVIDUELS ....

....

....

....

....

....

....

....

NOTES ....

....

....

....

....

740 741 742 743

370 371

185

92

Sosa 186 Nom : .... Prénoms : .... ♂

▸8ème génération - *Ascendant paternel* - ***Index page XVI***

Enfant : ☐ *Légitime* ☐ *Naturel* ☐ *Adopté* ☐ *Trouvé* ☐ *Reconnu* ☐ *Adultérin* ☐ *Légitimé* ☐ *Implexe*

Né le : .... à ....

Baptisé le : .... à ....

Parrain : .... Marraine : ....

Fils de : .... & de: ....

Nationalité : .... Religion : .... Etudes: ....

Profession(s) : ....

Décédé le : .... à .... Cause: ....

☐ *Inhumé* ☐ *Incinéré* ☐ *Disparu* le : .... à ....

SITUATION MATRIMONIALE

☐ *Mariage civil* ☐ *Mariage religieux* ☐ *PACS* ☐ *Union libre*

Le : .... à .... ☐ *Contrat de mariage*

Témoins du marié : ....

Témoins de la mariée : ....

☐ *Séparation* ☐ *Divorce* ☐ *Veuvage du marié/de la mariée* Le : ....

ÉVÉNEMENTS FAMILIAUX

....

AUTRES UNION(S)/ ENFANTS

....

FRÈRES ET SOEURS

(détails p.373) ♂ .... ♀ ....

1. ....
2. ....
3. ....
4. ....
5. ....
6. ....
7. ....
8. ....
9. ....
10. ....

ÉVÉNEMENTS INDIVIDUELS

....

PARCOURS MILITAIRE

☐ *Réformé* ☐ *Exempté* Classe : .... N° Matricule: ....

Affectation(s) : ....

Campagne(s): ....

Médaille(s) : .... ☐ *Mort pour la France* ☐ *Blessé* le : ....

744 745 746 747

372 373

186

93

NOTES

....

Sosa **187**

♀ Nom : .... Prénoms : ....

▸8ème génération - *Ascendant paternel* - ***Index page XVI***

☐ *Implexe*

Enfant : ☐ *Légitime* ☐ *Naturel* ☐ *Adopté* ☐ *Trouvé* ☐ *Reconnu* ☐ *Adultérin* ☐ *Légitimé*

Née le : .... à ....

Baptisée le : .... à ....

Parrain : .... Marraine : ....

Fille de : .... & de: ....

Nationalité : .... Religion : .... Etudes: ....

Profession(s) : ....

Décédée le : .... à .... Cause: ....

☐ *Inhumée* ☐ *Incinérée* ☐ *Disparue* le : .... à ....

ENFANTS ♂ .... ♀	*Sexe*	*° Naissance*	*† Mort*	*Conjoint*

AUTRES UNION(S)/ ENFANTS

FRÈRES ET SOEURS *(détails p.375)* ♂ .... ♀ ....

1. ....
2. ....
3. ....
4. ....
5. ....
6. ....
7. ....
8. ....
9. ....
10. ....

ÉVÉNEMENTS INDIVIDUELS

NOTES

748	749	750	751
374		375	
187			
93			

Sosa **188** Nom : .... Prénoms : .... ♂

▸8ème génération - *Ascendant paternel* - ***Index page XVI***

Enfant : ☐ *Légitime* ☐ *Naturel* ☐ *Adopté* ☐ *Trouvé* ☐ *Reconnu* ☐ *Adultérin* ☐ *Légitimé* ☐ *Implexe*

Né le : .... à ....

Baptisé le : .... à ....

Parrain : .... Marraine : ....

Fils de : .... & de: ....

Nationalité : .... Religion : .... Etudes: ....

Profession(s) : ....

Décédé le : .... à .... Cause: ....

☐ *Inhumé* ☐ *Inciméré* ☐ *Disparu* le : .... à ....

SITUATION MATRIMONIALE

☐ *Mariage civil* ☐ *Mariage religieux* ☐ *PACS* ☐ *Union libre*

Le : .... à .... ☐ *Contrat de mariage*

Témoins du marié : ....

Témoins de la mariée : ....

☐ *Séparation* ☐ *Divorce* ☐ *Veuvage du marié/de la mariée* Le : ....

ÉVÉNEMENTS FAMILIAUX

....

AUTRES UNION(S)/ ENFANTS

....

FRÈRES ET SOEURS

(détails p.377) ♂ .... ♀ ....

1. ....
2. ....
3. ....
4. ....
5. ....
6. ....
7. ....
8. ....
9. ....
10. ....

ÉVÉNEMENTS INDIVIDUELS

....

PARCOURS MILITAIRE

☐ *Réformé* ☐ *Exempté* Classe : .... N° Matricule: ....

Affectation(s) : ....

Campagne(s): ....

Médaille(s) : .... ☐ *Mort pour la France* ☐ *Blessé* le : ....

752	753	754	755
376		377	
188			
94			

NOTES

....

Sosa **189**

♀ Nom : .... Prénoms : ....

▶8ème génération - *Ascendant paternel* - ***Index page XVI***

☐ *Implexe*

Enfant : ☐ *Légitime* ☐ *Naturel* ☐ *Adopté* ☐ *Trouvé* ☐ *Reconnu* ☐ *Adultérin* ☐ *Légitimé*

Née le : .... à ....

Baptisée le : .... à ....

Parrain : .... Marraine : ....

Fille de : .... & de: ....

Nationalité : .... Religion : .... Etudes: ....

Profession(s) : ....

Décédée le : .... à .... Cause: ....

☐ *Inhumée* ☐ *Incinérée* ☐ *Disparue* le : .... à ....

ENFANTS ♂ .... ♀	*Sexe*	*° Naissance*	*† Mort*	*Conjoint*

AUTRES UNION(S)/ ENFANTS ....

....

....

....

FRÈRES ET SOEURS *(détails p.379)* ♂ .... ♀ .... **1.** ....

2. .... **3.** .... **4.** ....

5. .... **6.** .... **7.** ....

8. .... **9.** .... **10.** ....

ÉVÉNEMENTS INDIVIDUELS ....

....

....

....

....

....

....

....

NOTES ....

....

....

....

....

756	757	758	759
378		379	
189			
94			

Sosa 190 Nom : ....Prénoms : .... ♂

▸8ème génération - *Ascendant paternel* - ***Index page XVI***

Enfant : ☐ *Légitime* ☐ *Naturel* ☐ *Adopté* ☐ *Trouvé* ☐ *Reconnu* ☐ *Adultérin* ☐ *Légitimé* ☐ *Implexe*

Né le : ....à..

Baptisé le : ....à..

Parrain : ....Marraine : ....

Fils de : ....& de: ....

Nationalité : ....Religion : ....Etudes: ....

Profession(s) : ....

Décédé le : ....à..Cause:.......................

☐ *Inhumé* ☐ *Incinéré* ☐ *Disparu* le : ....à..

SITUATION MATRIMONIALE

☐ *Mariage civil* ☐ *Mariage religieux* ☐ *PACS* ☐ *Union libre*

Le : ....à.. ☐ *Contrat de mariage*

Témoins du marié : ....

Témoins de la mariée : ....

☐ *Séparation* ☐ *Divorce* ☐ *Veuvage du marié/de la mariée* Le : ....

ÉVÉNEMENTS FAMILIAUX

....

....

....

....

....

AUTRES UNION(S)/ ENFANTS

....

....

....

FRÈRES ET SOEURS

(détails p.381) ♂ .... ♀ ....

1. ....
2. ....
3. ....
4. ....
5. ....
6. ....
7. ....
8. ....
9. ....
10. ....

ÉVÉNEMENTS INDIVIDUELS

....

....

....

PARCOURS MILITAIRE

☐ *Réformé* ☐ *Exempté* Classe : ....N° Matricule: ....

Affectation(s) : ....

Campagne(s): ....

Médaille(s) : ....☐ *Mort pour la France* ☐ *Blessé* le : ....

760 | 761 | 762 | 763

380 | 381

190

95

NOTES

....

....

....

....

....

♀ Nom : ....Prénoms : .... **Sosa 191**

▸8ème génération - *Ascendant paternel* - ***Index page XVI***

☐ *Implexe*

Enfant : ☐ *Légitime* ☐ *Naturel* ☐ *Adopté* ☐ *Trouvé* ☐ *Reconnu* ☐ *Adultérin* ☐ *Légitimé*

Née le : ....à..............................

Baptisée le : ....à..............................

Parrain : ....Marraine : ....

Fille de : ....& de: ....

Nationalité : ....Religion : ....Etudes: ....

Profession(s) : ....

Décédée le : ....à....................Cause:....................

☐ *Inhumée* ☐ *Incinérée* ☐ *Disparue* le : ....à....................

ENFANTS ♂ .... ♀	*Sexe*	*° Naissance*	*† Mort*	*Conjoint*
....	.....	....	....	....
....	.....	....	....	....
....	.....	....	....	....
....	.....	....	....	....
....	.....	....	....	....
....	.....	....	....	....
....	.....	....	....	....
....	.....	....	....	....
....	.....	....	....	....
....	.....	....	....	....

AUTRES UNION(S)/ ENFANTS ....

....

....

....

FRÈRES ET SOEURS *(détails p.383)* ♂ .... ♀ .... 1..............................

2.............................. 3.............................. 4..............................

5.............................. 6.............................. 7..............................

8.............................. 9.............................. 10..............................

ÉVÉNEMENTS INDIVIDUELS ....

....

....

....

....

....

....

....

NOTES ....

....

....

....

....

764 765 766 767

382 383

191

95

Sosa 192 Nom : ....Prénoms : .... ♂

▸8ème génération - *Ascendant maternel* - ***Index page XVI***

Enfant : ☐ *Légitime* ☐ *Naturel* ☐ *Adopté* ☐ *Trouvé* ☐ *Reconnu* ☐ *Adultérin* ☐ *Légitimé* ☐ *Implexe*

Né le : ....à..

Baptisé le : ....à..

Parrain : ....Marraine : ....

Fils de : ....& de: ....

Nationalité : ....Religion : ....Etudes: ....

Profession(s) : ....

Décédé le : ....à..Cause:..................

☐ *Inhumé* ☐ *Incinéré* ☐ *Disparu* le : ....à..

SITUATION MATRIMONIALE

☐ *Mariage civil* ☐ *Mariage religieux* ☐ *PACS* ☐ *Union libre*

Le : ....à.. ☐ *Contrat de mariage*

Témoins du marié : ....

Témoins de la mariée : ....

☐ *Séparation* ☐ *Divorce* ☐ *Veuvage du marié/de la mariée* Le : ....

ÉVÉNEMENTS FAMILIAUX

....

AUTRES UNION(S)/ENFANTS

....

FRÈRES ET SOEURS

(détails p.385) ♂ .... ♀ .... 1...................................

2.................................3.................................4.................................

5.................................6.................................7.................................

8.................................9.................................10.................................

ÉVÉNEMENTS INDIVIDUELS

....

PARCOURS MILITAIRE

☐ *Réformé* ☐ *Exempté* Classe : ....N° Matricule: ....

Affectation(s) : ....

Campagne(s): ....

Médaille(s) : ....☐ *Mort pour la France* ☐ *Blessé* le : ....

768 | 769 | 770 | 771

384 | 385

192

96

NOTES

....

♀ Nom : ....Prénoms : ....

▶8ème génération - *Ascendant maternel* - ***Index page XVI***

☐ *Implexe*

Enfant : ☐ *Légitime* ☐ *Naturel* ☐ *Adopté* ☐ *Trouvé* ☐ *Reconnu* ☐ *Adultérin* ☐ *Légitimé*

Née le : ....à..

Baptisée le : ....à..

Parrain : ....Marraine : ....

Fille de : ....& de: ....

Nationalité : ....Religion : ....Etudes: ....

Profession(s) : ....

Décédée le : ....à....................................Cause:....................

☐ *Inhumée* ☐ *Incinérée* ☐ *Disparue* le : ....à..........................

ENFANTS ♂ .... ♀	*Sexe*	*° Naissance*	*† Mort*	*Conjoint*
....	......	....	....	....
....	......	....	....	....
....	......	....	....	....
....	......	....	....	....
....	......	....	....	....
....	......	....	....	....
....	......	....	....	....
....	......	....	....	....
....	......	....	....	....
....	......	....	....	....

AUTRES UNION(S)/ ENFANTS ....

....

....

....

FRÈRES ET SOEURS *(détails p.387)* ♂ .... ♀ .... **1.**..................................

2....................................**3.**...................................**4.**...................................

5....................................**6.**...................................**7.**...................................

8....................................**9.**...................................**10.**.................................

ÉVÉNEMENTS INDIVIDUELS ....

....

....

....

....

....

....

....

NOTES ....

....

....

....

....

772 773 774 775
386 387
193
96

Sosa
194 Nom : ....Prénoms : .... ♂

▸8ème génération - *Ascendant maternel* - ***Index page XVI***

Enfant : ☐ *Légitime* ☐ *Naturel* ☐ *Adopté* ☐ *Trouvé* ☐ *Reconnu* ☐ *Adultérin* ☐ *Légitimé* ☐ *Implexe*

Né le : ....à...

Baptisé le : ....à...

Parrain : ....Marraine : ....

Fils de : ....& de: ....

Nationalité : ....Religion : ....Etudes: ....

Profession(s) : ....

Décédé le : ....à...Cause:...........................

☐ *Inhumé* ☐ *Incinéré* ☐ *Disparu* le : ....à...

SITUATION MATRIMONIALE

☐ *Mariage civil* ☐ *Mariage religieux* ☐ *PACS* ☐ *Union libre*

Le : ....à.. ☐ *Contrat de mariage*

Témoins du marié : ....

Témoins de la mariée : ....

☐ *Séparation* ☐ *Divorce* ☐ *Veuvage du marié/de la mariée* Le : ....

ÉVÉNEMENTS FAMILIAUX

....

....

....

....

....

AUTRES UNION(S)/ ENFANTS

....

....

....

FRÈRES ET SOEURS

(détails p.389) ♂ .... ♀ ....

1....................................... **2.**...................................... **3.**...................................... **4.**......................................

5....................................... **6.**...................................... **7.**...................................... **8.**......................................

9....................................... **10.**......................................

ÉVÉNEMENTS INDIVIDUELS

....

....

....

PARCOURS MILITAIRE

☐ *Réformé* ☐ *Exempté* Classe : ....N° Matricule: ....

Affectation(s) : ....

Campagne(s): ....

Médaille(s) : ....☐ *Mort pour la France* ☐ *Blessé* le : ....

776	777	778	779
388		389	
194			
97			

NOTES

....

....

....

....

Sosa **195**

♀ Nom : ....Prénoms : ....

▸8ème génération - *Ascendant maternel* - ***Index page XVI***

☐ *Implexe*

Enfant : ☐ *Légitime* ☐ *Naturel* ☐ *Adopté* ☐ *Trouvé* ☐ *Reconnu* ☐ *Adultérin* ☐ *Légitimé*

Née le : ....à...

Baptisée le : ....à...

Parrain : ....Marraine : ....

Fille de : ....& de: ....

Nationalité : ....Religion : ....Etudes: ....

Profession(s) : ....

Décédée le : ....à.......................................Cause:.....................

☐ *Inhumée* ☐ *Incinérée* ☐ *Disparue* le : ....à.......................................

ENFANTS ♂ .... ♀	*Sexe*	*° Naissance*	*† Mort*	*Conjoint*

AUTRES UNION(S)/ ENFANTS ....

....

....

....

FRÈRES ET SOEURS *(détails p.391)* ♂ .... ♀ .... **1.**.....................................

2.......................................**3.**......................................**4.**......................................

5.......................................**6.**......................................**7.**......................................

8.......................................**9.**......................................**10.**....................................

ÉVÉNEMENTS INDIVIDUELS ....

....

....

....

....

....

....

....

NOTES ....

....

....

....

....

780 781 782 783

390 391

195

97

Sosa **196** Nom : .... Prénoms : .... ♂

▸8ème génération - *Ascendant maternel* - ***Index page XVI***

Enfant : ☐ *Légitime* ☐ *Naturel* ☐ *Adopté* ☐ *Trouvé* ☐ *Reconnu* ☐ *Adultérin* ☐ *Légitimé* ☐ *Implexe*

Né le : .... à ....

Baptisé le : .... à ....

Parrain : .... Marraine : ....

Fils de : .... & de: ....

Nationalité : .... Religion : .... Etudes: ....

Profession(s) : ....

Décédé le : .... à .... Cause: ....

☐ *Inhumé* ☐ *Incinéré* ☐ *Disparu* le : .... à ....

SITUATION MATRIMONIALE

☐ *Mariage civil* ☐ *Mariage religieux* ☐ *PACS* ☐ *Union libre*

Le : .... à .... ☐ *Contrat de mariage*

Témoins du marié : ....

Témoins de la mariée : ....

☐ *Séparation* ☐ *Divorce* ☐ *Veuvage du marié/de la mariée* Le : ....

ÉVÉNEMENTS FAMILIAUX

....

AUTRES UNION(S)/ ENFANTS

....

FRÈRES ET SOEURS

(détails p.393) ♂ .... ♀ ....

1. ....
2. ....
3. ....
4. ....
5. ....
6. ....
7. ....
8. ....
9. ....
10. ....

ÉVÉNEMENTS INDIVIDUELS

....

PARCOURS MILITAIRE

☐ *Réformé* ☐ *Exempté* Classe : .... N° Matricule: ....

Affectation(s) : ....

Campagne(s): ....

Médaille(s) : .... ☐ *Mort pour la France* ☐ *Blessé* le : ....

784 785 786 787

392 393

196

98

NOTES

....

♀ Nom : .... Prénoms : ....

▸8ème génération - *Ascendant maternel* - ***Index page XVI***

☐ *Implexe*

Enfant : ☐ *Légitime* ☐ *Naturel* ☐ *Adopté* ☐ *Trouvé* ☐ *Reconnu* ☐ *Adultérin* ☐ *Légitimé*

Née le : ....à..

Baptisée le : ....à..

Parrain : ....Marraine : ....

Fille de : ....& de: ....

Nationalité : ....Religion : ....Etudes: ....

Profession(s) : ....

Décédée le : ....à...Cause:.........................

☐ *Inhumée* ☐ *Incinérée* ☐ *Disparue* le : ....à...............................

ENFANTS ♂ .... ♀	*Sexe*	*° Naissance*	*† Mort*	*Conjoint*
....	......	....	....	....
....	......	....	....	....
....	......	....	....	....
....	......	....	....	....
....	......	....	....	....
....	......	....	....	....
....	......	....	....	....
....	......	....	....	....
....	......	....	....	....
....	......	....	....	....

AUTRES UNION(S)/ ENFANTS ....

....

....

....

FRÈRES ET SOEURS *(détails p.395)* ♂ .... ♀ .... **1.**...............................

2...............................**3.**..............................**4.**..............................

5...............................**6.**..............................**7.**..............................

8...............................**9.**..............................**10.**.............................

ÉVÉNEMENTS INDIVIDUELS ....

....

....

....

....

....

....

....

NOTES ....

....

....

....

....

788	789	790	791
394		395	
197			
98			

Sosa
198

Nom : .... Prénoms : .... ♂

▸8ème génération - *Ascendant maternel* - ***Index page XVI***

Enfant : ☐ *Légitime* ☐ *Naturel* ☐ *Adopté* ☐ *Trouvé* ☐ *Reconnu* ☐ *Adultérin* ☐ *Légitimé* ☐ *Implexe*

Né le : .... à ....

Baptisé le : .... à ....

Parrain : .... Marraine : ....

Fils de : .... & de: ....

Nationalité : .... Religion : .... Etudes: ....

Profession(s) : ....

Décédé le : .... à .... Cause: ....

☐ *Inhumé* ☐ *Incinéré* ☐ *Disparu* le : .... à ....

SITUATION MATRIMONIALE

☐ *Mariage civil* ☐ *Mariage religieux* ☐ *PACS* ☐ *Union libre*

Le : .... à .... ☐ *Contrat de mariage*

Témoins du marié : ....

Témoins de la mariée : ....

☐ *Séparation* ☐ *Divorce* ☐ *Veuvage du marié/de la mariée* Le : ....

ÉVÉNEMENTS FAMILIAUX

....

AUTRES UNION(S)/ ENFANTS

....

FRÈRES ET SOEURS

(détails p.397) ♂ .... ♀ ....

1. ....
2. ....
3. ....
4. ....
5. ....
6. ....
7. ....
8. ....
9. ....
10. ....

ÉVÉNEMENTS INDIVIDUELS

....

PARCOURS MILITAIRE

☐ *Réformé* ☐ *Exempté* Classe : .... N° Matricule: ....

Affectation(s) : ....

Campagne(s): ....

Médaille(s) : .... ☐ *Mort pour la France* ☐ *Blessé* le : ....

792	793	794	795
396		397	
198			
99			

NOTES

....

Sosa **199**

♀ Nom : .... Prénoms : ....

▸8ème génération - *Ascendant maternel* - ***Index page XVI***

☐ *Implexe*

Enfant : ☐ *Légitime* ☐ *Naturel* ☐ *Adopté* ☐ *Trouvé* ☐ *Reconnu* ☐ *Adultérin* ☐ *Légitimé*

Née le : .... à ....

Baptisée le : .... à ....

Parrain : .... Marraine : ....

Fille de : .... & de: ....

Nationalité : .... Religion : .... Etudes: ....

Profession(s) : ....

Décédée le : .... à .... Cause: ....

☐ *Inhumée* ☐ *Incinérée* ☐ *Disparue* le : .... à ....

ENFANTS ♂ .... ♀	*Sexe*	*° Naissance*	*† Mort*	*Conjoint*
....	.....	....	....	....
....	.....	....	....	....
....	.....	....	....	....
....	.....	....	....	....
....	.....	....	....	....
....	.....	....	....	....
....	.....	....	....	....
....	.....	....	....	....
....	.....	....	....	....
....	.....	....	....	....

AUTRES UNION(S)/ ENFANTS ....

....

....

....

FRÈRES ET SOEURS *(détails p.399)* ♂ .... ♀ .... **1.**........................

2......................... **3.**........................ **4.**........................

5......................... **6.**........................ **7.**........................

8......................... **9.**........................ **10.**........................

ÉVÉNEMENTS INDIVIDUELS ....

....

....

....

....

....

....

....

NOTES ....

....

....

....

....

796 797 798 799

398 399

199

99

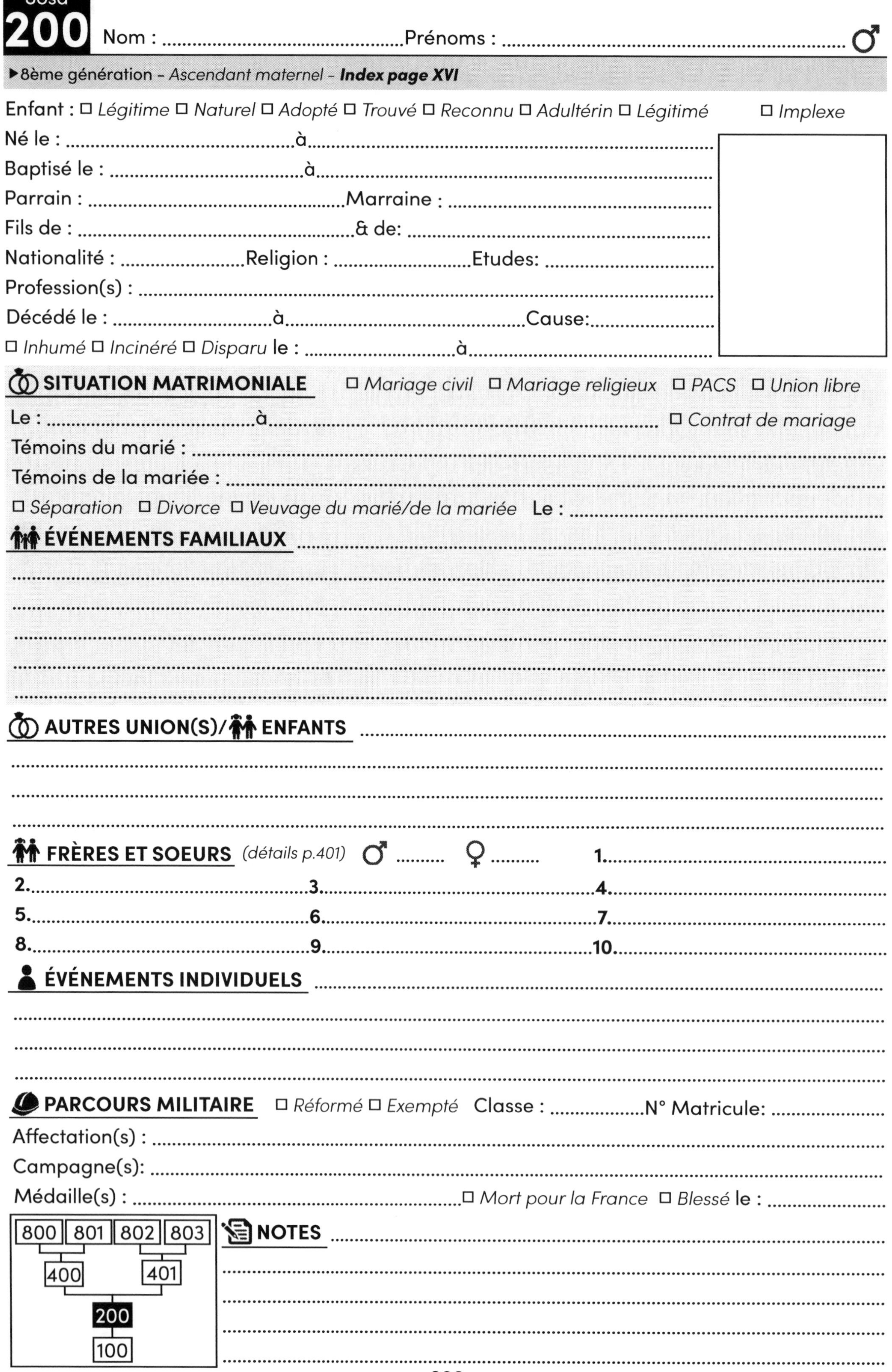

Sosa **200** Nom : .... Prénoms : .... ♂

▶8ème génération - *Ascendant maternel* - ***Index page XVI***

Enfant : ☐ *Légitime* ☐ *Naturel* ☐ *Adopté* ☐ *Trouvé* ☐ *Reconnu* ☐ *Adultérin* ☐ *Légitimé* ☐ *Implexe*

Né le : .... à ....

Baptisé le : .... à ....

Parrain : .... Marraine : ....

Fils de : .... & de: ....

Nationalité : .... Religion : .... Etudes: ....

Profession(s) : ....

Décédé le : .... à .... Cause: ....

☐ *Inhumé* ☐ *Incinéré* ☐ *Disparu* le : .... à ....

SITUATION MATRIMONIALE ☐ *Mariage civil* ☐ *Mariage religieux* ☐ *PACS* ☐ *Union libre*

Le : .... à .... ☐ *Contrat de mariage*

Témoins du marié : ....

Témoins de la mariée : ....

☐ *Séparation* ☐ *Divorce* ☐ *Veuvage du marié/de la mariée* Le : ....

ÉVÉNEMENTS FAMILIAUX ....

AUTRES UNION(S)/ ENFANTS ....

FRÈRES ET SOEURS *(détails p.401)* ♂ .... ♀ .... 1. ....

2. .... 3. .... 4. ....

5. .... 6. .... 7. ....

8. .... 9. .... 10. ....

ÉVÉNEMENTS INDIVIDUELS ....

PARCOURS MILITAIRE ☐ *Réformé* ☐ *Exempté* Classe : .... N° Matricule: ....

Affectation(s) : ....

Campagne(s): ....

Médaille(s) : .... ☐ *Mort pour la France* ☐ *Blessé* le : ....

NOTES ....

♀ Nom : .... Prénoms : .... **Sosa 201**

▸8ème génération - *Ascendant maternel* - ***Index page XVI***

☐ *Implexe*

Enfant : ☐ *Légitime* ☐ *Naturel* ☐ *Adopté* ☐ *Trouvé* ☐ *Reconnu* ☐ *Adultérin* ☐ *Légitimé*

Née le : ....à..

Baptisée le : ....à..

Parrain : ....Marraine : ....

Fille de : ....& de: ....

Nationalité : ....Religion : ....Etudes: ....

Profession(s) : ....

Décédée le : ....à....................Cause:....................

☐ *Inhumée* ☐ *Incinérée* ☐ *Disparue* le : ....à....................

ENFANTS ♂ .... ♀	*Sexe*	*° Naissance*	*† Mort*	*Conjoint*
....	......	....	....	....
....	......	....	....	....
....	......	....	....	....
....	......	....	....	....
....	......	....	....	....
....	......	....	....	....
....	......	....	....	....
....	......	....	....	....
....	......	....	....	....
....	......	....	....	....

AUTRES UNION(S)/ ENFANTS ....

....

....

....

FRÈRES ET SOEURS *(détails p.403)* ♂ .... ♀ .... **1.**....................

2..................... **3.**.................... **4.**....................

5..................... **6.**.................... **7.**....................

8..................... **9.**.................... **10.**....................

ÉVÉNEMENTS INDIVIDUELS ....

....

....

....

....

....

....

....

NOTES ....

....

....

....

....

804	805	806	807
402		403	
201			
100			

Sosa
202 Nom : .... Prénoms : .... ♂

▸8ème génération - *Ascendant maternel* - ***Index page XVI***

Enfant : ☐ *Légitime* ☐ *Naturel* ☐ *Adopté* ☐ *Trouvé* ☐ *Reconnu* ☐ *Adultérin* ☐ *Légitimé* ☐ *Implexe*

Né le : ....à..

Baptisé le : ....à..

Parrain : ....Marraine : ....

Fils de : ....& de: ....

Nationalité : ....Religion : ....Etudes: ....

Profession(s) : ....

Décédé le : ....à....................Cause:....................

☐ *Inhumé* ☐ *Incinéré* ☐ *Disparu* le : ....à....................

SITUATION MATRIMONIALE

☐ *Mariage civil* ☐ *Mariage religieux* ☐ *PACS* ☐ *Union libre*

Le : ....à.................... ☐ *Contrat de mariage*

Témoins du marié : ....

Témoins de la mariée : ....

☐ *Séparation* ☐ *Divorce* ☐ *Veuvage du marié/de la mariée* Le : ....

ÉVÉNEMENTS FAMILIAUX

....

....

....

....

....

AUTRES UNION(S)/ ENFANTS

....

....

....

FRÈRES ET SOEURS

(détails p.405) ♂ .... ♀ ....

1.................... 2.................... 3.................... 4....................

5.................... 6.................... 7....................

8.................... 9.................... 10....................

ÉVÉNEMENTS INDIVIDUELS

....

....

....

PARCOURS MILITAIRE

☐ *Réformé* ☐ *Exempté* Classe : ....N° Matricule: ....

Affectation(s) : ....

Campagne(s): ....

Médaille(s) : ....☐ *Mort pour la France* ☐ *Blessé* le : ....

808 809 810 811

404 405

202

101

NOTES

....

....

....

....

Sosa **203**

♀ Nom : .... Prénoms : ....

▶8ème génération - *Ascendant maternel* - ***Index page XVI***

☐ *Implexe*

Enfant : ☐ *Légitime* ☐ *Naturel* ☐ *Adopté* ☐ *Trouvé* ☐ *Reconnu* ☐ *Adultérin* ☐ *Légitimé*

Née le : .... à ....

Baptisée le : .... à ....

Parrain : .... Marraine : ....

Fille de : .... & de: ....

Nationalité : .... Religion : .... Etudes: ....

Profession(s) : ....

Décédée le : .... à .... Cause: ....

☐ *Inhumée* ☐ *Incinérée* ☐ *Disparue* le : .... à ....

ENFANTS ♂ .... ♀	*Sexe*	*° Naissance*	*† Mort*	*Conjoint*
....	.....	....	....	....
....	.....	....	....	....
....	.....	....	....	....
....	.....	....	....	....
....	.....	....	....	....
....	.....	....	....	....
....	.....	....	....	....
....	.....	....	....	....
....	.....	....	....	....
....	.....	....	....	....

AUTRES UNION(S)/ ENFANTS ....

....

....

....

FRÈRES ET SOEURS *(détails p.407)* ♂ .... ♀ .... 1. ....

2. .... 3. .... 4. ....

5. .... 6. .... 7. ....

8. .... 9. .... 10. ....

ÉVÉNEMENTS INDIVIDUELS ....

....

....

....

....

....

....

....

NOTES ....

....

....

....

....

812 813 814 815

406 407

203

101

Sosa **204** Nom : .... Prénoms : .... ♂

▶8ème génération - *Ascendant maternel* - ***Index page XVI***

Enfant : ☐ *Légitime* ☐ *Naturel* ☐ *Adopté* ☐ *Trouvé* ☐ *Reconnu* ☐ *Adultérin* ☐ *Légitimé* ☐ *Implexe*

Né le : .... à ....

Baptisé le : .... à ....

Parrain : .... Marraine : ....

Fils de : .... & de: ....

Nationalité : .... Religion : .... Etudes: ....

Profession(s) : ....

Décédé le : .... à .... Cause: ....

☐ *Inhumé* ☐ *Incinéré* ☐ *Disparu* le : .... à ....

SITUATION MATRIMONIALE

☐ *Mariage civil* ☐ *Mariage religieux* ☐ *PACS* ☐ *Union libre*

Le : .... à .... ☐ *Contrat de mariage*

Témoins du marié : ....

Témoins de la mariée : ....

☐ *Séparation* ☐ *Divorce* ☐ *Veuvage du marié/de la mariée* Le : ....

ÉVÉNEMENTS FAMILIAUX

....

AUTRES UNION(S)/ENFANTS

....

FRÈRES ET SOEURS

(détails p.409) ♂ .... ♀ ....

1. ....
2. ....
3. ....
4. ....
5. ....
6. ....
7. ....
8. ....
9. ....
10. ....

ÉVÉNEMENTS INDIVIDUELS

....

PARCOURS MILITAIRE

☐ *Réformé* ☐ *Exempté* Classe : .... N° Matricule: ....

Affectation(s) : ....

Campagne(s): ....

Médaille(s) : .... ☐ *Mort pour la France* ☐ *Blessé* le : ....

816 817 818 819

408 409

204

102

NOTES

....

Sosa **205**

♀ Nom : ....Prénoms : ....

▸8ème génération - *Ascendant maternel* - ***Index page XVI***

☐ *Implexe*

Enfant : ☐ *Légitime* ☐ *Naturel* ☐ *Adopté* ☐ *Trouvé* ☐ *Reconnu* ☐ *Adultérin* ☐ *Légitimé*

Née le : ....à...

Baptisée le : ....à...

Parrain : ....Marraine : ....

Fille de : ....& de: ....

Nationalité : ....Religion : ....Etudes: ....

Profession(s) : ....

Décédée le : ....à......................................Cause:......................

☐ *Inhumée* ☐ *Incinérée* ☐ *Disparue* le : ....à...................................

ENFANTS ♂ .... ♀	*Sexe*	*° Naissance*	*† Mort*	*Conjoint*
....	.....	....	....	....
....	.....	....	....	....
....	.....	....	....	....
....	.....	....	....	....
....	.....	....	....	....
....	.....	....	....	....
....	.....	....	....	....
....	.....	....	....	....
....	.....	....	....	....
....	.....	....	....	....

AUTRES UNION(S)/ ENFANTS ....

....

....

....

FRÈRES ET SOEURS *(détails p.411)* ♂ .... ♀ .... 1.......................................

2..................................3..................................4..................................

5..................................6..................................7..................................

8..................................9..................................10.................................

ÉVÉNEMENTS INDIVIDUELS ....

....

....

....

....

....

....

....

NOTES ....

....

....

....

....

820 821 822 823

410 411

205

102

Sosa **206** Nom : .... Prénoms : .... ♂

▸8ème génération - *Ascendant maternel* - ***Index page XVI***

Enfant : ☐ *Légitime* ☐ *Naturel* ☐ *Adopté* ☐ *Trouvé* ☐ *Reconnu* ☐ *Adultérin* ☐ *Légitimé* ☐ *Implexe*

Né le : ....à..

Baptisé le : ....à..

Parrain : ....Marraine : ....

Fils de : ....& de: ....

Nationalité : ....Religion : ....Etudes: ....

Profession(s) : ....

Décédé le : ....à....................Cause:....................

☐ *Inhumé* ☐ *Incinéré* ☐ *Disparu* le : ....à....................

SITUATION MATRIMONIALE

☐ *Mariage civil* ☐ *Mariage religieux* ☐ *PACS* ☐ *Union libre*

Le : ....à.................................... ☐ *Contrat de mariage*

Témoins du marié : ....

Témoins de la mariée : ....

☐ *Séparation* ☐ *Divorce* ☐ *Veuvage du marié/de la mariée* Le : ....

ÉVÉNEMENTS FAMILIAUX

....

AUTRES UNION(S)/ ENFANTS

....

FRÈRES ET SOEURS

(détails p.413) ♂ .... ♀ ....

1.................... 2.................... 3.................... 4.................... 5.................... 6.................... 7.................... 8.................... 9.................... 10....................

ÉVÉNEMENTS INDIVIDUELS

....

PARCOURS MILITAIRE

☐ *Réformé* ☐ *Exempté* Classe : ....N° Matricule: ....

Affectation(s) : ....

Campagne(s): ....

Médaille(s) : ....☐ *Mort pour la France* ☐ *Blessé* le : ....

824 825 826 827

412 413

206

103

NOTES

....

Sosa **207**

♀ Nom : .... Prénoms : ....

▸8ème génération - *Ascendant maternel* - ***Index page XVI***

☐ *Implexe*

Enfant : ☐ *Légitime* ☐ *Naturel* ☐ *Adopté* ☐ *Trouvé* ☐ *Reconnu* ☐ *Adultérin* ☐ *Légitimé*

Née le : .... à ....

Baptisée le : .... à ....

Parrain : .... Marraine : ....

Fille de : .... & de: ....

Nationalité : .... Religion : .... Etudes: ....

Profession(s) : ....

Décédée le : .... à .... Cause: ....

☐ *Inhumée* ☐ *Incinérée* ☐ *Disparue* le : .... à ....

ENFANTS ♂ .... ♀	*Sexe*	*° Naissance*	*† Mort*	*Conjoint*

AUTRES UNION(S)/ ENFANTS

....

FRÈRES ET SOEURS *(détails p.415)* ♂ .... ♀ ....

1. ....
2. ....
3. ....
4. ....
5. ....
6. ....
7. ....
8. ....
9. ....
10. ....

ÉVÉNEMENTS INDIVIDUELS

....

NOTES

....

828	829	830	831
414		415	
207			
103			

Sosa
208 Nom : .... Prénoms : .... ♂

▸8ème génération - *Ascendant maternel* - ***Index page XVI***

Enfant : ☐ *Légitime* ☐ *Naturel* ☐ *Adopté* ☐ *Trouvé* ☐ *Reconnu* ☐ *Adultérin* ☐ *Légitimé* ☐ *Implexe*

Né le : .... à ....

Baptisé le : .... à ....

Parrain : .... Marraine : ....

Fils de : .... & de: ....

Nationalité : .... Religion : .... Etudes: ....

Profession(s) : ....

Décédé le : .... à .... Cause: ....

☐ *Inhumé* ☐ *Incinéré* ☐ *Disparu* le : .... à ....

SITUATION MATRIMONIALE

☐ *Mariage civil* ☐ *Mariage religieux* ☐ *PACS* ☐ *Union libre*

Le : .... à .... ☐ *Contrat de mariage*

Témoins du marié : ....

Témoins de la mariée : ....

☐ *Séparation* ☐ *Divorce* ☐ *Veuvage du marié/de la mariée* Le : ....

ÉVÉNEMENTS FAMILIAUX

....

....

....

....

....

AUTRES UNION(S)/ ENFANTS

....

....

....

FRÈRES ET SOEURS

(détails p.417) ♂ .... ♀ ....

1. ....
2. ....
3. ....
4. ....
5. ....
6. ....
7. ....
8. ....
9. ....
10. ....

ÉVÉNEMENTS INDIVIDUELS

....

....

....

PARCOURS MILITAIRE

☐ *Réformé* ☐ *Exempté* Classe : .... N° Matricule: ....

Affectation(s) : ....

Campagne(s): ....

Médaille(s) : .... ☐ *Mort pour la France* ☐ *Blessé* le : ....

832 | 833 | 834 | 835

416 | 417

208

104

NOTES

....

....

....

....

Sosa **209**

♀ Nom : ....Prénoms : ....

▸8ème génération - *Ascendant maternel* - ***Index page XVI***

☐ *Implexe*

Enfant : ☐ *Légitime* ☐ *Naturel* ☐ *Adopté* ☐ *Trouvé* ☐ *Reconnu* ☐ *Adultérin* ☐ *Légitimé*

Née le : ....à..................................

Baptisée le : ....à..................................

Parrain : ....Marraine : ....

Fille de : ....& de: ....

Nationalité : ....Religion : ....Etudes: ....

Profession(s) : ....

Décédée le : ....à....................Cause:....................

☐ *Inhumée* ☐ *Incinérée* ☐ *Disparue* le : ....à....................

ENFANTS ♂ .... ♀	*Sexe*	*° Naissance*	*† Mort*	*Conjoint*
....	.....	....	....	....
....	.....	....	....	....
....	.....	....	....	....
....	.....	....	....	....
....	.....	....	....	....
....	.....	....	....	....
....	.....	....	....	....
....	.....	....	....	....
....	.....	....	....	....
....	.....	....	....	....

AUTRES UNION(S)/ ENFANTS ....

....

....

....

FRÈRES ET SOEURS *(détails p.419)* ♂ .... ♀ .... 1.....................

2..................... 3..................... 4.....................

5..................... 6..................... 7.....................

8..................... 9..................... 10.....................

ÉVÉNEMENTS INDIVIDUELS ....

....

....

....

....

....

....

....

NOTES ....

....

....

....

....

836 837 838 839
418 419
209
104

Sosa
210 Nom : ....Prénoms : .... ♂

▸8ème génération - *Ascendant maternel* - ***Index page XVI***

Enfant : ☐ *Légitime* ☐ *Naturel* ☐ *Adopté* ☐ *Trouvé* ☐ *Reconnu* ☐ *Adultérin* ☐ *Légitimé* ☐ *Implexe*

Né le : ....à..

Baptisé le : ....à..

Parrain : ....Marraine : ....

Fils de : ....& de: ....

Nationalité : ....Religion : ....Etudes: ....

Profession(s) : ....

Décédé le : ....à..Cause:........................

☐ *Inhumé* ☐ *Incinéré* ☐ *Disparu* le : ....à..

SITUATION MATRIMONIALE

☐ *Mariage civil* ☐ *Mariage religieux* ☐ *PACS* ☐ *Union libre*

Le : ....à.. ☐ *Contrat de mariage*

Témoins du marié : ....

Témoins de la mariée : ....

☐ *Séparation* ☐ *Divorce* ☐ *Veuvage du marié/de la mariée* Le : ....

ÉVÉNEMENTS FAMILIAUX

....

....

....

....

....

....

AUTRES UNION(S)/ ENFANTS

....

....

....

....

FRÈRES ET SOEURS

(détails p.421) ♂ .... ♀ ....

1.........................

2.........................3.........................4.........................

5.........................6.........................7.........................

8.........................9.........................10.........................

ÉVÉNEMENTS INDIVIDUELS

....

....

....

....

PARCOURS MILITAIRE

☐ *Réformé* ☐ *Exempté* Classe : ....N° Matricule: ....

Affectation(s) : ....

Campagne(s): ....

Médaille(s) : ....☐ *Mort pour la France* ☐ *Blessé* le : ....

840	841	842	843
420		421	
210			
105			

NOTES

....

....

....

....

....

Sosa **211**

♀ Nom : .... Prénoms : ....

▸8ème génération - *Ascendant maternel* - ***Index page XVI***

☐ *Implexe*

Enfant : ☐ *Légitime* ☐ *Naturel* ☐ *Adopté* ☐ *Trouvé* ☐ *Reconnu* ☐ *Adultérin* ☐ *Légitimé*

Née le : .... à ....

Baptisée le : .... à ....

Parrain : .... Marraine : ....

Fille de : .... & de: ....

Nationalité : .... Religion : .... Etudes: ....

Profession(s) : ....

Décédée le : .... à .... Cause: ....

☐ *Inhumée* ☐ *Incinérée* ☐ *Disparue* le : .... à ....

ENFANTS ♂ .... ♀	*Sexe*	*° Naissance*	*† Mort*	*Conjoint*
....	.....	....	....	....
....	.....	....	....	....
....	.....	....	....	....
....	.....	....	....	....
....	.....	....	....	....
....	.....	....	....	....
....	.....	....	....	....
....	.....	....	....	....
....	.....	....	....	....
....	.....	....	....	....

AUTRES UNION(S)/ ENFANTS

....

....

....

FRÈRES ET SOEURS *(détails p.423)* ♂ .... ♀ ....

1. ....

2. .... 3. .... 4. ....

5. .... 6. .... 7. ....

8. .... 9. .... 10. ....

ÉVÉNEMENTS INDIVIDUELS

....

....

....

....

....

....

....

NOTES

....

....

....

....

844 845 846 847

422 423

211

105

Sosa
212 Nom : ....Prénoms : .... ♂

▸8ème génération - *Ascendant maternel* - ***Index page XVI***

Enfant : ☐ *Légitime* ☐ *Naturel* ☐ *Adopté* ☐ *Trouvé* ☐ *Reconnu* ☐ *Adultérin* ☐ *Légitimé* ☐ *Implexe*

Né le : ....à..

Baptisé le : ....à..

Parrain : ....Marraine : ....

Fils de : ....& de: ....

Nationalité : ....Religion : ....Etudes: ....

Profession(s) : ....

Décédé le : ....à...Cause:...........................

☐ *Inhumé* ☐ *Incinéré* ☐ *Disparu* le : ....à...

SITUATION MATRIMONIALE

☐ *Mariage civil* ☐ *Mariage religieux* ☐ *PACS* ☐ *Union libre*

Le : ....à.. ☐ *Contrat de mariage*

Témoins du marié : ....

Témoins de la mariée : ....

☐ *Séparation* ☐ *Divorce* ☐ *Veuvage du marié/de la mariée* Le : ....

ÉVÉNEMENTS FAMILIAUX

....

....

....

....

....

AUTRES UNION(S)/ ENFANTS

....

....

....

FRÈRES ET SOEURS *(détails p.425)* ♂ .... ♀ ....

(détails p.425)

1.......................................

2......................................3......................................4......................................

5......................................6......................................7......................................

8......................................9......................................10....................................

ÉVÉNEMENTS INDIVIDUELS

....

....

....

PARCOURS MILITAIRE

☐ *Réformé* ☐ *Exempté* Classe : ....N° Matricule: ....

Affectation(s) : ....

Campagne(s): ....

Médaille(s) : ....☐ *Mort pour la France* ☐ *Blessé* le : ....

848	849	850	851
424		425	
212			
106			

NOTES

....

....

....

....

Sosa **213**

♀ Nom : ....Prénoms : ....

▸8ème génération - *Ascendant maternel* - ***Index page XVI***

☐ *Implexe*

Enfant : ☐ *Légitime* ☐ *Naturel* ☐ *Adopté* ☐ *Trouvé* ☐ *Reconnu* ☐ *Adultérin* ☐ *Légitimé*

Née le : ....à...

Baptisée le : ....à..

Parrain : ....Marraine : ....

Fille de : ....& de: ....

Nationalité : ....Religion : ....Etudes: ....

Profession(s) : ....

Décédée le : ....à....................................Cause:......................

☐ *Inhumée* ☐ *Incinérée* ☐ *Disparue* le : ....à.....................................

ENFANTS ♂ .... ♀	*Sexe*	*° Naissance*	*† Mort*	*Conjoint*
....	.....	....	....	....
....	.....	....	....	....
....	.....	....	....	....
....	.....	....	....	....
....	.....	....	....	....
....	.....	....	....	....
....	.....	....	....	....
....	.....	....	....	....
....	.....	....	....	....
....	.....	....	....	....

AUTRES UNION(S)/ENFANTS ....

....

....

....

FRÈRES ET SOEURS *(détails p.427)* ♂ .... ♀ .... **1.**...................................

2...................................**3.**..................................**4.**..................................

5...................................**6.**..................................**7.**..................................

8...................................**9.**..................................**10.**................................

ÉVÉNEMENTS INDIVIDUELS ....

....

....

....

....

....

....

....

NOTES ....

....

....

....

....

852 853 854 855
426 427
213
106

Sosa
214 Nom : .... Prénoms : .... ♂

▶8ème génération - *Ascendant maternel* - ***Index page XVI***

Enfant : ☐ *Légitime* ☐ *Naturel* ☐ *Adopté* ☐ *Trouvé* ☐ *Reconnu* ☐ *Adultérin* ☐ *Légitimé* ☐ *Implexe*

Né le : .... à ....

Baptisé le : .... à ....

Parrain : .... Marraine : ....

Fils de : .... & de: ....

Nationalité : .... Religion : .... Etudes: ....

Profession(s) : ....

Décédé le : .... à .... Cause: ....

☐ *Inhumé* ☐ *Incinéré* ☐ *Disparu* le : .... à ....

SITUATION MATRIMONIALE

☐ *Mariage civil* ☐ *Mariage religieux* ☐ *PACS* ☐ *Union libre*

Le : .... à .... ☐ *Contrat de mariage*

Témoins du marié : ....

Témoins de la mariée : ....

☐ *Séparation* ☐ *Divorce* ☐ *Veuvage du marié/de la mariée* Le : ....

ÉVÉNEMENTS FAMILIAUX

....

....

....

....

....

....

AUTRES UNION(S)/ ENFANTS

....

....

....

....

FRÈRES ET SOEURS

(détails p.429) ♂ .... ♀ ....

1. ....
2. ....
3. ....
4. ....
5. ....
6. ....
7. ....
8. ....
9. ....
10. ....

ÉVÉNEMENTS INDIVIDUELS

....

....

....

....

PARCOURS MILITAIRE

☐ *Réformé* ☐ *Exempté* Classe : .... N° Matricule: ....

Affectation(s) : ....

Campagne(s): ....

Médaille(s) : .... ☐ *Mort pour la France* ☐ *Blessé* le : ....

856	857	858	859
428		429	
214			
107			

NOTES

....

....

....

....

....

Sosa 215

♀ Nom : .... Prénoms : ....

▸8ème génération - *Ascendant maternel* - ***Index page XVI***

☐ *Implexe*

Enfant : ☐ *Légitime* ☐ *Naturel* ☐ *Adopté* ☐ *Trouvé* ☐ *Reconnu* ☐ *Adultérin* ☐ *Légitimé*

Née le : .... à ....

Baptisée le : .... à ....

Parrain : .... Marraine : ....

Fille de : .... & de: ....

Nationalité : .... Religion : .... Etudes: ....

Profession(s) : ....

Décédée le : .... à .... Cause: ....

☐ *Inhumée* ☐ *Incinérée* ☐ *Disparue* le : .... à ....

ENFANTS ♂ .... ♀	*Sexe*	*° Naissance*	*† Mort*	*Conjoint*
....	.....	....	....	....
....	.....	....	....	....
....	.....	....	....	....
....	.....	....	....	....
....	.....	....	....	....
....	.....	....	....	....
....	.....	....	....	....
....	.....	....	....	....
....	.....	....	....	....
....	.....	....	....	....

AUTRES UNION(S)/ ENFANTS ....

....

....

....

FRÈRES ET SOEURS *(détails p.431)* ♂ .... ♀ .... **1.** ....

2. .... **3.** .... **4.** ....

5. .... **6.** .... **7.** ....

8. .... **9.** .... **10.** ....

ÉVÉNEMENTS INDIVIDUELS ....

....

....

....

....

....

....

....

NOTES ....

....

....

....

....

860 | 861 | 862 | 863

430 | 431

215

107

Sosa 216 Nom : .... Prénoms : .... ♂

▶8ème génération - *Ascendant maternel* - ***Index page XVI***

Enfant : ☐ *Légitime* ☐ *Naturel* ☐ *Adopté* ☐ *Trouvé* ☐ *Reconnu* ☐ *Adultérin* ☐ *Légitimé* ☐ *Implexe*

Né le : .... à ....

Baptisé le : .... à ....

Parrain : .... Marraine : ....

Fils de : .... & de: ....

Nationalité : .... Religion : .... Etudes: ....

Profession(s) : ....

Décédé le : .... à .... Cause: ....

☐ *Inhumé* ☐ *Incinéré* ☐ *Disparu* le : .... à ....

SITUATION MATRIMONIALE

☐ *Mariage civil* ☐ *Mariage religieux* ☐ *PACS* ☐ *Union libre*

Le : .... à .... ☐ *Contrat de mariage*

Témoins du marié : ....

Témoins de la mariée : ....

☐ *Séparation* ☐ *Divorce* ☐ *Veuvage du marié/de la mariée* Le : ....

ÉVÉNEMENTS FAMILIAUX

....

....

....

....

....

AUTRES UNION(S)/ENFANTS

....

....

....

FRÈRES ET SOEURS

(détails p.433) ♂ .... ♀ ....

1. ....
2. ....
3. ....
4. ....
5. ....
6. ....
7. ....
8. ....
9. ....
10. ....

ÉVÉNEMENTS INDIVIDUELS

....

....

....

PARCOURS MILITAIRE

☐ *Réformé* ☐ *Exempté* Classe : .... N° Matricule: ....

Affectation(s) : ....

Campagne(s): ....

Médaille(s) : .... ☐ *Mort pour la France* ☐ *Blessé* le : ....

864 | 865 | 866 | 867

432 | 433

216

108

NOTES

....

....

....

....

Sosa
217

♀ Nom : .... Prénoms : ....

▸8ème génération - *Ascendant maternel* - ***Index page XVI***

☐ *Implexe*

Enfant : ☐ *Légitime* ☐ *Naturel* ☐ *Adopté* ☐ *Trouvé* ☐ *Reconnu* ☐ *Adultérin* ☐ *Légitimé*

Née le : .... à ....

Baptisée le : .... à ....

Parrain : .... Marraine : ....

Fille de : .... & de: ....

Nationalité : .... Religion : .... Etudes: ....

Profession(s) : ....

Décédée le : .... à .... Cause: ....

☐ *Inhumée* ☐ *Incinérée* ☐ *Disparue* le : .... à ....

ENFANTS ♂ .... ♀ ....

	Sexe	*° Naissance*	*† Mort*	*Conjoint*

AUTRES UNION(S)/ ENFANTS ....

....

....

....

FRÈRES ET SOEURS *(détails p.435)* ♂ .... ♀ ....

1. ....
2. ....
3. ....
4. ....
5. ....
6. ....
7. ....
8. ....
9. ....
10. ....

ÉVÉNEMENTS INDIVIDUELS ....

....

....

....

....

....

....

....

NOTES ....

....

....

....

....

868	869	870	871
434		435	
217			
108			

Sosa
218 Nom : ....Prénoms : .... ♂

▸8ème génération - *Ascendant maternel* - ***Index page XVI***

Enfant : ☐ *Légitime* ☐ *Naturel* ☐ *Adopté* ☐ *Trouvé* ☐ *Reconnu* ☐ *Adultérin* ☐ *Légitimé* ☐ *Implexe*

Né le : ....à..

Baptisé le : ....à..

Parrain : ....Marraine : ....

Fils de : ....& de: ....

Nationalité : ....Religion : ....Etudes: ....

Profession(s) : ....

Décédé le : ....à...Cause:.......................

☐ *Inhumé* ☐ *Incinéré* ☐ *Disparu* le : ....à...

SITUATION MATRIMONIALE

☐ *Mariage civil* ☐ *Mariage religieux* ☐ *PACS* ☐ *Union libre*

Le : ....à... ☐ *Contrat de mariage*

Témoins du marié : ....

Témoins de la mariée : ....

☐ *Séparation* ☐ *Divorce* ☐ *Veuvage du marié/de la mariée* Le : ....

ÉVÉNEMENTS FAMILIAUX

....

....

....

....

....

AUTRES UNION(S)/ENFANTS

....

....

....

FRÈRES ET SOEURS

(détails p.437) ♂ .... ♀ ....

1.......................................

2.......................................3.......................................4.......................................

5.......................................6.......................................7.......................................

8.......................................9.......................................10.....................................

ÉVÉNEMENTS INDIVIDUELS

....

....

....

PARCOURS MILITAIRE

☐ *Réformé* ☐ *Exempté* Classe : ....N° Matricule: ....

Affectation(s) : ....

Campagne(s): ....

Médaille(s) : ....☐ *Mort pour la France* ☐ *Blessé* le : ....

872 873 874 875

436 437

218

109

NOTES

....

....

....

....

♀ Nom : .... Prénoms : ....

Sosa 219

▸8ème génération - *Ascendant maternel* - ***Index page XVI***

☐ *Implexe*

Enfant : ☐ *Légitime* ☐ *Naturel* ☐ *Adopté* ☐ *Trouvé* ☐ *Reconnu* ☐ *Adultérin* ☐ *Légitimé*

Née le : .... à ....

Baptisée le : .... à ....

Parrain : .... Marraine : ....

Fille de : .... & de: ....

Nationalité : .... Religion : .... Etudes: ....

Profession(s) : ....

Décédée le : .... à .... Cause: ....

☐ *Inhumée* ☐ *Incinérée* ☐ *Disparue* le : .... à ....

ENFANTS ♂ .... ♀	*Sexe*	*° Naissance*	*† Mort*	*Conjoint*

AUTRES UNION(S)/ENFANTS ....

FRÈRES ET SOEURS *(détails p.439)* ♂ .... ♀ .... 1. ....

2. .... 3. .... 4. ....

5. .... 6. .... 7. ....

8. .... 9. .... 10. ....

ÉVÉNEMENTS INDIVIDUELS ....

NOTES ....

876 877 878 879

438 439

219

109

Sosa **220** Nom : .... Prénoms : .... ♂

▸8ème génération - *Ascendant maternel* - ***Index page XVI***

Enfant : ☐ *Légitime* ☐ *Naturel* ☐ *Adopté* ☐ *Trouvé* ☐ *Reconnu* ☐ *Adultérin* ☐ *Légitimé* ☐ *Implexe*

Né le : ....à..

Baptisé le : ....à..

Parrain : ....Marraine : ....

Fils de : ....& de: ....

Nationalité : ....Religion : ....Etudes: ....

Profession(s) : ....

Décédé le : ....à....................Cause:....................

☐ *Inhumé* ☐ *Incinéré* ☐ *Disparu* le : ....à....................

SITUATION MATRIMONIALE

☐ *Mariage civil* ☐ *Mariage religieux* ☐ *PACS* ☐ *Union libre*

Le : ....à.................................... ☐ *Contrat de mariage*

Témoins du marié : ....

Témoins de la mariée : ....

☐ *Séparation* ☐ *Divorce* ☐ *Veuvage du marié/de la mariée* Le : ....

ÉVÉNEMENTS FAMILIAUX

....

AUTRES UNION(S)/ENFANTS

....

FRÈRES ET SOEURS

(détails p.441) ♂ .... ♀ ....

1.................... 2.................... 3.................... 4.................... 5.................... 6.................... 7.................... 8.................... 9.................... 10....................

ÉVÉNEMENTS INDIVIDUELS

....

PARCOURS MILITAIRE

☐ *Réformé* ☐ *Exempté* Classe : ....N° Matricule: ....

Affectation(s) : ....

Campagne(s): ....

Médaille(s) : ....☐ *Mort pour la France* ☐ *Blessé* le : ....

880	881	882	883
440		441	
	220		
	110		

NOTES

....

♀ Nom : .... Prénoms : ....

▶8ème génération - *Ascendant maternel* - ***Index page XVI***

☐ *Implexe*

Enfant : ☐ *Légitime* ☐ *Naturel* ☐ *Adopté* ☐ *Trouvé* ☐ *Reconnu* ☐ *Adultérin* ☐ *Légitimé*

Née le : .... à ....

Baptisée le : .... à ....

Parrain : .... Marraine : ....

Fille de : .... & de: ....

Nationalité : .... Religion : .... Etudes: ....

Profession(s) : ....

Décédée le : .... à .... Cause: ....

☐ *Inhumée* ☐ *Incinérée* ☐ *Disparue* le : .... à ....

ENFANTS ♂ .... ♀	*Sexe*	*° Naissance*	*† Mort*	*Conjoint*
....	....	....	....	....
....	....	....	....	....
....	....	....	....	....
....	....	....	....	....
....	....	....	....	....
....	....	....	....	....
....	....	....	....	....
....	....	....	....	....
....	....	....	....	....
....	....	....	....	....

AUTRES UNION(S)/ ENFANTS ....

....

....

....

FRÈRES ET SOEURS *(détails p.443)* ♂ .... ♀ .... **1.** ....

2. .... **3.** .... **4.** ....

5. .... **6.** .... **7.** ....

8. .... **9.** .... **10.** ....

ÉVÉNEMENTS INDIVIDUELS ....

....

....

....

....

....

....

....

NOTES ....

....

....

....

....

884	885	886	887
442		443	
221			
110			

Sosa 222 Nom : .... Prénoms : .... ♂

▸8ème génération - *Ascendant maternel* - ***Index page XVI***

Enfant : ☐ *Légitime* ☐ *Naturel* ☐ *Adopté* ☐ *Trouvé* ☐ *Reconnu* ☐ *Adultérin* ☐ *Légitimé* ☐ *Implexe*

Né le : .... à ....

Baptisé le : .... à ....

Parrain : .... Marraine : ....

Fils de : .... & de: ....

Nationalité : .... Religion : .... Etudes: ....

Profession(s) : ....

Décédé le : .... à .... Cause: ....

☐ *Inhumé* ☐ *Incinéré* ☐ *Disparu* le : .... à ....

SITUATION MATRIMONIALE

☐ *Mariage civil* ☐ *Mariage religieux* ☐ *PACS* ☐ *Union libre*

Le : .... à .... ☐ *Contrat de mariage*

Témoins du marié : ....

Témoins de la mariée : ....

☐ *Séparation* ☐ *Divorce* ☐ *Veuvage du marié/de la mariée* Le : ....

ÉVÉNEMENTS FAMILIAUX

....

....

....

....

....

AUTRES UNION(S)/ ENFANTS

....

....

....

FRÈRES ET SOEURS

(détails p.445) ♂ .... ♀ ....

1. ....
2. ....
3. ....
4. ....
5. ....
6. ....
7. ....
8. ....
9. ....
10. ....

ÉVÉNEMENTS INDIVIDUELS

....

....

....

PARCOURS MILITAIRE

☐ *Réformé* ☐ *Exempté* Classe : .... N° Matricule: ....

Affectation(s) : ....

Campagne(s): ....

Médaille(s) : .... ☐ *Mort pour la France* ☐ *Blessé* le : ....

888 | 889 | 890 | 891

444 | 445

222

111

NOTES

....

....

....

....

....

Sosa **223**

♀ Nom : .... Prénoms : ....

▶8ème génération - *Ascendant maternel* - ***Index page XVI***

☐ *Implexe*

Enfant : ☐ *Légitime* ☐ *Naturel* ☐ *Adopté* ☐ *Trouvé* ☐ *Reconnu* ☐ *Adultérin* ☐ *Légitimé*

Née le : .... à ....

Baptisée le : .... à ....

Parrain : .... Marraine : ....

Fille de : .... & de: ....

Nationalité : .... Religion : .... Etudes: ....

Profession(s) : ....

Décédée le : .... à .... Cause: ....

☐ *Inhumée* ☐ *Incinérée* ☐ *Disparue* le : .... à ....

ENFANTS ♂ .... ♀	*Sexe*	*° Naissance*	*† Mort*	*Conjoint*

AUTRES UNION(S)/ ENFANTS ....

....

....

....

FRÈRES ET SOEURS *(détails p.447)* ♂ .... ♀ .... 1. ....

2. .... 3. .... 4. ....

5. .... 6. .... 7. ....

8. .... 9. .... 10. ....

ÉVÉNEMENTS INDIVIDUELS ....

....

....

....

....

....

....

....

NOTES ....

....

....

....

....

892 893 894 895

446 447

223

111

Sosa **224** Nom : ....Prénoms : .... ♂

▸8ème génération - *Ascendant maternel* - ***Index page XVI***

Enfant : ☐ *Légitime* ☐ *Naturel* ☐ *Adopté* ☐ *Trouvé* ☐ *Reconnu* ☐ *Adultérin* ☐ *Légitimé* ☐ *Implexe*

Né le : ....à..

Baptisé le : ....à..

Parrain : ....Marraine : ....

Fils de : ....& de: ....

Nationalité : ....Religion : ....Etudes: ....

Profession(s) : ....

Décédé le : ....à........................Cause:........................

☐ *Inhumé* ☐ *Incinéré* ☐ *Disparu* le : ....à........................

SITUATION MATRIMONIALE

☐ *Mariage civil* ☐ *Mariage religieux* ☐ *PACS* ☐ *Union libre*

Le : ....à.. ☐ *Contrat de mariage*

Témoins du marié : ....

Témoins de la mariée : ....

☐ *Séparation* ☐ *Divorce* ☐ *Veuvage du marié/de la mariée* Le : ....

ÉVÉNEMENTS FAMILIAUX

....

AUTRES UNION(S)/ ENFANTS

....

FRÈRES ET SOEURS

(détails p.449) ♂ .... ♀ ....

1..

2..3..4..

5..6..7..

8..9..10..

ÉVÉNEMENTS INDIVIDUELS

....

PARCOURS MILITAIRE

☐ *Réformé* ☐ *Exempté* Classe : ....N° Matricule: ....

Affectation(s) : ....

Campagne(s): ....

Médaille(s) : ....☐ *Mort pour la France* ☐ *Blessé* le : ....

896	897	898	899
448		449	
224			
112			

NOTES

....

♀ Nom : ....Prénoms : .... **Sosa 225**

▸8ème génération - *Ascendant maternel* - ***Index page XVI***

☐ *Implexe*

Enfant : ☐ *Légitime* ☐ *Naturel* ☐ *Adopté* ☐ *Trouvé* ☐ *Reconnu* ☐ *Adultérin* ☐ *Légitimé*

Née le : ....à................................

Baptisée le : ....à................................

Parrain : ....Marraine : ....

Fille de : ....& de: ....

Nationalité : ....Religion : ....Etudes: ....

Profession(s) : ....

Décédée le : ....à....................Cause:....................

☐ *Inhumée* ☐ *Incinérée* ☐ *Disparue* le : ....à....................

ENFANTS ♂ .... ♀	*Sexe*	*° Naissance*	*† Mort*	*Conjoint*
....	.....	....	....	....
....	.....	....	....	....
....	.....	....	....	....
....	.....	....	....	....
....	.....	....	....	....
....	.....	....	....	....
....	.....	....	....	....
....	.....	....	....	....
....	.....	....	....	....
....	.....	....	....	....

AUTRES UNION(S)/ ENFANTS ....

....

....

....

FRÈRES ET SOEURS (*détails p.451*) ♂ .... ♀ .... 1.....................

2..................... 3..................... 4.....................

5..................... 6..................... 7.....................

8..................... 9..................... 10.....................

ÉVÉNEMENTS INDIVIDUELS ....

....

....

....

....

....

....

....

NOTES ....

....

....

....

....

900 901 902 903

450 451

225

112

Sosa **226** Nom : .... Prénoms : .... ♂

▸8ème génération - *Ascendant maternel* - ***Index page XVI***

Enfant : ☐ *Légitime* ☐ *Naturel* ☐ *Adopté* ☐ *Trouvé* ☐ *Reconnu* ☐ *Adultérin* ☐ *Légitimé* ☐ *Implexe*

Né le : .... à ....

Baptisé le : .... à ....

Parrain : .... Marraine : ....

Fils de : .... & de: ....

Nationalité : .... Religion : .... Etudes: ....

Profession(s) : ....

Décédé le : .... à .... Cause: ....

☐ *Inhumé* ☐ *Incinéré* ☐ *Disparu* le : .... à ....

SITUATION MATRIMONIALE

☐ *Mariage civil* ☐ *Mariage religieux* ☐ *PACS* ☐ *Union libre*

Le : .... à .... ☐ *Contrat de mariage*

Témoins du marié : ....

Témoins de la mariée : ....

☐ *Séparation* ☐ *Divorce* ☐ *Veuvage du marié/de la mariée* Le : ....

ÉVÉNEMENTS FAMILIAUX

....

AUTRES UNION(S)/ ENFANTS

....

FRÈRES ET SOEURS

(détails p.453) ♂ .... ♀ ....

1. ....
2. ....
3. ....
4. ....
5. ....
6. ....
7. ....
8. ....
9. ....
10. ....

ÉVÉNEMENTS INDIVIDUELS

....

PARCOURS MILITAIRE

☐ *Réformé* ☐ *Exempté* Classe : .... N° Matricule: ....

Affectation(s) : ....

Campagne(s): ....

Médaille(s) : .... ☐ *Mort pour la France* ☐ *Blessé* le : ....

904 905 906 907

452 453

226

113

NOTES

....

Sosa **227**

♀ Nom : ....Prénoms : ....

▸8ème génération - *Ascendant maternel* - ***Index page XVI***

☐ *Implexe*

Enfant : ☐ *Légitime* ☐ *Naturel* ☐ *Adopté* ☐ *Trouvé* ☐ *Reconnu* ☐ *Adultérin* ☐ *Légitimé*

Née le : ....à..

Baptisée le : ....à..

Parrain : ....Marraine : ....

Fille de : ....& de: ....

Nationalité : ....Religion : ....Etudes: ....

Profession(s) : ....

Décédée le : ....à...Cause:.....................

☐ *Inhumée* ☐ *Incinérée* ☐ *Disparue* le : ....à..............................

ENFANTS ♂ .... ♀	*Sexe*	*° Naissance*	*† Mort*	*Conjoint*

AUTRES UNION(S)/ ENFANTS ....

FRÈRES ET SOEURS *(détails p.455)* ♂ .... ♀ .... 1.............................

2.......................... 3.......................... 4..........................

5.......................... 6.......................... 7..........................

8.......................... 9.......................... 10.........................

ÉVÉNEMENTS INDIVIDUELS ....

NOTES ....

908	909	910	911
454		455	
227			
113			

Sosa **228** Nom : .... Prénoms : .... ♂

▶8ème génération - *Ascendant maternel* - ***Index page XVI***

Enfant : ☐ *Légitime* ☐ *Naturel* ☐ *Adopté* ☐ *Trouvé* ☐ *Reconnu* ☐ *Adultérin* ☐ *Légitimé* ☐ *Implexe*

Né le : .... à ....

Baptisé le : .... à ....

Parrain : .... Marraine : ....

Fils de : .... & de: ....

Nationalité : .... Religion : .... Etudes: ....

Profession(s) : ....

Décédé le : .... à .... Cause: ....

☐ *Inhumé* ☐ *Incinéré* ☐ *Disparu* le : .... à ....

SITUATION MATRIMONIALE

☐ *Mariage civil* ☐ *Mariage religieux* ☐ *PACS* ☐ *Union libre*

Le : .... à .... ☐ *Contrat de mariage*

Témoins du marié : ....

Témoins de la mariée : ....

☐ *Séparation* ☐ *Divorce* ☐ *Veuvage du marié/de la mariée* Le : ....

ÉVÉNEMENTS FAMILIAUX

....

....

....

....

....

AUTRES UNION(S)/ENFANTS

....

....

....

FRÈRES ET SOEURS

(détails p.457) ♂ .... ♀ ....

1. ....
2. ....
3. ....
4. ....
5. ....
6. ....
7. ....
8. ....
9. ....
10. ....

ÉVÉNEMENTS INDIVIDUELS

....

....

....

PARCOURS MILITAIRE

☐ *Réformé* ☐ *Exempté* Classe : .... N° Matricule: ....

Affectation(s) : ....

Campagne(s): ....

Médaille(s) : .... ☐ *Mort pour la France* ☐ *Blessé* le : ....

912	913	914	915
456		457	
228			
114			

NOTES

....

....

....

....

♀ Nom : .... Prénoms : ....

▸8ème génération - *Ascendant maternel* - ***Index page XVI***

☐ *Implexe*

Enfant : ☐ *Légitime* ☐ *Naturel* ☐ *Adopté* ☐ *Trouvé* ☐ *Reconnu* ☐ *Adultérin* ☐ *Légitimé*

Née le : .... à ....

Baptisée le : .... à ....

Parrain : .... Marraine : ....

Fille de : .... & de: ....

Nationalité : .... Religion : .... Etudes: ....

Profession(s) : ....

Décédée le : .... à .... Cause: ....

☐ *Inhumée* ☐ *Incinérée* ☐ *Disparue* le : .... à ....

ENFANTS ♂ .... ♀	*Sexe*	*° Naissance*	*† Mort*	*Conjoint*
....	......	....	....	....
....	......	....	....	....
....	......	....	....	....
....	......	....	....	....
....	......	....	....	....
....	......	....	....	....
....	......	....	....	....
....	......	....	....	....
....	......	....	....	....
....	......	....	....	....

AUTRES UNION(S)/ENFANTS

....

....

....

....

FRÈRES ET SOEURS *(détails p.459)* ♂ .... ♀ ....

(détails p.459)

1. ....
2. .... 3. .... 4. ....
5. .... 6. .... 7. ....
8. .... 9. .... 10. ....

ÉVÉNEMENTS INDIVIDUELS

....

....

....

....

....

....

....

....

NOTES

....

....

....

....

....

916 917 918 919

458 459

229

114

Sosa
230 Nom : .... Prénoms : .... ♂

▸8ème génération - *Ascendant maternel* - ***Index page XVI***

Enfant : ☐ *Légitime* ☐ *Naturel* ☐ *Adopté* ☐ *Trouvé* ☐ *Reconnu* ☐ *Adultérin* ☐ *Légitimé* ☐ *Implexe*

Né le : .... à ....

Baptisé le : .... à ....

Parrain : .... Marraine : ....

Fils de : .... & de: ....

Nationalité : .... Religion : .... Etudes: ....

Profession(s) : ....

Décédé le : .... à .... Cause: ....

☐ *Inhumé* ☐ *Incinéré* ☐ *Disparu* le : .... à ....

SITUATION MATRIMONIALE

☐ *Mariage civil* ☐ *Mariage religieux* ☐ *PACS* ☐ *Union libre*

Le : .... à .... ☐ *Contrat de mariage*

Témoins du marié : ....

Témoins de la mariée : ....

☐ *Séparation* ☐ *Divorce* ☐ *Veuvage du marié/de la mariée* Le : ....

ÉVÉNEMENTS FAMILIAUX

....

....

....

....

....

AUTRES UNION(S)/ ENFANTS

....

....

....

FRÈRES ET SOEURS

(détails p.461) ♂ .... ♀ .... 1. ....

2. .... 3. .... 4. ....

5. .... 6. .... 7. ....

8. .... 9. .... 10. ....

ÉVÉNEMENTS INDIVIDUELS

....

....

....

PARCOURS MILITAIRE

☐ *Réformé* ☐ *Exempté* Classe : .... N° Matricule: ....

Affectation(s) : ....

Campagne(s): ....

Médaille(s) : .... ☐ *Mort pour la France* ☐ *Blessé* le : ....

920 | 921 | 922 | 923

460 | 461

230

115

NOTES

....

....

....

....

♀ Nom : .... Prénoms : ....

▶8ème génération - *Ascendant maternel* - ***Index page XVI***

☐ *Implexe*

Enfant : ☐ *Légitime* ☐ *Naturel* ☐ *Adopté* ☐ *Trouvé* ☐ *Reconnu* ☐ *Adultérin* ☐ *Légitimé*

Née le : .... à ....

Baptisée le : .... à ....

Parrain : .... Marraine : ....

Fille de : .... & de: ....

Nationalité : .... Religion : .... Etudes: ....

Profession(s) : ....

Décédée le : .... à .... Cause: ....

☐ *Inhumée* ☐ *Incinérée* ☐ *Disparue* le : .... à ....

ENFANTS ♂ .... ♀ ....

	Sexe	*° Naissance*	*† Mort*	*Conjoint*
....	......	....	....	....
....	......	....	....	....
....	......	....	....	....
....	......	....	....	....
....	......	....	....	....
....	......	....	....	....
....	......	....	....	....
....	......	....	....	....
....	......	....	....	....
....	......	....	....	....

AUTRES UNION(S)/ ENFANTS ....

....

....

....

FRÈRES ET SOEURS *(détails p.463)* ♂ .... ♀ ....

1. ....

2. .... 3. .... 4. ....

5. .... 6. .... 7. ....

8. .... 9. .... 10. ....

ÉVÉNEMENTS INDIVIDUELS ....

....

....

....

....

....

....

....

NOTES ....

....

....

....

....

924 925 926 927
462 463
231
115

Sosa
232 Nom : ....Prénoms : .... ♂

▸8ème génération - *Ascendant maternel* - ***Index page XVI***

Enfant : ☐ *Légitime* ☐ *Naturel* ☐ *Adopté* ☐ *Trouvé* ☐ *Reconnu* ☐ *Adultérin* ☐ *Légitimé* ☐ *Implexe*

Né le : ....à..

Baptisé le : ....à..

Parrain : ....Marraine : ....

Fils de : ....& de: ....

Nationalité : ....Religion : ....Etudes: ....

Profession(s) : ....

Décédé le : ....à..Cause:.......................

☐ *Inhumé* ☐ *Incinéré* ☐ *Disparu* le : ....à...

SITUATION MATRIMONIALE

☐ *Mariage civil* ☐ *Mariage religieux* ☐ *PACS* ☐ *Union libre*

Le : ....à.. ☐ *Contrat de mariage*

Témoins du marié : ....

Témoins de la mariée : ....

☐ *Séparation* ☐ *Divorce* ☐ *Veuvage du marié/de la mariée* Le : ....

ÉVÉNEMENTS FAMILIAUX

....

....

....

....

....

AUTRES UNION(S)/ENFANTS

....

....

....

FRÈRES ET SOEURS

(détails p.465) ♂ .... ♀ ....

1.......................................

2....................................... 3....................................... 4.......................................

5....................................... 6....................................... 7.......................................

8....................................... 9....................................... 10.....................................

ÉVÉNEMENTS INDIVIDUELS

....

....

....

PARCOURS MILITAIRE

☐ *Réformé* ☐ *Exempté* Classe : ....N° Matricule: ....

Affectation(s) : ....

Campagne(s): ....

Médaille(s) : ....☐ *Mort pour la France* ☐ *Blessé* le : ....

928 929 930 931

464 465

232

116

NOTES

....

....

....

....

♀ Nom : .... Prénoms : ....

▸8ème génération - *Ascendant maternel* - ***Index page XVI***

☐ *Implexe*

Enfant : ☐ *Légitime* ☐ *Naturel* ☐ *Adopté* ☐ *Trouvé* ☐ *Reconnu* ☐ *Adultérin* ☐ *Légitimé*

Née le : .... à ....

Baptisée le : .... à ....

Parrain : .... Marraine : ....

Fille de : .... & de: ....

Nationalité : .... Religion : .... Etudes: ....

Profession(s) : ....

Décédée le : .... à .... Cause: ....

☐ *Inhumée* ☐ *Incinérée* ☐ *Disparue* le : .... à ....

ENFANTS ♂ .... ♀	*Sexe*	*° Naissance*	*† Mort*	*Conjoint*
....	.....	....	....	....
....	.....	....	....	....
....	.....	....	....	....
....	.....	....	....	....
....	.....	....	....	....
....	.....	....	....	....
....	.....	....	....	....
....	.....	....	....	....
....	.....	....	....	....
....	.....	....	....	....

AUTRES UNION(S)/ ENFANTS

....

....

....

FRÈRES ET SOEURS *(détails p.467)* ♂ .... ♀ ....

1. ....
2. ....
3. ....
4. ....
5. ....
6. ....
7. ....
8. ....
9. ....
10. ....

ÉVÉNEMENTS INDIVIDUELS

....

....

....

NOTES

....

....

932	933	934	935
466		467	
233			
116			

Sosa 234 Nom : .... Prénoms : .... ♂

▶8ème génération - *Ascendant maternel* - ***Index page XVI***

Enfant : ☐ *Légitime* ☐ *Naturel* ☐ *Adopté* ☐ *Trouvé* ☐ *Reconnu* ☐ *Adultérin* ☐ *Légitimé* ☐ *Implexe*

Né le : .... à ....

Baptisé le : .... à ....

Parrain : .... Marraine : ....

Fils de : .... & de: ....

Nationalité : .... Religion : .... Etudes: ....

Profession(s) : ....

Décédé le : .... à .... Cause: ....

☐ *Inhumé* ☐ *Incinéré* ☐ *Disparu* le : .... à ....

SITUATION MATRIMONIALE

☐ *Mariage civil* ☐ *Mariage religieux* ☐ *PACS* ☐ *Union libre*

Le : .... à .... ☐ *Contrat de mariage*

Témoins du marié : ....

Témoins de la mariée : ....

☐ *Séparation* ☐ *Divorce* ☐ *Veuvage du marié/de la mariée* Le : ....

ÉVÉNEMENTS FAMILIAUX

....

AUTRES UNION(S)/ENFANTS

....

FRÈRES ET SOEURS

(détails p.469) ♂ .... ♀ .... 1. ....

2. .... 3. .... 4. ....

5. .... 6. .... 7. ....

8. .... 9. .... 10. ....

ÉVÉNEMENTS INDIVIDUELS

....

PARCOURS MILITAIRE

☐ *Réformé* ☐ *Exempté* Classe : .... N° Matricule: ....

Affectation(s) : ....

Campagne(s): ....

Médaille(s) : .... ☐ *Mort pour la France* ☐ *Blessé* le : ....

936 | 937 | 938 | 939

468 | 469

234

117

NOTES

....

Sosa **235**

♀ Nom : Prénoms :

▸8ème génération - *Ascendant maternel* - ***Index page XVI***

☐ *Implexe*

Enfant : ☐ *Légitime* ☐ *Naturel* ☐ *Adopté* ☐ *Trouvé* ☐ *Reconnu* ☐ *Adultérin* ☐ *Légitimé*

Née le : à

Baptisée le : à

Parrain : Marraine :

Fille de : & de:

Nationalité : Religion : Etudes:

Profession(s) :

Décédée le : à Cause:

☐ *Inhumée* ☐ *Incinérée* ☐ *Disparue* le : à

ENFANTS ♂ ♀	*Sexe*	*° Naissance*	*† Mort*	*Conjoint*

AUTRES UNION(S)/ ENFANTS

FRÈRES ET SOEURS *(détails p.471)* ♂ ♀ **1.**

2. **3.** **4.**

5. **6.** **7.**

8. **9.** **10.**

ÉVÉNEMENTS INDIVIDUELS

NOTES

940 941 942 943

470 471

235

117

Sosa
236 Nom : ....Prénoms : .... ♂

▸8ème génération - *Ascendant maternel* - ***Index page XVI***

Enfant : ☐ *Légitime* ☐ *Naturel* ☐ *Adopté* ☐ *Trouvé* ☐ *Reconnu* ☐ *Adultérin* ☐ *Légitimé* ☐ *Implexe*

Né le : ....à..

Baptisé le : ....à..

Parrain : ....Marraine : ....

Fils de : ....& de: ....

Nationalité : ....Religion : ....Etudes: ....

Profession(s) : ....

Décédé le : ....à...Cause:.......................

☐ *Inhumé* ☐ *Incinéré* ☐ *Disparu* le : ....à...

SITUATION MATRIMONIALE

☐ *Mariage civil* ☐ *Mariage religieux* ☐ *PACS* ☐ *Union libre*

Le : ....à... ☐ *Contrat de mariage*

Témoins du marié : ....

Témoins de la mariée : ....

☐ *Séparation* ☐ *Divorce* ☐ *Veuvage du marié/de la mariée* Le : ....

ÉVÉNEMENTS FAMILIAUX

....

....

....

....

....

AUTRES UNION(S)/ENFANTS

....

....

....

FRÈRES ET SOEURS

(détails p.473) ♂ .... ♀ ....

1...

2...3...4...

5...6...7...

8...9...10...

ÉVÉNEMENTS INDIVIDUELS

....

....

....

PARCOURS MILITAIRE

☐ *Réformé* ☐ *Exempté* Classe : ....N° Matricule: ....

Affectation(s) : ....

Campagne(s): ....

Médaille(s) : ....☐ *Mort pour la France* ☐ *Blessé* le : ....

944	945	946	947
472		473	
236			
118			

NOTES

....

....

....

....

Sosa
237

♀ Nom : .... Prénoms : ....

▸8ème génération - *Ascendant maternel* - ***Index page XVI***

☐ *Implexe*

Enfant : ☐ *Légitime* ☐ *Naturel* ☐ *Adopté* ☐ *Trouvé* ☐ *Reconnu* ☐ *Adultérin* ☐ *Légitimé*

Née le : .... à ....

Baptisée le : .... à ....

Parrain : .... Marraine : ....

Fille de : .... & de: ....

Nationalité : .... Religion : .... Etudes: ....

Profession(s) : ....

Décédée le : .... à .... Cause: ....

☐ *Inhumée* ☐ *Incinérée* ☐ *Disparue* le : .... à ....

ENFANTS ♂ .... ♀	*Sexe*	*° Naissance*	*† Mort*	*Conjoint*

AUTRES UNION(S)/ ENFANTS

....

....

....

FRÈRES ET SOEURS *(détails p.475)* ♂ .... ♀ ....

1. ....
2. ....
3. ....
4. ....
5. ....
6. ....
7. ....
8. ....
9. ....
10. ....

ÉVÉNEMENTS INDIVIDUELS

....

....

....

....

....

....

....

NOTES

....

....

....

....

948	949	950	951
474		475	
237			
118			

Sosa 238 Nom : .... Prénoms : .... ♂

▸8ème génération - *Ascendant maternel* - ***Index page XVI***

Enfant : ☐ *Légitime* ☐ *Naturel* ☐ *Adopté* ☐ *Trouvé* ☐ *Reconnu* ☐ *Adultérin* ☐ *Légitimé* ☐ *Implexe*

Né le : .... à ....

Baptisé le : .... à ....

Parrain : .... Marraine : ....

Fils de : .... & de: ....

Nationalité : .... Religion : .... Etudes: ....

Profession(s) : ....

Décédé le : .... à .... Cause: ....

☐ *Inhumé* ☐ *Incinéré* ☐ *Disparu* le : .... à ....

SITUATION MATRIMONIALE

☐ *Mariage civil* ☐ *Mariage religieux* ☐ *PACS* ☐ *Union libre*

Le : .... à .... ☐ *Contrat de mariage*

Témoins du marié : ....

Témoins de la mariée : ....

☐ *Séparation* ☐ *Divorce* ☐ *Veuvage du marié/de la mariée* Le : ....

ÉVÉNEMENTS FAMILIAUX

....

AUTRES UNION(S)/ ENFANTS

....

FRÈRES ET SOEURS

(détails p.477) ♂ .... ♀ ....

1. ....
2. ....
3. ....
4. ....
5. ....
6. ....
7. ....
8. ....
9. ....
10. ....

ÉVÉNEMENTS INDIVIDUELS

....

PARCOURS MILITAIRE

☐ *Réformé* ☐ *Exempté* Classe : .... N° Matricule: ....

Affectation(s) : ....

Campagne(s): ....

Médaille(s) : .... ☐ *Mort pour la France* ☐ *Blessé* le : ....

952 953 954 955

476 477

238

119

NOTES

....

Sosa **239**

♀ Nom : .... Prénoms : ....

▸8ème génération - *Ascendant maternel* - ***Index page XVI***

☐ *Implexe*

Enfant : ☐ *Légitime* ☐ *Naturel* ☐ *Adopté* ☐ *Trouvé* ☐ *Reconnu* ☐ *Adultérin* ☐ *Légitimé*

Née le : .... à ....

Baptisée le : .... à ....

Parrain : .... Marraine : ....

Fille de : .... & de: ....

Nationalité : .... Religion : .... Etudes: ....

Profession(s) : ....

Décédée le : .... à .... Cause: ....

☐ *Inhumée* ☐ *Incinérée* ☐ *Disparue* le : .... à ....

ENFANTS ♂ .... ♀	*Sexe*	*° Naissance*	*† Mort*	*Conjoint*

AUTRES UNION(S)/ ENFANTS ....

FRÈRES ET SOEURS *(détails p.479)* ♂ .... ♀ .... 1. ....

2. .... 3. .... 4. ....

5. .... 6. .... 7. ....

8. .... 9. .... 10. ....

ÉVÉNEMENTS INDIVIDUELS ....

NOTES ....

956 957 958 959

478 479

239

119

Sosa **240** Nom : .... Prénoms : .... ♂

▸8ème génération - *Ascendant maternel* - ***Index page XVI***

Enfant : ☐ *Légitime* ☐ *Naturel* ☐ *Adopté* ☐ *Trouvé* ☐ *Reconnu* ☐ *Adultérin* ☐ *Légitimé* ☐ *Implexe*

Né le : .... à ....

Baptisé le : .... à ....

Parrain : .... Marraine : ....

Fils de : .... & de: ....

Nationalité : .... Religion : .... Etudes: ....

Profession(s) : ....

Décédé le : .... à .... Cause: ....

☐ *Inhumé* ☐ *Incinéré* ☐ *Disparu* le : .... à ....

SITUATION MATRIMONIALE

☐ *Mariage civil* ☐ *Mariage religieux* ☐ *PACS* ☐ *Union libre*

Le : .... à .... ☐ *Contrat de mariage*

Témoins du marié : ....

Témoins de la mariée : ....

☐ *Séparation* ☐ *Divorce* ☐ *Veuvage du marié/de la mariée* Le : ....

ÉVÉNEMENTS FAMILIAUX

....

AUTRES UNION(S)/ENFANTS

....

FRÈRES ET SOEURS *(détails p.481)* ♂ .... ♀ ....

(détails p.481)

1. ....
2. ....
3. ....
4. ....
5. ....
6. ....
7. ....
8. ....
9. ....
10. ....

ÉVÉNEMENTS INDIVIDUELS

....

PARCOURS MILITAIRE

☐ *Réformé* ☐ *Exempté* Classe : .... N° Matricule: ....

Affectation(s) : ....

Campagne(s): ....

Médaille(s) : .... ☐ *Mort pour la France* ☐ *Blessé* le : ....

960 961 962 963

480 481

240

120

NOTES

....

♀ Nom : .... Prénoms : ....

▸8ème génération - *Ascendant maternel* - ***Index page XVI***

☐ *Implexe*

Enfant : ☐ *Légitime* ☐ *Naturel* ☐ *Adopté* ☐ *Trouvé* ☐ *Reconnu* ☐ *Adultérin* ☐ *Légitimé*

Née le : .... à ....

Baptisée le : .... à ....

Parrain : .... Marraine : ....

Fille de : .... & de: ....

Nationalité : .... Religion : .... Etudes: ....

Profession(s) : ....

Décédée le : .... à .... Cause: ....

☐ *Inhumée* ☐ *Incinérée* ☐ *Disparue* le : .... à ....

ENFANTS ♂ .... ♀	*Sexe*	*° Naissance*	*† Mort*	*Conjoint*
....	.....	....	....	....
....	.....	....	....	....
....	.....	....	....	....
....	.....	....	....	....
....	.....	....	....	....
....	.....	....	....	....
....	.....	....	....	....
....	.....	....	....	....
....	.....	....	....	....
....	.....	....	....	....

AUTRES UNION(S)/ ENFANTS

....

....

....

....

FRÈRES ET SOEURS *(détails p.483)* ♂ .... ♀ ....

1. ....
2. ....
3. ....
4. ....
5. ....
6. ....
7. ....
8. ....
9. ....
10. ....

ÉVÉNEMENTS INDIVIDUELS

....

....

....

....

....

....

....

....

NOTES

....

....

....

....

....

964 965 966 967
482 483
241
120

Sosa **242** Nom : ....Prénoms : .... ♂

▶8ème génération - *Ascendant maternel* - ***Index page XVI***

Enfant : ☐ *Légitime* ☐ *Naturel* ☐ *Adopté* ☐ *Trouvé* ☐ *Reconnu* ☐ *Adultérin* ☐ *Légitimé* ☐ *Implexe*

Né le : ....à..

Baptisé le : ....à...

Parrain : ....Marraine : ....

Fils de : ....& de: ....

Nationalité : ....Religion : ....Etudes: ....

Profession(s) : ....

Décédé le : ....à...Cause:..............................

☐ *Inhumé* ☐ *Incinéré* ☐ *Disparu* le : ....à...

SITUATION MATRIMONIALE

☐ *Mariage civil* ☐ *Mariage religieux* ☐ *PACS* ☐ *Union libre*

Le : ....à.. ☐ *Contrat de mariage*

Témoins du marié : ....

Témoins de la mariée : ....

☐ *Séparation* ☐ *Divorce* ☐ *Veuvage du marié/de la mariée* Le : ....

ÉVÉNEMENTS FAMILIAUX

....

....

....

....

....

AUTRES UNION(S)/ENFANTS

....

....

....

FRÈRES ET SOEURS

(détails p.485) ♂ .... ♀ .... 1. ....

2. .... 3. .... 4. ....

5. .... 6. .... 7. ....

8. .... 9. .... 10. ....

ÉVÉNEMENTS INDIVIDUELS

....

....

....

PARCOURS MILITAIRE

☐ *Réformé* ☐ *Exempté* Classe : ....N° Matricule: ....

Affectation(s) : ....

Campagne(s): ....

Médaille(s) : ....☐ *Mort pour la France* ☐ *Blessé* le : ....

968 | 969 | 970 | 971

484 | 485

242

121

NOTES

....

....

....

....

Sosa **243**

♀ Nom : .... Prénoms : ....

▸8ème génération - *Ascendant maternel* - ***Index page XVI***

☐ *Implexe*

Enfant : ☐ *Légitime* ☐ *Naturel* ☐ *Adopté* ☐ *Trouvé* ☐ *Reconnu* ☐ *Adultérin* ☐ *Légitimé*

Née le : .... à ....

Baptisée le : .... à ....

Parrain : .... Marraine : ....

Fille de : .... & de: ....

Nationalité : .... Religion : .... Etudes: ....

Profession(s) : ....

Décédée le : .... à .... Cause:......................

☐ *Inhumée* ☐ *Incinérée* ☐ *Disparue* le : .... à ....

ENFANTS ♂ .... ♀	*Sexe*	*° Naissance*	*† Mort*	*Conjoint*
....	.....	....	....	....
....	.....	....	....	....
....	.....	....	....	....
....	.....	....	....	....
....	.....	....	....	....
....	.....	....	....	....
....	.....	....	....	....
....	.....	....	....	....
....	.....	....	....	....
....	.....	....	....	....

AUTRES UNION(S)/ ENFANTS ....

....

....

....

FRÈRES ET SOEURS *(détails p.487)* ♂ .... ♀ .... **1.**..............................

2............................... **3.**.............................. **4.**..............................

5............................... **6.**.............................. **7.**..............................

8............................... **9.**.............................. **10.**..............................

ÉVÉNEMENTS INDIVIDUELS ....

....

....

....

....

....

....

....

NOTES ....

....

....

....

....

972	973	974	975
486		487	
243			
121			

Sosa **244** Nom : .... Prénoms : .... ♂

▸8ème génération - *Ascendant maternel* - ***Index page XVI***

Enfant : ☐ *Légitime* ☐ *Naturel* ☐ *Adopté* ☐ *Trouvé* ☐ *Reconnu* ☐ *Adultérin* ☐ *Légitimé* ☐ *Implexe*

Né le : .... à ....

Baptisé le : .... à ....

Parrain : .... Marraine : ....

Fils de : .... & de: ....

Nationalité : .... Religion : .... Etudes: ....

Profession(s) : ....

Décédé le : .... à .... Cause: ....

☐ *Inhumé* ☐ *Incinéré* ☐ *Disparu* le : .... à ....

SITUATION MATRIMONIALE

☐ *Mariage civil* ☐ *Mariage religieux* ☐ *PACS* ☐ *Union libre*

Le : .... à .... ☐ *Contrat de mariage*

Témoins du marié : ....

Témoins de la mariée : ....

☐ *Séparation* ☐ *Divorce* ☐ *Veuvage du marié/de la mariée* Le : ....

ÉVÉNEMENTS FAMILIAUX

....

AUTRES UNION(S)/ ENFANTS

....

FRÈRES ET SOEURS

(détails p.489) ♂ .... ♀ ....

1. ....
2. ....
3. ....
4. ....
5. ....
6. ....
7. ....
8. ....
9. ....
10. ....

ÉVÉNEMENTS INDIVIDUELS

....

PARCOURS MILITAIRE

☐ *Réformé* ☐ *Exempté* Classe : .... N° Matricule: ....

Affectation(s) : ....

Campagne(s): ....

Médaille(s) : .... ☐ *Mort pour la France* ☐ *Blessé* le : ....

976 977 978 979

488 489

244

122

NOTES

....

Sosa **245**

♀ Nom : .... Prénoms : ....

▶8ème génération - *Ascendant maternel* - ***Index page XVI***

☐ *Implexe*

Enfant : ☐ *Légitime* ☐ *Naturel* ☐ *Adopté* ☐ *Trouvé* ☐ *Reconnu* ☐ *Adultérin* ☐ *Légitimé*

Née le : .... à ....

Baptisée le : .... à ....

Parrain : .... Marraine : ....

Fille de : .... & de: ....

Nationalité : .... Religion : .... Etudes: ....

Profession(s) : ....

Décédée le : .... à .... Cause: ....

☐ *Inhumée* ☐ *Incinérée* ☐ *Disparue* le : .... à ....

ENFANTS ♂ .... ♀ ....

	Sexe	*° Naissance*	*† Mort*	*Conjoint*

AUTRES UNION(S)/ ENFANTS ....

FRÈRES ET SOEURS *(détails p.491)* ♂ .... ♀ ....

1. ....
2. ....
3. ....
4. ....
5. ....
6. ....
7. ....
8. ....
9. ....
10. ....

ÉVÉNEMENTS INDIVIDUELS ....

NOTES ....

980	981	982	983
490		491	
245			
122			

Sosa
246 Nom : .... Prénoms : .... ♂

▸8ème génération - *Ascendant maternel* - ***Index page XVI***

Enfant : ☐ *Légitime* ☐ *Naturel* ☐ *Adopté* ☐ *Trouvé* ☐ *Reconnu* ☐ *Adultérin* ☐ *Légitimé* ☐ *Implexe*

Né le : .... à ....

Baptisé le : .... à ....

Parrain : .... Marraine : ....

Fils de : .... & de: ....

Nationalité : .... Religion : .... Etudes: ....

Profession(s) : ....

Décédé le : .... à .... Cause: ....

☐ *Inhumé* ☐ *Incinéré* ☐ *Disparu* le : .... à ....

SITUATION MATRIMONIALE

☐ *Mariage civil* ☐ *Mariage religieux* ☐ *PACS* ☐ *Union libre*

Le : .... à .... ☐ *Contrat de mariage*

Témoins du marié : ....

Témoins de la mariée : ....

☐ *Séparation* ☐ *Divorce* ☐ *Veuvage du marié/de la mariée* Le : ....

ÉVÉNEMENTS FAMILIAUX

....

AUTRES UNION(S)/ENFANTS

....

FRÈRES ET SOEURS

(détails p.493) ♂ .... ♀ ....

1. ....
2. ....
3. ....
4. ....
5. ....
6. ....
7. ....
8. ....
9. ....
10. ....

ÉVÉNEMENTS INDIVIDUELS

....

PARCOURS MILITAIRE

☐ *Réformé* ☐ *Exempté* Classe : .... N° Matricule: ....

Affectation(s) : ....

Campagne(s): ....

Médaille(s) : .... ☐ *Mort pour la France* ☐ *Blessé* le : ....

984 985 986 987

492 493

246

123

NOTES

....

Sosa **247**

♀ Nom : .... Prénoms : ....

▸8ème génération - *Ascendant maternel* - ***Index page XVI***

☐ *Implexe*

Enfant : ☐ *Légitime* ☐ *Naturel* ☐ *Adopté* ☐ *Trouvé* ☐ *Reconnu* ☐ *Adultérin* ☐ *Légitimé*

Née le : .... à ....

Baptisée le : .... à ....

Parrain : .... Marraine : ....

Fille de : .... & de: ....

Nationalité : .... Religion : .... Etudes: ....

Profession(s) : ....

Décédée le : .... à .... Cause: ....

☐ *Inhumée* ☐ *Incinérée* ☐ *Disparue* le : .... à ....

ENFANTS ♂ .... ♀	*Sexe*	*° Naissance*	*† Mort*	*Conjoint*

AUTRES UNION(S)/ ENFANTS ....

....

....

....

FRÈRES ET SOEURS *(détails p.495)* ♂ .... ♀ .... 1. ....

2. .... 3. .... 4. ....

5. .... 6. .... 7. ....

8. .... 9. .... 10. ....

ÉVÉNEMENTS INDIVIDUELS ....

....

....

....

....

....

....

....

NOTES ....

....

....

....

....

988 989 990 991

494 495

247

123

Sosa
248 Nom : ....Prénoms : .... ♂

▸8ème génération - *Ascendant maternel* - ***Index page XVI***

Enfant : ☐ *Légitime* ☐ *Naturel* ☐ *Adopté* ☐ *Trouvé* ☐ *Reconnu* ☐ *Adultérin* ☐ *Légitimé* ☐ *Implexe*

Né le : ....à....................................

Baptisé le : ....à....................................

Parrain : ....Marraine : ....

Fils de : ....& de: ....

Nationalité : ....Religion : ....Etudes: ....

Profession(s) : ....

Décédé le : ....à....................................Cause:....................

☐ *Inhumé* ☐ *Incinéré* ☐ *Disparu* le : ....à....................................

SITUATION MATRIMONIALE

☐ *Mariage civil* ☐ *Mariage religieux* ☐ *PACS* ☐ *Union libre*

Le : ....à.................................... ☐ *Contrat de mariage*

Témoins du marié : ....

Témoins de la mariée : ....

☐ *Séparation* ☐ *Divorce* ☐ *Veuvage du marié/de la mariée* Le : ....

ÉVÉNEMENTS FAMILIAUX

....

AUTRES UNION(S)/ ENFANTS

....

FRÈRES ET SOEURS

(détails p.497) ♂ .... ♀ .... **1.**....................

2..................... **3.**.................... **4.**....................

5..................... **6.**.................... **7.**....................

8..................... **9.**.................... **10.**....................

ÉVÉNEMENTS INDIVIDUELS

....

PARCOURS MILITAIRE

☐ *Réformé* ☐ *Exempté* Classe : ....N° Matricule: ....

Affectation(s) : ....

Campagne(s): ....

Médaille(s) : ....☐ *Mort pour la France* ☐ *Blessé* le : ....

992	993	994	995
496		497	
248			
124			

NOTES

....

♀ Nom : .... Prénoms : ....

Sosa **249**

▸8ème génération - *Ascendant maternel* - ***Index page XVI***

☐ *Implexe*

Enfant : ☐ *Légitime* ☐ *Naturel* ☐ *Adopté* ☐ *Trouvé* ☐ *Reconnu* ☐ *Adultérin* ☐ *Légitimé*

Née le : .... à ....

Baptisée le : .... à ....

Parrain : .... Marraine : ....

Fille de : .... & de: ....

Nationalité : .... Religion : .... Etudes: ....

Profession(s) : ....

Décédée le : .... à .... Cause: ....

☐ *Inhumée* ☐ *Incinérée* ☐ *Disparue* le : .... à ....

ENFANTS ♂ .... ♀	*Sexe*	*° Naissance*	*† Mort*	*Conjoint*
....	......	....	....	....
....	......	....	....	....
....	......	....	....	....
....	......	....	....	....
....	......	....	....	....
....	......	....	....	....
....	......	....	....	....
....	......	....	....	....
....	......	....	....	....
....	......	....	....	....

AUTRES UNION(S)/ENFANTS ....

....

....

....

FRÈRES ET SOEURS *(détails p.499)* ♂ .... ♀ .... 1. ....

2. .... 3. .... 4. ....

5. .... 6. .... 7. ....

8. .... 9. .... 10. ....

ÉVÉNEMENTS INDIVIDUELS ....

....

....

....

....

....

....

....

NOTES ....

....

....

....

....

996	997	998	999
498		499	
249			
124			

Sosa **250** Nom : .... Prénoms : .... ♂

▸8ème génération - *Ascendant maternel* - ***Index page XVI***

Enfant : ☐ *Légitime* ☐ *Naturel* ☐ *Adopté* ☐ *Trouvé* ☐ *Reconnu* ☐ *Adultérin* ☐ *Légitimé* ☐ *Implexe*

Né le : .... à ....

Baptisé le : .... à ....

Parrain : .... Marraine : ....

Fils de : .... & de: ....

Nationalité : .... Religion : .... Etudes: ....

Profession(s) : ....

Décédé le : .... à .... Cause: ....

☐ *Inhumé* ☐ *Incinéré* ☐ *Disparu* le : .... à ....

SITUATION MATRIMONIALE

☐ *Mariage civil* ☐ *Mariage religieux* ☐ *PACS* ☐ *Union libre*

Le : .... à .... ☐ *Contrat de mariage*

Témoins du marié : ....

Témoins de la mariée : ....

☐ *Séparation* ☐ *Divorce* ☐ *Veuvage du marié/de la mariée* Le : ....

ÉVÉNEMENTS FAMILIAUX

....

AUTRES UNION(S)/ENFANTS

....

FRÈRES ET SOEURS

(détails p.501) ♂ .... ♀ ....

1. ....
2. ....
3. ....
4. ....
5. ....
6. ....
7. ....
8. ....
9. ....
10. ....

ÉVÉNEMENTS INDIVIDUELS

....

PARCOURS MILITAIRE

☐ *Réformé* ☐ *Exempté* Classe : .... N° Matricule: ....

Affectation(s) : ....

Campagne(s): ....

Médaille(s) : .... ☐ *Mort pour la France* ☐ *Blessé* le : ....

1000 1001 1002 1003

500 501

250

125

NOTES

....

Sosa 251

♀ Nom : .... Prénoms : ....

▶8ème génération - *Ascendant maternel* - ***Index page XVI***

☐ *Implexe*

Enfant : ☐ *Légitime* ☐ *Naturel* ☐ *Adopté* ☐ *Trouvé* ☐ *Reconnu* ☐ *Adultérin* ☐ *Légitimé*

Née le : .... à ....

Baptisée le : .... à ....

Parrain : .... Marraine : ....

Fille de : .... & de: ....

Nationalité : .... Religion : .... Etudes: ....

Profession(s) : ....

Décédée le : .... à .... Cause: ....

☐ *Inhumée* ☐ *Incinérée* ☐ *Disparue* le : .... à ....

ENFANTS ♂ .... ♀	*Sexe*	*° Naissance*	*† Mort*	*Conjoint*

AUTRES UNION(S)/ ENFANTS ....

....

....

....

FRÈRES ET SOEURS *(détails p.503)* ♂ .... ♀ .... 1. ....

2. .... 3. .... 4. ....

5. .... 6. .... 7. ....

8. .... 9. .... 10. ....

ÉVÉNEMENTS INDIVIDUELS ....

....

....

....

....

....

....

....

NOTES ....

....

....

....

....

1004 1005 1006 1007

502 503

251

125

Sosa
252 Nom : .... Prénoms : .... ♂

▶8ème génération - *Ascendant maternel* - ***Index page XVI***

Enfant : ☐ *Légitime* ☐ *Naturel* ☐ *Adopté* ☐ *Trouvé* ☐ *Reconnu* ☐ *Adultérin* ☐ *Légitimé* ☐ *Implexe*

Né le : .... à ....

Baptisé le : .... à ....

Parrain : .... Marraine : ....

Fils de : .... & de: ....

Nationalité : .... Religion : .... Etudes: ....

Profession(s) : ....

Décédé le : .... à .... Cause: ....

☐ *Inhumé* ☐ *Incinéré* ☐ *Disparu* le : .... à ....

SITUATION MATRIMONIALE

☐ *Mariage civil* ☐ *Mariage religieux* ☐ *PACS* ☐ *Union libre*

Le : .... à .... ☐ *Contrat de mariage*

Témoins du marié : ....

Témoins de la mariée : ....

☐ *Séparation* ☐ *Divorce* ☐ *Veuvage du marié/de la mariée* Le : ....

ÉVÉNEMENTS FAMILIAUX

....

AUTRES UNION(S)/ENFANTS

....

FRÈRES ET SOEURS

(détails p.505) ♂ .... ♀ ....

1. ....
2. ....
3. ....
4. ....
5. ....
6. ....
7. ....
8. ....
9. ....
10. ....

ÉVÉNEMENTS INDIVIDUELS

....

PARCOURS MILITAIRE

☐ *Réformé* ☐ *Exempté* Classe : .... N° Matricule: ....

Affectation(s) : ....

Campagne(s): ....

Médaille(s) : .... ☐ *Mort pour la France* ☐ *Blessé* le : ....

1008 1009 1010 1011

504 505

252

126

NOTES

....

♀ Nom : ....Prénoms : .... **Sosa 253**

▸8ème génération - *Ascendant maternel* - ***Index page XVI***

☐ *Implexe*

Enfant : ☐ *Légitime* ☐ *Naturel* ☐ *Adopté* ☐ *Trouvé* ☐ *Reconnu* ☐ *Adultérin* ☐ *Légitimé*

Née le : ....à..

Baptisée le : ....à..

Parrain : ....Marraine : ....

Fille de : ....& de: ....

Nationalité : ....Religion : ....Etudes: ....

Profession(s) : ....

Décédée le : ....à..Cause:.......................

☐ *Inhumée* ☐ *Incinérée* ☐ *Disparue* le : ....à.......................................

ENFANTS ♂ .... ♀ ....

	Sexe	*° Naissance*	*† Mort*	*Conjoint*
....	......	....	....	....
....	......	....	....	....
....	......	....	....	....
....	......	....	....	....
....	......	....	....	....
....	......	....	....	....
....	......	....	....	....
....	......	....	....	....
....	......	....	....	....
....	......	....	....	....

AUTRES UNION(S)/ ENFANTS ....

....

....

....

FRÈRES ET SOEURS *(détails p.507)* ♂ .... ♀ ....

1. ....
2. ....
3. ....
4. ....
5. ....
6. ....
7. ....
8. ....
9. ....
10. ....

ÉVÉNEMENTS INDIVIDUELS ....

....

....

....

....

....

....

....

NOTES ....

....

....

....

....

1012	1013	1014	1015
506		507	
253			
126			

Sosa **254** Nom : ....Prénoms : .... ♂

▸8ème génération - *Ascendant maternel* - ***Index page XVI***

Enfant : ☐ *Légitime* ☐ *Naturel* ☐ *Adopté* ☐ *Trouvé* ☐ *Reconnu* ☐ *Adultérin* ☐ *Légitimé* ☐ *Implexe*

Né le : ....à...

Baptisé le : ....à...

Parrain : ....Marraine : ....

Fils de : ....& de: ....

Nationalité : ....Religion : ....Etudes: ....

Profession(s) : ....

Décédé le : ....à.......................................Cause:..........................

☐ *Inhumé* ☐ *Incinéré* ☐ *Disparu* le : ....à...

SITUATION MATRIMONIALE

☐ *Mariage civil* ☐ *Mariage religieux* ☐ *PACS* ☐ *Union libre*

Le : ....à.. ☐ *Contrat de mariage*

Témoins du marié : ....

Témoins de la mariée : ....

☐ *Séparation* ☐ *Divorce* ☐ *Veuvage du marié/de la mariée* Le : ....

ÉVÉNEMENTS FAMILIAUX

....

AUTRES UNION(S)/ ENFANTS

....

FRÈRES ET SOEURS

(*détails p.509*) ♂ .... ♀ ....

1. ....
2. ....
3. ....
4. ....
5. ....
6. ....
7. ....
8. ....
9. ....
10. ....

ÉVÉNEMENTS INDIVIDUELS

....

PARCOURS MILITAIRE

☐ *Réformé* ☐ *Exempté* Classe : ....N° Matricule: ....

Affectation(s) : ....

Campagne(s): ....

Médaille(s) : ....☐ *Mort pour la France* ☐ *Blessé* le : ....

1016	1017	1018	1019
508		509	
254			
127			

NOTES

....

♀ Nom : .... Prénoms : .... **Sosa 255**

▶8ème génération - *Ascendant maternel* - ***Index page XVI***

☐ *Implexe*

Enfant : ☐ *Légitime* ☐ *Naturel* ☐ *Adopté* ☐ *Trouvé* ☐ *Reconnu* ☐ *Adultérin* ☐ *Légitimé*

Née le : .... à ....

Baptisée le : .... à ....

Parrain : .... Marraine : ....

Fille de : .... & de: ....

Nationalité : .... Religion : .... Etudes: ....

Profession(s) : ....

Décédée le : .... à .... Cause: ....

☐ *Inhumée* ☐ *Incinérée* ☐ *Disparue* le : .... à ....

ENFANTS ♂ .... ♀	*Sexe*	*° Naissance*	*† Mort*	*Conjoint*
....	......	....	....	....
....	......	....	....	....
....	......	....	....	....
....	......	....	....	....
....	......	....	....	....
....	......	....	....	....
....	......	....	....	....
....	......	....	....	....
....	......	....	....	....
....	......	....	....	....

AUTRES UNION(S)/ ENFANTS

....

....

....

....

FRÈRES ET SOEURS

(détails p.511) ♂ .... ♀ ....

1. ....
2. ....
3. ....
4. ....
5. ....
6. ....
7. ....
8. ....
9. ....
10. ....

ÉVÉNEMENTS INDIVIDUELS

....

....

....

....

....

....

....

....

NOTES

....

....

....

....

....

1020 | 1021 | 1022 | 1023

510 | 511

255

127

Sosa
256 Nom : .... Prénoms : .... ♂

▸Génération 9 - Ascendant paternel ↓Enfant page 128 - *Index page XVI* ☐ Implexe

Né le : .... à .... ☐ baptisé
Fils de : .... & de: ....
Profession(s) : ....
Décédé le : .... à ....

SITUATION MATRIMONIALE ☐ Mariage civil ☐ Mariage religieux ☐ Union libre
Le : .... à .... ☐ contrat de mariage
Témoins : ....

ASCENDANCE JUSQU'À LA XIVème GÉNÉRATION

2048 XII 2049
4096 XIII 4097
8194 XIV 8195
8196 XIV 8197
4098 XIII 4099
1024 XI 1025
2050 XII 2051
4100 XIII 4101
4102 XIII 4103
8206 XIV 8207
8200 XIV 8201
8192 XIV 8193
8198 XIV 8199
8202 XIV 8203
8204 XIV 8205
GX 512 Père
°
†

Sosa 256

GX 513 Mère
x
°
†
8210 XIV 8211
8216 XIV 8217
8212 XIV 8213
8222 XIV 8223
1026 XI 1027
8214 XIV 8215
8208 XIV 8209
4104 XIII 4105
4108 XIII 4109
8218 XIV 8219
8220 XIV 8221
4106 XIII 4107
2052 XII 2053
2054 XII 2055
4110 XIII 4111

Sosa
257

♀ Nom : ....Prénoms : ....

▶Génération IX - Ascendant paternel ↓Enfant page 128 - *Index page XVI* ☐ Implexe

Née le : ....à...☐ baptisée

Fille de : ....& de: ....

Profession(s) : ....

Décédée le : ....à..

ENFANTS ....

....

....

ASCENDANCE JUSQU'À LA XIVème GÉNÉRATION

2056 XII 2057

2058 XII 2059

4112 XIII 4113

4116 XIII 4117

8226 XIV 8227

8228 XIV 8229

4114 XIII 4115

4118 XIII 4119

8238 XIV 8239

8232 XIV 8233

1028 XI 1029

8224 XIV 8225

8234 XIV 8235

8230 XIV 8231

8236 XIV 8237

GX 514 Père

Sosa 257

GX 515 Mère

8242 XIV 8243

8248 XIV 8249

8244 XIV 8245

8254 XIV 8255

1030 XI 1031

8246 XIV 8247

8240 XIV 8241

4120 XIII 4121

4124 XIII 4125

8250 XIV 8251

8252 XIV 8253

4122 XIII 4123

4126 XIII 4127

2060 XII 2061

2062 XII 2063

Sosa **258** Nom : .... Prénoms : .... ♂

▶Génération 9 - Ascendant paternel ↓Enfant page 129 - ***Index page XVI*** ☐ Implexe

Né le : .... à .... ☐ baptisé

Fils de : .... & de: ....

Profession(s) : ....

Décédé le : .... à ....

SITUATION MATRIMONIALE

☐ Mariage civil ☐ Mariage religieux ☐ Union libre

Le : .... à .... ☐ contrat de mariage

Témoins : ....

ASCENDANCE JUSQU'À LA XIVème GÉNÉRATION

4128 XIII 4129

2064 XII 2065

2066 XII 2067

4132 XIII 4133

8258 XIV 8259

8260 XIV 8261

4130 XIII 4131

4134 XIII 4135

8270 XIV 8271

8264 XIV 8265

1032 XI 1033

8256 XIV 8257

8266 XIV 8267

8262 XIV 8263

8268 XIV 8269

GX 516 Père

Sosa 258

GX 517 Mère

8274 XIV 8275

8280 XIV 8281

8276 XIV 8277

8286 XIV 8287

1034 XI 1035

8278 XIV 8279

8272 XIV 8273

4136 XIII 4137

4140 XIII 4141

8282 XIV 8283

8284 XIV 8285

4138 XIII 4139

2068 XII 2069

2070 XII 2071

4142 XIII 4143

Sosa **259**

♀ Nom : .... Prénoms : ....

▶Génération IX - Ascendant paternel ↓Enfant page 129 - ***Index page XVI*** ☐ Implexe

Née le : .... à .... ☐ baptisée

Fille de : .... & de: ....

Profession(s) : ....

Décédée le : .... à ....

ENFANTS ....

ASCENDANCE JUSQU'À LA XIVème GÉNÉRATION

2072 XII 2073

2074 XII 2075

4144 XIII 4145

8290 XIV 8291

8292 XIV 8293

4146 XIII 4147

1036 XI 1037

4150 XIII 4151

8302 XIV 8303

8296 XIV 8297

4148 XIII 4149

8288 XIV 8289

8298 XIV 8299

8294 XIV 8295

GX 518 Père

8300 XIV 8301

Sosa 259

8306 XIV 8307

GX 519 Mère

8312 XIV 8313

8308 XIV 8309

8318 XIV 8319

1038 XI 1039

8310 XIV 8311

8304 XIV 8305

4152 XIII 4153

4156 XIII 4157

8314 XIV 8315

8316 XIV 8317

4154 XIII 4155

2076 XII 2077

2078 XII 2079

4158 XIII 4159

Sosa
260

Nom : .... Prénoms : .... ♂

▸Génération 9 - Ascendant paternel ↓Enfant page 130 - ***Index page XVI*** ☐ Implexe

Né le : .... à .... ☐ baptisé

Fils de : .... & de: ....

Profession(s) : ....

Décédé le : .... à ....

SITUATION MATRIMONIALE

☐ Mariage civil ☐ Mariage religieux ☐ Union libre

Le : .... à .... ☐ contrat de mariage

Témoins : ....

ASCENDANCE JUSQU'À LA XIVème GÉNÉRATION

2080 XII 2081

2082 XII 2083

4160 XIII 4161

8322 XIV 8323

8324 XIV 8325

4162 XIII 4163

4166 XIII 4167

8334 XIV 8335

8328 XIV 8329

4164 XIII 4165

1040 XI 1041

8320 XIV 8321

8330 XIV 8331

8326 XIV 8327

8332 XIV 8333

GX 520 Père

Sosa 260

GX 521 Mère

x

8338 XIV 8339

8344 XIV 8345

8340 XIV 8341

8350 XIV 8351

1042 XI 1043

8342 XIV 8343

8336 XIV 8337

4168 XIII 4169

4172 XIII 4173

8346 XIV 8347

8348 XIV 8349

4170 XIII 4171

4174 XIII 4175

2084 XII 2085

2086 XII 2087

Sosa
261

♀ Nom : .... Prénoms : ....

▸Génération IX - Ascendant paternel ↓Enfant page 130 - ***Index page XVI*** ☐ Implexe

Née le : .... à .... ☐ baptisée

Fille de : .... & de: ....

Profession(s) : ....

Décédée le : .... à ....

ENFANTS ....

....

....

ASCENDANCE JUSQU'À LA XIVème GÉNÉRATION

4176 XIII 4177

2088 XII 2089

2090 XII 2091

4180 XIII 4181

8354 XIV 8355

8356 XIV 8357

4178 XIII 4179

4182 XIII 4183

8366 XIV 8367

8360 XIV 8361

1044 XI 1045

8352 XIV 8353

8362 XIV 8363

8358 XIV 8359

8364 XIV 8365

GX 522 Père

Sosa 261

GX 523 Mère

8370 XIV 8371

8376 XIV 8377

8372 XIV 8373

8382 XIV 8383

8374 XIV 8375

8368 XIV 8369

4184 XIII 4185

4188 XIII 4189

8378 XIV 8379

8380 XIV 8381

1046 XI 1047

4186 XIII 4187

2092 XII 2093

2094 XII 2095

4190 XIII 4191

Sosa 262 Nom : .... Prénoms : .... ♂

▶Génération 9 - Ascendant paternel ↓Enfant page 131 - *Index page XVI* ☐ Implexe

Né le : .... à.. ☐ baptisé

Fils de : .... & de: ....

Profession(s) : ....

Décédé le : .... à..

SITUATION MATRIMONIALE

☐ Mariage civil ☐ Mariage religieux ☐ Union libre

Le : .... à.. ☐ contrat de mariage

Témoins : ....

ASCENDANCE JUSQU'À LA XIVème GÉNÉRATION

2096 XII 2097

2098 XII 2099

4192 XIII 4193

8386 XIV 8387

8388 XIV 8389

4194 XIII 4195

1048 XI 1049

4198 XIII 4199

8398 XIV 8399

8392 XIV 8393

4196 XIII 4197

8384 XIV 8385

8394 XIV 8395

8390 XIV 8391

8396 XIV 8397

GX 524 Père

Sosa 262

GX 525 Mère

8402 XIV 8403

8408 XIV 8409

8404 XIV 8405

8414 XIV 8415

1050 XI 1051

4202 XIII 4203

8406 XIV 8407

8400 XIV 8401

4200 XIII 4201

4204 XIII 4205

8410 XIV 8411

8412 XIV 8413

4206 XIII 4207

2100 XII 2101

2102 XII 2103

Sosa **263**

♀ Nom : .... Prénoms : ....

▶Génération IX - Ascendant paternel ↓Enfant page 131 - ***Index page XVI*** ☐ Implexe

Née le : .... à .... ☐ baptisée

Fille de : .... & de: ....

Profession(s) : ....

Décédée le : .... à ....

ENFANTS ....

....

....

ASCENDANCE JUSQU'À LA XIVème GÉNÉRATION

2104 XII 2105

2106 XII 2107

4208 XIII 4209

8418 XIV 8419

8420 XIV 8421

4210 XIII 4211

1052 XI 1053

4214 XIII 4215

8430 XIV 8431

8424 XIV 8425

4212 XIII 4213

8416 XIV 8417

8426 XIV 8427

8422 XIV 8423

8428 XIV 8429

GX 526 Père

Sosa 263

GX 527 Mère

x

8434 XIV 8435

8440 XIV 8441

8436 XIV 8437

8446 XIV 8447

1054 XI 1055

8438 XIV 8439

8432 XIV 8433

4216 XIII 4217

4220 XIII 4221

8442 XIV 8443

8444 XIV 8445

4218 XIII 4219

2108 XII 2109

2110 XII 2111

4222 XIII 4223

Sosa
264 Nom : .... Prénoms : .... ♂

▸Génération 9 - Ascendant paternel ↓Enfant page 132 - ***Index page XVI*** ☐ Implexe

Né le : .... à .... ☐ baptisé

Fils de : .... & de: ....

Profession(s) : ....

Décédé le : .... à ....

SITUATION MATRIMONIALE

☐ Mariage civil ☐ Mariage religieux ☐ Union libre

Le : .... à .... ☐ contrat de mariage

Témoins : ....

ASCENDANCE JUSQU'À LA XIVème GÉNÉRATION

2112 XII 2113

4224 XIII 4225

8450 XIV 8451

8452 XIV 8453

4226 XIII 4227

1056 XI 1057

2114 XII 2115

4228 XIII 4229

4230 XIII 4231

8462 XIV 8463

8456 XIV 8457

8448 XIV 8449

8454 XIV 8455

GX 528 Père

8458 XIV 8459

8460 XIV 8461

Sosa 264

8466 XIV 8467

GX 529 Mère

8472 XIV 8473

8468 XIV 8469

8478 XIV 8479

1058 XI 1059

8470 XIV 8471

8464 XIV 8465

4232 XIII 4233

4236 XIII 4237

8474 XIV 8475

8476 XIV 8477

4234 XIII 4235

2116 XII 2117

2118 XII 2119

4238 XIII 4239

Sosa **265**

♀ Nom : ....Prénoms : ....

▸Génération IX - Ascendant paternel ↓Enfant page 132 - *Index page XVI* ☐ Implexe

Née le : ....à...☐ baptisée

Fille de : ....& de: ....

Profession(s) : ....

Décédée le : ....à..

ENFANTS ....

....

....

ASCENDANCE JUSQU'À LA XIVème GÉNÉRATION

4240 XIII 4241

2120 XII 2121

8482 XIV 8483

8484 XIV 8485

4242 XIII 4243

1060 XI 1061

2122 XII 2123

4246 XIII 4247

8494 XIV 8495

8488 XIV 8489

4244 XIII 4245

8480 XIV 8481

8486 XIV 8487

GX 530 Père

8490 XIV 8491

8492 XIV 8493

Sosa 265

8498 XIV 8499

GX 531 Mère

8504 XIV 8505

8500 XIV 8501

8510 XIV 8511

8502 XIV 8503

8496 XIV 8497

4248 XIII 4249

1062 XI 1063

4252 XIII 4253

8506 XIV 8507

8508 XIV 8509

4250 XIII 4251

2124 XII 2125

2126 XII 2127

4254 XIII 4255

Sosa
266

Nom : .... Prénoms : .... ♂

▸Génération 9 - Ascendant paternel ↓Enfant page 133 - ***Index page XVI*** ☐ Implexe

Né le : .... à .... ☐ baptisé
Fils de : .... & de: ....
Profession(s) : ....
Décédé le : .... à ....

SITUATION MATRIMONIALE

☐ Mariage civil ☐ Mariage religieux ☐ Union libre
Le : .... à .... ☐ contrat de mariage
Témoins : ....

ASCENDANCE JUSQU'À LA XIVème GÉNÉRATION

2128 XII 2129
2130 XII 2131
4256 XIII 4257
8514 XIV 8515
8516 XIV 8517
4258 XIII 4259
4262 XIII 4263
8526 XIV 8527
8520 XIV 8521
4260 XIII 4261
1064 XI 1065
8512 XIV 8513
8522 XIV 8523
8518 XIV 8519
8524 XIV 8525
GX 532 Père

Sosa 266

GX 533 Mère
8530 XIV 8531
8536 XIV 8537
8532 XIV 8533
8542 XIV 8543
1066 XI 1067
4264 XIII 4265
4268 XIII 4269
8534 XIV 8535
8528 XIV 8529
8538 XIV 8539
8540 XIV 8541
4266 XIII 4267
2132 XII 2133
2134 XII 2135
4270 XIII 4271

♀ Nom : .... Prénoms : ....

Sosa 267

▸Génération IX - Ascendant paternel ↓Enfant page 133 - ***Index page XVI*** ☐ Implexe

Née le : .... à .... ☐ baptisée

Fille de : .... & de: ....

Profession(s) : ....

Décédée le : .... à ....

ENFANTS ....

....

....

ASCENDANCE JUSQU'À LA XIVème GÉNÉRATION

2136 XII 2137

2138 XII 2139

4272 XIII 4273

8546 XIV 8547

8548 XIV 8549

4274 XIII 4275

4278 XIII 4279

8558 XIV 8559

8552 XIV 8553

4276 XIII 4277

1068 XI 1069

8544 XIV 8545

8554 XIV 8555

8550 XIV 8551

8556 XIV 8557

GX 534 Père

Sosa 267

GX 535 Mère

8562 XIV 8563

8568 XIV 8569

8564 XIV 8565

8574 XIV 8575

1070 XI 1071

4280 XIII 4281

4284 XIII 4285

8566 XIV 8567

8560 XIV 8561

8570 XIV 8571

8572 XIV 8573

4282 XIII 4283

2140 XII 2141

2142 XII 2143

4286 XIII 4287

Sosa
268 Nom : .... Prénoms : .... ♂

►Génération 9 - Ascendant paternel ↓Enfant page 134 - *Index page XVI* ☐ Implexe

Né le : .... à .... ☐ baptisé

Fils de : .... & de: ....

Profession(s) : ....

Décédé le : .... à ....

SITUATION MATRIMONIALE

☐ Mariage civil ☐ Mariage religieux ☐ Union libre

Le : .... à .... ☐ contrat de mariage

Témoins : ....

ASCENDANCE JUSQU'À LA XIVème GÉNÉRATION

4288 XIII 4289

2144 XII 2145

2146 XII 2147

4292 XIII 4293

8578 XIV 8579

8580 XIV 8581

4290 XIII 4291

4294 XIII 4295

8590 XIV 8591

8584 XIV 8585

1072 XI 1073

8576 XIV 8577

8586 XIV 8587

8582 XIV 8583

8588 XIV 8589

GX 536 Père

Sosa 268

GX 537 Mère

8594 XIV 8595

8600 XIV 8601

8596 XIV 8597

8606 XIV 8607

1074 XI 1075

4296 XIII 4297

4300 XIII 4301

8598 XIV 8599

8592 XIV 8593

8602 XIV 8603

8604 XIV 8605

4298 XIII 4299

2148 XII 2149

2150 XII 2151

4302 XIII 4303

Sosa
269

♀ Nom : .... Prénoms : ....

▸Génération IX - Ascendant paternel ↓Enfant page 134 - ***Index page XVI*** ☐ Implexe

Née le : .... à .... ☐ baptisée

Fille de : .... & de: ....

Profession(s) : ....

Décédée le : .... à ....

ENFANTS ....

....

....

ASCENDANCE JUSQU'À LA XIVème GÉNÉRATION

2152 XII 2153

2154 XII 2155

4304 XIII 4305

4308 XIII 4309

8610 XIV 8611

8612 XIV 8613

4306 XIII 4307

4310 XIII 4311

8622 XIV 8623

8616 XIV 8617

1076 XI 1077

8608 XIV 8609

8618 XIV 8619

8614 XIV 8615

8620 XIV 8621

GX 538 Père

Sosa 269

GX 539 Mère

8626 XIV 8627

8632 XIV 8633

8628 XIV 8629

8638 XIV 8639

1078 XI 1079

8630 XIV 8631

8624 XIV 8625

4312 XIII 4313

4316 XIII 4317

8634 XIV 8635

8636 XIV 8637

4314 XIII 4315

2156 XII 2157

2158 XII 2159

4318 XIII 4319

Sosa
270 Nom : .... Prénoms : .... ♂

▸Génération 9 - Ascendant paternel ↓Enfant page 135 - ***Index page XVI*** ☐ Implexe

Né le : .... à .... ☐ baptisé
Fils de : .... & de: ....
Profession(s) : ....
Décédé le : .... à ....

SITUATION MATRIMONIALE

☐ Mariage civil ☐ Mariage religieux ☐ Union libre

Le : .... à .... ☐ contrat de mariage

Témoins : ....

ASCENDANCE JUSQU'À LA XIVème GÉNÉRATION

4320 XIII 4321

2160 XII 2161

2162 XII 2163

4324 XIII 4325

8642 XIV 8643

8644 XIV 8645

4322 XIII 4323

4326 XIII 4327

8654 XIV 8655

8648 XIV 8649

1080 XI 1081

8640 XIV 8641

8650 XIV 8651

8646 XIV 8647

8652 XIV 8653

GX 540 Père

Sosa 270

GX 541 Mère

8658 XIV 8659

8664 XIV 8665

8660 XIV 8661

8670 XIV 8671

1082 XI 1083

8662 XIV 8663

8656 XIV 8657

4328 XIII 4329

4332 XIII 4333

8666 XIV 8667

8668 XIV 8669

4330 XIII 4331

2164 XII 2165

2166 XII 2167

4334 XIII 4335

Sosa **271**

♀ Nom : .... Prénoms : ....

▸Génération IX - Ascendant paternel ↓Enfant page 135 - ***Index page XVI*** ☐ Implexe

Née le : .... à .... ☐ baptisée

Fille de : .... & de: ....

Profession(s) : ....

Décédée le : .... à ....

ENFANTS ....

....

....

ASCENDANCE JUSQU'À LA XIVème GÉNÉRATION

2168 XII 2169

2170 XII 2171

4336 XIII 4337

8674 XIV 8675

8676 XIV 8677

4338 XIII 4339

1084 XI 1085

4342 XIII 4343

8686 XIV 8687

8680 XIV 8681

4340 XIII 4341

8672 XIV 8673

8682 XIV 8683

8678 XIV 8679

GX 542 Père

8684 XIV 8685

Sosa 271

8690 XIV 8691

GX 543 Mère

8696 XIV 8697

8692 XIV 8693

8702 XIV 8703

1086 XI 1087

8694 XIV 8695

8688 XIV 8689

4344 XIII 4345

4348 XIII 4349

8698 XIV 8699

8700 XIV 8701

4346 XIII 4347

2172 XII 2173

2174 XII 2175

4350 XIII 4351

Sosa 272

Nom : .... Prénoms : .... ♂

▸Génération 9 - Ascendant paternel ↓Enfant page 136 - ***Index page XVI*** ☐ Implexe

Né le : .... à .... ☐ baptisé

Fils de : .... & de: ....

Profession(s) : ....

Décédé le : .... à ....

SITUATION MATRIMONIALE

☐ Mariage civil ☐ Mariage religieux ☐ Union libre

Le : .... à .... ☐ contrat de mariage

Témoins : ....

ASCENDANCE JUSQU'À LA XIVème GÉNÉRATION

4352 XIII 4353

2176 XII 2177

2178 XII 2179

4356 XIII 4357

8706 XIV 8707

8708 XIV 8709

4354 XIII 4355

4358 XIII 4359

8718 XIV 8719

8712 XIV 8713

1088 XI 1089

8704 XIV 8705

8714 XIV 8715

8710 XIV 8711

8716 XIV 8717

GX 544 Père

Sosa 272

GX 545 Mère

x

8722 XIV 8723

8728 XIV 8729

8724 XIV 8725

8734 XIV 8735

1090 XI 1091

8726 XIV 8727

8720 XIV 8721

4360 XIII 4361

4364 XIII 4365

8730 XIV 8731

8732 XIV 8733

4362 XIII 4363

2180 XII 2181

2182 XII 2183

4366 XIII 4367

Sosa
273

♀ Nom : .... Prénoms : ....

▶Génération IX - Ascendant paternel ↓Enfant page 136 - ***Index page XVI*** ☐ Implexe

Née le : .... à .... ☐ baptisée

Fille de : .... & de: ....

Profession(s) : ....

Décédée le : .... à ....

ENFANTS ....

....

....

ASCENDANCE JUSQU'À LA XIVème GÉNÉRATION

4368 XIII 4369

2184 XII 2185

8738 XIV 8739

8740 XIV 8741

4370 XIII 4371

1092 XI 1093

2186 XII 2187

4374 XIII 4375

8750 XIV 8751

8744 XIV 8745

4372 XIII 4373

8736 XIV 8737

8742 XIV 8743

GX 546 Père

8748 XIV 8749

8746 XIV 8747

Sosa 273

GX 547 Mère

x

8754 XIV 8755

8756 XIV 8757

8760 XIV 8761

8766 XIV 8767

8758 XIV 8759

8752 XIV 8753

4376 XIII 4377

1094 XI 1095

4380 XIII 4381

8762 XIV 8763

8764 XIV 8765

4378 XIII 4379

2188 XII 2189

2190 XII 2191

4382 XIII 4383

Sosa
274

Nom : .... Prénoms : .... ♂

▸Génération 9 - Ascendant paternel ↓Enfant page 137 - ***Index page XVI*** ☐ Implexe

Né le : .... à .... ☐ baptisé

Fils de : .... & de: ....

Profession(s) : ....

Décédé le : .... à ....

SITUATION MATRIMONIALE

☐ Mariage civil ☐ Mariage religieux ☐ Union libre

Le : .... à .... ☐ contrat de mariage

Témoins : ....

ASCENDANCE JUSQU'À LA XIVème GÉNÉRATION

4384 XIII 4385

2192 XII 2193

8770 XIV 8771

8772 XIV 8773

4386 XIII 4387

2194 XII 2195

4388 XIII 4389

4390 XIII 4391

8782 XIV 8783

8776 XIV 8777

1096 XI 1097

8768 XIV 8769

8778 XIV 8779

8774 XIV 8775

8780 XIV 8781

GX 548 Père

Sosa 274

GX 549 Mère

8786 XIV 8787

8792 XIV 8793

8788 XIV 8789

8798 XIV 8799

1098 XI 1099

8790 XIV 8791

8784 XIV 8785

4392 XIII 4393

4396 XIII 4397

8794 XIV 8795

8796 XIV 8797

4394 XIII 4395

2196 XII 2197

2198 XII 2199

4398 XIII 4399

Sosa 275

♀ Nom : .... Prénoms : ....

▸Génération IX - Ascendant paternel ↓Enfant page 137 - ***Index page XVI*** ☐ Implexe

Née le : .... à .... ☐ baptisée

Fille de : .... & de: ....

Profession(s) : ....

Décédée le : .... à ....

ENFANTS ....

....

....

ASCENDANCE JUSQU'À LA XIVème GÉNÉRATION

2200 XII 2201

2202 XII 2203

4400 XIII 4401

8802 XIV 8803

8804 XIV 8805

4402 XIII 4403

1100 XI 1101

4406 XIII 4407

8814 XIV 8815

8808 XIV 8809

4404 XIII 4405

8800 XIV 8801

8810 XIV 8811

8806 XIV 8807

GX 550 Père

8812 XIV 8813

Sosa 275

8818 XIV 8819

GX 551 Mère

8824 XIV 8825

8820 XIV 8821

8830 XIV 8831

1102 XI 1103

8822 XIV 8823

8816 XIV 8817

4408 XIII 4409

4412 XIII 4413

8826 XIV 8827

8828 XIV 8829

4410 XIII 4411

2204 XII 2205

2206 XII 2207

4414 XIII 4415

Sosa **276** Nom : .... Prénoms : .... ♂

▶Génération 9 - Ascendant paternel ↓Enfant page 138 - *Index page XVI* ☐ Implexe

Né le : .... à .... ☐ baptisé
Fils de : .... & de: ....
Profession(s) : ....
Décédé le : .... à ....

SITUATION MATRIMONIALE

☐ Mariage civil ☐ Mariage religieux ☐ Union libre
Le : .... à .... ☐ contrat de mariage
Témoins : ....

ASCENDANCE JUSQU'À LA XIVème GÉNÉRATION

2208 XII 2209
2210 XII 2211
4416 XIII 4417
8834 XIV 8835
8836 XIV 8837
4418 XIII 4419
1104 XI 1105
4422 XIII 4423
8846 XIV 8847
8840 XIV 8841
4420 XIII 4421
8832 XIV 8833
8842 XIV 8843
8838 XIV 8839
8844 XIV 8845
GX 552 Père

Sosa 276

GX 553 Mère
8850 XIV 8851
8856 XIV 8857
8852 XIV 8853
8862 XIV 8863
1106 XI 1107
8854 XIV 8855
8848 XIV 8849
4424 XIII 4425
4428 XIII 4429
8858 XIV 8859
8860 XIV 8861
4426 XIII 4427
2212 XII 2213
2214 XII 2215
4430 XIII 4431

♀ Nom : .... Prénoms : ....

▶Génération IX - Ascendant paternel ↓Enfant page 138 - ***Index page XVI*** ☐ Implexe

Née le : .... à .... ☐ baptisée

Fille de : .... & de: ....

Profession(s) : ....

Décédée le : .... à ....

ENFANTS ....

....

....

ASCENDANCE JUSQU'À LA XIVème GÉNÉRATION

2216 XII 2217

2218 XII 2219

4432 XIII 4433

4436 XIII 4437

8866 XIV 8867

8868 XIV 8869

4434 XIII 4435

4438 XIII 4439

8878 XIV 8879

8872 XIV 8873

1108 XI 1109

8864 XIV 8865

8874 XIV 8875

8870 XIV 8871

8876 XIV 8877

GX 554 Père

Sosa 277

GX 555 Mère

8882 XIV 8883

8888 XIV 8889

8884 XIV 8885

8894 XIV 8895

1110 XI 1111

8886 XIV 8887

8880 XIV 8881

4440 XIII 4441

4444 XIII 4445

8890 XIV 8891

8892 XIV 8893

4442 XIII 4443

4446 XIII 4447

2220 XII 2221

2222 XII 2223

Sosa
278 Nom : .... Prénoms : .... ♂

▸Génération 9 - Ascendant paternel ↓Enfant page 139 - ***Index page XVI*** ☐ Implexe

Né le : .... à.. ☐ baptisé
Fils de : .... & de: ....
Profession(s) : ....
Décédé le : .... à..

SITUATION MATRIMONIALE

☐ Mariage civil ☐ Mariage religieux ☐ Union libre

Le : .... à.. ☐ contrat de mariage
Témoins : ....

ASCENDANCE JUSQU'À LA XIVème GÉNÉRATION

2224 XII 2225
2226 XII 2227
4448 XIII 4449
4452 XIII 4453
8898 XIV 8899
8900 XIV 8901
4450 XIII 4451
4454 XIII 4455
8910 XIV 8911
8904 XIV 8905
1112 XI 1113
8896 XIV 8897
8906 XIV 8907
8902 XIV 8903
8908 XIV 8909
GX 556 Père

Sosa 278

GX 557 Mère
8914 XIV 8915
8920 XIV 8921
8916 XIV 8917
8926 XIV 8927
1114 XI 1115
4456 XIII 4457
4460 XIII 4461
8918 XIV 8919
8912 XIV 8913
8922 XIV 8923
8924 XIV 8925
4458 XIII 4459
4462 XIII 4463
2228 XII 2229
2230 XII 2231

Sosa **279**

♀ Nom : ....Prénoms : ....

▸Génération IX - Ascendant paternel ↓Enfant page 139 - ***Index page XVI*** ☐ Implexe

Née le : ....à...☐ baptisée

Fille de : ....& de: ....

Profession(s) : ....

Décédée le : ....à...

ENFANTS ....

....

....

ASCENDANCE JUSQU'À LA XIVème GÉNÉRATION

2232 XII 2233

2234 XII 2235

4464 XIII 4465

8930 XIV 8931

8932 XIV 8933

4466 XIII 4467

1116 XI 1117

4470 XIII 4471

8942 XIV 8943

8936 XIV 8937

4468 XIII 4469

8928 XIV 8929

8938 XIV 8939

8934 XIV 8935

GX 558 Père

8940 XIV 8941

Sosa 279

8946 XIV 8947

GX 559 Mère

8952 XIV 8953

8948 XIV 8949

8958 XIV 8959

1118 XI 1119

8950 XIV 8951

8944 XIV 8945

4472 XIII 4473

4476 XIII 4477

8954 XIV 8955

8956 XIV 8957

4474 XIII 4475

2236 XII 2237

2238 XII 2239

4478 XIII 4479

Sosa
280 Nom : .... Prénoms : .... ♂

▸Génération 9 - Ascendant paternel ↓Enfant page 140 - ***Index page XVI*** ☐ Implexe

Né le : .... à.. ☐ baptisé

Fils de : .... & de: ....

Profession(s) : ....

Décédé le : .... à..

SITUATION MATRIMONIALE

☐ Mariage civil ☐ Mariage religieux ☐ Union libre

Le : .... à.. ☐ contrat de mariage

Témoins : ....

ASCENDANCE JUSQU'À LA XIVème GÉNÉRATION

2240 XII 2241

2242 XII 2243

4480 XIII 4481

8962 XIV 8963

8964 XIV 8965

4482 XIII 4483

1120 XI 1121

4486 XIII 4487

8974 XIV 8975

8968 XIV 8969

4484 XIII 4485

8960 XIV 8961

8970 XIV 8971

8966 XIV 8967

8972 XIV 8973

GX 560 Père

Sosa 280

GX 561 Mère

8978 XIV 8979

8984 XIV 8985

8980 XIV 8981

8990 XIV 8991

1122 XI 1123

8982 XIV 8983

8976 XIV 8977

4488 XIII 4489

4492 XIII 4493

8986 XIV 8987

8988 XIV 8989

4490 XIII 4491

4494 XIII 4495

2244 XII 2245

2246 XII 2247

Sosa
281

♀ Nom : .... Prénoms : ....

▸Génération IX - Ascendant paternel ↓Enfant page 140 - *Index page XVI* ☐ Implexe

Née le : .... à .... ☐ baptisée

Fille de : .... & de: ....

Profession(s) : ....

Décédée le : .... à ....

ENFANTS ....

....

....

ASCENDANCE JUSQU'À LA XIVème GÉNÉRATION

2248 XII 2249

2250 XII 2251

4496 XIII 4497

8994 XIV 8995

8996 XIV 8997

4498 XIII 4499

4502 XIII 4503

9006 XIV 9007

9000 XIV 9001

4500 XIII 4501

1124 XI 1125

8992 XIV 8993

9002 XIV 9003

8998 XIV 8999

9004 XIV 9005

GX 562 Père

Sosa 281

GX 563 Mère

9010 XIV 9011

9016 XIV 9017

9012 XIV 9013

9022 XIV 9023

1126 XI 1127

9014 XIV 9015

9008 XIV 9009

4504 XIII 4505

4508 XIII 4509

9018 XIV 9019

9020 XIV 9021

4506 XIII 4507

2252 XII 2253

2254 XII 2255

4510 XIII 4511

Sosa **282** Nom : ....Prénoms : .... ♂

▶Génération 9 - Ascendant paternel ↓Enfant page 141 - ***Index page XVI*** ☐ Implexe

Né le : ....à..☐ baptisé

Fils de : ....& de: ....

Profession(s) : ....

Décédé le : ....à..

SITUATION MATRIMONIALE ☐ Mariage civil ☐ Mariage religieux ☐ Union libre

Le : ....à.. ☐ contrat de mariage

Témoins : ....

ASCENDANCE JUSQU'À LA XIVème GÉNÉRATION

4512 XIII 4513

2256 XII 2257

9026 XIV 9027

9028 XIV 9029

4514 XIII 4515

1128 XI 1129

2258 XII 2259

4516 XIII 4517

4518 XIII 4519

9038 XIV 9039

9032 XIV 9033

9024 XIV 9025

9034 XIV 9035

9030 XIV 9031

9036 XIV 9037

GX 564 Père

Sosa 282

GX 565 Mère

9042 XIV 9043

9048 XIV 9049

9044 XIV 9045

9054 XIV 9055

1130 XI 1131

9046 XIV 9047

9040 XIV 9041

4520 XIII 4521

4524 XIII 4525

9050 XIV 9051

9052 XIV 9053

4522 XIII 4523

2260 XII 2261

2262 XII 2263

4526 XIII 4527

Sosa **283**

♀ Nom : .... Prénoms : ....

▸Génération IX - Ascendant paternel ↓Enfant page 141 - *Index page XVI* ☐ Implexe

Née le : .... à .... ☐ baptisée

Fille de : .... & de: ....

Profession(s) : ....

Décédée le : .... à ....

ENFANTS ....

....

....

ASCENDANCE JUSQU'À LA XIVème GÉNÉRATION

2264 XII 2265

2266 XII 2267

4528 XIII 4529

4532 XIII 4533

9058 XIV 9059

9060 XIV 9061

4530 XIII 4531

4534 XIII 4535

9070 XIV 9071

9064 XIV 9065

1132 XI 1133

9056 XIV 9057

9066 XIV 9067

9062 XIV 9063

9068 XIV 9069

GX 566 Père

Sosa 283

GX 567 Mère

9074 XIV 9075

9080 XIV 9081

9076 XIV 9077

9086 XIV 9087

1134 XI 1135

9078 XIV 9079

9072 XIV 9073

4536 XIII 4537

4540 XIII 4541

9082 XIV 9083

9084 XIV 9085

4538 XIII 4539

2268 XII 2269

2270 XII 2271

4542 XIII 4543

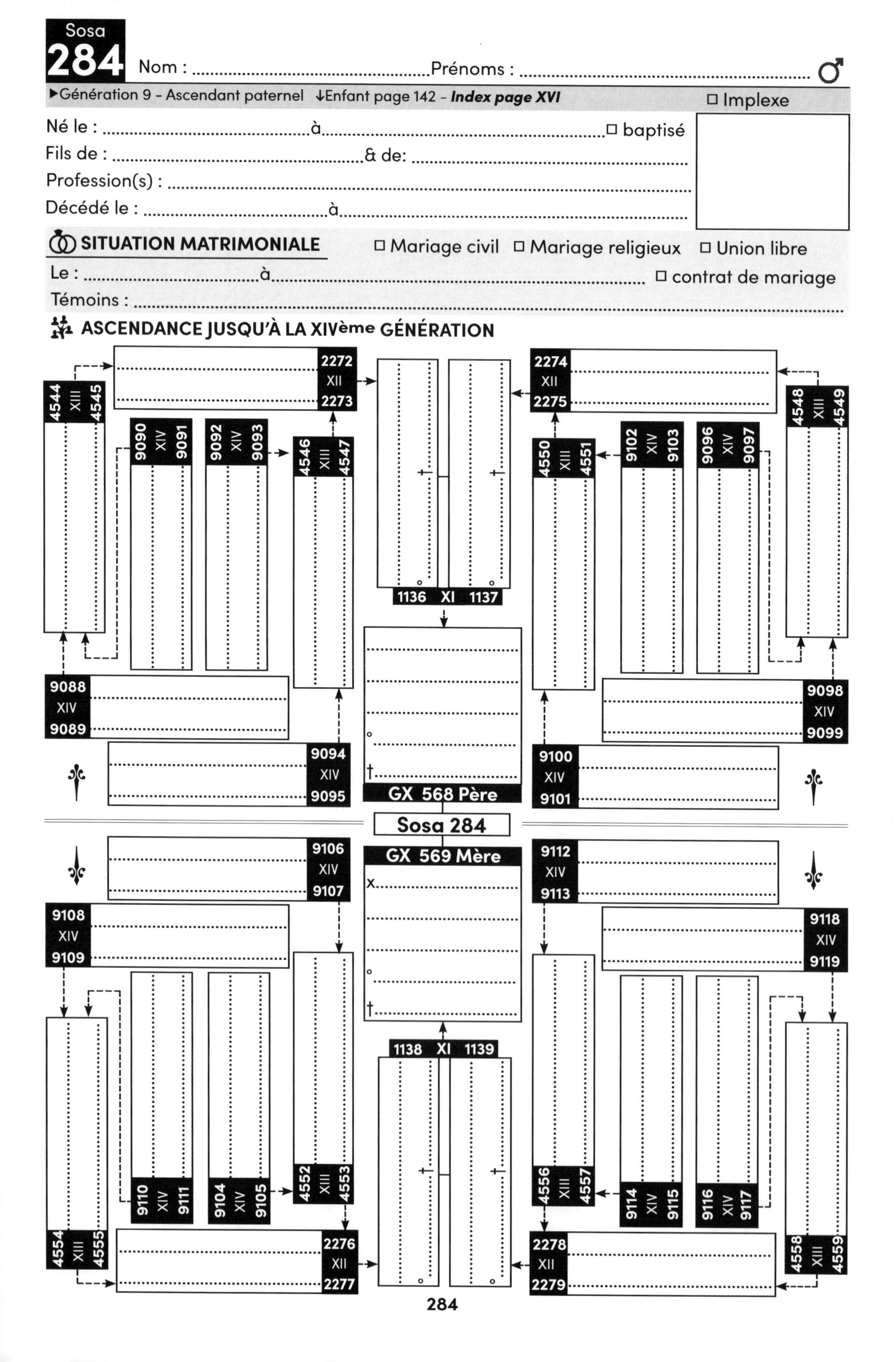

Sosa **284** Nom : ....Prénoms : .... ♂

▸Génération 9 - Ascendant paternel ↓Enfant page 142 - ***Index page XVI*** ☐ Implexe

Né le : ....à..☐ baptisé

Fils de : ....& de: ....

Profession(s) : ....

Décédé le : ....à...

SITUATION MATRIMONIALE ☐ Mariage civil ☐ Mariage religieux ☐ Union libre

Le : ....à.. ☐ contrat de mariage

Témoins : ....

ASCENDANCE JUSQU'À LA XIVème GÉNÉRATION

2272 XII 2273

2274 XII 2275

4544 XIII 4545

4548 XIII 4549

9090 XIV 9091

9092 XIV 9093

4546 XIII 4547

4550 XIII 4551

9102 XIV 9103

9096 XIV 9097

1136 XI 1137

9088 XIV 9089

9098 XIV 9099

9094 XIV 9095

9100 XIV 9101

GX 568 Père

Sosa 284

GX 569 Mère

9106 XIV 9107

9112 XIV 9113

9108 XIV 9109

9118 XIV 9119

x

1138 XI 1139

9110 XIV 9111

9104 XIV 9105

4552 XIII 4553

4556 XIII 4557

9114 XIV 9115

9116 XIV 9117

4554 XIII 4555

4558 XIII 4559

2276 XII 2277

2278 XII 2279

Sosa
285

♀ Nom : .... Prénoms : ....

▶Génération IX - Ascendant paternel ↓Enfant page 142 - *Index page XVI* ☐ Implexe

Née le : .... à .... ☐ baptisée

Fille de : .... & de: ....

Profession(s) : ....

Décédée le : .... à ....

ENFANTS ....

....

....

ASCENDANCE JUSQU'À LA XIVème GÉNÉRATION

2280 XII 2281

2282 XII 2283

4560 XIII 4561

9122 XIV 9123

9124 XIV 9125

4562 XIII 4563

4566 XIII 4567

9134 XIV 9135

9128 XIV 9129

4564 XIII 4565

1140 XI 1141

9120 XIV 9121

9130 XIV 9131

9126 XIV 9127

9132 XIV 9133

GX 570 Père

Sosa 285

GX 571 Mère

9138 XIV 9139

9144 XIV 9145

9140 XIV 9141

9150 XIV 9151

1142 XI 1143

9142 XIV 9143

9136 XIV 9137

4568 XIII 4569

4572 XIII 4573

9146 XIV 9147

9148 XIV 9149

4570 XIII 4571

2284 XII 2285

2286 XII 2287

4574 XIII 4575

Sosa **286** Nom : .... Prénoms : .... ♂

▸Génération 9 - Ascendant paternel ↓Enfant page 143 - ***Index page XVI*** ☐ Implexe

Né le : .... à .... ☐ baptisé

Fils de : .... & de: ....

Profession(s) : ....

Décédé le : .... à ....

SITUATION MATRIMONIALE

☐ Mariage civil ☐ Mariage religieux ☐ Union libre

Le : .... à .... ☐ contrat de mariage

Témoins : ....

ASCENDANCE JUSQU'À LA XIVème GÉNÉRATION

2288 XII 2289

2290 XII 2291

4576 XIII 4577

9154 XIV 9155

9156 XIV 9157

4578 XIII 4579

1144 XI 1145

4582 XIII 4583

9166 XIV 9167

9160 XIV 9161

4580 XIII 4581

9152 XIV 9153

9162 XIV 9163

9158 XIV 9159

GX 572 Père

9164 XIV 9165

Sosa 286

9170 XIV 9171

GX 573 Mère

9176 XIV 9177

9172 XIV 9173

9182 XIV 9183

1146 XI 1147

4584 XIII 4585

4588 XIII 4589

9174 XIV 9175

9168 XIV 9169

9178 XIV 9179

9180 XIV 9181

4586 XIII 4587

2292 XII 2293

2294 XII 2295

4590 XIII 4591

Sosa
287

♀ Nom : ....Prénoms : ....

▶Génération IX - Ascendant paternel ↓Enfant page 143 - *Index page XVI* ☐ Implexe

Née le : ....à..............................☐ baptisée

Fille de : ....& de: ....

Profession(s) : ....

Décédée le : ....à..............................

ENFANTS ....

....

....

ASCENDANCE JUSQU'À LA XIVème GÉNÉRATION

2296 XII 2297

2298 XII 2299

4592 XIII 4593

4596 XIII 4597

9186 XIV 9187

9188 XIV 9189

4594 XIII 4595

4598 XIII 4599

9198 XIV 9199

9192 XIV 9193

1148 XI 1149

9184 XIV 9185

9194 XIV 9195

9190 XIV 9191

9196 XIV 9197

GX 574 Père

Sosa 287

GX 575 Mère

x

9202 XIV 9203

9208 XIV 9209

9204 XIV 9205

9214 XIV 9215

1150 XI 1151

9206 XIV 9207

9200 XIV 9201

4600 XIII 4601

4604 XIII 4605

9210 XIV 9211

9212 XIV 9213

4602 XIII 4603

4606 XIII 4607

2300 XII 2301

2302 XII 2303

Sosa
288 Nom : ....Prénoms : .... ♂

▸Génération 9 - Ascendant paternel ↓Enfant page 144 - ***Index page XVI*** ☐ Implexe

Né le : ....à...☐ baptisé
Fils de : ....& de: ....
Profession(s) : ....
Décédé le : ....à...

SITUATION MATRIMONIALE ☐ Mariage civil ☐ Mariage religieux ☐ Union libre
Le : ....à.. ☐ contrat de mariage
Témoins : ....

ASCENDANCE JUSQU'À LA XIVème GÉNÉRATION

2304 XII 2305
4608 XIII 4609
9218 XIV 9219
9220 XIV 9221
4610 XIII 4611
1152 XI 1153
2306 XII 2307
4612 XIII 4613
4614 XIII 4615
9230 XIV 9231
9224 XIV 9225
9216 XIV 9217
9222 XIV 9223
9226 XIV 9227
9228 XIV 9229
GX 576 Père

Sosa 288

GX 577 Mère
x
9234 XIV 9235
9236 XIV 9237
9240 XIV 9241
9246 XIV 9247
9238 XIV 9239
9232 XIV 9233
4616 XIII 4617
4618 XIII 4619
1154 XI 1155
4620 XIII 4621
9242 XIV 9243
9244 XIV 9245
4622 XIII 4623
2308 XII 2309
2310 XII 2311

Sosa **289**

♀ Nom : .... Prénoms : ....

▶Génération IX - Ascendant paternel ↓Enfant page 144 - ***Index page XVI*** ☐ Implexe

Née le : .... à .... ☐ baptisée

Fille de : .... & de: ....

Profession(s) : ....

Décédée le : .... à ....

ENFANTS ....

....

....

ASCENDANCE JUSQU'À LA XIVème GÉNÉRATION

2312 XII 2313

2314 XII 2315

4624 XIII 4625

9250 XIV 9251

9252 XIV 9253

4626 XIII 4627

4630 XIII 4631

9262 XIV 9263

9256 XIV 9257

4628 XIII 4629

1156 XI 1157

9248 XIV 9249

9258 XIV 9259

9254 XIV 9255

9260 XIV 9261

GX 578 Père

Sosa 289

GX 579 Mère

9266 XIV 9267

9272 XIV 9273

9268 XIV 9269

9278 XIV 9279

1158 XI 1159

9270 XIV 9271

9264 XIV 9265

4632 XIII 4633

4636 XIII 4637

9274 XIV 9275

9276 XIV 9277

4634 XIII 4635

2316 XII 2317

2318 XII 2319

4638 XIII 4639

Sosa
290 Nom : .... Prénoms : .... ♂

▸Génération 9 - Ascendant paternel ↓Enfant page 145 - ***Index page XVI*** ☐ Implexe

Né le : .... à .... ☐ baptisé
Fils de : .... & de: ....
Profession(s) : ....
Décédé le : .... à ....

SITUATION MATRIMONIALE

☐ Mariage civil ☐ Mariage religieux ☐ Union libre

Le : .... à .... ☐ contrat de mariage
Témoins : ....

ASCENDANCE JUSQU'À LA XIVème GÉNÉRATION

4640 XIII 4641
2320 XII 2321
2322 XII 2323
4644 XIII 4645
9282 XIV 9283
9284 XIV 9285
4642 XIII 4643
4646 XIII 4647
9294 XIV 9295
9288 XIV 9289
1160 XI 1161
9280 XIV 9281
9290 XIV 9291
9286 XIV 9287
9292 XIV 9293
GX 580 Père
Sosa 290
GX 581 Mère
9298 XIV 9299
9304 XIV 9305
9300 XIV 9301
9310 XIV 9311
1162 XI 1163
9302 XIV 9303
9296 XIV 9297
4648 XIII 4649
4652 XIII 4653
9306 XIV 9307
9308 XIV 9309
4650 XIII 4651
2324 XII 2325
2326 XII 2327
4654 XIII 4655

Sosa **291**

♀ Nom : .... Prénoms : ....

▶Génération IX - Ascendant paternel ↓Enfant page 145 - ***Index page XVI*** ☐ Implexe

Née le : .... à .... ☐ baptisée

Fille de : .... & de: ....

Profession(s) : ....

Décédée le : .... à ....

ENFANTS ....

....

....

ASCENDANCE JUSQU'À LA XIVème GÉNÉRATION

2328 XII 2329

2330 XII 2331

4656 XIII 4657

9314 XIV 9315

9316 XIV 9317

4658 XIII 4659

1164 XI 1165

4662 XIII 4663

9326 XIV 9327

9320 XIV 9321

4660 XIII 4661

9312 XIV 9313

9322 XIV 9323

9318 XIV 9319

GX 582 Père

9324 XIV 9325

Sosa 291

9330 XIV 9331

GX 583 Mère

9336 XIV 9337

9332 XIV 9333

9342 XIV 9343

1166 XI 1167

4664 XIII 4665

4668 XIII 4669

9334 XIV 9335

9328 XIV 9329

9338 XIV 9339

9340 XIV 9341

4666 XIII 4667

4670 XIII 4671

2332 XII 2333

2334 XII 2335

Sosa **292** Nom : .... Prénoms : .... ♂

▸Génération 9 - Ascendant paternel ↓Enfant page 146 - ***Index page XVI*** ☐ Implexe

Né le : .... à.................................... ☐ baptisé

Fils de : .... & de: ....

Profession(s) : ....

Décédé le : .... à....................................

SITUATION MATRIMONIALE

☐ Mariage civil ☐ Mariage religieux ☐ Union libre

Le : .... à.................................... ☐ contrat de mariage

Témoins : ....

ASCENDANCE JUSQU'À LA XIVème GÉNÉRATION

2336 XII 2337

2338 XII 2339

4672 XIII 4673

4676 XIII 4677

9346 XIV 9347

9348 XIV 9349

4674 XIII 4675

1168 XI 1169

4678 XIII 4679

9358 XIV 9359

9352 XIV 9353

9344 XIV 9345

9354 XIV 9355

9350 XIV 9351

9356 XIV 9357

GX 584 Père

Sosa 292

GX 585 Mère

9362 XIV 9363

9368 XIV 9369

9364 XIV 9365

9374 XIV 9375

1170 XI 1171

9366 XIV 9367

9360 XIV 9361

4680 XIII 4681

4684 XIII 4685

9370 XIV 9371

9372 XIV 9373

4682 XIII 4683

4686 XIII 4687

2340 XII 2341

2342 XII 2343

Sosa **293**

♀ Nom : .... Prénoms : ....

▸Génération IX - Ascendant paternel ↓Enfant page 146 - ***Index page XVI*** ☐ Implexe

Née le : .... à .... ☐ baptisée

Fille de : .... & de: ....

Profession(s) : ....

Décédée le : .... à ....

ENFANTS ....

....

....

ASCENDANCE JUSQU'À LA XIVème GÉNÉRATION

2344 XII 2345

2346 XII 2347

4688 XIII 4689

4692 XIII 4693

9378 XIV 9379

9380 XIV 9381

4690 XIII 4691

1172 XI 1173

4694 XIII 4695

9390 XIV 9391

9384 XIV 9385

9376 XIV 9377

9386 XIV 9387

9382 XIV 9383

9388 XIV 9389

GX 586 Père

Sosa 293

GX 587 Mère

9394 XIV 9395

9400 XIV 9401

9396 XIV 9397

9406 XIV 9407

9398 XIV 9399

9392 XIV 9393

4696 XIII 4697

1174 XI 1175

4700 XIII 4701

9402 XIV 9403

9404 XIV 9405

4698 XIII 4699

2348 XII 2349

2350 XII 2351

4702 XIII 4703

Sosa **294** Nom : .... Prénoms : .... ♂

▶Génération 9 - Ascendant paternel ↓Enfant page 147 - ***Index page XVI*** ☐ Implexe

Né le : .... à .... ☐ baptisé

Fils de : .... & de: ....

Profession(s) : ....

Décédé le : .... à ....

SITUATION MATRIMONIALE

☐ Mariage civil ☐ Mariage religieux ☐ Union libre

Le : .... à .... ☐ contrat de mariage

Témoins : ....

ASCENDANCE JUSQU'À LA XIVème GÉNÉRATION

4704 XIII 4705

2352 XII 2353

9410 XIV 9411

9412 XIV 9413

4706 XIII 4707

1176 XI 1177

2354 XII 2355

4710 XIII 4711

9422 XIV 9423

9416 XIV 9417

4708 XIII 4709

9408 XIV 9409

9414 XIV 9415

GX 588 Père

9420 XIV 9421

9418 XIV 9419

Sosa 294

9426 XIV 9427

GX 589 Mère

x

9432 XIV 9433

9428 XIV 9429

9438 XIV 9439

1178 XI 1179

9430 XIV 9431

9424 XIV 9425

4712 XIII 4713

4716 XIII 4717

9434 XIV 9435

9436 XIV 9437

4714 XIII 4715

2356 XII 2357

2358 XII 2359

4718 XIII 4719

Sosa **295**

♀ Nom : .... Prénoms : ....

▶Génération IX - Ascendant paternel ↓Enfant page 147 - ***Index page XVI*** ☐ Implexe

Née le : .... à .... ☐ baptisée

Fille de : .... & de: ....

Profession(s) : ....

Décédée le : .... à ....

ENFANTS ....

....

....

ASCENDANCE JUSQU'À LA XIVème GÉNÉRATION

2360 XII 2361

2362 XII 2363

4720 XIII 4721

9442 XIV 9443

9444 XIV 9445

4722 XIII 4723

4726 XIII 4727

9454 XIV 9455

9448 XIV 9449

4724 XIII 4725

1180 XI 1181

9440 XIV 9441

9450 XIV 9451

9446 XIV 9447

9452 XIV 9453

GX 590 Père

Sosa 295

GX 591 Mère

9458 XIV 9459

9464 XIV 9465

9460 XIV 9461

9470 XIV 9471

1182 XI 1183

9462 XIV 9463

9456 XIV 9457

4728 XIII 4729

4732 XIII 4733

9466 XIV 9467

9468 XIV 9469

4730 XIII 4731

2364 XII 2365

2366 XII 2367

4734 XIII 4735

Sosa **296** Nom : .... Prénoms : .... ♂

▸Génération 9 - Ascendant paternel ↓Enfant page 148 - ***Index page XVI*** ☐ Implexe

Né le : .... à .... ☐ baptisé

Fils de : .... & de: ....

Profession(s) : ....

Décédé le : .... à ....

SITUATION MATRIMONIALE ☐ Mariage civil ☐ Mariage religieux ☐ Union libre

Le : .... à .... ☐ contrat de mariage

Témoins : ....

ASCENDANCE JUSQU'À LA XIVème GÉNÉRATION

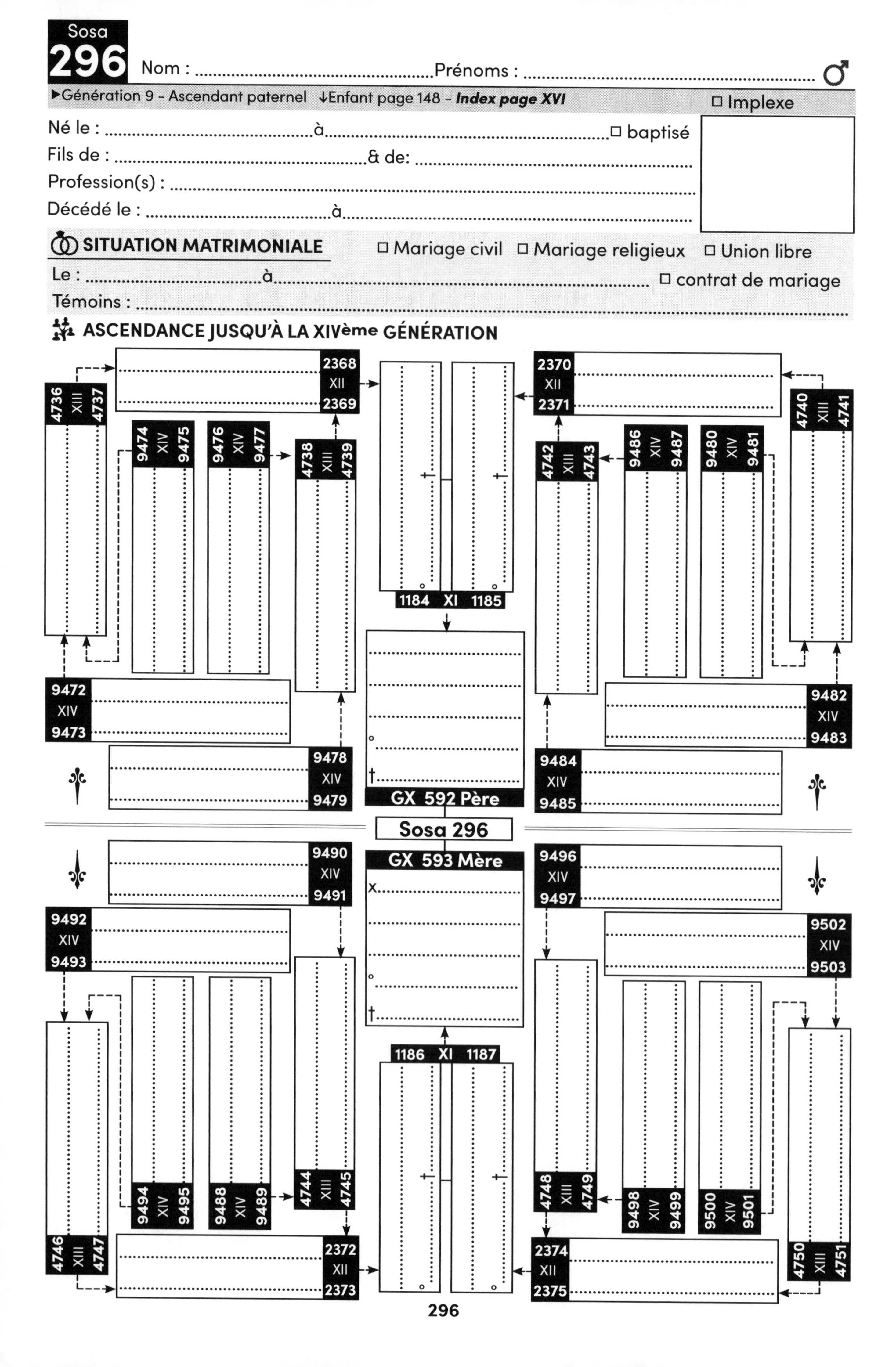

Sosa **297**

♀ Nom : .... Prénoms : ....

▶Génération IX - Ascendant paternel ↓Enfant page 148 - *Index page XVI* ☐ Implexe

Née le : .... à .... ☐ baptisée

Fille de : .... & de: ....

Profession(s) : ....

Décédée le : .... à ....

ENFANTS ....

....

....

ASCENDANCE JUSQU'À LA XIVème GÉNÉRATION

2376 XII 2377

2378 XII 2379

4752 XIII 4753

9506 XIV 9507

9508 XIV 9509

4754 XIII 4755

4758 XIII 4759

9518 XIV 9519

9512 XIV 9513

4756 XIII 4757

1188 XI 1189

9504 XIV 9505

9514 XIV 9515

9510 XIV 9511

9516 XIV 9517

GX 594 Père

Sosa 297

GX 595 Mère

9522 XIV 9523

9528 XIV 9529

9524 XIV 9525

9534 XIV 9535

1190 XI 1191

9526 XIV 9527

9520 XIV 9521

4760 XIII 4761

4764 XIII 4765

9530 XIV 9531

9532 XIV 9533

4762 XIII 4763

2380 XII 2381

2382 XII 2383

4766 XIII 4767

Sosa
298
Nom : .... Prénoms : .... ♂

▸Génération 9 - Ascendant paternel ↓Enfant page 149 - ***Index page XVI*** ☐ Implexe

↓Enfant page 149 - Index page XVI

Né le : .... à .... ☐ baptisé
Fils de : .... & de: ....
Profession(s) : ....
Décédé le : .... à ....

SITUATION MATRIMONIALE ☐ Mariage civil ☐ Mariage religieux ☐ Union libre
Le : .... à .... ☐ contrat de mariage
Témoins : ....

ASCENDANCE JUSQU'À LA XIVème GÉNÉRATION

4768 XIII 4769
2384 XII 2385
9538 XIV 9539
9540 XIV 9541
4770 XIII 4771
1192 XI 1193
2386 XII 2387
4774 XIII 4775
9550 XIV 9551
9544 XIV 9545
4772 XIII 4773
9536 XIV 9537
9542 XIV 9543
GX 596 Père
9546 XIV 9547
9548 XIV 9549

Sosa 298

9554 XIV 9555
GX 597 Mère
x
9560 XIV 9561
9556 XIV 9557
9566 XIV 9567
1194 XI 1195
9558 XIV 9559
9552 XIV 9553
4776 XIII 4777
4780 XIII 4781
9562 XIV 9563
9564 XIV 9565
4778 XIII 4779
2388 XII 2389
2390 XII 2391
4782 XIII 4783

Sosa **299**

♀ Nom : ………………………… Prénoms : …………………………

▸Génération IX - Ascendant paternel ↓Enfant page 149 - ***Index page XVI*** ☐ Implexe

Née le : ………………… à ………………… ☐ baptisée

Fille de : ………………… & de: …………………

Profession(s) : …………………

Décédée le : ………………… à …………………

ENFANTS …………………

ASCENDANCE JUSQU'À LA XIVème GÉNÉRATION

2392 XII 2393

2394 XII 2395

4784 XIII 4785

9570 XIV 9571

9572 XIV 9573

4786 XIII 4787

4790 XIII 4791

9582 XIV 9583

9576 XIV 9577

4788 XIII 4789

1196 XI 1197

9568 XIV 9569

9578 XIV 9579

9574 XIV 9575

9580 XIV 9581

GX 598 Père

Sosa 299

GX 599 Mère

9586 XIV 9587

9592 XIV 9593

9588 XIV 9589

9598 XIV 9599

1198 XI 1199

9590 XIV 9591

9584 XIV 9585

4792 XIII 4793

4796 XIII 4797

9594 XIV 9595

9596 XIV 9597

4794 XIII 4795

4798 XIII 4799

2396 XII 2397

2398 XII 2399

Sosa 300 Nom : .... Prénoms : .... ♂

▶Génération 9 - Ascendant paternel ↓Enfant page 150 - ***Index page XVI*** ☐ Implexe

Né le : .... à .... ☐ baptisé

Fils de : .... & de: ....

Profession(s) : ....

Décédé le : .... à ....

SITUATION MATRIMONIALE

☐ Mariage civil ☐ Mariage religieux ☐ Union libre

Le : .... à .... ☐ contrat de mariage

Témoins : ....

ASCENDANCE JUSQU'À LA XIVème GÉNÉRATION

2400 XII 2401

2402 XII 2403

4800 XIII 4801

4804 XIII 4805

9602 XIV 9603

9604 XIV 9605

4802 XIII 4803

4806 XIII 4807

9614 XIV 9615

9608 XIV 9609

1200 XI 1201

9600 XIV 9601

9610 XIV 9611

9606 XIV 9607

9612 XIV 9613

GX 600 Père

Sosa 300

GX 601 Mère

9618 XIV 9619

9624 XIV 9625

9620 XIV 9621

9630 XIV 9631

1202 XI 1203

9622 XIV 9623

9616 XIV 9617

4808 XIII 4809

4812 XIII 4813

9626 XIV 9627

9628 XIV 9629

4810 XIII 4811

2404 XII 2405

2406 XII 2407

4814 XIII 4815

Sosa **301**

♀ Nom : .... Prénoms : ....

▶Génération IX - Ascendant paternel ↓Enfant page 150 - ***Index page XVI*** ☐ Implexe

Née le : .... à .... ☐ baptisée

Fille de : .... & de: ....

Profession(s) : ....

Décédée le : .... à ....

ENFANTS ....

....

....

ASCENDANCE JUSQU'À LA XIVème GÉNÉRATION

4816 XIII 4817

2408 XII 2409

9634 XIV 9635

9636 XIV 9637

4818 XIII 4819

1204 XI 1205

2410 XII 2411

4822 XIII 4823

9646 XIV 9647

9640 XIV 9641

4820 XIII 4821

9632 XIV 9633

9642 XIV 9643

9638 XIV 9639

GX 602 Père

9644 XIV 9645

Sosa 301

9650 XIV 9651

GX 603 Mère

9656 XIV 9657

9652 XIV 9653

9662 XIV 9663

1206 XI 1207

9654 XIV 9655

9648 XIV 9649

4824 XIII 4825

4828 XIII 4829

9658 XIV 9659

9660 XIV 9661

4826 XIII 4827

2412 XII 2413

2414 XII 2415

4830 XIII 4831

Sosa
302 Nom : .... Prénoms : .... ♂

▸Génération 9 - Ascendant paternel ↓Enfant page 151 - ***Index page XVI*** ☐ Implexe

Né le : .... à .... ☐ baptisé
Fils de : .... & de: ....
Profession(s) : ....
Décédé le : .... à ....

SITUATION MATRIMONIALE ☐ Mariage civil ☐ Mariage religieux ☐ Union libre
Le : .... à .... ☐ contrat de mariage
Témoins : ....

ASCENDANCE JUSQU'À LA XIVème GÉNÉRATION

2416 XII 2417
1208 XI 1209
2418 XII 2419
4832 XIII 4833
9666 XIV 9667
9668 XIV 9669
4834 XIII 4835
4838 XIII 4839
9678 XIV 9679
9672 XIV 9673
4836 XIII 4837
9664 XIV 9665
9674 XIV 9675
9670 XIV 9671
9676 XIV 9677

GX 604 Père

Sosa 302

GX 605 Mère

9682 XIV 9683
9688 XIV 9689
9684 XIV 9685
9694 XIV 9695
1210 XI 1211
9686 XIV 9687
9680 XIV 9681
4840 XIII 4841
4844 XIII 4845
9690 XIV 9691
9692 XIV 9693
4842 XIII 4843
2420 XII 2421
2422 XII 2423
4846 XIII 4847

♀ Nom : .... Prénoms : ....

▶Génération IX - Ascendant paternel ↓Enfant page 151 - ***Index page XVI*** ☐ Implexe

Née le : .... à .... ☐ baptisée

Fille de : .... & de: ....

Profession(s) : ....

Décédée le : .... à ....

ENFANTS ....

ASCENDANCE JUSQU'À LA XIVème GÉNÉRATION

2424 XII 2425

2426 XII 2427

4848 XIII 4849

4852 XIII 4853

9698 XIV 9699

9700 XIV 9701

4850 XIII 4851

4854 XIII 4855

9710 XIV 9711

9704 XIV 9705

1212 XI 1213

9696 XIV 9697

9706 XIV 9707

9702 XIV 9703

9708 XIV 9709

GX 606 Père

Sosa 303

GX 607 Mère

9714 XIV 9715

9720 XIV 9721

9716 XIV 9717

9726 XIV 9727

1214 XI 1215

4856 XIII 4857

4860 XIII 4861

9718 XIV 9719

9712 XIV 9713

9722 XIV 9723

9724 XIV 9725

4858 XIII 4859

4862 XIII 4863

2428 XII 2429

2430 XII 2431

Sosa 304

Nom : .... Prénoms : .... ♂

▸Génération 9 - Ascendant paternel ↓Enfant page 152 - ***Index page XVI*** ☐ Implexe

Né le : .... à .... ☐ baptisé

Fils de : .... & de: ....

Profession(s) : ....

Décédé le : .... à ....

SITUATION MATRIMONIALE

☐ Mariage civil ☐ Mariage religieux ☐ Union libre

Le : .... à .... ☐ contrat de mariage

Témoins : ....

ASCENDANCE JUSQU'À LA XIVème GÉNÉRATION

2432 XII 2433

2434 XII 2435

4864 XIII 4865

9730 XIV 9731

9732 XIV 9733

4866 XIII 4867

4870 XIII 4871

9742 XIV 9743

9736 XIV 9737

4868 XIII 4869

1216 XI 1217

9728 XIV 9729

9738 XIV 9739

9734 XIV 9735

9740 XIV 9741

GX 608 Père

Sosa 304

GX 609 Mère

9746 XIV 9747

9752 XIV 9753

9748 XIV 9749

9758 XIV 9759

1218 XI 1219

9750 XIV 9751

9744 XIV 9745

4872 XIII 4873

4876 XIII 4877

9754 XIV 9755

9756 XIV 9757

4874 XIII 4875

2436 XII 2437

2438 XII 2439

4878 XIII 4879

Sosa **305**

♀ Nom : .... Prénoms : ....

▶Génération IX - Ascendant paternel ↓Enfant page 152 - ***Index page XVI*** ☐ Implexe

Née le : .... à .... ☐ baptisée

Fille de : .... & de: ....

Profession(s) : ....

Décédée le : .... à ....

ENFANTS ....

....

....

ASCENDANCE JUSQU'À LA XIVème GÉNÉRATION

4880 XIII 4881

2440 XII 2441

9762 XIV 9763

9764 XIV 9765

4882 XIII 4883

2442 XII 2443

4884 XIII 4885

4886 XIII 4887

9774 XIV 9775

9768 XIV 9769

1220 XI 1221

9760 XIV 9761

9770 XIV 9771

9766 XIV 9767

9772 XIV 9773

GX 610 Père

Sosa 305

GX 611 Mère

x.....

9778 XIV 9779

9784 XIV 9785

9780 XIV 9781

9790 XIV 9791

1222 XI 1223

9782 XIV 9783

9776 XIV 9777

4888 XIII 4889

4892 XIII 4893

9786 XIV 9787

9788 XIV 9789

4890 XIII 4891

2444 XII 2445

2446 XII 2447

4894 XIII 4895

Sosa 306 Nom : .... Prénoms : .... ♂

▸Génération 9 - Ascendant paternel ↓Enfant page 153 - ***Index page XVI*** ☐ Implexe

Né le : .... à .... ☐ baptisé

Fils de : .... & de: ....

Profession(s) : ....

Décédé le : .... à ....

SITUATION MATRIMONIALE

☐ Mariage civil ☐ Mariage religieux ☐ Union libre

Le : .... à .... ☐ contrat de mariage

Témoins : ....

ASCENDANCE JUSQU'À LA XIVème GÉNÉRATION

2448 XII 2449 — 2450 XII 2451

4896 XIII 4897 — 9794 XIV 9795 — 9796 XIV 9797 — 4898 XIII 4899 — 1224 XI 1225 — 4902 XIII 4903 — 9806 XIV 9807 — 9800 XIV 9801 — 4900 XIII 4901

9792 XIV 9793 — 9802 XIV 9803

9798 XIV 9799 — GX 612 Père — 9804 XIV 9805

Sosa 306

9810 XIV 9811 — GX 613 Mère — 9816 XIV 9817

9812 XIV 9813 — 9822 XIV 9823

1226 XI 1227

4906 XIII 4907 — 9814 XIV 9815 — 9808 XIV 9809 — 4904 XIII 4905 — 4908 XIII 4909 — 9818 XIV 9819 — 9820 XIV 9821 — 4910 XIII 4911

2452 XII 2453 — 2454 XII 2455

Sosa **307**

♀ Nom : .... Prénoms : ....

▶Génération IX - Ascendant paternel ↓Enfant page 153 - ***Index page XVI*** ☐ Implexe

Née le : .... à .... ☐ baptisée

Fille de : .... & de: ....

Profession(s) : ....

Décédée le : .... à ....

ENFANTS ....

ASCENDANCE JUSQU'À LA XIVème GÉNÉRATION

2456 XII 2457

2458 XII 2459

4912 XIII 4913

9826 XIV 9827

9828 XIV 9829

4914 XIII 4915

4918 XIII 4919

9838 XIV 9839

9832 XIV 9833

4916 XIII 4917

1228 XI 1229

9824 XIV 9825

9834 XIV 9835

9830 XIV 9831

9836 XIV 9837

GX 614 Père

Sosa 307

GX 615 Mère

9842 XIV 9843

9848 XIV 9849

9844 XIV 9845

9854 XIV 9855

1230 XI 1231

9846 XIV 9847

9840 XIV 9841

4920 XIII 4921

4924 XIII 4925

9850 XIV 9851

9852 XIV 9853

4922 XIII 4923

2460 XII 2461

2462 XII 2463

4926 XIII 4927

Sosa
308
Nom : .... Prénoms : .... ♂

▸Génération 9 - Ascendant paternel ↓Enfant page 154 - ***Index page XVI*** ☐ Implexe

Né le : .... à .... ☐ baptisé

Fils de : .... & de: ....

Profession(s) : ....

Décédé le : .... à ....

SITUATION MATRIMONIALE

☐ Mariage civil ☐ Mariage religieux ☐ Union libre

Le : .... à .... ☐ contrat de mariage

Témoins : ....

ASCENDANCE JUSQU'À LA XIVème GÉNÉRATION

2464 XII 2465

2466 XII 2467

4928 XIII 4929

4932 XIII 4933

9858 XIV 9859

9860 XIV 9861

4930 XIII 4931

1232 XI 1233

4934 XIII 4935

9870 XIV 9871

9864 XIV 9865

9856 XIV 9857

9866 XIV 9867

9862 XIV 9863

9868 XIV 9869

GX 616 Père

Sosa 308

GX 617 Mère

9874 XIV 9875

9880 XIV 9881

9876 XIV 9877

9886 XIV 9887

1234 XI 1235

9878 XIV 9879

9872 XIV 9873

4936 XIII 4937

4940 XIII 4941

9882 XIV 9883

9884 XIV 9885

4938 XIII 4939

2468 XII 2469

2470 XII 2471

4942 XIII 4943

♀ Nom : .... Prénoms : ....

▶Génération IX - Ascendant paternel ↓Enfant page 154 - ***Index page XVI*** ☐ Implexe

Née le : .... à .... ☐ baptisée

Fille de : .... & de: ....

Profession(s) : ....

Décédée le : .... à ....

ENFANTS ....

ASCENDANCE JUSQU'À LA XIVème GÉNÉRATION

2472 XII 2473

2474 XII 2475

4944 XIII 4945

4948 XIII 4949

9890 XIV 9891

9892 XIV 9893

4946 XIII 4947

4950 XIII 4951

9902 XIV 9903

9896 XIV 9897

1236 XI 1237

9888 XIV 9889

9898 XIV 9899

9894 XIV 9895

9900 XIV 9901

GX 618 Père

Sosa 309

GX 619 Mère

9906 XIV 9907

9912 XIV 9913

9908 XIV 9909

9918 XIV 9919

1238 XI 1239

9910 XIV 9911

9904 XIV 9905

4952 XIII 4953

4956 XIII 4957

9914 XIV 9915

9916 XIV 9917

4954 XIII 4955

4958 XIII 4959

2476 XII 2477

2478 XII 2479

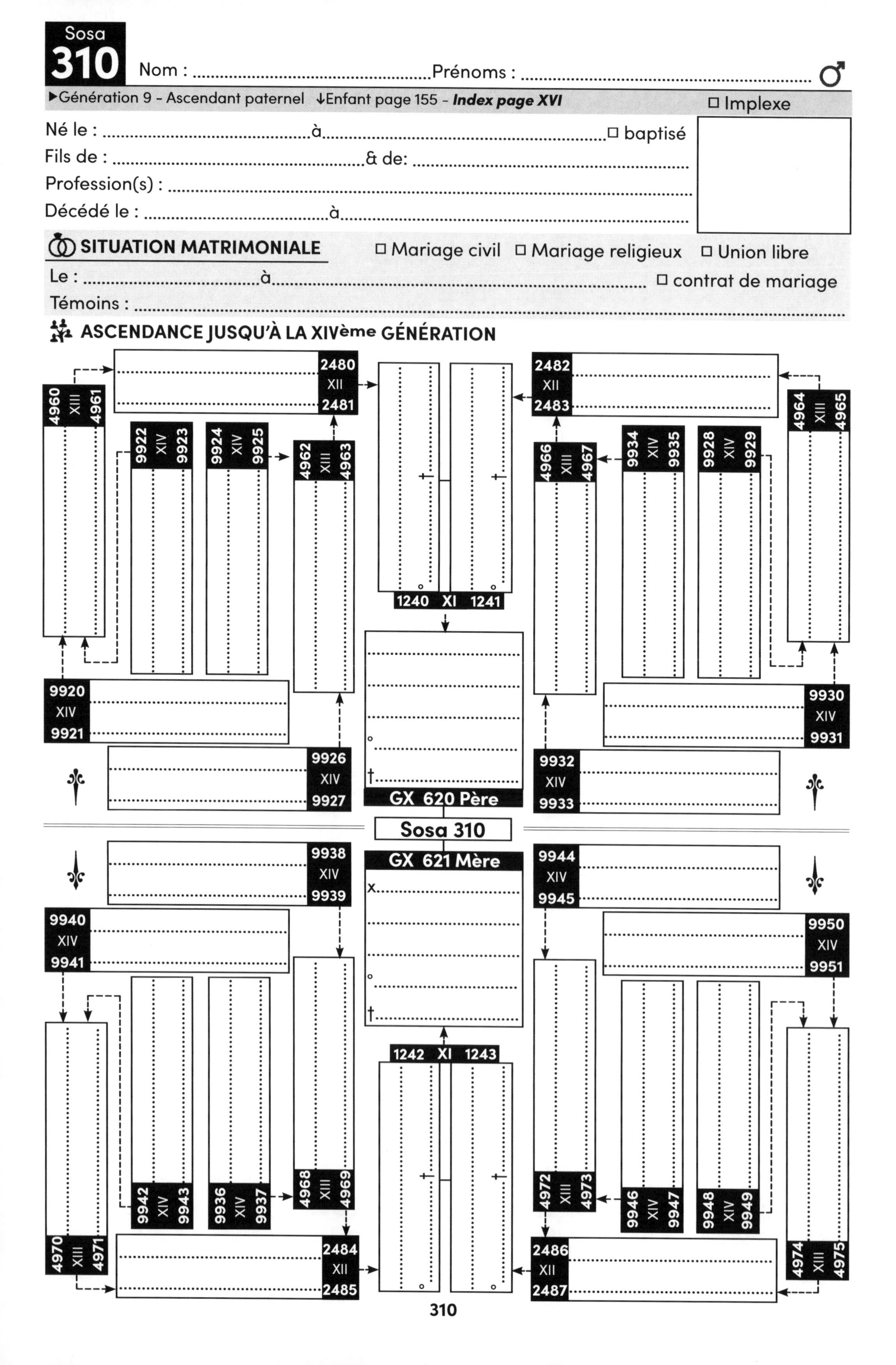

Sosa 310 Nom : ....Prénoms : .... ♂

▸Génération 9 - Ascendant paternel ↓Enfant page 155 - ***Index page XVI*** ☐ Implexe

Né le : ....à..☐ baptisé

Fils de : ....& de: ....

Profession(s) : ....

Décédé le : ....à..

SITUATION MATRIMONIALE ☐ Mariage civil ☐ Mariage religieux ☐ Union libre

Le : ....à.. ☐ contrat de mariage

Témoins : ....

ASCENDANCE JUSQU'À LA XIVème GÉNÉRATION

Sosa **311**

♀ Nom : .... Prénoms : ....

▶Génération IX - Ascendant paternel ↓Enfant page 155 - ***Index page XVI*** ☐ Implexe

Née le : .... à .... ☐ baptisée

Fille de : .... & de: ....

Profession(s) : ....

Décédée le : .... à ....

ENFANTS ....

ASCENDANCE JUSQU'À LA XIVème GÉNÉRATION

2488 XII 2489

2490 XII 2491

4976 XIII 4977

9954 XIV 9955

9956 XIV 9957

4978 XIII 4979

1244 XI 1245

4982 XIII 4983

9966 XIV 9967

9960 XIV 9961

4980 XIII 4981

9952 XIV 9953

9962 XIV 9963

9958 XIV 9959

9964 XIV 9965

GX 622 Père

Sosa 311

GX 623 Mère

9970 XIV 9971

9976 XIV 9977

9972 XIV 9973

9982 XIV 9983

1246 XI 1247

4986 XIII 4987

9974 XIV 9975

9968 XIV 9969

4984 XIII 4985

4988 XIII 4989

9978 XIV 9979

9980 XIV 9981

4990 XIII 4991

2492 XII 2493

2494 XII 2495

Sosa
312

Nom : .... Prénoms : .... ♂

▸Génération 9 - Ascendant paternel ↓Enfant page 156 - ***Index page XVI*** ☐ Implexe

Né le : .... à.. ☐ baptisé

Fils de : .... & de: ....

Profession(s) : ....

Décédé le : .... à..

SITUATION MATRIMONIALE

☐ Mariage civil ☐ Mariage religieux ☐ Union libre

Le : .... à.. ☐ contrat de mariage

Témoins : ....

ASCENDANCE JUSQU'À LA XIVème GÉNÉRATION

2496 XII 2497

2498 XII 2499

4992 XIII 4993

4996 XIII 4997

9986 XIV 9987

9988 XIV 9989

4994 XIII 4995

4998 XIII 4999

9998 XIV 9999

9992 XIV 9993

1248 XI 1249

9984 XIV 9985

9994 XIV 9995

9990 XIV 9991

9996 XIV 9997

GX 624 Père

Sosa 312

GX 625 Mère

x

10002 XIV 10003

10008 XIV 10009

10004 XIV 10005

10014 XIV 10015

1250 XI 1251

10006 XIV 10007

10000 XIV 10001

5000 XIII 5001

5004 XIII 5005

10010 XIV 10011

10012 XIV 10013

5002 XIII 5003

5006 XIII 5007

2500 XII 2501

2502 XII 2503

Sosa
313

♀ Nom : .... Prénoms : ....

▶Génération IX - Ascendant paternel ↓Enfant page 156 - ***Index page XVI*** ☐ Implexe

Née le : .... à .... ☐ baptisée

Fille de : .... & de: ....

Profession(s) : ....

Décédée le : .... à ....

ENFANTS ....

....

....

ASCENDANCE JUSQU'À LA XIVème GÉNÉRATION

2504 XII 2505

2506 XII 2507

5008 XIII 5009

10018 XIV 10019

10020 XIV 10021

5010 XIII 5011

1252 XI 1253

5014 XIII 5015

10030 XIV 10031

10024 XIV 10025

5012 XIII 5013

10016 XIV 10017

10026 XIV 10027

10022 XIV 10023

10028 XIV 10029

GX 626 Père

Sosa 313

GX 627 Mère

10034 XIV 10035

10040 XIV 10041

10036 XIV 10037

10046 XIV 10047

1254 XI 1255

10038 XIV 10039

10032 XIV 10033

5016 XIII 5017

5020 XIII 5021

10042 XIV 10043

10044 XIV 10045

5018 XIII 5019

2508 XII 2509

2510 XII 2511

5022 XIII 5023

Sosa
314
Nom : ....Prénoms : .... ♂

▸Génération 9 - Ascendant paternel ↓Enfant page 157 - ***Index page XVI*** ☐ Implexe

Né le : ....à...☐ baptisé

Fils de : ....& de: ....

Profession(s) : ....

Décédé le : ....à...

SITUATION MATRIMONIALE

☐ Mariage civil ☐ Mariage religieux ☐ Union libre

Le : ....à.. ☐ contrat de mariage

Témoins : ....

ASCENDANCE JUSQU'À LA XIVème GÉNÉRATION

2512 XII 2513

5024 XIII 5025

10050 XIV 10051

10052 XIV 10053

5026 XIII 5027

1256 XI 1257

2514 XII 2515

5028 XIII 5029

5030 XIII 5031

10062 XIV 10063

10056 XIV 10057

10048 XIV 10049

10054 XIV 10055

10058 XIV 10059

10060 XIV 10061

GX 628 Père

o

†

Sosa 314

GX 629 Mère

x

o

†

10066 XIV 10067

10072 XIV 10073

10068 XIV 10069

10078 XIV 10079

5032 XIII 5033

10070 XIV 10071

10064 XIV 10065

5036 XIII 5037

10074 XIV 10075

10076 XIV 10077

1258 XI 1259

5034 XIII 5035

2516 XII 2517

2518 XII 2519

5038 XIII 5039

Sosa
315

♀ Nom : .... Prénoms : ....

▸Génération IX - Ascendant paternel ↓Enfant page 157 - *Index page XVI* ☐ Implexe

Née le : .... à .... ☐ baptisée

Fille de : .... & de: ....

Profession(s) : ....

Décédée le : .... à ....

ENFANTS ....

ASCENDANCE JUSQU'À LA XIVème GÉNÉRATION

2520 XII 2521

2522 XII 2523

5040 XIII 5041

5044 XIII 5045

10082 XIV 10083

10084 XIV 10085

5042 XIII 5043

5046 XIII 5047

10094 XIV 10095

10088 XIV 10089

1260 XI 1261

10080 XIV 10081

10090 XIV 10091

10086 XIV 10087

10092 XIV 10093

GX 630 Père

Sosa 315

GX 631 Mère

10098 XIV 10099

10104 XIV 10105

10100 XIV 10101

10110 XIV 10111

1262 XI 1263

10102 XIV 10103

10096 XIV 10097

5048 XIII 5049

5052 XIII 5053

10106 XIV 10107

10108 XIV 10109

5050 XIII 5051

2524 XII 2525

2526 XII 2527

5054 XIII 5055

Sosa
316 Nom : ....Prénoms : .... ♂

▸Génération 9 - Ascendant paternel ↓Enfant page 158 - ***Index page XVI*** ☐ Implexe

Né le : ....à..☐ baptisé

Fils de : ....& de: ....

Profession(s) : ....

Décédé le : ....à...

SITUATION MATRIMONIALE ☐ Mariage civil ☐ Mariage religieux ☐ Union libre

Le : ....à.. ☐ contrat de mariage

Témoins : ....

ASCENDANCE JUSQU'À LA XIVème GÉNÉRATION

2528 XII 2529

2530 XII 2531

5056 XIII 5057

10114 XIV 10115

10116 XIV 10117

5058 XIII 5059

5062 XIII 5063

10126 XIV 10127

10120 XIV 10121

5060 XIII 5061

1264 XI 1265

10112 XIV 10113

10122 XIV 10123

10118 XIV 10119

10124 XIV 10125

GX 632 Père

Sosa 316

GX 633 Mère

10130 XIV 10131

10136 XIV 10137

10132 XIV 10133

10142 XIV 10143

1266 XI 1267

10134 XIV 10135

10128 XIV 10129

5064 XIII 5065

5068 XIII 5069

10138 XIV 10139

10140 XIV 10141

5066 XIII 5067

2532 XII 2533

2534 XII 2535

5070 XIII 5071

Sosa **317**

♀ Nom : .... Prénoms : ....

▶Génération IX - Ascendant paternel ↓Enfant page 158 - ***Index page XVI*** ☐ Implexe

Née le : .... à.............................. ☐ baptisée

Fille de : .... & de: ....

Profession(s) : ....

Décédée le : .... à..............................

ENFANTS ....

....

....

ASCENDANCE JUSQU'À LA XIVème GÉNÉRATION

2536 XII 2537

2538 XII 2539

5072 XIII 5073

5076 XIII 5077

10146 XIV 10147

10148 XIV 10149

5074 XIII 5075

1268 XI 1269

5078 XIII 5079

10158 XIV 10159

10152 XIV 10153

10144 XIV 10145

10154 XIV 10155

10150 XIV 10151

GX 634 Père

10156 XIV 10157

Sosa 317

10162 XIV 10163

GX 635 Mère

10168 XIV 10169

10164 XIV 10165

10174 XIV 10175

1270 XI 1271

10166 XIV 10167

10160 XIV 10161

5080 XIII 5081

5084 XIII 5085

10170 XIV 10171

10172 XIV 10173

5082 XIII 5083

2540 XII 2541

2542 XII 2543

5086 XIII 5087

Sosa
318 Nom : ....Prénoms : .... ♂

▸Génération 9 - Ascendant paternel ↓Enfant page 159 - ***Index page XVI*** ☐ Implexe

Né le : ....à..☐ baptisé
Fils de : ....& de: ....
Profession(s) : ....
Décédé le : ....à..

SITUATION MATRIMONIALE ☐ Mariage civil ☐ Mariage religieux ☐ Union libre
Le : ....à.. ☐ contrat de mariage
Témoins : ....

ASCENDANCE JUSQU'À LA XIVème GÉNÉRATION

2544 XII 2545
2546 XII 2547
5088 XIII 5089
10178 XIV 10179
10180 XIV 10181
5090 XIII 5091
5094 XIII 5095
10190 XIV 10191
10184 XIV 10185
5092 XIII 5093
1272 XI 1273
10176 XIV 10177
10186 XIV 10187
10182 XIV 10183
10188 XIV 10189
GX 636 Père
Sosa 318
GX 637 Mère
10194 XIV 10195
10200 XIV 10201
10196 XIV 10197
10206 XIV 10207
1274 XI 1275
10198 XIV 10199
10192 XIV 10193
5096 XIII 5097
5100 XIII 5101
10202 XIV 10203
10204 XIV 10205
5098 XIII 5099
2548 XII 2549
2550 XII 2551
5102 XIII 5103

Sosa **319**

♀ Nom : .... Prénoms : ....

▶Génération IX - Ascendant paternel ↓Enfant page 159 - ***Index page XVI*** ☐ Implexe

Née le : .... à .... ☐ baptisée

Fille de : .... & de: ....

Profession(s) : ....

Décédée le : .... à ....

ENFANTS ....

....

....

ASCENDANCE JUSQU'À LA XIVème GÉNÉRATION

2552 XII 2553

5104 XIII 5105

10210 XIV 10211

10212 XIV 10213

5106 XIII 5107

1276 XI 1277

2554 XII 2555

5108 XIII 5109

5110 XIII 5111

10222 XIV 10223

10216 XIV 10217

10208 XIV 10209

10214 XIV 10215

10218 XIV 10219

10220 XIV 10221

GX 638 Père

°

†

Sosa 319

GX 639 Mère

x

°

†

10226 XIV 10227

10228 XIV 10229

10232 XIV 10233

10238 XIV 10239

10230 XIV 10231

10224 XIV 10225

5112 XIII 5113

1278 XI 1279

5116 XIII 5117

10234 XIV 10235

10236 XIV 10237

5114 XIII 5115

2556 XII 2557

2558 XII 2559

5118 XIII 5119

Sosa 320

Nom : .... Prénoms : .... ♂

▸Génération 9 - Ascendant paternel ↓Enfant page 160 - ***Index page XVI*** ☐ Implexe

Né le : .... à .... ☐ baptisé

Fils de : .... & de: ....

Profession(s) : ....

Décédé le : .... à ....

SITUATION MATRIMONIALE ☐ Mariage civil ☐ Mariage religieux ☐ Union libre

Le : .... à .... ☐ contrat de mariage

Témoins : ....

ASCENDANCE JUSQU'À LA XIVème GÉNÉRATION

2560 XII 2561

2562 XII 2563

5120 XIII 5121

10242 XIV 10243

10244 XIV 10245

5122 XIII 5123

5126 XIII 5127

10254 XIV 10255

10248 XIV 10249

5124 XIII 5125

1280 XI 1281

10240 XIV 10241

10250 XIV 10251

10246 XIV 10247

10252 XIV 10253

GX 640 Père

Sosa 320

GX 641 Mère

10258 XIV 10259

10264 XIV 10265

10260 XIV 10261

10270 XIV 10271

1282 XI 1283

10262 XIV 10263

10256 XIV 10257

5128 XIII 5129

5132 XIII 5133

10266 XIV 10267

10268 XIV 10269

5130 XIII 5131

5134 XIII 5135

2564 XII 2565

2566 XII 2567

Sosa **321**

♀ Nom : .... Prénoms : ....

▶Génération IX - Ascendant paternel ↓Enfant page 160 - ***Index page XVI*** ☐ Implexe

Née le : .... à .... ☐ baptisée

Fille de : .... & de: ....

Profession(s) : ....

Décédée le : .... à ....

ENFANTS ....

ASCENDANCE JUSQU'À LA XIVème GÉNÉRATION

2568 XII 2569

2570 XII 2571

5136 XIII 5137

10274 XIV 10275

10276 XIV 10277

5138 XIII 5139

5142 XIII 5143

10286 XIV 10287

10280 XIV 10281

5140 XIII 5141

1284 XI 1285

10272 XIV 10273

10282 XIV 10283

10278 XIV 10279

10284 XIV 10285

GX 642 Père

Sosa 321

GX 643 Mère

x

10290 XIV 10291

10296 XIV 10297

10292 XIV 10293

10302 XIV 10303

1286 XI 1287

10294 XIV 10295

10288 XIV 10289

5144 XIII 5145

5148 XIII 5149

10298 XIV 10299

10300 XIV 10301

5146 XIII 5147

2572 XII 2573

2574 XII 2575

5150 XIII 5151

Sosa **322** Nom : ....Prénoms : .... ♂

▸Génération 9 - Ascendant paternel ↓Enfant page 161 - ***Index page XVI*** ☐ Implexe

↓Enfant page 161 - Index page XVI

Né le : ....à......................................☐ baptisé

Fils de : ....& de: ....

Profession(s) : ....

Décédé le : ....à......................................

SITUATION MATRIMONIALE

☐ Mariage civil ☐ Mariage religieux ☐ Union libre

Le : ....à...................................... ☐ contrat de mariage

Témoins : ....

ASCENDANCE JUSQU'À LA XIVème GÉNÉRATION

2576 XII 2577

2578 XII 2579

5152 XIII 5153

10306 XIV 10307

10308 XIV 10309

5154 XIII 5155

5158 XIII 5159

10318 XIV 10319

10312 XIV 10313

5156 XIII 5157

1288 XI 1289

10304 XIV 10305

10314 XIV 10315

10310 XIV 10311

10316 XIV 10317

GX 644 Père

Sosa 322

GX 645 Mère

10322 XIV 10323

10328 XIV 10329

10324 XIV 10325

10334 XIV 10335

1290 XI 1291

10326 XIV 10327

10320 XIV 10321

5160 XIII 5161

5164 XIII 5165

10330 XIV 10331

10332 XIV 10333

5162 XIII 5163

2580 XII 2581

2582 XII 2583

5166 XIII 5167

Sosa **323**

♀ Nom : .... Prénoms : ....

▶Génération IX - Ascendant paternel ↓Enfant page 161 - ***Index page XVI*** ☐ Implexe

Née le : .... à .... ☐ baptisée

Fille de : .... & de: ....

Profession(s) : ....

Décédée le : .... à ....

ENFANTS ....

ASCENDANCE JUSQU'À LA XIVème GÉNÉRATION

2584 XII 2585 · 2586 XII 2587

5168 XIII 5169 · 10338 XIV 10339 · 10340 XIV 10341 · 5170 XIII 5171 · 5174 XIII 5175 · 10350 XIV 10351 · 10344 XIV 10345 · 5172 XIII 5173

1292 XI 1293

10336 XIV 10337 · 10346 XIV 10347

10342 XIV 10343 · 10348 XIV 10349

GX 646 Père

Sosa 323

GX 647 Mère

10354 XIV 10355 · 10360 XIV 10361

10356 XIV 10357 · 10366 XIV 10367

1294 XI 1295

5178 XIII 5179 · 10358 XIV 10359 · 10352 XIV 10353 · 5176 XIII 5177 · 5180 XIII 5181 · 10362 XIV 10363 · 10364 XIV 10365 · 5182 XIII 5183

2588 XII 2589 · 2590 XII 2591

Sosa
324

Nom : ....Prénoms : .... ♂

▸Génération 9 - Ascendant paternel ↓Enfant page 162 - ***Index page XVI***

↓Enfant page 162 - Index page XVI

☐ Implexe

Né le : ....à..................................☐ baptisé

Fils de : ....& de: ....

Profession(s) : ....

Décédé le : ....à..................................

SITUATION MATRIMONIALE

☐ Mariage civil ☐ Mariage religieux ☐ Union libre

Le : ....à.................................. ☐ contrat de mariage

Témoins : ....

ASCENDANCE JUSQU'À LA XIVème GÉNÉRATION

2592 XII 2593

2594 XII 2595

5184 XIII 5185

5188 XIII 5189

10370 XIV 10371

10372 XIV 10373

5186 XIII 5187

5190 XIII 5191

10382 XIV 10383

10376 XIV 10377

1296 XI 1297

10368 XIV 10369

10378 XIV 10379

10374 XIV 10375

10380 XIV 10381

GX 648 Père

Sosa 324

GX 649 Mère

x

10386 XIV 10387

10392 XIV 10393

10388 XIV 10389

10398 XIV 10399

1298 XI 1299

10390 XIV 10391

10384 XIV 10385

5192 XIII 5193

5196 XIII 5197

10394 XIV 10395

10396 XIV 10397

5194 XIII 5195

5198 XIII 5199

2596 XII 2597

2598 XII 2599

Sosa
325

♀ Nom : ....Prénoms : ....

▶Génération IX - Ascendant paternel ↓Enfant page 162 - ***Index page XVI*** ☐ Implexe

Née le : ....à..............................☐ baptisée

Fille de : ....& de: ....

Profession(s) : ....

Décédée le : ....à..............................

ENFANTS ....

ASCENDANCE JUSQU'À LA XIVème GÉNÉRATION

2600 XII 2601 — 2602 XII 2603

5200 XIII 5201 — 10402 XIV 10403 — 10404 XIV 10405 — 5202 XIII 5203 — 1300 XI 1301 — 5206 XIII 5207 — 10414 XIV 10415 — 10408 XIV 10409 — 5204 XIII 5205

10400 XIV 10401 — 10410 XIV 10411

10406 XIV 10407 — GX 650 Père — 10412 XIV 10413

Sosa 325

10418 XIV 10419 — GX 651 Mère — 10424 XIV 10425

x

10420 XIV 10421 — 10430 XIV 10431

10422 XIV 10423 — 10416 XIV 10417 — 5208 XIII 5209 — 1302 XI 1303 — 5212 XIII 5213 — 10426 XIV 10427 — 10428 XIV 10429

5210 XIII 5211 — 2604 XII 2605 — 2606 XII 2607 — 5214 XIII 5215

Sosa
326 Nom : ....Prénoms : .... ♂

▸Génération 9 - Ascendant paternel ↓Enfant page 163 - ***Index page XVI*** ☐ Implexe

Né le : ....à...☐ baptisé
Fils de : ....& de: ....
Profession(s) : ....
Décédé le : ....à...

SITUATION MATRIMONIALE

☐ Mariage civil ☐ Mariage religieux ☐ Union libre
Le : ....à... ☐ contrat de mariage
Témoins : ....

ASCENDANCE JUSQU'À LA XIVème GÉNÉRATION

2608 XII 2609
2610 XII 2611
5216 XIII 5217
10434 XIV 10435
10436 XIV 10437
5218 XIII 5219
5222 XIII 5223
10446 XIV 10447
10440 XIV 10441
5220 XIII 5221
1304 XI 1305
10432 XIV 10433
10442 XIV 10443
10438 XIV 10439
10444 XIV 10445
GX 652 Père
Sosa 326
GX 653 Mère
10450 XIV 10451
10456 XIV 10457
10452 XIV 10453
10462 XIV 10463
1306 XI 1307
10454 XIV 10455
10448 XIV 10449
5224 XIII 5225
5228 XIII 5229
10458 XIV 10459
10460 XIV 10461
5226 XIII 5227
2612 XII 2613
2614 XII 2615
5230 XIII 5231

Sosa **327**

♀ Nom : ....Prénoms : ....

▶Génération IX - Ascendant paternel ↓Enfant page 163 - ***Index page XVI*** ☐ Implexe

Née le : ....à..☐ baptisée

Fille de : ....& de: ....

Profession(s) : ....

Décédée le : ....à..

ENFANTS ....

ASCENDANCE JUSQU'À LA XIVème GÉNÉRATION

2616 XII 2617

2618 XII 2619

5232 XIII 5233

10466 XIV 10467

10468 XIV 10469

5234 XIII 5235

1308 XI 1309

5238 XIII 5239

10478 XIV 10479

10472 XIV 10473

5236 XIII 5237

10464 XIV 10465

10474 XIV 10475

10470 XIV 10471

10476 XIV 10477

GX 654 Père

Sosa 327

GX 655 Mère

10482 XIV 10483

10488 XIV 10489

10484 XIV 10485

10494 XIV 10495

1310 XI 1311

5242 XIII 5243

10486 XIV 10487

10480 XIV 10481

5240 XIII 5241

5244 XIII 5245

10490 XIV 10491

10492 XIV 10493

5246 XIII 5247

2620 XII 2621

2622 XII 2623

Sosa **328** Nom : .... Prénoms : .... ♂

▶Génération 9 - Ascendant paternel ↓Enfant page 164 - ***Index page XVI*** ☐ Implexe

Né le : .... à.. ☐ baptisé

Fils de : .... & de: ....

Profession(s) : ....

Décédé le : .... à..

SITUATION MATRIMONIALE

☐ Mariage civil ☐ Mariage religieux ☐ Union libre

Le : .... à.. ☐ contrat de mariage

Témoins : ....

ASCENDANCE JUSQU'À LA XIVème GÉNÉRATION

2624 XII 2625

2626 XII 2627

5248 XIII 5249

10498 XIV 10499

10500 XIV 10501

5250 XIII 5251

1312 XI 1313

5254 XIII 5255

10510 XIV 10511

10504 XIV 10505

5252 XIII 5253

10496 XIV 10497

10506 XIV 10507

10502 XIV 10503

10508 XIV 10509

GX 656 Père

Sosa 328

GX 657 Mère

10514 XIV 10515

10520 XIV 10521

10516 XIV 10517

10526 XIV 10527

1314 XI 1315

10518 XIV 10519

10512 XIV 10513

5256 XIII 5257

5260 XIII 5261

10522 XIV 10523

10524 XIV 10525

5258 XIII 5259

2628 XII 2629

2630 XII 2631

5262 XIII 5263

♀ Nom : ....Prénoms : ....

▸Génération IX - Ascendant paternel ↓Enfant page 164 - ***Index page XVI*** ☐ Implexe

Née le : ....à...☐ baptisée
Fille de : ....& de: ....
Profession(s) : ....
Décédée le : ....à...

ENFANTS ....
....
....

ASCENDANCE JUSQU'À LA XIVème GÉNÉRATION

2632 XII 2633
2634 XII 2635
5264 XIII 5265
10530 XIV 10531
10532 XIV 10533
5266 XIII 5267
5270 XIII 5271
10542 XIV 10543
10536 XIV 10537
5268 XIII 5269
1316 XI 1317
10528 XIV 10529
10538 XIV 10539
10534 XIV 10535
10540 XIV 10541
GX 658 Père

Sosa 329

GX 659 Mère
10546 XIV 10547
10552 XIV 10553
10548 XIV 10549
10558 XIV 10559
1318 XI 1319
10550 XIV 10551
10544 XIV 10545
5272 XIII 5273
5276 XIII 5277
10554 XIV 10555
10556 XIV 10557
5274 XIII 5275
2636 XII 2637
2638 XII 2639
5278 XIII 5279

Sosa **330** Nom : ....Prénoms : .... ♂

▸Génération 9 - Ascendant paternel ↓Enfant page 165 - ***Index page XVI*** ☐ Implexe

Né le : ....à..☐ baptisé

Fils de : ....& de: ....

Profession(s) : ....

Décédé le : ....à..

SITUATION MATRIMONIALE

☐ Mariage civil ☐ Mariage religieux ☐ Union libre

Le : ....à.. ☐ contrat de mariage

Témoins : ....

ASCENDANCE JUSQU'À LA XIVème GÉNÉRATION

2640 XII 2641

2642 XII 2643

5280 XIII 5281

10562 XIV 10563

10564 XIV 10565

5282 XIII 5283

1320 XI 1321

5286 XIII 5287

10574 XIV 10575

10568 XIV 10569

5284 XIII 5285

10560 XIV 10561

10570 XIV 10571

10566 XIV 10567

10572 XIV 10573

GX 660 Père

Sosa 330

GX 661 Mère

10578 XIV 10579

10584 XIV 10585

10580 XIV 10581

10590 XIV 10591

1322 XI 1323

10582 XIV 10583

10576 XIV 10577

5288 XIII 5289

5292 XIII 5293

10586 XIV 10587

10588 XIV 10589

5290 XIII 5291

2644 XII 2645

2646 XII 2647

5294 XIII 5295

♀ Nom : .... Prénoms : ....

▶Génération IX - Ascendant paternel ↓Enfant page 165 - ***Index page XVI*** ☐ Implexe

Née le : .... à .... ☐ baptisée

Fille de : .... & de: ....

Profession(s) : ....

Décédée le : .... à ....

ENFANTS ....

ASCENDANCE JUSQU'À LA XIVème GÉNÉRATION

2648 XII 2649

2650 XII 2651

5296 XIII 5297

10594 XIV 10595

10596 XIV 10597

5298 XIII 5299

5302 XIII 5303

10606 XIV 10607

10600 XIV 10601

5300 XIII 5301

1324 XI 1325

10592 XIV 10593

10602 XIV 10603

10598 XIV 10599

10604 XIV 10605

GX 662 Père

Sosa 331

GX 663 Mère

10610 XIV 10611

10616 XIV 10617

10612 XIV 10613

10622 XIV 10623

1326 XI 1327

10614 XIV 10615

10608 XIV 10609

5304 XIII 5305

5308 XIII 5309

10618 XIV 10619

10620 XIV 10621

5306 XIII 5307

2652 XII 2653

2654 XII 2655

5310 XIII 5311

Sosa 332 Nom : .... Prénoms : .... ♂

▸Génération 9 - Ascendant paternel ↓Enfant page 166 - ***Index page XVI*** ☐ Implexe

Né le : .... à .... ☐ baptisé

Fils de : .... & de: ....

Profession(s) : ....

Décédé le : .... à ....

SITUATION MATRIMONIALE

☐ Mariage civil ☐ Mariage religieux ☐ Union libre

Le : .... à .... ☐ contrat de mariage

Témoins : ....

ASCENDANCE JUSQU'À LA XIVème GÉNÉRATION

2656 XII 2657

2658 XII 2659

5312 XIII 5313

10626 XIV 10627

10628 XIV 10629

5314 XIII 5315

5318 XIII 5319

10638 XIV 10639

10632 XIV 10633

5316 XIII 5317

1328 XI 1329

10624 XIV 10625

10634 XIV 10635

10630 XIV 10631

10636 XIV 10637

GX 664 Père

Sosa 332

GX 665 Mère

10642 XIV 10643

10648 XIV 10649

10644 XIV 10645

10654 XIV 10655

1330 XI 1331

10646 XIV 10647

10640 XIV 10641

5320 XIII 5321

5324 XIII 5325

10650 XIV 10651

10652 XIV 10653

5322 XIII 5323

2660 XII 2661

2662 XII 2663

5326 XIII 5327

Sosa 333

♀ Nom : .... Prénoms : ....

▶Génération IX - Ascendant paternel ↓Enfant page 166 - ***Index page XVI*** ☐ Implexe

Née le : .... à .... ☐ baptisée

Fille de : .... & de: ....

Profession(s) : ....

Décédée le : .... à ....

ENFANTS ....

....

....

ASCENDANCE JUSQU'À LA XIVème GÉNÉRATION

2664 XII 2665

5328 XIII 5329

10658 XIV 10659

10660 XIV 10661

5330 XIII 5331

1332 XI 1333

2666 XII 2667

5334 XIII 5335

10670 XIV 10671

10664 XIV 10665

5332 XIII 5333

10656 XIV 10657

10662 XIV 10663

10666 XIV 10667

10668 XIV 10669

GX 666 Père

Sosa 333

GX 667 Mère

10674 XIV 10675

10680 XIV 10681

10676 XIV 10677

10686 XIV 10687

10678 XIV 10679

10672 XIV 10673

5336 XIII 5337

1334 XI 1335

5340 XIII 5341

10682 XIV 10683

10684 XIV 10685

5338 XIII 5339

2668 XII 2669

2670 XII 2671

5342 XIII 5343

Sosa 334 Nom : .... Prénoms : .... ♂

▸Génération 9 - Ascendant paternel ↓Enfant page 167 - ***Index page XVI*** ☐ Implexe

Né le : .... à .... ☐ baptisé

Fils de : .... & de: ....

Profession(s) : ....

Décédé le : .... à ....

SITUATION MATRIMONIALE

☐ Mariage civil ☐ Mariage religieux ☐ Union libre

Le : .... à .... ☐ contrat de mariage

Témoins : ....

ASCENDANCE JUSQU'À LA XIVème GÉNÉRATION

2672 XII 2673

2674 XII 2675

5344 XIII 5345

10690 XIV 10691

10692 XIV 10693

5346 XIII 5347

5350 XIII 5351

10702 XIV 10703

10696 XIV 10697

5348 XIII 5349

1336 XI 1337

10688 XIV 10689

10698 XIV 10699

10694 XIV 10695

10700 XIV 10701

GX 668 Père

Sosa 334

GX 669 Mère

10706 XIV 10707

10712 XIV 10713

10708 XIV 10709

10718 XIV 10719

1338 XI 1339

10710 XIV 10711

10704 XIV 10705

5352 XIII 5353

5356 XIII 5357

10714 XIV 10715

10716 XIV 10717

5354 XIII 5355

2676 XII 2677

2678 XII 2679

5358 XIII 5359

Sosa
335

♀ Nom : ………………………………… Prénoms : …………………………………

▶Génération IX - Ascendant paternel ↓Enfant page 167 - ***Index page XVI*** ☐ Implexe

Née le : ……………………… à ……………………… ☐ baptisée
Fille de : ……………………… & de: ………………………
Profession(s) : ………………………
Décédée le : ……………………… à ………………………

ENFANTS ………………………

ASCENDANCE JUSQU'À LA XIVème GÉNÉRATION

2680 XII 2681
2682 XII 2683
5360 XIII 5361
5364 XIII 5365
10722 XIV 10723
10724 XIV 10725
5362 XIII 5363
5366 XIII 5367
10734 XIV 10735
10728 XIV 10729
1340 XI 1341
10720 XIV 10721
10730 XIV 10731
10726 XIV 10727
10732 XIV 10733
GX 670 Père

Sosa 335

GX 671 Mère
10738 XIV 10739
10744 XIV 10745
10740 XIV 10741
10750 XIV 10751
1342 XI 1343
10742 XIV 10743
10736 XIV 10737
5368 XIII 5369
5372 XIII 5373
10746 XIV 10747
10748 XIV 10749
5370 XIII 5371
2684 XII 2685
2686 XII 2687
5374 XIII 5375

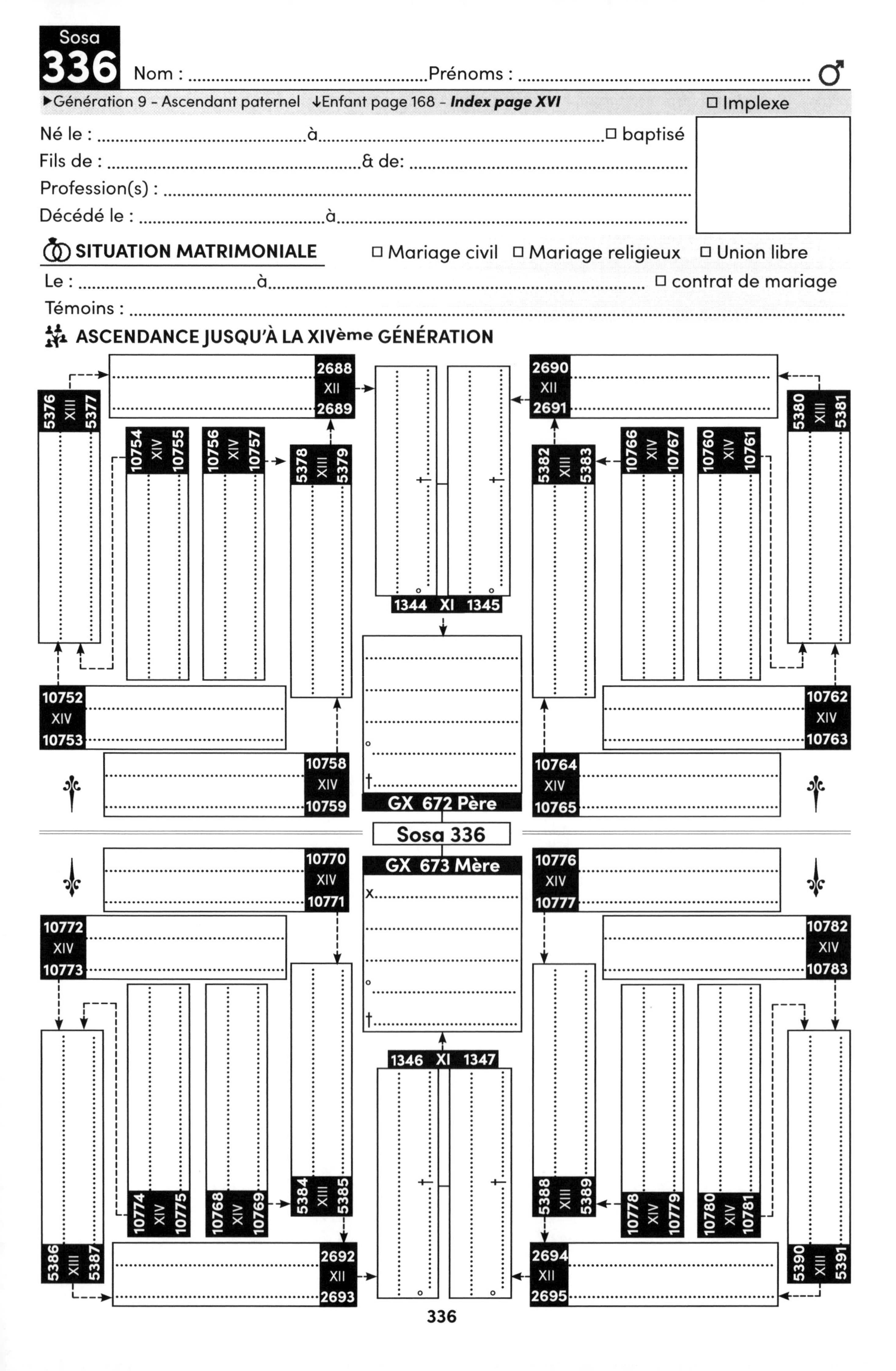
Sosa
336
Nom : .... Prénoms : .... ♂
▸Génération 9 - Ascendant paternel ↓Enfant page 168 - Index page XVI
☐ Implexe
Né le : .... à .... ☐ baptisé
Fils de : .... & de: ....
Profession(s) : ....
Décédé le : .... à ....
SITUATION MATRIMONIALE
☐ Mariage civil ☐ Mariage religieux ☐ Union libre
Le : .... à .... ☐ contrat de mariage
Témoins : ....
ASCENDANCE JUSQU'À LA XIVème GÉNÉRATION
2688 XII 2689
2690 XII 2691
5376 XIII 5377
5380 XIII 5381
10754 XIV 10755
10756 XIV 10757
5378 XIII 5379
5382 XIII 5383
10766 XIV 10767
10760 XIV 10761
1344 XI 1345
10752 XIV 10753
10762 XIV 10763
10758 XIV 10759
10764 XIV 10765
GX 672 Père
Sosa 336
GX 673 Mère
10770 XIV 10771
10776 XIV 10777
10772 XIV 10773
10782 XIV 10783
1346 XI 1347
5384 XIII 5385
5388 XIII 5389
10774 XIV 10775
10768 XIV 10769
10778 XIV 10779
10780 XIV 10781
5386 XIII 5387
5390 XIII 5391
2692 XII 2693
2694 XII 2695

Sosa 337

♀ Nom : .... Prénoms : ....

▸Génération IX - Ascendant paternel ↓Enfant page 168 - ***Index page XVI*** ☐ Implexe

Née le : .... à .... ☐ baptisée

Fille de : .... & de: ....

Profession(s) : ....

Décédée le : .... à ....

ENFANTS ....

ASCENDANCE JUSQU'À LA XIVème GÉNÉRATION

5392 XIII 5393

2696 XII 2697

10786 XIV 10787

10788 XIV 10789

5394 XIII 5395

1348 XI 1349

2698 XII 2699

5398 XIII 5399

10798 XIV 10799

10792 XIV 10793

5396 XIII 5397

10784 XIV 10785

10790 XIV 10791

GX 674 Père

10794 XIV 10795

10796 XIV 10797

Sosa 337

GX 675 Mère

10802 XIV 10803

10804 XIV 10805

10808 XIV 10809

10814 XIV 10815

10806 XIV 10807

10800 XIV 10801

5400 XIII 5401

1350 XI 1351

5404 XIII 5405

10810 XIV 10811

10812 XIV 10813

5402 XIII 5403

2700 XII 2701

2702 XII 2703

5406 XIII 5407

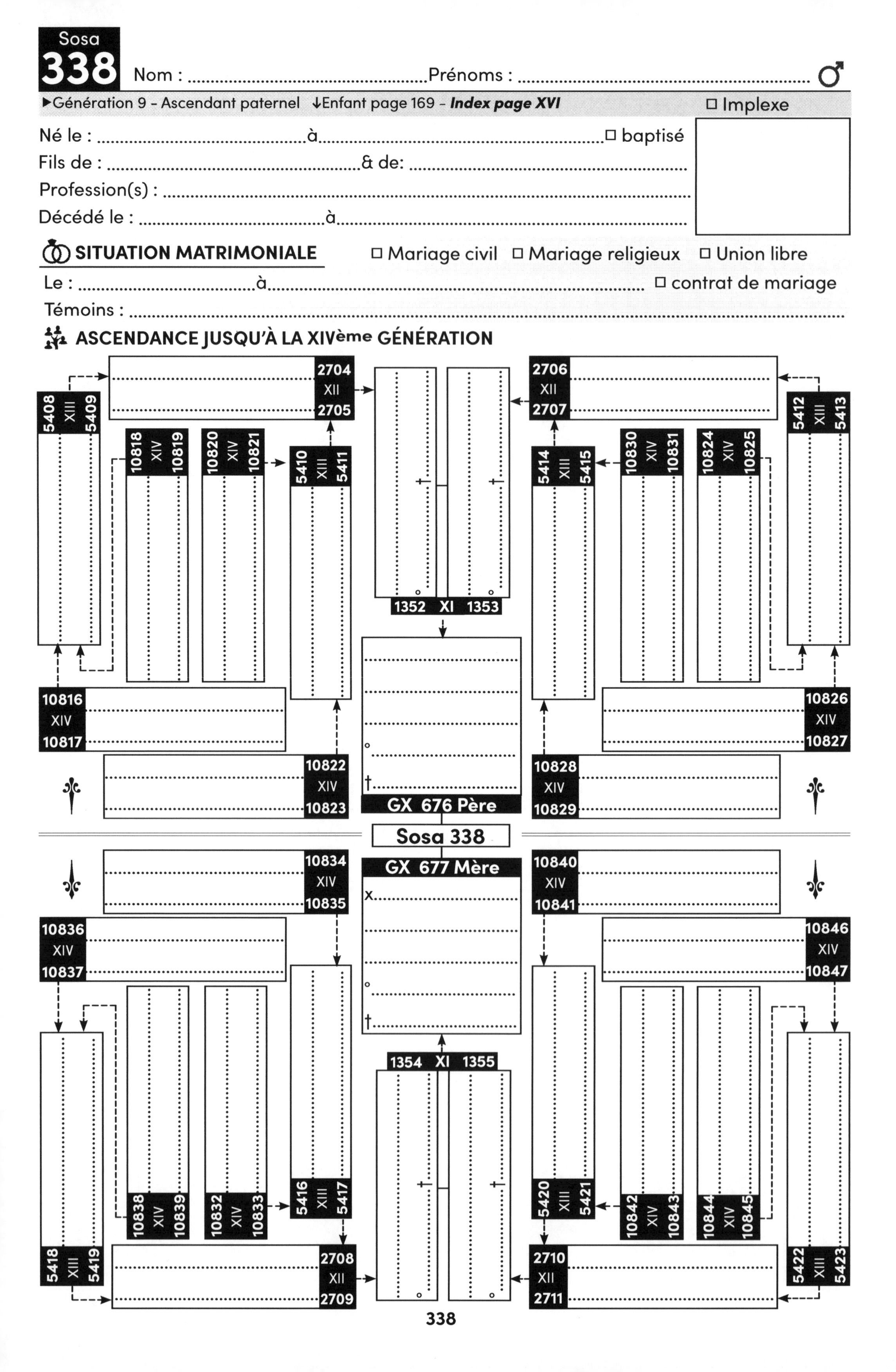
Sosa
338
Nom : Prénoms :
▶Génération 9 - Ascendant paternel ↓Enfant page 169 - Index page XVI
☐ Implexe
Né le : à ☐ baptisé
Fils de : & de:
Profession(s) :
Décédé le : à
SITUATION MATRIMONIALE
☐ Mariage civil ☐ Mariage religieux ☐ Union libre
Le : à ☐ contrat de mariage
Témoins :
ASCENDANCE JUSQU'À LA XIVème GÉNÉRATION
2704 XII 2705
2706 XII 2707
5408 XIII 5409
5412 XIII 5413
10818 XIV 10819
10820 XIV 10821
5410 XIII 5411
5414 XIII 5415
10830 XIV 10831
10824 XIV 10825
1352 XI 1353
10816 XIV 10817
10826 XIV 10827
10822 XIV 10823
10828 XIV 10829
GX 676 Père
Sosa 338
GX 677 Mère
10834 XIV 10835
10840 XIV 10841
10836 XIV 10837
10846 XIV 10847
1354 XI 1355
5416 XIII 5417
5420 XIII 5421
10838 XIV 10839
10832 XIV 10833
10842 XIV 10843
10844 XIV 10845
5418 XIII 5419
5422 XIII 5423
2708 XII 2709
2710 XII 2711

Sosa **339**

♀ Nom : .... Prénoms : ....

▶Génération IX - Ascendant paternel ↓Enfant page 169 - ***Index page XVI*** ☐ Implexe

Née le : .... à .... ☐ baptisée

Fille de : .... & de: ....

Profession(s) : ....

Décédée le : .... à ....

ENFANTS ....

ASCENDANCE JUSQU'À LA XIVème GÉNÉRATION

2712 XII 2713

2714 XII 2715

5424 XIII 5425

10850 XIV 10851

10852 XIV 10853

5426 XIII 5427

5430 XIII 5431

10862 XIV 10863

10856 XIV 10857

5428 XIII 5429

1356 XI 1357

10848 XIV 10849

10858 XIV 10859

10854 XIV 10855

GX 678 Père

10860 XIV 10861

Sosa 339

10866 XIV 10867

GX 679 Mère

10872 XIV 10873

10868 XIV 10869

10878 XIV 10879

1358 XI 1359

10870 XIV 10871

10864 XIV 10865

5432 XIII 5433

5436 XIII 5437

10874 XIV 10875

10876 XIV 10877

5434 XIII 5435

2716 XII 2717

2718 XII 2719

5438 XIII 5439

Sosa **340** Nom : .... Prénoms : .... ♂

▸Génération 9 - Ascendant paternel ↓Enfant page 170 - ***Index page XVI*** ☐ Implexe

Né le : .... à .... ☐ baptisé

Fils de : .... & de: ....

Profession(s) : ....

Décédé le : .... à ....

SITUATION MATRIMONIALE

☐ Mariage civil ☐ Mariage religieux ☐ Union libre

Le : .... à .... ☐ contrat de mariage

Témoins : ....

ASCENDANCE JUSQU'À LA XIVème GÉNÉRATION

2720 XII 2721

2722 XII 2723

5440 XIII 5441

5444 XIII 5445

10882 XIV 10883

10884 XIV 10885

5442 XIII 5443

5446 XIII 5447

10894 XIV 10895

10888 XIV 10889

1360 XI 1361

10880 XIV 10881

10890 XIV 10891

10886 XIV 10887

10892 XIV 10893

GX 680 Père

Sosa 340

GX 681 Mère

10898 XIV 10899

10904 XIV 10905

10900 XIV 10901

10910 XIV 10911

1362 XI 1363

10902 XIV 10903

10896 XIV 10897

5448 XIII 5449

5452 XIII 5453

10906 XIV 10907

10908 XIV 10909

5450 XIII 5451

5454 XIII 5455

2724 XII 2725

2726 XII 2727

Sosa **341**

♀ Nom : .... Prénoms : ....

▸Génération IX - Ascendant paternel ↓Enfant page 170 - ***Index page XVI*** ☐ Implexe

Née le : .... à .... ☐ baptisée

Fille de : .... & de: ....

Profession(s) : ....

Décédée le : .... à ....

ENFANTS ....

ASCENDANCE JUSQU'À LA XIVème GÉNÉRATION

5456 XIII 5457

2728 XII 2729

10914 XIV 10915

10916 XIV 10917

5458 XIII 5459

1364 XI 1365

2730 XII 2731

5462 XIII 5463

10926 XIV 10927

10920 XIV 10921

5460 XIII 5461

10912 XIV 10913

10918 XIV 10919

GX 682 Père

10924 XIV 10925

10922 XIV 10923

Sosa 341

10930 XIV 10931

GX 683 Mère

10936 XIV 10937

10932 XIV 10933

10942 XIV 10943

10934 XIV 10935

10928 XIV 10929

5464 XIII 5465

1366 XI 1367

5468 XIII 5469

10938 XIV 10939

10940 XIV 10941

5466 XIII 5467

2732 XII 2733

2734 XII 2735

5470 XIII 5471

Sosa
342 Nom : .... Prénoms : .... ♂

▸Génération 9 - Ascendant paternel ↓Enfant page 171 - ***Index page XVI*** ☐ Implexe

Né le : .... à.. ☐ baptisé
Fils de : .... & de: ....
Profession(s) : ....
Décédé le : .... à..

SITUATION MATRIMONIALE

☐ Mariage civil ☐ Mariage religieux ☐ Union libre

Le : .... à.. ☐ contrat de mariage
Témoins : ....

ASCENDANCE JUSQU'À LA XIVème GÉNÉRATION

2736 XII 2737 | 2738 XII 2739
5472 XIII 5473 | 5474 XIII 5475 | 5478 XIII 5479 | 5476 XIII 5477
10946 XIV 10947 | 10948 XIV 10949 | 10958 XIV 10959 | 10952 XIV 10953
1368 XI 1369
10944 XIV 10945 | 10954 XIV 10955
10950 XIV 10951 | 10956 XIV 10957

GX 684 Père

Sosa 342

GX 685 Mère

x

10962 XIV 10963 | 10968 XIV 10969
10964 XIV 10965 | 10974 XIV 10975
1370 XI 1371
5480 XIII 5481 | 5484 XIII 5485
10966 XIV 10967 | 10960 XIV 10961 | 10970 XIV 10971 | 10972 XIV 10973
5482 XIII 5483 | 5486 XIII 5487
2740 XII 2741 | 2742 XII 2743

Sosa **343**

♀ Nom : .... Prénoms : ....

▶Génération IX - Ascendant paternel ↓Enfant page 171 - ***Index page XVI*** ☐ Implexe

Née le : .... à .... ☐ baptisée

Fille de : .... & de: ....

Profession(s) : ....

Décédée le : .... à ....

ENFANTS ....

ASCENDANCE JUSQU'À LA XIVème GÉNÉRATION

2744 XII 2745

2746 XII 2747

5488 XIII 5489

10978 XIV 10979

10980 XIV 10981

5490 XIII 5491

5494 XIII 5495

10990 XIV 10991

10984 XIV 10985

5492 XIII 5493

1372 XI 1373

10976 XIV 10977

10986 XIV 10987

10982 XIV 10983

10988 XIV 10989

GX 686 Père

Sosa 343

GX 687 Mère

x

10994 XIV 10995

11000 XIV 11001

10996 XIV 10997

11006 XIV 11007

1374 XI 1375

10998 XIV 10999

10992 XIV 10993

5496 XIII 5497

5500 XIII 5501

11002 XIV 11003

11004 XIV 11005

5498 XIII 5499

2748 XII 2749

2750 XII 2751

5502 XIII 5503

Sosa
344 Nom : .... Prénoms : .... ♂

▸Génération 9 - Ascendant paternel ↓Enfant page 172 - ***Index page XVI*** ☐ Implexe

Né le : .... à .... ☐ baptisé

Fils de : .... & de: ....

Profession(s) : ....

Décédé le : .... à ....

SITUATION MATRIMONIALE

☐ Mariage civil ☐ Mariage religieux ☐ Union libre

Le : .... à .... ☐ contrat de mariage

Témoins : ....

ASCENDANCE JUSQU'À LA XIVème GÉNÉRATION

2752 XII 2753

2754 XII 2755

5504 XIII 5505

5508 XIII 5509

11010 XIV 11011

11012 XIV 11013

5506 XIII 5507

5510 XIII 5511

11022 XIV 11023

11016 XIV 11017

1376 XI 1377

11008 XIV 11009

11018 XIV 11019

11014 XIV 11015

11020 XIV 11021

°

†

GX 688 Père

Sosa 344

GX 689 Mère

x

°

†

11026 XIV 11027

11032 XIV 11033

11028 XIV 11029

11038 XIV 11039

1378 XI 1379

11030 XIV 11031

11024 XIV 11025

5512 XIII 5513

5516 XIII 5517

11034 XIV 11035

11036 XIV 11037

5514 XIII 5515

5518 XIII 5519

2756 XII 2757

2758 XII 2759

Sosa
345

♀ Nom : .... Prénoms : ....

▶Génération IX - Ascendant paternel ↓Enfant page 172 - *Index page XVI* ☐ Implexe

Née le : .... à .... ☐ baptisée

Fille de : .... & de: ....

Profession(s) : ....

Décédée le : .... à ....

ENFANTS ....

ASCENDANCE JUSQU'À LA XIVème GÉNÉRATION

2760 XII 2761

2762 XII 2763

5520 XIII 5521

5524 XIII 5525

11042 XIV 11043

11044 XIV 11045

5522 XIII 5523

5526 XIII 5527

11054 XIV 11055

11048 XIV 11049

1380 XI 1381

11040 XIV 11041

11050 XIV 11051

11046 XIV 11047

11052 XIV 11053

GX 690 Père

Sosa 345

GX 691 Mère

11058 XIV 11059

11064 XIV 11065

11060 XIV 11061

11070 XIV 11071

1382 XI 1383

11062 XIV 11063

11056 XIV 11057

5528 XIII 5529

5532 XIII 5533

11066 XIV 11067

11068 XIV 11069

5530 XIII 5531

2764 XII 2765

2766 XII 2767

5534 XIII 5535

Sosa
346

Nom : ....Prénoms : .... ♂

▸Génération 9 - Ascendant paternel ↓Enfant page 173 - ***Index page XVI*** ☐ Implexe

Né le : ....à..☐ baptisé

Fils de : ....& de: ....

Profession(s) : ....

Décédé le : ....à..

SITUATION MATRIMONIALE

☐ Mariage civil ☐ Mariage religieux ☐ Union libre

Le : ....à... ☐ contrat de mariage

Témoins : ....

ASCENDANCE JUSQU'À LA XIVème GÉNÉRATION

2768 XII 2769

2770 XII 2771

5536 XIII 5537

5540 XIII 5541

11074 XIV 11075

11076 XIV 11077

5538 XIII 5539

5542 XIII 5543

11086 XIV 11087

11080 XIV 11081

1384 XI 1385

11072 XIV 11073

11082 XIV 11083

11078 XIV 11079

11084 XIV 11085

GX 692 Père

Sosa 346

GX 693 Mère

x

11090 XIV 11091

11096 XIV 11097

11092 XIV 11093

11102 XIV 11103

1386 XI 1387

11094 XIV 11095

11088 XIV 11089

5544 XIII 5545

5548 XIII 5549

11098 XIV 11099

11100 XIV 11101

5546 XIII 5547

5550 XIII 5551

2772 XII 2773

2774 XII 2775

♀ Nom : .... Prénoms : ....

▶Génération IX - Ascendant paternel ↓Enfant page 173 - ***Index page XVI*** ☐ Implexe

Née le : .... à.................................... ☐ baptisée

Fille de : .... & de: ....

Profession(s) : ....

Décédée le : .... à....................................

ENFANTS ....

ASCENDANCE JUSQU'À LA XIVème GÉNÉRATION

2776 XII 2777

2778 XII 2779

5552 XIII 5553

11106 XIV 11107

11108 XIV 11109

5554 XIII 5555

5558 XIII 5559

11118 XIV 11119

11112 XIV 11113

5556 XIII 5557

1388 XI 1389

11104 XIV 11105

11114 XIV 11115

11110 XIV 11111

11116 XIV 11117

GX 694 Père

Sosa 347

GX 695 Mère

11122 XIV 11123

11128 XIV 11129

11124 XIV 11125

11134 XIV 11135

1390 XI 1391

11126 XIV 11127

11120 XIV 11121

5560 XIII 5561

5564 XIII 5565

11130 XIV 11131

11132 XIV 11133

5562 XIII 5563

2780 XII 2781

2782 XII 2783

5566 XIII 5567

Sosa
348 Nom : ....Prénoms : .... ♂

▸Génération 9 - Ascendant paternel ↓Enfant page 174 - ***Index page XVI*** ☐ Implexe

Né le : ....à..☐ baptisé
Fils de : ....& de: ....
Profession(s) : ....
Décédé le : ....à..

SITUATION MATRIMONIALE ☐ Mariage civil ☐ Mariage religieux ☐ Union libre
Le : ....à.. ☐ contrat de mariage
Témoins : ....

ASCENDANCE JUSQU'À LA XIVème GÉNÉRATION

2784 XII 2785
2786 XII 2787
5568 XIII 5569
5572 XIII 5573
11138 XIV 11139
11140 XIV 11141
5570 XIII 5571
5574 XIII 5575
11150 XIV 11151
11144 XIV 11145
1392 XI 1393
11136 XIV 11137
11146 XIV 11147
11142 XIV 11143
11148 XIV 11149
GX 696 Père

Sosa 348

GX 697 Mère
11154 XIV 11155
11160 XIV 11161
11156 XIV 11157
11166 XIV 11167
1394 XI 1395
5576 XIII 5577
5580 XIII 5581
11158 XIV 11159
11152 XIV 11153
11162 XIV 11163
11164 XIV 11165
5578 XIII 5579
5582 XIII 5583
2788 XII 2789
2790 XII 2791

Sosa **349**

♀ Nom : .... Prénoms : ....

▸Génération IX - Ascendant paternel ↓Enfant page 174 - ***Index page XVI*** ☐ Implexe

Née le : .... à .... ☐ baptisée

Fille de : .... & de: ....

Profession(s) : ....

Décédée le : .... à ....

ENFANTS ....

ASCENDANCE JUSQU'À LA XIVème GÉNÉRATION

2792 XII 2793

2794 XII 2795

5584 XIII 5585

11170 XIV 11171

11172 XIV 11173

5586 XIII 5587

5590 XIII 5591

11182 XIV 11183

11176 XIV 11177

5588 XIII 5589

1396 XI 1397

11168 XIV 11169

11178 XIV 11179

11174 XIV 11175

11180 XIV 11181

GX 698 Père

Sosa 349

GX 699 Mère

11186 XIV 11187

11192 XIV 11193

11188 XIV 11189

11198 XIV 11199

1398 XI 1399

11190 XIV 11191

11184 XIV 11185

5592 XIII 5593

5596 XIII 5597

11194 XIV 11195

11196 XIV 11197

5594 XIII 5595

2796 XII 2797

2798 XII 2799

5598 XIII 5599

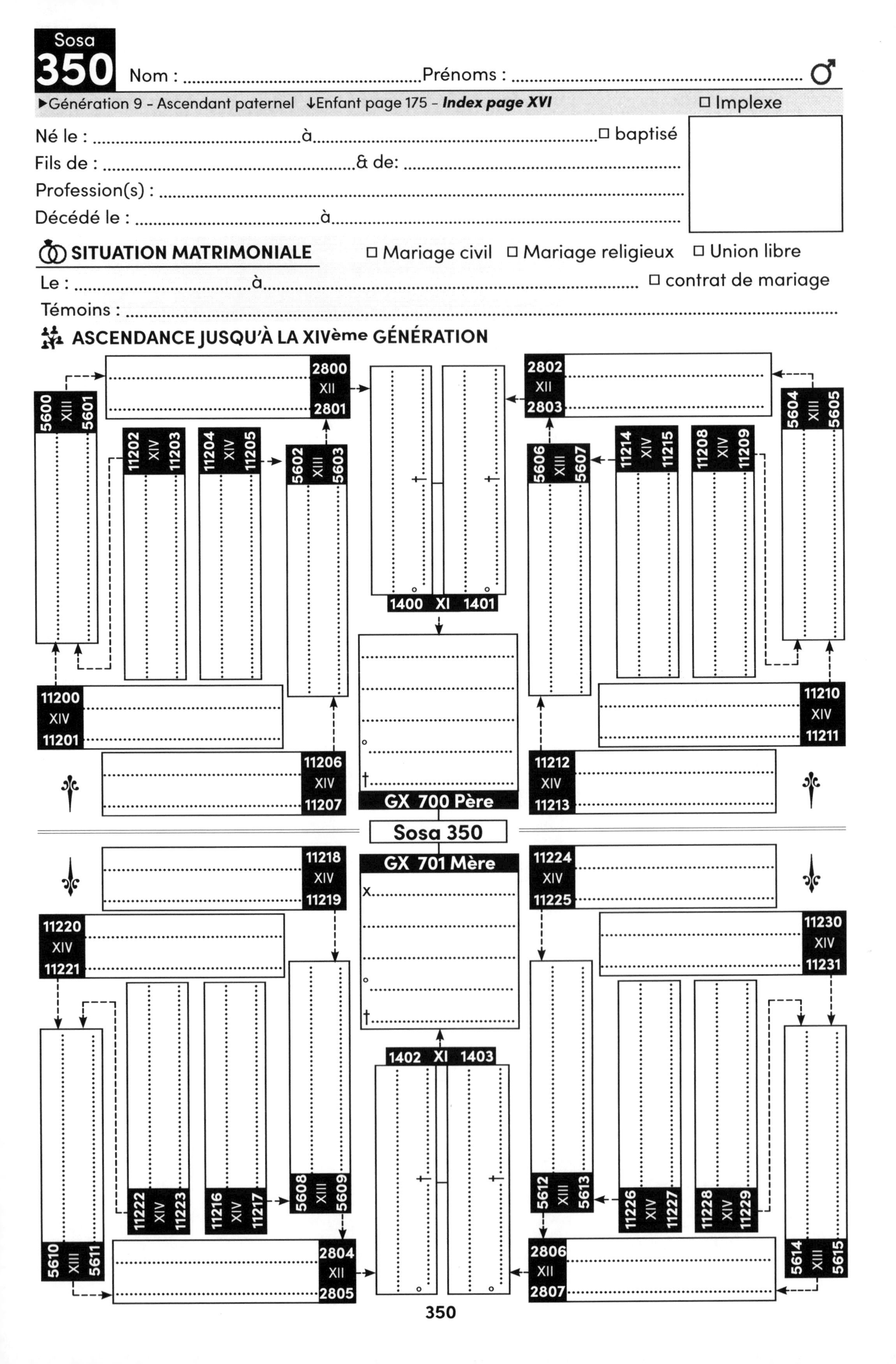

Sosa
350
Nom : ... Prénoms : ... ♂
▸Génération 9 - Ascendant paternel ↓Enfant page 175 - Index page XVI
☐ Implexe
Né le : ... à ... ☐ baptisé
Fils de : ... & de: ...
Profession(s) : ...
Décédé le : ... à ...
SITUATION MATRIMONIALE
☐ Mariage civil ☐ Mariage religieux ☐ Union libre
Le : ... à ... ☐ contrat de mariage
Témoins : ...
ASCENDANCE JUSQU'À LA XIVème GÉNÉRATION
2800 XII 2801
2802 XII 2803
5600 XIII 5601
5604 XIII 5605
11202 XIV 11203
11204 XIV 11205
5602 XIII 5603
5606 XIII 5607
11214 XIV 11215
11208 XIV 11209
1400 XI 1401
11200 XIV 11201
11210 XIV 11211
11206 XIV 11207
11212 XIV 11213
GX 700 Père
Sosa 350
GX 701 Mère
11218 XIV 11219
11224 XIV 11225
11220 XIV 11221
11230 XIV 11231
1402 XI 1403
5608 XIII 5609
5612 XIII 5613
11222 XIV 11223
11216 XIV 11217
11226 XIV 11227
11228 XIV 11229
5610 XIII 5611
5614 XIII 5615
2804 XII 2805
2806 XII 2807

Sosa 351

Nom : .... Prénoms : ....

▸Génération IX - Ascendant paternel ↓Enfant page 175 - ***Index page XVI*** ☐ Implexe

Née le : .... à .... ☐ baptisée

Fille de : .... & de: ....

Profession(s) : ....

Décédée le : .... à ....

ENFANTS ....

ASCENDANCE JUSQU'À LA XIVème GÉNÉRATION

2808 XII 2809

2810 XII 2811

5616 XIII 5617

11234 XIV 11235

11236 XIV 11237

5618 XIII 5619

5622 XIII 5623

11246 XIV 11247

11240 XIV 11241

5620 XIII 5621

1404 XI 1405

11232 XIV 11233

11242 XIV 11243

11238 XIV 11239

11244 XIV 11245

GX 702 Père

Sosa 351

GX 703 Mère

11250 XIV 11251

11256 XIV 11257

11252 XIV 11253

11262 XIV 11263

1406 XI 1407

11254 XIV 11255

11248 XIV 11249

5624 XIII 5625

5628 XIII 5629

11258 XIV 11259

11260 XIV 11261

5626 XIII 5627

2812 XII 2813

2814 XII 2815

5630 XIII 5631

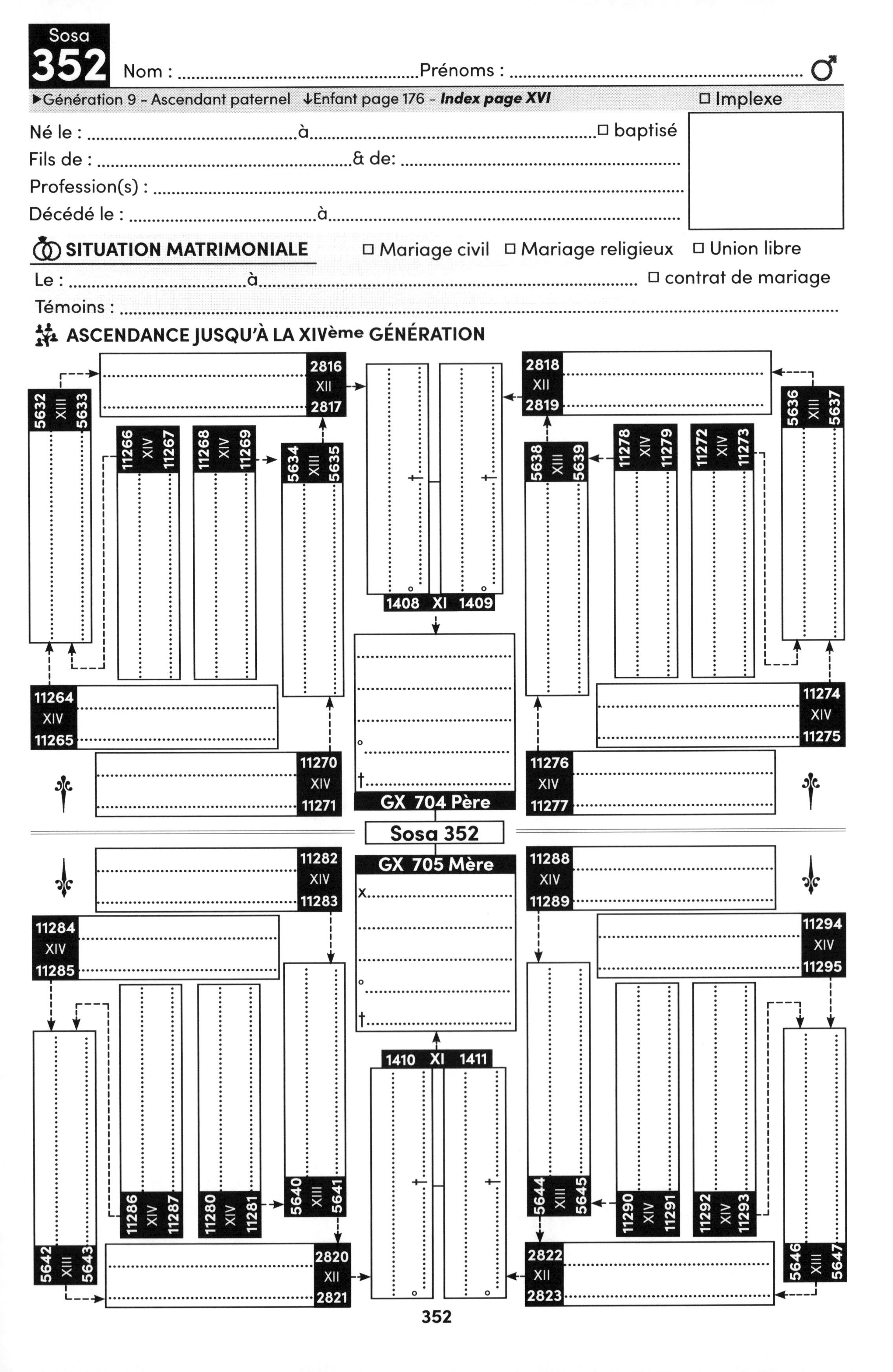

Sosa **352** Nom : .... Prénoms : .... ♂

▶Génération 9 - Ascendant paternel ↓Enfant page 176 - ***Index page XVI*** ☐ Implexe

Né le : .... à .... ☐ baptisé

Fils de : .... & de: ....

Profession(s) : ....

Décédé le : .... à ....

SITUATION MATRIMONIALE ☐ Mariage civil ☐ Mariage religieux ☐ Union libre

Le : .... à .... ☐ contrat de mariage

Témoins : ....

ASCENDANCE JUSQU'À LA XIVème GÉNÉRATION

2816 XII 2817 — 2818 XII 2819

5632 XIII 5633 — 11266 XIV 11267 — 11268 XIV 11269 — 5634 XIII 5635 — 5638 XIII 5639 — 11278 XIV 11279 — 11272 XIV 11273 — 5636 XIII 5637

1408 XI 1409

11264 XIV 11265 — 11274 XIV 11275

11270 XIV 11271 — 11276 XIV 11277

GX 704 Père

Sosa 352

GX 705 Mère

11282 XIV 11283 — 11288 XIV 11289

11284 XIV 11285 — 11294 XIV 11295

1410 XI 1411

5642 XIII 5643 — 11286 XIV 11287 — 11280 XIV 11281 — 5640 XIII 5641 — 5644 XIII 5645 — 11290 XIV 11291 — 11292 XIV 11293 — 5646 XIII 5647

2820 XII 2821 — 2822 XII 2823

♀ Nom : .... Prénoms : ....

▶Génération IX - Ascendant paternel ↓Enfant page 176 - ***Index page XVI*** ☐ Implexe

Née le : .... à .... ☐ baptisée

Fille de : .... & de: ....

Profession(s) : ....

Décédée le : .... à ....

ENFANTS ....

....

....

ASCENDANCE JUSQU'À LA XIVème GÉNÉRATION

2824 XII 2825

2826 XII 2827

5648 XIII 5649

11298 XIV 11299

11300 XIV 11301

5650 XIII 5651

5654 XIII 5655

11310 XIV 11311

11304 XIV 11305

5652 XIII 5653

1412 XI 1413

11296 XIV 11297

11306 XIV 11307

11302 XIV 11303

11308 XIV 11309

GX 706 Père

Sosa 353

GX 707 Mère

11314 XIV 11315

11320 XIV 11321

11316 XIV 11317

11326 XIV 11327

1414 XI 1415

11318 XIV 11319

11312 XIV 11313

5656 XIII 5657

5660 XIII 5661

11322 XIV 11323

11324 XIV 11325

5658 XIII 5659

2828 XII 2829

2830 XII 2831

5662 XIII 5663

Sosa
354 Nom : .... Prénoms : .... ♂

▸Génération 9 - Ascendant paternel ↓Enfant page 177 - ***Index page XVI*** ☐ Implexe

Né le : .... à .... ☐ baptisé

Fils de : .... & de: ....

Profession(s) : ....

Décédé le : .... à ....

SITUATION MATRIMONIALE

☐ Mariage civil ☐ Mariage religieux ☐ Union libre

Le : .... à .... ☐ contrat de mariage

Témoins : ....

ASCENDANCE JUSQU'À LA XIVème GÉNÉRATION

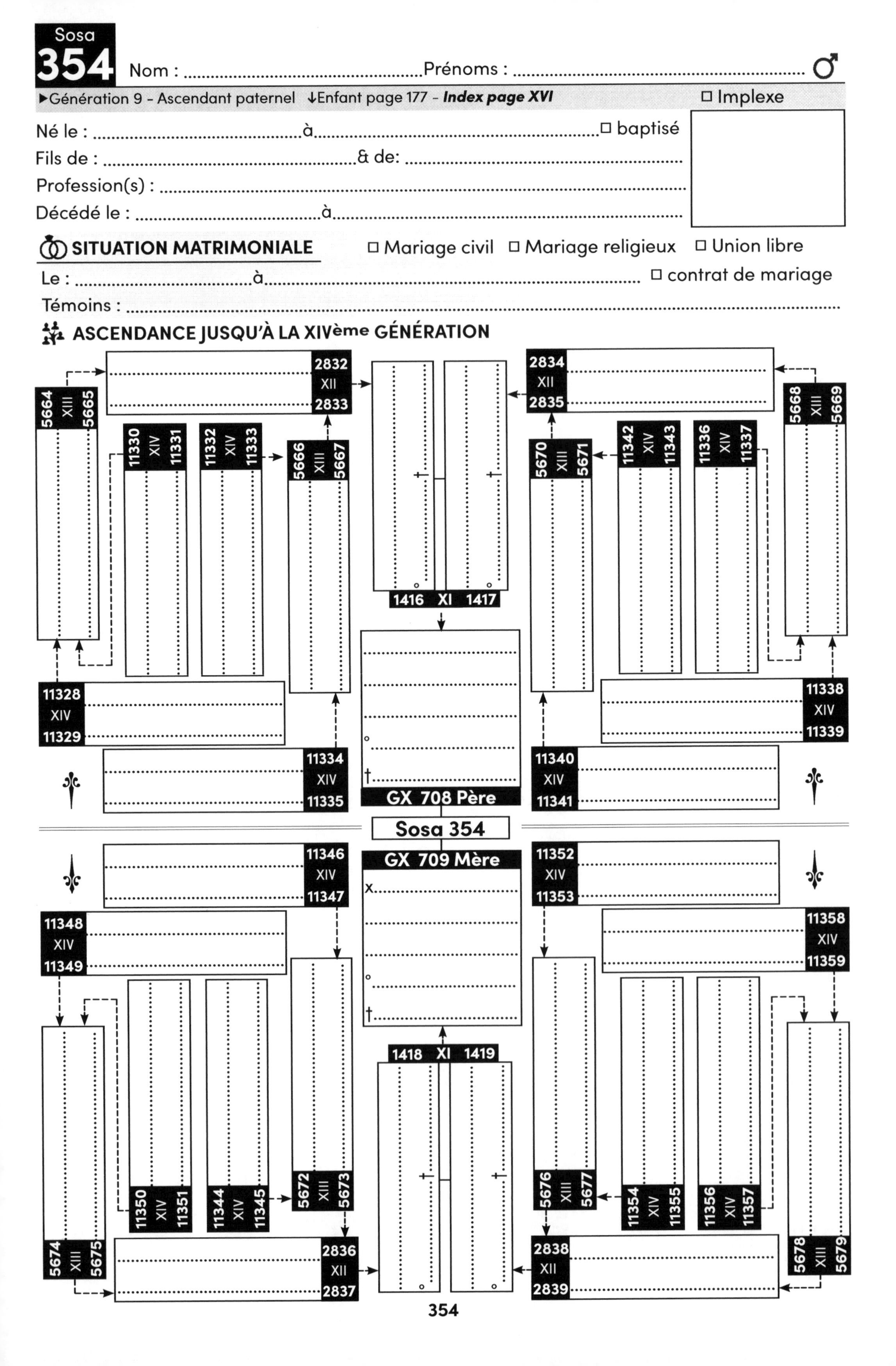

♀ Nom : .... Prénoms : ....

▶Génération IX - Ascendant paternel ↓Enfant page 177 - ***Index page XVI*** ☐ Implexe

Née le : .... à .... ☐ baptisée

Fille de : .... & de: ....

Profession(s) : ....

Décédée le : .... à ....

ENFANTS ....

ASCENDANCE JUSQU'À LA XIVème GÉNÉRATION

2840 XII 2841

2842 XII 2843

5680 XIII 5681

11362 XIV 11363

11364 XIV 11365

5682 XIII 5683

5686 XIII 5687

11374 XIV 11375

11368 XIV 11369

5684 XIII 5685

1420 XI 1421

11360 XIV 11361

11370 XIV 11371

11366 XIV 11367

11372 XIV 11373

GX 710 Père

Sosa 355

GX 711 Mère

11378 XIV 11379

11384 XIV 11385

11380 XIV 11381

11390 XIV 11391

1422 XI 1423

11382 XIV 11383

11376 XIV 11377

5688 XIII 5689

5692 XIII 5693

11386 XIV 11387

11388 XIV 11389

5690 XIII 5691

2844 XII 2845

2846 XII 2847

5694 XIII 5695

Sosa
356 Nom : .... Prénoms : .... ♂

▸Génération 9 - Ascendant paternel ↓Enfant page 178 - ***Index page XVI*** ☐ Implexe

Né le : .... à.. ☐ baptisé
Fils de : .... & de: ....
Profession(s) : ....
Décédé le : .... à..

SITUATION MATRIMONIALE

☐ Mariage civil ☐ Mariage religieux ☐ Union libre

Le : .... à.. ☐ contrat de mariage
Témoins : ....

ASCENDANCE JUSQU'À LA XIVème GÉNÉRATION

2848 XII 2849
2850 XII 2851
5696 XIII 5697
5700 XIII 5701
11394 XIV 11395
11396 XIV 11397
5698 XIII 5699
5702 XIII 5703
11406 XIV 11407
11400 XIV 11401
1424 XI 1425
11392 XIV 11393
11402 XIV 11403
11398 XIV 11399
11404 XIV 11405

GX 712 Père

Sosa 356

GX 713 Mère

x.
11410 XIV 11411
11416 XIV 11417
11412 XIV 11413
11422 XIV 11423
1426 XI 1427
11414 XIV 11415
11408 XIV 11409
5704 XIII 5705
5708 XIII 5709
11418 XIV 11419
11420 XIV 11421
5706 XIII 5707
5710 XIII 5711
2852 XII 2853
2854 XII 2855

Sosa 357

♀ Nom : .... Prénoms : ....

▶Génération IX - Ascendant paternel ↓Enfant page 178 - *Index page XVI* ☐ Implexe

Née le : .... à.............................. ☐ baptisée

Fille de : .... & de: ....

Profession(s) : ....

Décédée le : .... à..............................

ENFANTS ....

ASCENDANCE JUSQU'À LA XIVème GÉNÉRATION

2856 XII 2857

2858 XII 2859

5712 XIII 5713

11426 XIV 11427

11428 XIV 11429

5714 XIII 5715

5718 XIII 5719

11438 XIV 11439

11432 XIV 11433

5716 XIII 5717

1428 XI 1429

11424 XIV 11425

11434 XIV 11435

11430 XIV 11431

11436 XIV 11437

GX 714 Père

Sosa 357

GX 715 Mère

11442 XIV 11443

11448 XIV 11449

11444 XIV 11445

11454 XIV 11455

1430 XI 1431

5720 XIII 5721

5724 XIII 5725

11446 XIV 11447

11440 XIV 11441

11450 XIV 11451

11452 XIV 11453

5722 XIII 5723

2860 XII 2861

2862 XII 2863

5726 XIII 5727

Sosa
358 Nom : .... Prénoms : .... ♂

▸Génération 9 - Ascendant paternel ↓Enfant page 179 - ***Index page XVI*** ☐ Implexe

Né le : .... à .... ☐ baptisé
Fils de : .... & de: ....
Profession(s) : ....
Décédé le : .... à ....

SITUATION MATRIMONIALE ☐ Mariage civil ☐ Mariage religieux ☐ Union libre

Le : .... à .... ☐ contrat de mariage
Témoins : ....

ASCENDANCE JUSQU'À LA XIVème GÉNÉRATION

2864 XII 2865
2866 XII 2867
5728 XIII 5729
5732 XIII 5733
11458 XIV 11459
11460 XIV 11461
5730 XIII 5731
5734 XIII 5735
11470 XIV 11471
11464 XIV 11465
1432 XI 1433
11456 XIV 11457
11466 XIV 11467
11462 XIV 11463
11468 XIV 11469
GX 716 Père

Sosa 358

GX 717 Mère
11474 XIV 11475
11480 XIV 11481
11476 XIV 11477
11486 XIV 11487
1434 XI 1435
5736 XIII 5737
5740 XIII 5741
11478 XIV 11479
11472 XIV 11473
11482 XIV 11483
11484 XIV 11485
5738 XIII 5739
5742 XIII 5743
2868 XII 2869
2870 XII 2871

Sosa **359**

♀ Nom : ....Prénoms : ....

▸Génération IX - Ascendant paternel ↓Enfant page 179 - ***Index page XVI*** ☐ Implexe

Née le : ....à..☐ baptisée

Fille de : ....& de: ....

Profession(s) : ....

Décédée le : ....à..

ENFANTS ....

....

....

ASCENDANCE JUSQU'À LA XIVème GÉNÉRATION

2872 XII 2873

2874 XII 2875

5744 XIII 5745

5748 XIII 5749

11490 XIV 11491

11492 XIV 11493

5746 XIII 5747

1436 XI 1437

5750 XIII 5751

11502 XIV 11503

11496 XIV 11497

11488 XIV 11489

11498 XIV 11499

11494 XIV 11495

GX 718 Père

11500 XIV 11501

Sosa 359

11506 XIV 11507

GX 719 Mère

11512 XIV 11513

11508 XIV 11509

11518 XIV 11519

1438 XI 1439

11510 XIV 11511

11504 XIV 11505

5752 XIII 5753

5756 XIII 5757

11514 XIV 11515

11516 XIV 11517

5754 XIII 5755

2876 XII 2877

2878 XII 2879

5758 XIII 5759

Sosa
360 Nom : .... Prénoms : .... ♂

▸Génération 9 - Ascendant paternel ↓Enfant page 180 - ***Index page XVI*** ☐ Implexe

Né le : .... à .... ☐ baptisé

Fils de : .... & de: ....

Profession(s) : ....

Décédé le : .... à ....

SITUATION MATRIMONIALE

☐ Mariage civil ☐ Mariage religieux ☐ Union libre

Le : .... à .... ☐ contrat de mariage

Témoins : ....

ASCENDANCE JUSQU'À LA XIVème GÉNÉRATION

2880 XII 2881

2882 XII 2883

5760 XIII 5761

5764 XIII 5765

11522 XIV 11523

11524 XIV 11525

5762 XIII 5763

5766 XIII 5767

11534 XIV 11535

11528 XIV 11529

1440 XI 1441

11520 XIV 11521

11530 XIV 11531

11526 XIV 11527

11532 XIV 11533

GX 720 Père

Sosa 360

GX 721 Mère

11538 XIV 11539

11544 XIV 11545

11540 XIV 11541

11550 XIV 11551

1442 XI 1443

5768 XIII 5769

5772 XIII 5773

11542 XIV 11543

11536 XIV 11537

11546 XIV 11547

11548 XIV 11549

5770 XIII 5771

5774 XIII 5775

2884 XII 2885

2886 XII 2887

Sosa 361

♀ Nom : .... Prénoms : ....

▶Génération IX - Ascendant paternel ↓Enfant page 180 - ***Index page XVI*** ☐ Implexe

Née le : .... à.............................. ☐ baptisée

Fille de : .... & de: ....

Profession(s) : ....

Décédée le : .... à..............................

ENFANTS ....

ASCENDANCE JUSQU'À LA XIVème GÉNÉRATION

2888 XII 2889

2890 XII 2891

5776 XIII 5777

5780 XIII 5781

11554 XIV 11555

11556 XIV 11557

5778 XIII 5779

5782 XIII 5783

11566 XIV 11567

11560 XIV 11561

1444 XI 1445

11552 XIV 11553

11562 XIV 11563

11558 XIV 11559

11564 XIV 11565

GX 722 Père

Sosa 361

GX 723 Mère

11570 XIV 11571

11576 XIV 11577

11572 XIV 11573

11582 XIV 11583

1446 XI 1447

11574 XIV 11575

11568 XIV 11569

5784 XIII 5785

5788 XIII 5789

11578 XIV 11579

11580 XIV 11581

5786 XIII 5787

2892 XII 2893

2894 XII 2895

5790 XIII 5791

Sosa **362** Nom : .... Prénoms : .... ♂

▸Génération 9 - Ascendant paternel ↓Enfant page 181 - ***Index page XVI*** ☐ Implexe

Né le : .... à .... ☐ baptisé

Fils de : .... & de: ....

Profession(s) : ....

Décédé le : .... à ....

SITUATION MATRIMONIALE

☐ Mariage civil ☐ Mariage religieux ☐ Union libre

Le : .... à .... ☐ contrat de mariage

Témoins : ....

ASCENDANCE JUSQU'À LA XIVème GÉNÉRATION

2896 XII 2897

2898 XII 2899

5792 XIII 5793

11586 XIV 11587

11588 XIV 11589

5794 XIII 5795

1448 XI 1449

5798 XIII 5799

11598 XIV 11599

11592 XIV 11593

5796 XIII 5797

11584 XIV 11585

11594 XIV 11595

11590 XIV 11591

11596 XIV 11597

GX 724 Père

Sosa 362

GX 725 Mère

11602 XIV 11603

11608 XIV 11609

11604 XIV 11605

11614 XIV 11615

1450 XI 1451

11606 XIV 11607

11600 XIV 11601

5800 XIII 5801

5804 XIII 5805

11610 XIV 11611

11612 XIV 11613

5802 XIII 5803

2900 XII 2901

2902 XII 2903

5806 XIII 5807

Sosa **363**

♀ Nom : .... Prénoms : ....

▶Génération IX - Ascendant paternel ↓Enfant page 181 - ***Index page XVI*** ☐ Implexe

Née le : .... à .... ☐ baptisée

Fille de : .... & de: ....

Profession(s) : ....

Décédée le : .... à ....

ENFANTS ....

ASCENDANCE JUSQU'À LA XIVème GÉNÉRATION

2904 XII 2905

2906 XII 2907

5808 XIII 5809

5812 XIII 5813

11618 XIV 11619

11620 XIV 11621

5810 XIII 5811

5814 XIII 5815

11630 XIV 11631

11624 XIV 11625

1452 XI 1453

11616 XIV 11617

11626 XIV 11627

11622 XIV 11623

11628 XIV 11629

GX 726 Père

Sosa 363

GX 727 Mère

11634 XIV 11635

11640 XIV 11641

11636 XIV 11637

11646 XIV 11647

1454 XI 1455

11638 XIV 11639

11632 XIV 11633

5816 XIII 5817

5820 XIII 5821

11642 XIV 11643

11644 XIV 11645

5818 XIII 5819

2908 XII 2909

2910 XII 2911

5822 XIII 5823

Sosa **364** Nom : .... Prénoms : .... ♂

▶Génération 9 - Ascendant paternel ↓Enfant page 182 - ***Index page XVI*** ☐ Implexe

Né le : .... à .... ☐ baptisé
Fils de : .... & de: ....
Profession(s) : ....
Décédé le : .... à ....

SITUATION MATRIMONIALE

☐ Mariage civil ☐ Mariage religieux ☐ Union libre
Le : .... à .... ☐ contrat de mariage
Témoins : ....

ASCENDANCE JUSQU'À LA XIVème GÉNÉRATION

2912 XII 2913
2914 XII 2915
5824 XIII 5825
11650 XIV 11651
11652 XIV 11653
5826 XIII 5827
5830 XIII 5831
11662 XIV 11663
11656 XIV 11657
5828 XIII 5829
1456 XI 1457
11648 XIV 11649
11658 XIV 11659
11654 XIV 11655
11660 XIV 11661
GX 728 Père
Sosa 364
GX 729 Mère
11666 XIV 11667
11672 XIV 11673
11668 XIV 11669
11678 XIV 11679
1458 XI 1459
11670 XIV 11671
11664 XIV 11665
5832 XIII 5833
5836 XIII 5837
11674 XIV 11675
11676 XIV 11677
5834 XIII 5835
2916 XII 2917
2918 XII 2919
5838 XIII 5839

Sosa **365**

♀ Nom : .... Prénoms : ....

▸Génération IX – Ascendant paternel ↓Enfant page 182 – ***Index page XVI*** ☐ Implexe

Née le : .... à .... ☐ baptisée

Fille de : .... & de: ....

Profession(s) : ....

Décédée le : .... à ....

ENFANTS ....

....

ASCENDANCE JUSQU'À LA XIVème GÉNÉRATION

2920 XII 2921

2922 XII 2923

5840 XIII 5841

11682 XIV 11683

11684 XIV 11685

5842 XIII 5843

5846 XIII 5847

11694 XIV 11695

11688 XIV 11689

5844 XIII 5845

1460 XI 1461

11680 XIV 11681

11690 XIV 11691

11686 XIV 11687

11692 XIV 11693

GX 730 Père

Sosa 365

GX 731 Mère

11698 XIV 11699

11704 XIV 11705

11700 XIV 11701

11710 XIV 11711

1462 XI 1463

11702 XIV 11703

11696 XIV 11697

5848 XIII 5849

5852 XIII 5853

11706 XIV 11707

11708 XIV 11709

5850 XIII 5851

2924 XII 2925

2926 XII 2927

5854 XIII 5855

Sosa 366 Nom : .... Prénoms : .... ♂

▶Génération 9 - Ascendant paternel ↓Enfant page 183 - ***Index page XVI*** ☐ Implexe

Né le : .... à .... ☐ baptisé

Fils de : .... & de: ....

Profession(s) : ....

Décédé le : .... à ....

SITUATION MATRIMONIALE

☐ Mariage civil ☐ Mariage religieux ☐ Union libre

Le : .... à .... ☐ contrat de mariage

Témoins : ....

ASCENDANCE JUSQU'À LA XIVème GÉNÉRATION

2928 XII 2929

5856 XIII 5857

11714 XIV 11715

11716 XIV 11717

5858 XIII 5859

1464 XI 1465

2930 XII 2931

5862 XIII 5863

11726 XIV 11727

11720 XIV 11721

5860 XIII 5861

11712 XIV 11713

11718 XIV 11719

GX 732 Père

11722 XIV 11723

11724 XIV 11725

Sosa 366

GX 733 Mère

11730 XIV 11731

11732 XIV 11733

11736 XIV 11737

11742 XIV 11743

1466 XI 1467

11734 XIV 11735

11728 XIV 11729

5864 XIII 5865

5868 XIII 5869

11738 XIV 11739

11740 XIV 11741

5866 XIII 5867

2932 XII 2933

2934 XII 2935

5870 XIII 5871

Sosa **367**

♀ Nom : .... Prénoms : ....

▶Génération IX - Ascendant paternel ↓Enfant page 183 - ***Index page XVI*** ☐ Implexe

Née le : .... à .... ☐ baptisée

Fille de : .... & de: ....

Profession(s) : ....

Décédée le : .... à ....

ENFANTS ....

ASCENDANCE JUSQU'À LA XIVème GÉNÉRATION

2936 XII 2937

2938 XII 2939

5872 XIII 5873

5876 XIII 5877

11746 XIV 11747

11748 XIV 11749

5874 XIII 5875

5878 XIII 5879

11758 XIV 11759

11752 XIV 11753

1468 XI 1469

11744 XIV 11745

11754 XIV 11755

11750 XIV 11751

11756 XIV 11757

GX 734 Père

Sosa 367

GX 735 Mère

11762 XIV 11763

11768 XIV 11769

11764 XIV 11765

11774 XIV 11775

1470 XI 1471

5880 XIII 5881

5884 XIII 5885

11766 XIV 11767

11760 XIV 11761

11770 XIV 11771

11772 XIV 11773

5882 XIII 5883

5886 XIII 5887

2940 XII 2941

2942 XII 2943

Sosa
368
Nom : ....Prénoms : .... ♂

▸Génération 9 - Ascendant paternel ↓Enfant page 184 - ***Index page XVI*** ☐ Implexe

Né le : ....à...☐ baptisé
Fils de : ....& de: ....
Profession(s) : ....
Décédé le : ....à..

SITUATION MATRIMONIALE

☐ Mariage civil ☐ Mariage religieux ☐ Union libre

Le : ....à.. ☐ contrat de mariage
Témoins : ....

ASCENDANCE JUSQU'À LA XIVème GÉNÉRATION

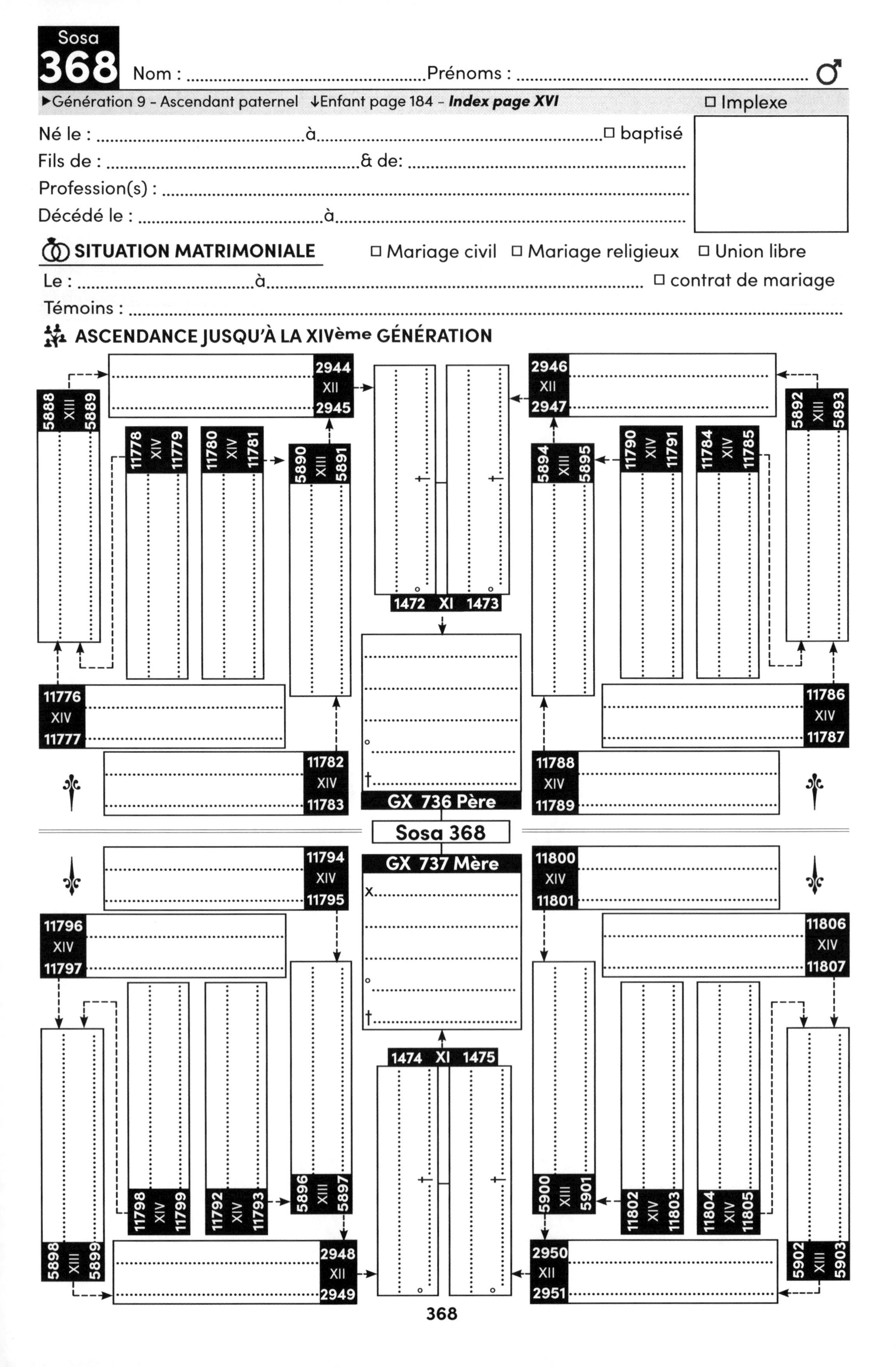

Sosa **369**

♀ Nom : .... Prénoms : ....

▶Génération IX - Ascendant paternel ↓Enfant page 184 - ***Index page XVI*** ☐ Implexe

Née le : .... à .... ☐ baptisée

Fille de : .... & de: ....

Profession(s) : ....

Décédée le : .... à ....

ENFANTS ....

ASCENDANCE JUSQU'À LA XIVème GÉNÉRATION

2952 XII 2953

2954 XII 2955

5904 XIII 5905

5908 XIII 5909

11810 XIV 11811

11812 XIV 11813

5906 XIII 5907

5910 XIII 5911

11822 XIV 11823

11816 XIV 11817

1476 XI 1477

11808 XIV 11809

11818 XIV 11819

11814 XIV 11815

11820 XIV 11821

GX 738 Père

Sosa 369

GX 739 Mère

11826 XIV 11827

11832 XIV 11833

11828 XIV 11829

11838 XIV 11839

1478 XI 1479

11830 XIV 11831

11824 XIV 11825

5912 XIII 5913

5916 XIII 5917

11834 XIV 11835

11836 XIV 11837

5914 XIII 5915

5918 XIII 5919

2956 XII 2957

2958 XII 2959

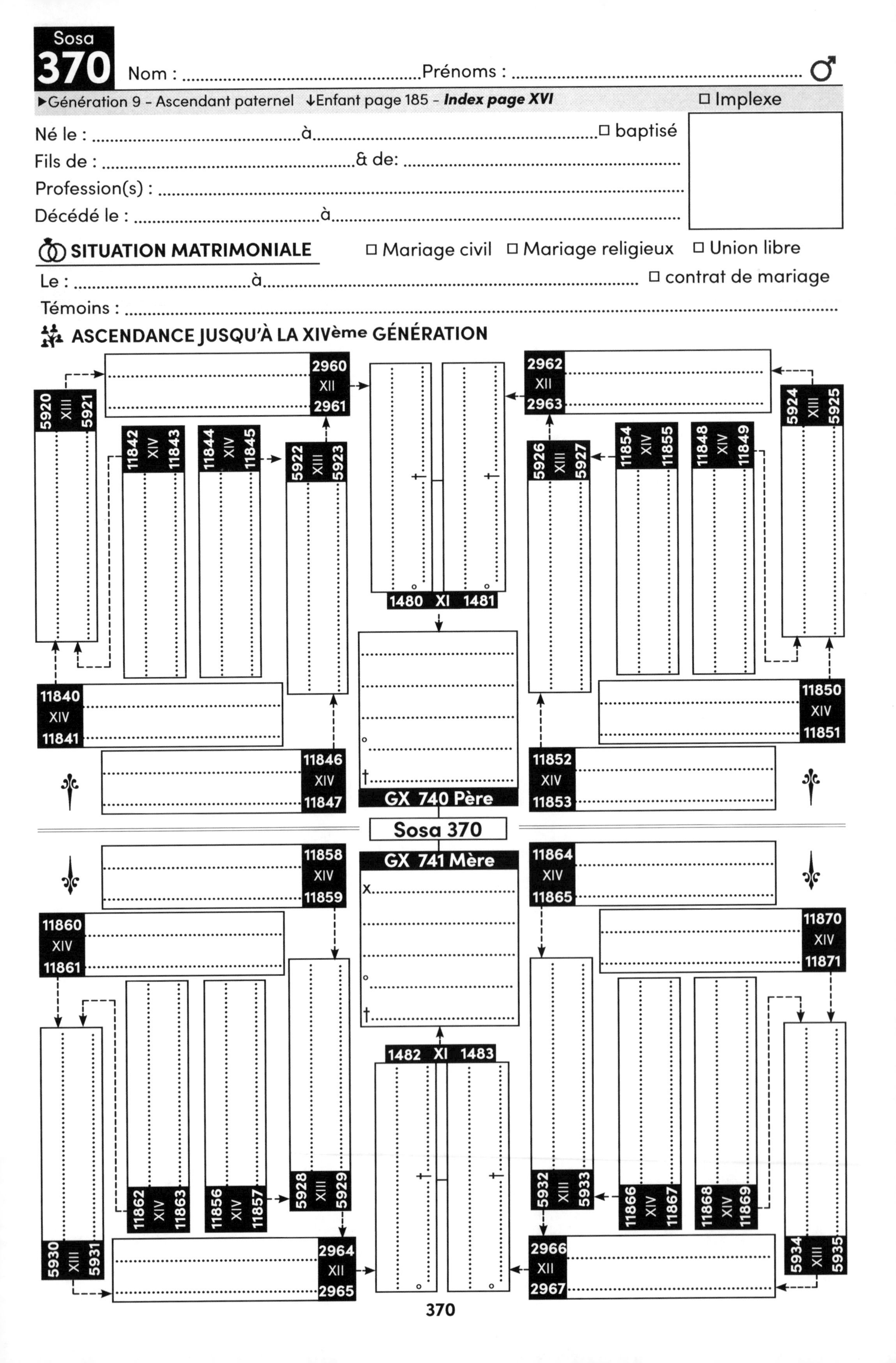

Sosa 370 Nom : .... Prénoms : .... ♂

▸Génération 9 - Ascendant paternel ↓Enfant page 185 - ***Index page XVI*** ☐ Implexe

Né le : .... à .... ☐ baptisé

Fils de : .... & de: ....

Profession(s) : ....

Décédé le : .... à ....

SITUATION MATRIMONIALE

☐ Mariage civil ☐ Mariage religieux ☐ Union libre

Le : .... à .... ☐ contrat de mariage

Témoins : ....

ASCENDANCE JUSQU'À LA XIVème GÉNÉRATION

2960 XII 2961

2962 XII 2963

5920 XIII 5921

11842 XIV 11843

11844 XIV 11845

5922 XIII 5923

1480 XI 1481

5926 XIII 5927

11854 XIV 11855

11848 XIV 11849

5924 XIII 5925

11840 XIV 11841

11850 XIV 11851

11846 XIV 11847

11852 XIV 11853

GX 740 Père

Sosa 370

GX 741 Mère

11858 XIV 11859

11864 XIV 11865

11860 XIV 11861

11870 XIV 11871

1482 XI 1483

5930 XIII 5931

11862 XIV 11863

11856 XIV 11857

5928 XIII 5929

5932 XIII 5933

11866 XIV 11867

11868 XIV 11869

5934 XIII 5935

2964 XII 2965

2966 XII 2967

Sosa **371**

♀ Nom : .... Prénoms : ....

▶Génération IX - Ascendant paternel ↓Enfant page 185 - ***Index page XVI*** ☐ Implexe

Née le : .... à .... ☐ baptisée

Fille de : .... & de: ....

Profession(s) : ....

Décédée le : .... à ....

ENFANTS ....

ASCENDANCE JUSQU'À LA XIVème GÉNÉRATION

2968 XII 2969 — 2970 XII 2971

5936 XIII 5937 — 11874 XIV 11875 — 11876 XIV 11877 — 5938 XIII 5939 — 5942 XIII 5943 — 11886 XIV 11887 — 11880 XIV 11881 — 5940 XIII 5941

1484 XI 1485

11872 XIV 11873 — 11882 XIV 11883

11878 XIV 11879 — 11884 XIV 11885

GX 742 Père

Sosa 371

GX 743 Mère

x

11890 XIV 11891 — 11896 XIV 11897

11892 XIV 11893 — 11902 XIV 11903

1486 XI 1487

11894 XIV 11895 — 11888 XIV 11889 — 5944 XIII 5945 — 5948 XIII 5949 — 11898 XIV 11899 — 11900 XIV 11901

5946 XIII 5947 — 2972 XII 2973 — 2974 XII 2975 — 5950 XIII 5951

Sosa 372 Nom : .... Prénoms : .... ♂

▸Génération 9 - Ascendant paternel ↓Enfant page 186 - ***Index page XVI*** ☐ Implexe

Né le : .... à .... ☐ baptisé

Fils de : .... & de: ....

Profession(s) : ....

Décédé le : .... à ....

SITUATION MATRIMONIALE

☐ Mariage civil ☐ Mariage religieux ☐ Union libre

Le : .... à .... ☐ contrat de mariage

Témoins : ....

ASCENDANCE JUSQU'À LA XIVème GÉNÉRATION

2976 XII 2977

2978 XII 2979

5952 XIII 5953

11906 XIV 11907

11908 XIV 11909

5954 XIII 5955

5958 XIII 5959

11918 XIV 11919

11912 XIV 11913

5956 XIII 5957

1488 XI 1489

11904 XIV 11905

11914 XIV 11915

11910 XIV 11911

11916 XIV 11917

GX 744 Père

Sosa 372

GX 745 Mère

11922 XIV 11923

11928 XIV 11929

11924 XIV 11925

11934 XIV 11935

1490 XI 1491

5960 XIII 5961

5964 XIII 5965

11926 XIV 11927

11920 XIV 11921

11930 XIV 11931

11932 XIV 11933

5962 XIII 5963

5966 XIII 5967

2980 XII 2981

2982 XII 2983

Sosa
373

♀ Nom : .... Prénoms : ....

▶Génération IX - Ascendant paternel ↓Enfant page 186 - ***Index page XVI*** ☐ Implexe

Née le : .... à .... ☐ baptisée

Fille de : .... & de: ....

Profession(s) : ....

Décédée le : .... à ....

ENFANTS ....

ASCENDANCE JUSQU'À LA XIVème GÉNÉRATION

2984 XII 2985

2986 XII 2987

5968 XIII 5969

5972 XIII 5973

11938 XIV 11939

11940 XIV 11941

5970 XIII 5971

5974 XIII 5975

11950 XIV 11951

11944 XIV 11945

1492 XI 1493

11936 XIV 11937

11946 XIV 11947

11942 XIV 11943

11948 XIV 11949

GX 746 Père

Sosa 373

GX 747 Mère

11954 XIV 11955

11960 XIV 11961

11956 XIV 11957

11966 XIV 11967

1494 XI 1495

11958 XIV 11959

11952 XIV 11953

5976 XIII 5977

5980 XIII 5981

11962 XIV 11963

11964 XIV 11965

5978 XIII 5979

2988 XII 2989

2990 XII 2991

5982 XIII 5983

Sosa
374 Nom : .... Prénoms : .... ♂

▸Génération 9 - Ascendant paternel ↓Enfant page 187 - ***Index page XVI*** ☐ Implexe

Né le : .... à .... ☐ baptisé
Fils de : .... & de: ....
Profession(s) : ....
Décédé le : .... à ....

SITUATION MATRIMONIALE

☐ Mariage civil ☐ Mariage religieux ☐ Union libre
Le : .... à .... ☐ contrat de mariage
Témoins : ....

ASCENDANCE JUSQU'À LA XIVème GÉNÉRATION

2992 XII 2993
2994 XII 2995
5984 XIII 5985
11970 XIV 11971
11972 XIV 11973
5986 XIII 5987
1496 XI 1497
5990 XIII 5991
11982 XIV 11983
11976 XIV 11977
5988 XIII 5989
11968 XIV 11969
11974 XIV 11975
GX 748 Père
11978 XIV 11979
11980 XIV 11981

Sosa 374

11986 XIV 11987
GX 749 Mère
x
11992 XIV 11993
11988 XIV 11989
11998 XIV 11999
1498 XI 1499
11990 XIV 11991
11984 XIV 11985
5992 XIII 5993
5996 XIII 5997
11994 XIV 11995
11996 XIV 11997
5994 XIII 5995
2996 XII 2997
2998 XII 2999
5998 XIII 5999

Sosa **375**

♀ Nom : .... Prénoms : ....

▶Génération IX - Ascendant paternel ↓Enfant page 187 - ***Index page XVI*** ☐ Implexe

Née le : .... à .... ☐ baptisée

Fille de : .... & de: ....

Profession(s) : ....

Décédée le : .... à ....

ENFANTS ....

ASCENDANCE JUSQU'À LA XIVème GÉNÉRATION

3000 XII 3001

3002 XII 3003

6000 XIII 6001

12002 XIV 12003

12004 XIV 12005

6002 XIII 6003

6006 XIII 6007

12014 XIV 12015

12008 XIV 12009

6004 XIII 6005

1500 XI 1501

12000 XIV 12001

12010 XIV 12011

12006 XIV 12007

12012 XIV 12013

GX 750 Père

Sosa 375

GX 751 Mère

12018 XIV 12019

12024 XIV 12025

12020 XIV 12021

12030 XIV 12031

1502 XI 1503

12022 XIV 12023

12016 XIV 12017

6008 XIII 6009

6012 XIII 6013

12026 XIV 12027

12028 XIV 12029

6010 XIII 6011

6014 XIII 6015

3004 XII 3005

3006 XII 3007

Sosa **376** Nom : .... Prénoms : .... ♂

▶Génération 9 - Ascendant paternel ↓Enfant page 188 - ***Index page XVI*** ☐ Implexe

Né le : .... à.................................... ☐ baptisé

Fils de : .... & de: ....

Profession(s) : ....

Décédé le : .... à....................................

SITUATION MATRIMONIALE

☐ Mariage civil ☐ Mariage religieux ☐ Union libre

Le : .... à.................................... ☐ contrat de mariage

Témoins : ....

ASCENDANCE JUSQU'À LA XIVème GÉNÉRATION

3008 XII 3009

3010 XII 3011

6016 XIII 6017

6020 XIII 6021

12034 XIV 12035

12036 XIV 12037

6018 XIII 6019

6022 XIII 6023

12046 XIV 12047

12040 XIV 12041

1504 XI 1505

12032 XIV 12033

12042 XIV 12043

12038 XIV 12039

12044 XIV 12045

GX 752 Père

Sosa 376

GX 753 Mère

x.

12050 XIV 12051

12056 XIV 12057

12052 XIV 12053

12062 XIV 12063

1506 XI 1507

12054 XIV 12055

12048 XIV 12049

6024 XIII 6025

6028 XIII 6029

12058 XIV 12059

12060 XIV 12061

6026 XIII 6027

6030 XIII 6031

3012 XII 3013

3014 XII 3015

♀ Nom : .... Prénoms : ....

▶Génération IX - Ascendant paternel ↓Enfant page 188 - *Index page XVI* ☐ Implexe

Née le : .... à .... ☐ baptisée

Fille de : .... & de: ....

Profession(s) : ....

Décédée le : .... à ....

ENFANTS ....

ASCENDANCE JUSQU'À LA XIVème GÉNÉRATION

3016 XII 3017

3018 XII 3019

6032 XIII 6033

12066 XIV 12067

12068 XIV 12069

6034 XIII 6035

6038 XIII 6039

12078 XIV 12079

12072 XIV 12073

6036 XIII 6037

1508 XI 1509

12064 XIV 12065

12074 XIV 12075

12070 XIV 12071

12076 XIV 12077

GX 754 Père

Sosa 377

GX 755 Mère

12082 XIV 12083

12088 XIV 12089

12084 XIV 12085

12094 XIV 12095

1510 XI 1511

6040 XIII 6041

6044 XIII 6045

12086 XIV 12087

12080 XIV 12081

12090 XIV 12091

12092 XIV 12093

6042 XIII 6043

6046 XIII 6047

3020 XII 3021

3022 XII 3023

Sosa
378
Nom : .... Prénoms : .... ♂

▸Génération 9 - Ascendant paternel ↓Enfant page 189 - ***Index page XVI*** ☐ Implexe

Né le : .... à .... ☐ baptisé

Fils de : .... & de: ....

Profession(s) : ....

Décédé le : .... à ....

SITUATION MATRIMONIALE

☐ Mariage civil ☐ Mariage religieux ☐ Union libre

Le : .... à .... ☐ contrat de mariage

Témoins : ....

ASCENDANCE JUSQU'À LA XIVème GÉNÉRATION

3024 XII 3025

3026 XII 3027

6048 XIII 6049

12098 XIV 12099

12100 XIV 12101

6050 XIII 6051

6054 XIII 6055

12110 XIV 12111

12104 XIV 12105

6052 XIII 6053

1512 XI 1513

12096 XIV 12097

12106 XIV 12107

12102 XIV 12103

12108 XIV 12109

GX 756 Père

Sosa 378

GX 757 Mère

12114 XIV 12115

12120 XIV 12121

12116 XIV 12117

12126 XIV 12127

1514 XI 1515

12118 XIV 12119

12112 XIV 12113

6056 XIII 6057

6060 XIII 6061

12122 XIV 12123

12124 XIV 12125

6058 XIII 6059

3028 XII 3029

3030 XII 3031

6062 XIII 6063

Sosa **379**

♀ Nom : ....Prénoms : ....

▸Génération IX - Ascendant paternel ↓Enfant page 189 - ***Index page XVI*** ☐ Implexe

Née le : ....à..☐ baptisée

Fille de : ....& de: ....

Profession(s) : ....

Décédée le : ....à...

ENFANTS ....

....

....

ASCENDANCE JUSQU'À LA XIVème GÉNÉRATION

3032 XII 3033

3034 XII 3035

6064 XIII 6065

6068 XIII 6069

12130 XIV 12131

12132 XIV 12133

6066 XIII 6067

6070 XIII 6071

12142 XIV 12143

12136 XIV 12137

1516 XI 1517

12128 XIV 12129

12138 XIV 12139

12134 XIV 12135

12140 XIV 12141

GX 758 Père

Sosa 379

GX 759 Mère

12146 XIV 12147

12152 XIV 12153

12148 XIV 12149

12158 XIV 12159

1518 XI 1519

6072 XIII 6073

6076 XIII 6077

12150 XIV 12151

12144 XIV 12145

12154 XIV 12155

12156 XIV 12157

6074 XIII 6075

6078 XIII 6079

3036 XII 3037

3038 XII 3039

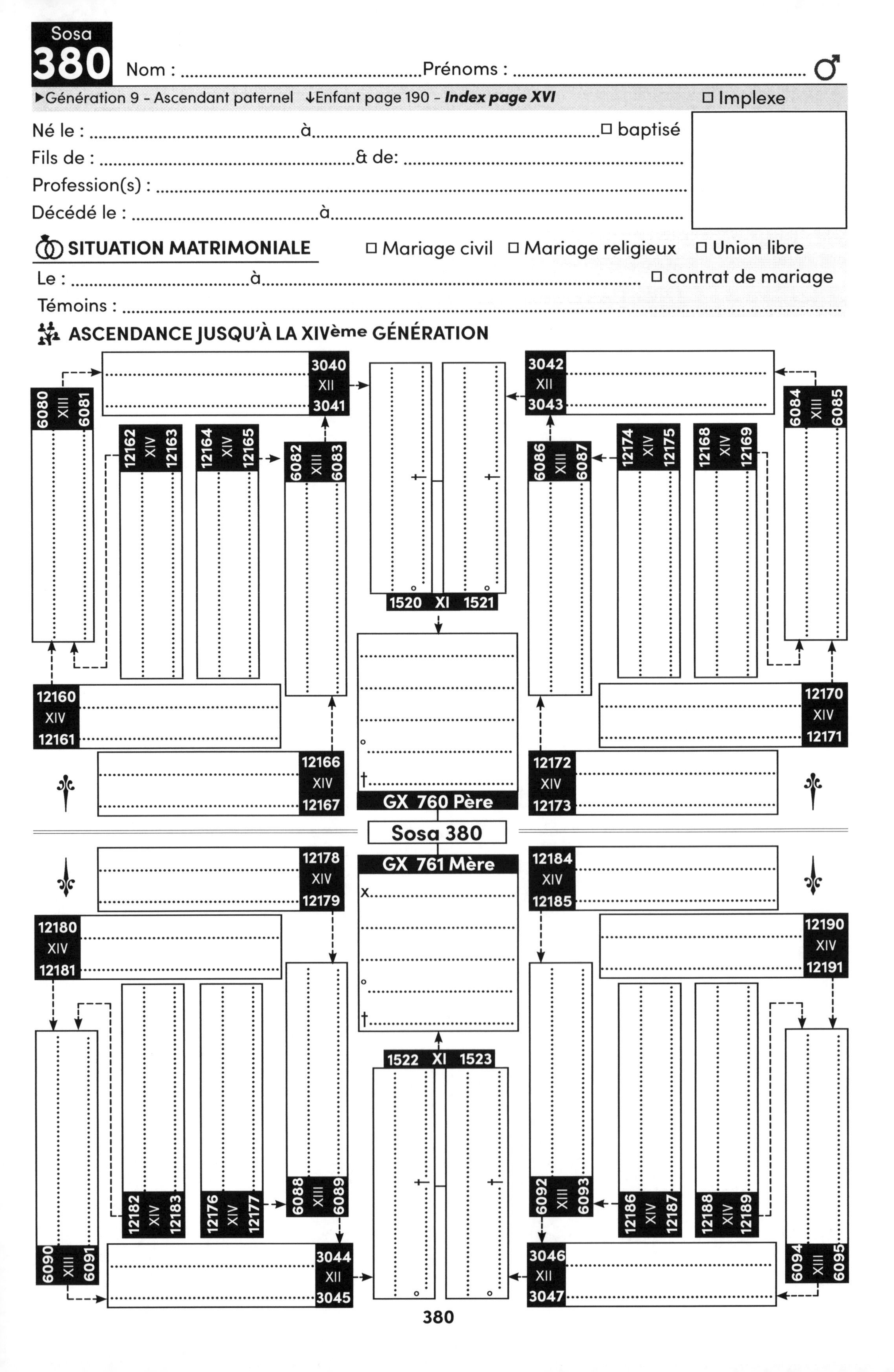

Sosa
380
Nom : Prénoms :
♂
▶Génération 9 - Ascendant paternel ↓Enfant page 190 - Index page XVI
☐ Implexe
Né le : à ☐ baptisé
Fils de : & de:
Profession(s) :
Décédé le : à
SITUATION MATRIMONIALE
☐ Mariage civil ☐ Mariage religieux ☐ Union libre
Le : à
☐ contrat de mariage
Témoins :
ASCENDANCE JUSQU'À LA XIVème GÉNÉRATION
3040 XII 3041
3042 XII 3043
6080 XIII 6081
6084 XIII 6085
12162 XIV 12163
12164 XIV 12165
6082 XIII 6083
6086 XIII 6087
12174 XIV 12175
12168 XIV 12169
1520 XI 1521
12160 XIV 12161
12170 XIV 12171
12166 XIV 12167
12172 XIV 12173
GX 760 Père
Sosa 380
GX 761 Mère
12178 XIV 12179
12184 XIV 12185
12180 XIV 12181
12190 XIV 12191
1522 XI 1523
12182 XIV 12183
12176 XIV 12177
6088 XIII 6089
6092 XIII 6093
12186 XIV 12187
12188 XIV 12189
6090 XIII 6091
6094 XIII 6095
3044 XII 3045
3046 XII 3047

♀ Nom : ....Prénoms : ....

▶Génération IX - Ascendant paternel ↓Enfant page 190 - ***Index page XVI*** ☐ Implexe

Née le : ....à..☐ baptisée

Fille de : ....& de: ....

Profession(s) : ....

Décédée le : ....à..

ENFANTS ....

ASCENDANCE JUSQU'À LA XIVème GÉNÉRATION

3048 XII 3049

3050 XII 3051

6096 XIII 6097

12194 XIV 12195

12196 XIV 12197

6098 XIII 6099

6102 XIII 6103

12206 XIV 12207

12200 XIV 12201

6100 XIII 6101

1524 XI 1525

12192 XIV 12193

12202 XIV 12203

12198 XIV 12199

12204 XIV 12205

GX 762 Père

Sosa 381

GX 763 Mère

12210 XIV 12211

12216 XIV 12217

12212 XIV 12213

12222 XIV 12223

1526 XI 1527

12214 XIV 12215

12208 XIV 12209

6104 XIII 6105

6108 XIII 6109

12218 XIV 12219

12220 XIV 12221

6106 XIII 6107

3052 XII 3053

3054 XII 3055

6110 XIII 6111

Sosa
382 Nom : ....Prénoms : .... ♂

▸Génération 9 - Ascendant paternel ↓Enfant page 191 - ***Index page XVI*** ☐ Implexe

Né le : ....à..☐ baptisé
Fils de : ....& de: ....
Profession(s) : ....
Décédé le : ....à..

SITUATION MATRIMONIALE

☐ Mariage civil ☐ Mariage religieux ☐ Union libre
Le : ....à.. ☐ contrat de mariage
Témoins : ....

ASCENDANCE JUSQU'À LA XIVème GÉNÉRATION

3056 XII 3057
3058 XII 3059
6112 XIII 6113
12226 XIV 12227
12228 XIV 12229
6114 XIII 6115
6118 XIII 6119
12238 XIV 12239
12232 XIV 12233
6116 XIII 6117
1528 XI 1529
12224 XIV 12225
12234 XIV 12235
12230 XIV 12231
12236 XIV 12237

GX 764 Père
○
†

Sosa 382

GX 765 Mère
x
○
†

12242 XIV 12243
12248 XIV 12249
12244 XIV 12245
12254 XIV 12255
1530 XI 1531
12246 XIV 12247
12240 XIV 12241
6120 XIII 6121
6124 XIII 6125
12250 XIV 12251
12252 XIV 12253
6122 XIII 6123
3060 XII 3061
3062 XII 3063
6126 XIII 6127

Sosa **383**

♀ Nom : .... Prénoms : ....

▶Génération IX - Ascendant paternel ↓Enfant page 191 - ***Index page XVI*** ☐ Implexe

Née le : .... à .... ☐ baptisée

Fille de : .... & de: ....

Profession(s) : ....

Décédée le : .... à ....

ENFANTS ....

ASCENDANCE JUSQU'À LA XIVème GÉNÉRATION

6128 XIII 6129

3064 XII 3065

12258 XIV 12259

12260 XIV 12261

6130 XIII 6131

3066 XII 3067

6132 XIII 6133

6134 XIII 6135

12270 XIV 12271

12264 XIV 12265

1532 XI 1533

12256 XIV 12257

12266 XIV 12267

12262 XIV 12263

12268 XIV 12269

GX 766 Père

Sosa 383

GX 767 Mère

12274 XIV 12275

12280 XIV 12281

12276 XIV 12277

12286 XIV 12287

1534 XI 1535

12278 XIV 12279

12272 XIV 12273

6136 XIII 6137

6140 XIII 6141

12282 XIV 12283

12284 XIV 12285

6138 XIII 6139

3068 XII 3069

3070 XII 3071

6142 XIII 6143

Sosa **384** Nom : .... Prénoms : .... ♂

▶Génération 9 - Ascendant maternel ↓Enfant page 192 - ***Index page XVI*** ☐ Implexe

Né le : .... à .... ☐ baptisé

Fils de : .... & de: ....

Profession(s) : ....

Décédé le : .... à ....

SITUATION MATRIMONIALE

☐ Mariage civil ☐ Mariage religieux ☐ Union libre

Le : .... à .... ☐ contrat de mariage

Témoins : ....

ASCENDANCE JUSQU'À LA XIVème GÉNÉRATION

3072 XII 3073

3074 XII 3075

6144 XIII 6145

12290 XIV 12291

12292 XIV 12293

6146 XIII 6147

6150 XIII 6151

12302 XIV 12303

12296 XIV 12297

6148 XIII 6149

1536 XI 1537

12288 XIV 12289

12298 XIV 12299

12294 XIV 12295

12300 XIV 12301

GX 768 Père

Sosa 384

GX 769 Mère

12306 XIV 12307

12312 XIV 12313

12308 XIV 12309

12318 XIV 12319

1538 XI 1539

12310 XIV 12311

12304 XIV 12305

6152 XIII 6153

6156 XIII 6157

12314 XIV 12315

12316 XIV 12317

6154 XIII 6155

3076 XII 3077

3078 XII 3079

6158 XIII 6159

Sosa 385

♀ Nom : .... Prénoms : ....

▸Génération IX - Ascendant maternel ↓Enfant page 192 - ***Index page XVI*** ☐ Implexe

Née le : .... à .... ☐ baptisée

Fille de : .... & de: ....

Profession(s) : ....

Décédée le : .... à ....

ENFANTS ....

ASCENDANCE JUSQU'À LA XIVème GÉNÉRATION

3080 XII 3081

3082 XII 3083

6160 XIII 6161

6164 XIII 6165

12322 XIV 12323

12324 XIV 12325

6162 XIII 6163

6166 XIII 6167

12334 XIV 12335

12328 XIV 12329

1540 XI 1541

12320 XIV 12321

12330 XIV 12331

12326 XIV 12327

12332 XIV 12333

GX 770 Père

Sosa 385

GX 771 Mère

12338 XIV 12339

12344 XIV 12345

12340 XIV 12341

12350 XIV 12351

1542 XI 1543

12342 XIV 12343

12336 XIV 12337

6168 XIII 6169

6172 XIII 6173

12346 XIV 12347

12348 XIV 12349

6170 XIII 6171

6174 XIII 6175

3084 XII 3085

3086 XII 3087

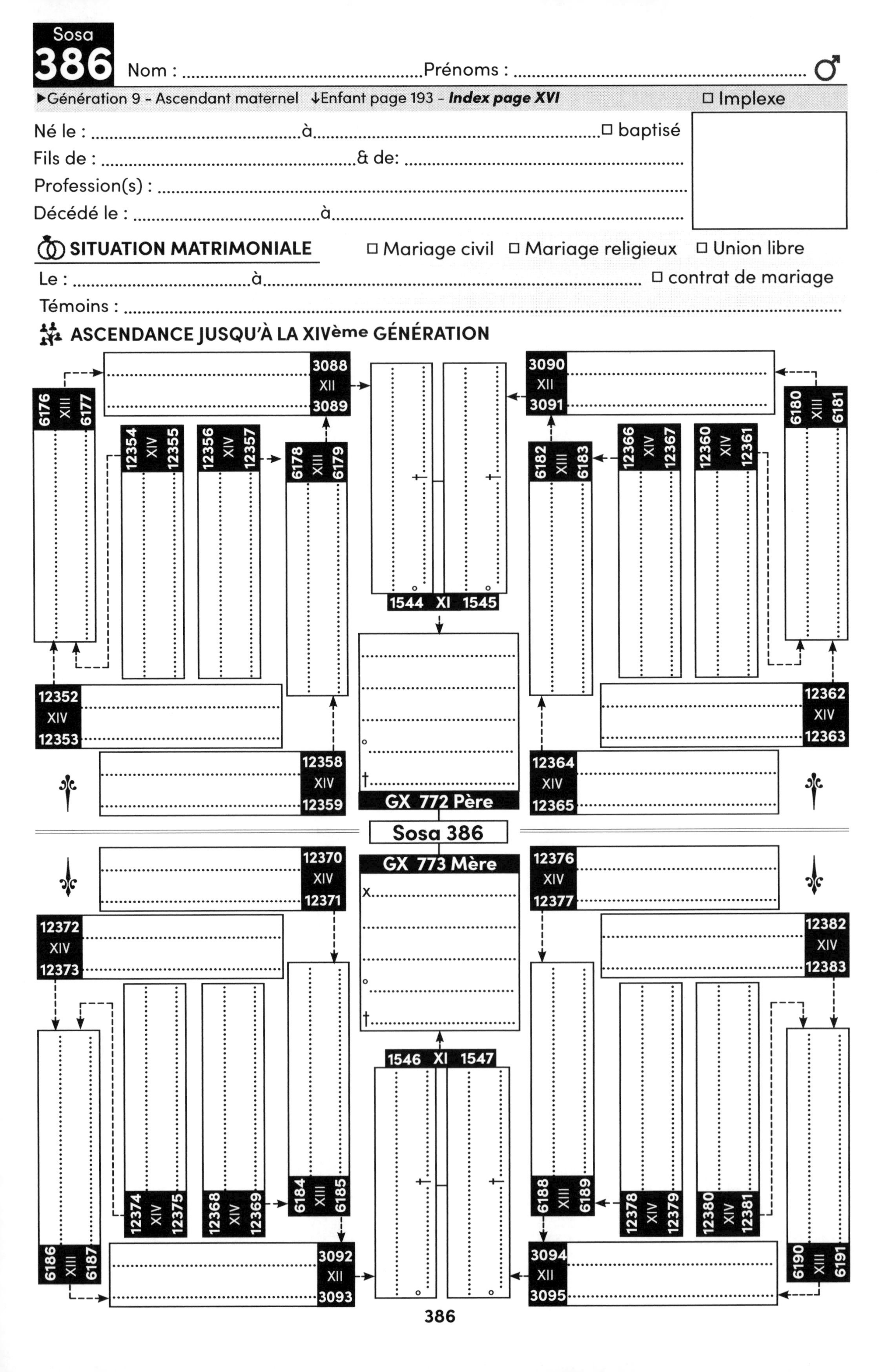
Sosa
386
Nom : Prénoms :
▶Génération 9 - Ascendant maternel ↓Enfant page 193 - Index page XVI
☐ Implexe
Né le : à ☐ baptisé
Fils de : & de:
Profession(s) :
Décédé le : à
SITUATION MATRIMONIALE
☐ Mariage civil ☐ Mariage religieux ☐ Union libre
Le : à ☐ contrat de mariage
Témoins :
ASCENDANCE JUSQU'À LA XIVème GÉNÉRATION
3088 XII 3089
3090 XII 3091
6176 XIII 6177
6180 XIII 6181
12354 XIV 12355
12356 XIV 12357
6178 XIII 6179
6182 XIII 6183
12366 XIV 12367
12360 XIV 12361
1544 XI 1545
12352 XIV 12353
12362 XIV 12363
12358 XIV 12359
12364 XIV 12365
GX 772 Père
Sosa 386
GX 773 Mère
12370 XIV 12371
12376 XIV 12377
12372 XIV 12373
12382 XIV 12383
1546 XI 1547
6184 XIII 6185
6188 XIII 6189
12374 XIV 12375
12368 XIV 12369
12378 XIV 12379
12380 XIV 12381
6186 XIII 6187
6190 XIII 6191
3092 XII 3093
3094 XII 3095

Sosa
387

♀ Nom : .... Prénoms : ....

▶Génération IX - Ascendant maternel ↓Enfant page 193 - ***Index page XVI*** ☐ Implexe

Née le : .... à .... ☐ baptisée

Fille de : .... & de: ....

Profession(s) : ....

Décédée le : .... à ....

ENFANTS ....

ASCENDANCE JUSQU'À LA XIVème GÉNÉRATION

3096 XII 3097

3098 XII 3099

6192 XIII 6193

12386 XIV 12387

12388 XIV 12389

6194 XIII 6195

6198 XIII 6199

12398 XIV 12399

12392 XIV 12393

6196 XIII 6197

1548 XI 1549

12384 XIV 12385

12394 XIV 12395

12390 XIV 12391

12396 XIV 12397

GX 774 Père

Sosa 387

GX 775 Mère

12402 XIV 12403

12408 XIV 12409

12404 XIV 12405

12414 XIV 12415

12406 XIV 12407

12400 XIV 12401

6200 XIII 6201

6204 XIII 6205

12410 XIV 12411

12412 XIV 12413

1550 XI 1551

6202 XIII 6203

3100 XII 3101

3102 XII 3103

6206 XIII 6207

Sosa
388 Nom : .... Prénoms : .... ♂

▶Génération 9 - Ascendant maternel ↓Enfant page 194 - ***Index page XVI*** ☐ Implexe

Né le : .... à.. ☐ baptisé
Fils de : .... & de: ....
Profession(s) : ....
Décédé le : .... à..

SITUATION MATRIMONIALE

☐ Mariage civil ☐ Mariage religieux ☐ Union libre
Le : .... à.. ☐ contrat de mariage
Témoins : ....

ASCENDANCE JUSQU'À LA XIVème GÉNÉRATION

3104 XII 3105
3106 XII 3107
6208 XIII 6209
12418 XIV 12419
12420 XIV 12421
6210 XIII 6211
6214 XIII 6215
12430 XIV 12431
12424 XIV 12425
6212 XIII 6213
1552 XI 1553
12416 XIV 12417
12426 XIV 12427
12422 XIV 12423
12428 XIV 12429
GX 776 Père

Sosa 388

GX 777 Mère
12434 XIV 12435
12440 XIV 12441
12436 XIV 12437
12446 XIV 12447
1554 XI 1555
12438 XIV 12439
12432 XIV 12433
6216 XIII 6217
6220 XIII 6221
12442 XIV 12443
12444 XIV 12445
6218 XIII 6219
3108 XII 3109
3110 XII 3111
6222 XIII 6223

Sosa **389**

♀ Nom : .... Prénoms : ....

▶Génération IX - Ascendant maternel ↓Enfant page 194 - ***Index page XVI*** ☐ Implexe

Née le : .... à .... ☐ baptisée

Fille de : .... & de: ....

Profession(s) : ....

Décédée le : .... à ....

ENFANTS ....

ASCENDANCE JUSQU'À LA XIVème GÉNÉRATION

6224 XIII 6225

3112 XII 3113

12450 XIV 12451

12452 XIV 12453

6226 XIII 6227

1556 XI 1557

3114 XII 3115

6230 XIII 6231

12462 XIV 12463

12456 XIV 12457

6228 XIII 6229

12448 XIV 12449

12454 XIV 12455

GX 778 Père

12460 XIV 12461

12458 XIV 12459

Sosa 389

12466 XIV 12467

GX 779 Mère

12472 XIV 12473

12468 XIV 12469

12478 XIV 12479

12470 XIV 12471

12464 XIV 12465

6232 XIII 6233

1558 XI 1559

6236 XIII 6237

12474 XIV 12475

12476 XIV 12477

6234 XIII 6235

3116 XII 3117

3118 XII 3119

6238 XIII 6239

Sosa
390

Nom : .... Prénoms : .... ♂

▸Génération 9 - Ascendant maternel ↓Enfant page 195 - ***Index page XVI*** ☐ Implexe

Né le : .... à .... ☐ baptisé

Fils de : .... & de: ....

Profession(s) : ....

Décédé le : .... à ....

SITUATION MATRIMONIALE

☐ Mariage civil ☐ Mariage religieux ☐ Union libre

Le : .... à .... ☐ contrat de mariage

Témoins : ....

ASCENDANCE JUSQU'À LA XIVème GÉNÉRATION

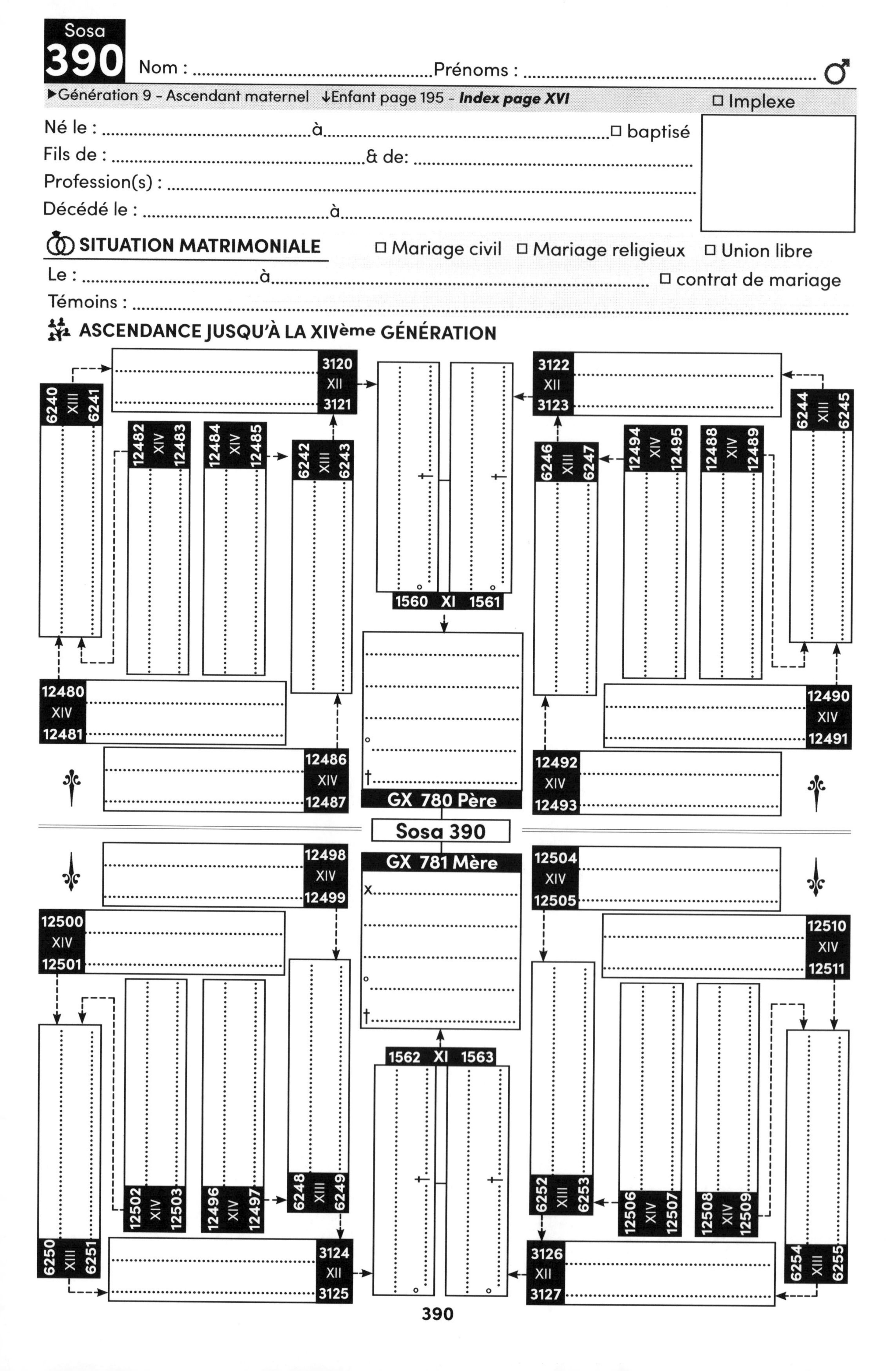

Sosa
391

♀ Nom : .... Prénoms : ....

▶Génération IX - Ascendant maternel ↓Enfant page 195 - ***Index page XVI*** ☐ Implexe

Née le : .... à.............................. ☐ baptisée

Fille de : .... & de: ....

Profession(s) : ....

Décédée le : .... à..............................

ENFANTS ....

ASCENDANCE JUSQU'À LA XIVème GÉNÉRATION

3128 XII 3129
3130 XII 3131
6256 XIII 6257
12514 XIV 12515
12516 XIV 12517
6258 XIII 6259
6262 XIII 6263
12526 XIV 12527
12520 XIV 12521
6260 XIII 6261
1564 XI 1565
12512 XIV 12513
12522 XIV 12523
12518 XIV 12519
12524 XIV 12525
GX 782 Père

Sosa 391

GX 783 Mère
12530 XIV 12531
12536 XIV 12537
12532 XIV 12533
12542 XIV 12543
1566 XI 1567
6264 XIII 6265
6268 XIII 6269
12534 XIV 12535
12528 XIV 12529
12538 XIV 12539
12540 XIV 12541
6266 XIII 6267
6270 XIII 6271
3132 XII 3133
3134 XII 3135

Sosa
392 Nom : .... Prénoms : .... ♂

▸Génération 9 - Ascendant maternel ↓Enfant page 196 - ***Index page XVI*** ☐ Implexe

Né le : .... à.. ☐ baptisé
Fils de : .... & de: ....
Profession(s) : ....
Décédé le : .... à..

SITUATION MATRIMONIALE

☐ Mariage civil ☐ Mariage religieux ☐ Union libre

Le : .... à.. ☐ contrat de mariage
Témoins : ....

ASCENDANCE JUSQU'À LA XIVème GÉNÉRATION

3136 XII 3137
3138 XII 3139
6272 XIII 6273
12546 XIV 12547
12548 XIV 12549
6274 XIII 6275
1568 XI 1569
6278 XIII 6279
12558 XIV 12559
12552 XIV 12553
6276 XIII 6277
12544 XIV 12545
12554 XIV 12555
12550 XIV 12551
12556 XIV 12557

GX 784 Père

Sosa 392

GX 785 Mère

12562 XIV 12563
12568 XIV 12569
12564 XIV 12565
12574 XIV 12575
1570 XI 1571
12566 XIV 12567
12560 XIV 12561
6280 XIII 6281
6284 XIII 6285
12570 XIV 12571
12572 XIV 12573
6282 XIII 6283
3140 XII 3141
3142 XII 3143
6286 XIII 6287

♀ Nom : .... Prénoms : ....

Sosa **393**

▶Génération IX - Ascendant maternel ↓Enfant page 196 - ***Index page XVI*** ☐ Implexe

Née le : .... à .... ☐ baptisée

Fille de : .... & de: ....

Profession(s) : ....

Décédée le : .... à ....

ENFANTS ....

ASCENDANCE JUSQU'À LA XIVème GÉNÉRATION

3144 XII 3145

1572 XI 1573

3146 XII 3147

6288 XIII 6289

12578 XIV 12579

12580 XIV 12581

6290 XIII 6291

6294 XIII 6295

12590 XIV 12591

12584 XIV 12585

6292 XIII 6293

12576 XIV 12577

12582 XIV 12583

12586 XIV 12587

12588 XIV 12589

GX 786 Père

Sosa 393

GX 787 Mère

x

12594 XIV 12595

12600 XIV 12601

12596 XIV 12597

12606 XIV 12607

6296 XIII 6297

12598 XIV 12599

12592 XIV 12593

6300 XIII 6301

12602 XIV 12603

12604 XIV 12605

6298 XIII 6299

3148 XII 3149

1574 XI 1575

3150 XII 3151

6302 XIII 6303

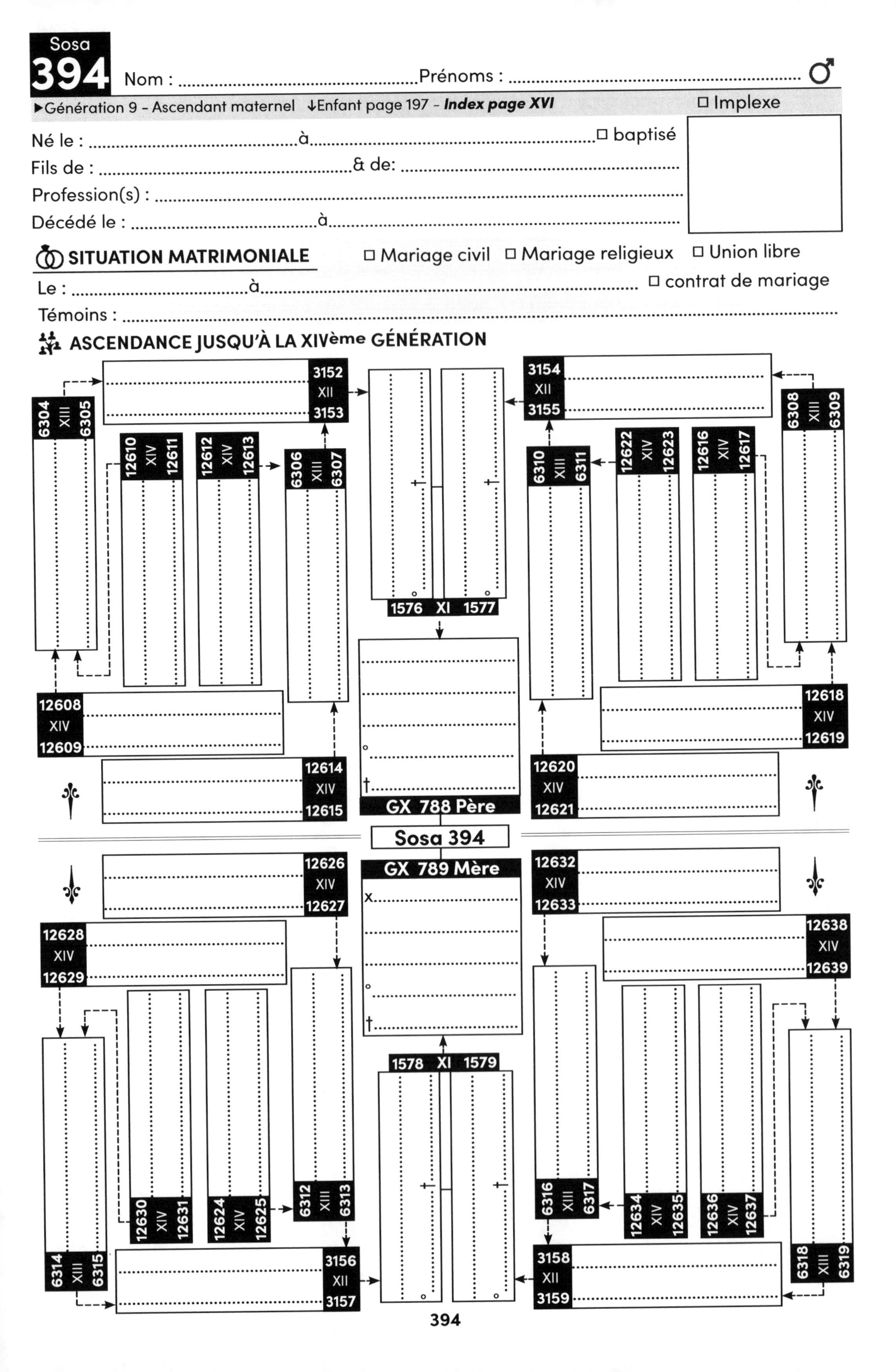

Sosa **394** Nom : .... Prénoms : .... ♂

▸Génération 9 - Ascendant maternel ↓Enfant page 197 - ***Index page XVI*** ☐ Implexe

Né le : .... à .... ☐ baptisé

Fils de : .... & de: ....

Profession(s) : ....

Décédé le : .... à ....

SITUATION MATRIMONIALE

☐ Mariage civil ☐ Mariage religieux ☐ Union libre

Le : .... à .... ☐ contrat de mariage

Témoins : ....

ASCENDANCE JUSQU'À LA XIVème GÉNÉRATION

3152 XII 3153

3154 XII 3155

6304 XIII 6305

12610 XIV 12611

12612 XIV 12613

6306 XIII 6307

6310 XIII 6311

12622 XIV 12623

12616 XIV 12617

6308 XIII 6309

1576 XI 1577

12608 XIV 12609

12618 XIV 12619

12614 XIV 12615

12620 XIV 12621

GX 788 Père

Sosa 394

GX 789 Mère

12626 XIV 12627

12632 XIV 12633

12628 XIV 12629

12638 XIV 12639

1578 XI 1579

12630 XIV 12631

12624 XIV 12625

6312 XIII 6313

6316 XIII 6317

12634 XIV 12635

12636 XIV 12637

6314 XIII 6315

3156 XII 3157

3158 XII 3159

6318 XIII 6319

♀ Nom : .... Prénoms : ....

▸Génération IX - Ascendant maternel ↓Enfant page 197 - ***Index page XVI*** ☐ Implexe

Née le : .... à .... ☐ baptisée

Fille de : .... & de: ....

Profession(s) : ....

Décédée le : .... à ....

ENFANTS ....

ASCENDANCE JUSQU'À LA XIVème GÉNÉRATION

3160 XII 3161

3162 XII 3163

6320 XIII 6321

12642 XIV 12643

12644 XIV 12645

6322 XIII 6323

6326 XIII 6327

12654 XIV 12655

12648 XIV 12649

6324 XIII 6325

1580 XI 1581

12640 XIV 12641

12650 XIV 12651

12646 XIV 12647

12652 XIV 12653

GX 790 Père

Sosa 395

GX 791 Mère

12658 XIV 12659

12664 XIV 12665

12660 XIV 12661

12670 XIV 12671

1582 XI 1583

6328 XIII 6329

6332 XIII 6333

12662 XIV 12663

12656 XIV 12657

12666 XIV 12667

12668 XIV 12669

6330 XIII 6331

6334 XIII 6335

3164 XII 3165

3166 XII 3167

Sosa 396 Nom : .... Prénoms : .... ♂

▸Génération 9 - Ascendant maternel ↓Enfant page 198 - ***Index page XVI*** ☐ Implexe

Né le : .... à .... ☐ baptisé

Fils de : .... & de: ....

Profession(s) : ....

Décédé le : .... à ....

SITUATION MATRIMONIALE

☐ Mariage civil ☐ Mariage religieux ☐ Union libre

Le : .... à .... ☐ contrat de mariage

Témoins : ....

ASCENDANCE JUSQU'À LA XIVème GÉNÉRATION

6336 XIII 6337

3168 XII 3169

12674 XIV 12675

12676 XIV 12677

6338 XIII 6339

1584 XI 1585

3170 XII 3171

6342 XIII 6343

12686 XIV 12687

12680 XIV 12681

6340 XIII 6341

12672 XIV 12673

12682 XIV 12683

12678 XIV 12679

12684 XIV 12685

GX 792 Père

Sosa 396

GX 793 Mère

12690 XIV 12691

12696 XIV 12697

12692 XIV 12693

12702 XIV 12703

1586 XI 1587

6344 XIII 6345

12694 XIV 12695

12688 XIV 12689

6348 XIII 6349

12698 XIV 12699

12700 XIV 12701

6346 XIII 6347

3172 XII 3173

3174 XII 3175

6350 XIII 6351

Sosa
397

♀ Nom : .... Prénoms : ....

▶Génération IX - Ascendant maternel ↓Enfant page 198 - ***Index page XVI*** ☐ Implexe

Née le : .... à .... ☐ baptisée

Fille de : .... & de: ....

Profession(s) : ....

Décédée le : .... à ....

ENFANTS ....

....

....

ASCENDANCE JUSQU'À LA XIVème GÉNÉRATION

3176 XII 3177

3178 XII 3179

6352 XIII 6353

6356 XIII 6357

12706 XIV 12707

12708 XIV 12709

6354 XIII 6355

6358 XIII 6359

12718 XIV 12719

12712 XIV 12713

1588 XI 1589

12704 XIV 12705

12714 XIV 12715

12710 XIV 12711

12716 XIV 12717

GX 794 Père

Sosa 397

GX 795 Mère

12722 XIV 12723

12728 XIV 12729

12724 XIV 12725

12734 XIV 12735

x

1590 XI 1591

12726 XIV 12727

12720 XIV 12721

6360 XIII 6361

6364 XIII 6365

12730 XIV 12731

12732 XIV 12733

6362 XIII 6363

3180 XII 3181

3182 XII 3183

6366 XIII 6367

Sosa
398 Nom : ....Prénoms : .... ♂

▸Génération 9 - Ascendant maternel ↓Enfant page 199 - ***Index page XVI*** ☐ Implexe

Né le : ....à..☐ baptisé
Fils de : ....& de: ....
Profession(s) : ....
Décédé le : ....à..

SITUATION MATRIMONIALE

☐ Mariage civil ☐ Mariage religieux ☐ Union libre

Le : ....à.. ☐ contrat de mariage
Témoins : ....

ASCENDANCE JUSQU'À LA XIVème GÉNÉRATION

3184 XII 3185
3186 XII 3187
6368 XIII 6369
12738 XIV 12739
12740 XIV 12741
6370 XIII 6371
6374 XIII 6375
12750 XIV 12751
12744 XIV 12745
6372 XIII 6373
1592 XI 1593
12736 XIV 12737
12746 XIV 12747
12742 XIV 12743
12748 XIV 12749
GX 796 Père

Sosa 398

GX 797 Mère
12754 XIV 12755
12760 XIV 12761
12756 XIV 12757
12766 XIV 12767
1594 XI 1595
6376 XIII 6377
6380 XIII 6381
12758 XIV 12759
12752 XIV 12753
12762 XIV 12763
12764 XIV 12765
6378 XIII 6379
3188 XII 3189
3190 XII 3191
6382 XIII 6383

♀ Nom : .... Prénoms : ....

▶Génération IX - Ascendant maternel ↓Enfant page 199 - ***Index page XVI*** ☐ Implexe

Née le : .... à .... ☐ baptisée

Fille de : .... & de: ....

Profession(s) : ....

Décédée le : .... à ....

ENFANTS ....

ASCENDANCE JUSQU'À LA XIVème GÉNÉRATION

3192 XII 3193

6384 XIII 6385

12770 XIV 12771

12772 XIV 12773

6386 XIII 6387

1596 XI 1597

3194 XII 3195

6390 XIII 6391

12782 XIV 12783

12776 XIV 12777

6388 XIII 6389

12768 XIV 12769

12774 XIV 12775

GX 798 Père

12780 XIV 12781

12778 XIV 12779

Sosa 399

GX 799 Mère

12786 XIV 12787

12792 XIV 12793

12788 XIV 12789

12798 XIV 12799

12790 XIV 12791

12784 XIV 12785

6392 XIII 6393

1598 XI 1599

6396 XIII 6397

12794 XIV 12795

12796 XIV 12797

6394 XIII 6395

3196 XII 3197

3198 XII 3199

6398 XIII 6399

Sosa
400 Nom : .... Prénoms : .... ♂

▸Génération 9 - Ascendant maternel ↓Enfant page 200 - ***Index page XVI*** ☐ Implexe

Né le : .... à .... ☐ baptisé
Fils de : .... & de: ....
Profession(s) : ....
Décédé le : .... à ....

SITUATION MATRIMONIALE

☐ Mariage civil ☐ Mariage religieux ☐ Union libre
Le : .... à .... ☐ contrat de mariage
Témoins : ....

ASCENDANCE JUSQU'À LA XIVème GÉNÉRATION

6400 XIII 6401
3200 XII 3201
12802 XIV 12803
12804 XIV 12805
6402 XIII 6403
1600 XI 1601
3202 XII 3203
6406 XIII 6407
12814 XIV 12815
12808 XIV 12809
6404 XIII 6405
12800 XIV 12801
12806 XIV 12807
GX 800 Père
12810 XIV 12811
12812 XIV 12813

Sosa 400

12818 XIV 12819
GX 801 Mère
x
12824 XIV 12825
12820 XIV 12821
12830 XIV 12831
12822 XIV 12823
12816 XIV 12817
6408 XIII 6409
1602 XI 1603
6412 XIII 6413
12826 XIV 12827
12828 XIV 12829
6410 XIII 6411
3204 XII 3205
3206 XII 3207
6414 XIII 6415

Sosa **401**

♀ Nom : .... Prénoms : ....

▶Génération IX - Ascendant maternel ↓Enfant page 200 - ***Index page XVI*** ☐ Implexe

Née le : .... à .... ☐ baptisée

Fille de : .... & de: ....

Profession(s) : ....

Décédée le : .... à ....

ENFANTS ....

ASCENDANCE JUSQU'À LA XIVème GÉNÉRATION

3208 XII 3209

3210 XII 3211

6416 XIII 6417

6420 XIII 6421

12834 XIV 12835

12836 XIV 12837

6418 XIII 6419

6422 XIII 6423

12846 XIV 12847

12840 XIV 12841

1604 XI 1605

12832 XIV 12833

12842 XIV 12843

12838 XIV 12839

12844 XIV 12845

GX 802 Père

Sosa 401

GX 803 Mère

12850 XIV 12851

12856 XIV 12857

12852 XIV 12853

12862 XIV 12863

1606 XI 1607

12854 XIV 12855

12848 XIV 12849

6424 XIII 6425

6428 XIII 6429

12858 XIV 12859

12860 XIV 12861

6426 XIII 6427

6430 XIII 6431

3212 XII 3213

3214 XII 3215

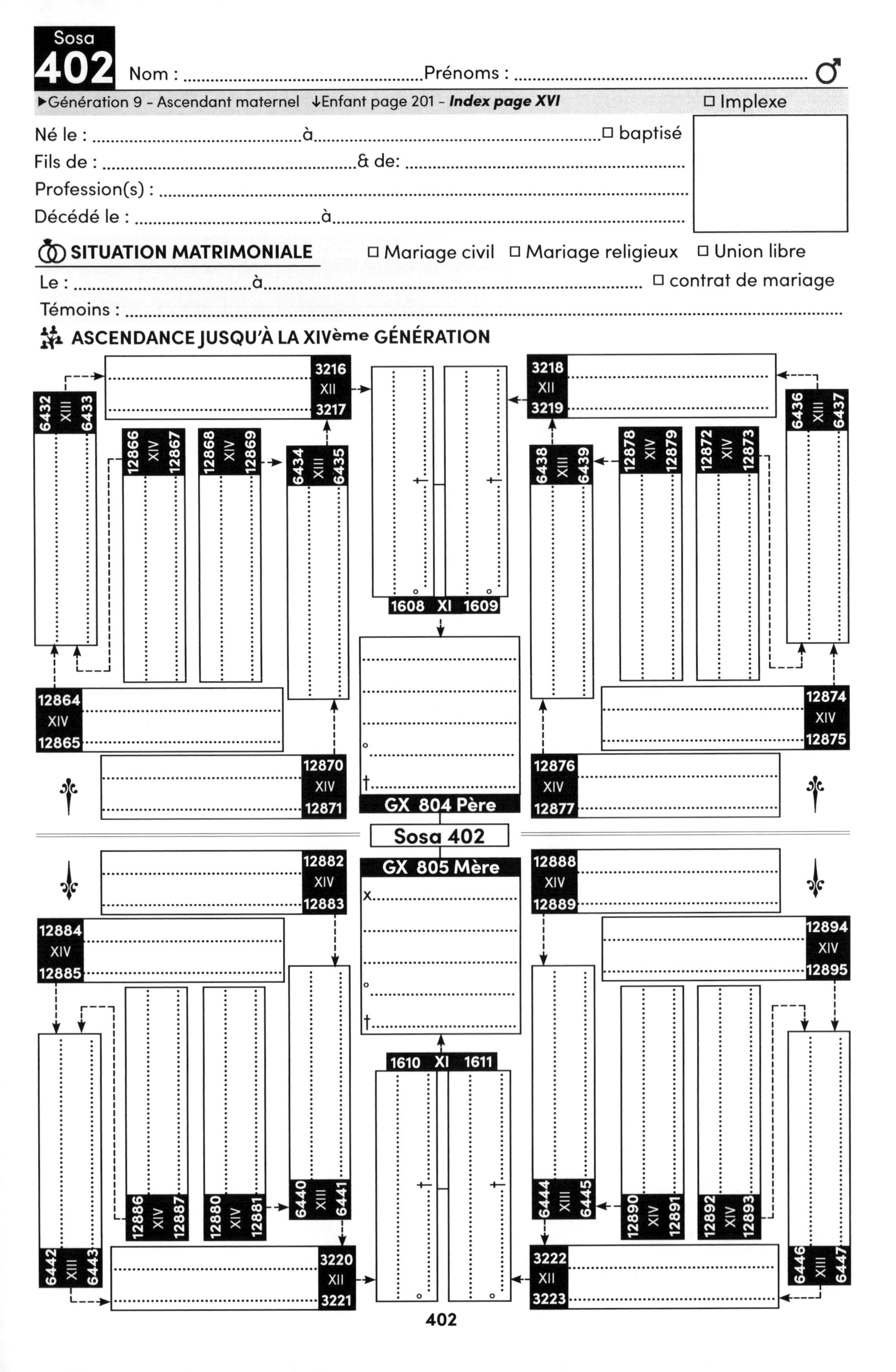
Sosa
402
Nom : .... Prénoms : ....
▸Génération 9 - Ascendant maternel ↓Enfant page 201 - Index page XVI
☐ Implexe
Né le : .... à .... ☐ baptisé
Fils de : .... & de: ....
Profession(s) : ....
Décédé le : .... à ....
SITUATION MATRIMONIALE
☐ Mariage civil ☐ Mariage religieux ☐ Union libre
Le : .... à .... ☐ contrat de mariage
Témoins : ....
ASCENDANCE JUSQU'À LA XIVème GÉNÉRATION
3216 XII 3217
3218 XII 3219
6432 XIII 6433
6434 XIII 6435
6436 XIII 6437
6438 XIII 6439
12866 XIV 12867
12868 XIV 12869
12878 XIV 12879
12872 XIV 12873
1608 XI 1609
12864 XIV 12865
12874 XIV 12875
12870 XIV 12871
12876 XIV 12877
GX 804 Père
Sosa 402
GX 805 Mère
12882 XIV 12883
12888 XIV 12889
12884 XIV 12885
12894 XIV 12895
1610 XI 1611
6440 XIII 6441
6444 XIII 6445
12886 XIV 12887
12880 XIV 12881
12890 XIV 12891
12892 XIV 12893
6442 XIII 6443
6446 XIII 6447
3220 XII 3221
3222 XII 3223

Sosa **403**

♀ Nom : .... Prénoms : ....

▶Génération IX - Ascendant maternel ↓Enfant page 201 - ***Index page XVI*** ☐ Implexe

Née le : .... à .... ☐ baptisée

Fille de : .... & de: ....

Profession(s) : ....

Décédée le : .... à ....

ENFANTS ....

ASCENDANCE JUSQU'À LA XIVème GÉNÉRATION

3224 XII 3225

3226 XII 3227

6448 XIII 6449

6452 XIII 6453

12898 XIV 12899

12900 XIV 12901

6450 XIII 6451

6454 XIII 6455

12910 XIV 12911

12904 XIV 12905

1612 XI 1613

12896 XIV 12897

12906 XIV 12907

12902 XIV 12903

12908 XIV 12909

GX 806 Père

Sosa 403

GX 807 Mère

12914 XIV 12915

12920 XIV 12921

12916 XIV 12917

12926 XIV 12927

12918 XIV 12919

12912 XIV 12913

6456 XIII 6457

6460 XIII 6461

12922 XIV 12923

12924 XIV 12925

1614 XI 1615

6458 XIII 6459

3228 XII 3229

3230 XII 3231

6462 XIII 6463

Sosa **404** Nom : .... Prénoms : .... ♂

▶Génération 9 - Ascendant maternel ↓Enfant page 202 - ***Index page XVI*** ☐ Implexe

Né le : .... à .... ☐ baptisé
Fils de : .... & de: ....
Profession(s) : ....
Décédé le : .... à ....

SITUATION MATRIMONIALE

☐ Mariage civil ☐ Mariage religieux ☐ Union libre
Le : .... à .... ☐ contrat de mariage
Témoins : ....

ASCENDANCE JUSQU'À LA XIVème GÉNÉRATION

3232 XII 3233
3234 XII 3235
6464 XIII 6465
12930 XIV 12931
12932 XIV 12933
6466 XIII 6467
1616 XI 1617
6470 XIII 6471
12942 XIV 12943
12936 XIV 12937
6468 XIII 6469
12928 XIV 12929
12938 XIV 12939
12934 XIV 12935
12940 XIV 12941
GX 808 Père

Sosa 404

GX 809 Mère
12946 XIV 12947
12952 XIV 12953
12948 XIV 12949
12958 XIV 12959
1618 XI 1619
12950 XIV 12951
12944 XIV 12945
6472 XIII 6473
6476 XIII 6477
12954 XIV 12955
12956 XIV 12957
6474 XIII 6475
3236 XII 3237
3238 XII 3239
6478 XIII 6479

Sosa **405**

♀ Nom : .... Prénoms : ....

▶Génération IX - Ascendant maternel ↓Enfant page 202 - ***Index page XVI*** ☐ Implexe

Née le : .... à .... ☐ baptisée

Fille de : .... & de: ....

Profession(s) : ....

Décédée le : .... à ....

ENFANTS ....

ASCENDANCE JUSQU'À LA XIVème GÉNÉRATION

3240 XII 3241

3242 XII 3243

6480 XIII 6481

6484 XIII 6485

12962 XIV 12963

12964 XIV 12965

6482 XIII 6483

6486 XIII 6487

12974 XIV 12975

12968 XIV 12969

1620 XI 1621

12960 XIV 12961

12970 XIV 12971

12966 XIV 12967

12972 XIV 12973

GX 810 Père

Sosa 405

GX 811 Mère

12978 XIV 12979

12984 XIV 12985

12980 XIV 12981

12990 XIV 12991

1622 XI 1623

12982 XIV 12983

12976 XIV 12977

6488 XIII 6489

6492 XIII 6493

12986 XIV 12987

12988 XIV 12989

6490 XIII 6491

6494 XIII 6495

3244 XII 3245

3246 XII 3247

Sosa
406

Nom : .... Prénoms : .... ♂

▸Génération 9 - Ascendant maternel ↓Enfant page 203 - ***Index page XVI*** ☐ Implexe

Né le : .... à.............................. ☐ baptisé
Fils de : .... & de: ....
Profession(s) : ....
Décédé le : .... à..............................

SITUATION MATRIMONIALE

☐ Mariage civil ☐ Mariage religieux ☐ Union libre

Le : .... à.............................. ☐ contrat de mariage

Témoins : ....

ASCENDANCE JUSQU'À LA XIVème GÉNÉRATION

3248 XII 3249

3250 XII 3251

6496 XIII 6497

12994 XIV 12995

12996 XIV 12997

6498 XIII 6499

6502 XIII 6503

13006 XIV 13007

13000 XIV 13001

6500 XIII 6501

1624 XI 1625

12992 XIV 12993

13002 XIV 13003

12998 XIV 12999

13004 XIV 13005

GX 812 Père

Sosa 406

GX 813 Mère

13010 XIV 13011

13016 XIV 13017

13012 XIV 13013

13022 XIV 13023

1626 XI 1627

13014 XIV 13015

13008 XIV 13009

6504 XIII 6505

6508 XIII 6509

13018 XIV 13019

13020 XIV 13021

6506 XIII 6507

3252 XII 3253

3254 XII 3255

6510 XIII 6511

Sosa **407**

♀ Nom : .... Prénoms : ....

▶Génération IX - Ascendant maternel ↓Enfant page 203 - ***Index page XVI*** ☐ Implexe

Née le : .... à .... ☐ baptisée

Fille de : .... & de: ....

Profession(s) : ....

Décédée le : .... à ....

ENFANTS ....

ASCENDANCE JUSQU'À LA XIVème GÉNÉRATION

3256 XII 3257

3258 XII 3259

6512 XIII 6513

6516 XIII 6517

13026 XIV 13027

13028 XIV 13029

6514 XIII 6515

6518 XIII 6519

13038 XIV 13039

13032 XIV 13033

1628 XI 1629

13024 XIV 13025

13034 XIV 13035

13030 XIV 13031

13036 XIV 13037

GX 814 Père

Sosa 407

GX 815 Mère

13042 XIV 13043

13048 XIV 13049

13044 XIV 13045

13054 XIV 13055

1630 XI 1631

6520 XIII 6521

6524 XIII 6525

13046 XIV 13047

13040 XIV 13041

13050 XIV 13051

13052 XIV 13053

6522 XIII 6523

6526 XIII 6527

3260 XII 3261

3262 XII 3263

Sosa
408 Nom : .... Prénoms : .... ♂

▸Génération 9 - Ascendant maternel ↓Enfant page 204 - ***Index page XVI*** ☐ Implexe

Né le : .... à.................................. ☐ baptisé

Fils de : .... & de: ....

Profession(s) : ....

Décédé le : .... à..................................

SITUATION MATRIMONIALE
☐ Mariage civil ☐ Mariage religieux ☐ Union libre

Le : .... à.................................. ☐ contrat de mariage

Témoins : ....

ASCENDANCE JUSQU'À LA XIVème GÉNÉRATION

3264 XII 3265

3266 XII 3267

6528 XIII 6529

13058 XIV 13059

13060 XIV 13061

6530 XIII 6531

6534 XIII 6535

13070 XIV 13071

13064 XIV 13065

6532 XIII 6533

1632 XI 1633

13056 XIV 13057

13066 XIV 13067

13062 XIV 13063

13068 XIV 13069

GX 816 Père

Sosa 408

GX 817 Mère

13074 XIV 13075

13080 XIV 13081

13076 XIV 13077

13086 XIV 13087

1634 XI 1635

13078 XIV 13079

13072 XIV 13073

6536 XIII 6537

6540 XIII 6541

13082 XIV 13083

13084 XIV 13085

6538 XIII 6539

3268 XII 3269

3270 XII 3271

6542 XIII 6543

Sosa **409**

♀ Nom : ....Prénoms : ....

▸Génération IX - Ascendant maternel ↓Enfant page 204 - ***Index page XVI*** ☐ Implexe

Née le : ....à...☐ baptisée

Fille de : ....& de: ....

Profession(s) : ....

Décédée le : ....à..

ENFANTS ....

ASCENDANCE JUSQU'À LA XIVème GÉNÉRATION

3272 XII 3273

3274 XII 3275

6544 XIII 6545

13090 XIV 13091

13092 XIV 13093

6546 XIII 6547

6550 XIII 6551

13102 XIV 13103

13096 XIV 13097

6548 XIII 6549

1636 XI 1637

13088 XIV 13089

13098 XIV 13099

13094 XIV 13095

13100 XIV 13101

GX 818 Père

Sosa 409

GX 819 Mère

13106 XIV 13107

13112 XIV 13113

13108 XIV 13109

13118 XIV 13119

1638 XI 1639

13110 XIV 13111

13104 XIV 13105

6552 XIII 6553

6556 XIII 6557

13114 XIV 13115

13116 XIV 13117

6554 XIII 6555

6558 XIII 6559

3276 XII 3277

3278 XII 3279

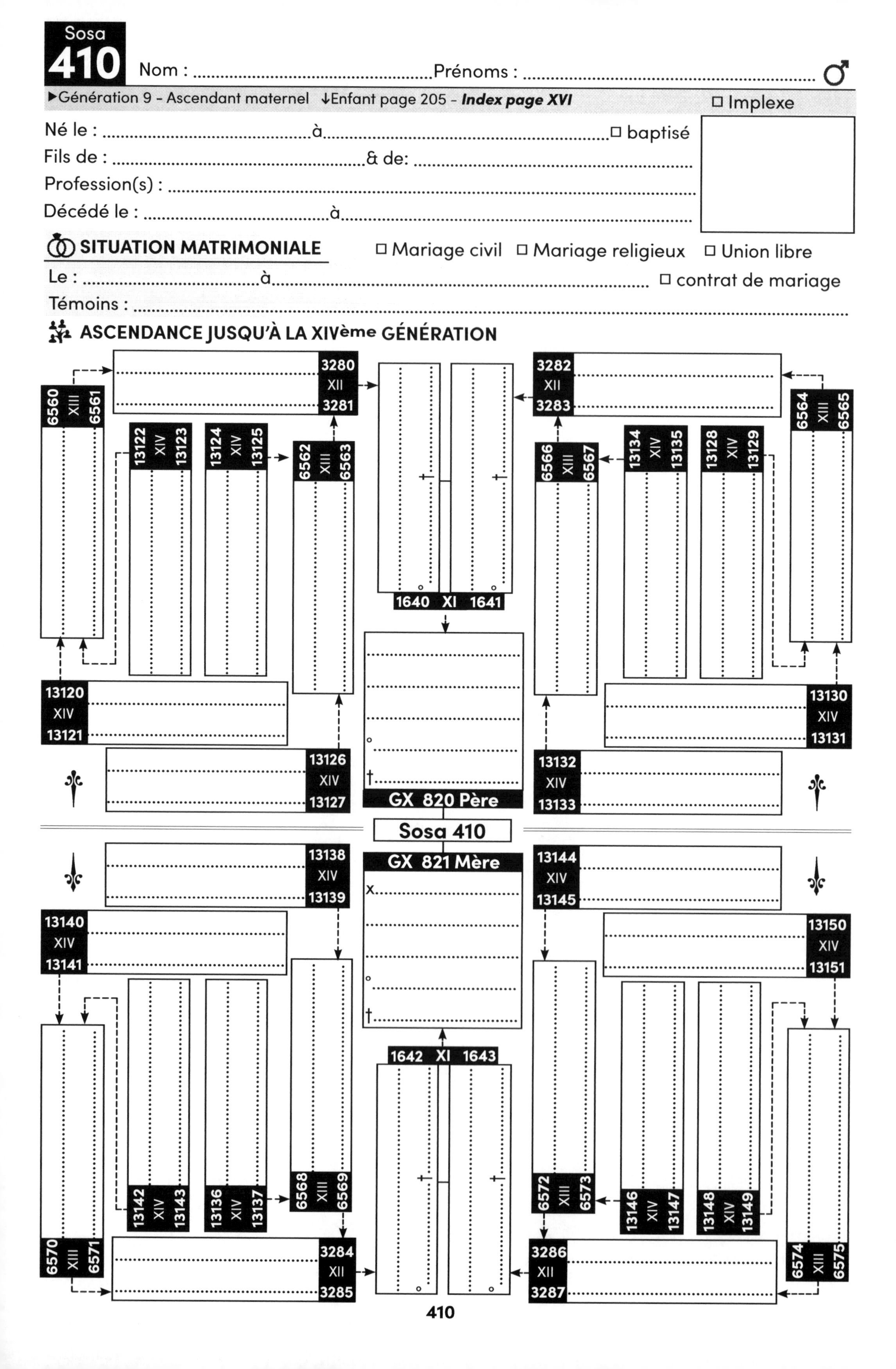

Sosa **410** Nom : .... Prénoms : .... ♂

▸Génération 9 - Ascendant maternel ↓Enfant page 205 - ***Index page XVI*** ☐ Implexe

Né le : .... à .... ☐ baptisé

Fils de : .... & de: ....

Profession(s) : ....

Décédé le : .... à ....

SITUATION MATRIMONIALE ☐ Mariage civil ☐ Mariage religieux ☐ Union libre

Le : .... à .... ☐ contrat de mariage

Témoins : ....

ASCENDANCE JUSQU'À LA XIVème GÉNÉRATION

3280 XII 3281 — 3282 XII 3283

6560 XIII 6561 — 13122 XIV 13123 — 13124 XIV 13125 — 6562 XIII 6563 — 6566 XIII 6567 — 13134 XIV 13135 — 13128 XIV 13129 — 6564 XIII 6565

1640 XI 1641

13120 XIV 13121 — 13130 XIV 13131

13126 XIV 13127 — 13132 XIV 13133

GX 820 Père

Sosa 410

GX 821 Mère

x.

13138 XIV 13139 — 13144 XIV 13145

13140 XIV 13141 — 13150 XIV 13151

1642 XI 1643

13142 XIV 13143 — 13136 XIV 13137 — 6568 XIII 6569 — 6572 XIII 6573 — 13146 XIV 13147 — 13148 XIV 13149

6570 XIII 6571 — 3284 XII 3285 — 3286 XII 3287 — 6574 XIII 6575

Sosa
411

♀ Nom : ....Prénoms : ....

▸Génération IX - Ascendant maternel ↓Enfant page 205 - ***Index page XVI*** ☐ Implexe

Née le : ....à..☐ baptisée

Fille de : ....& de: ....

Profession(s) : ....

Décédée le : ....à...

ENFANTS ....

....

....

ASCENDANCE JUSQU'À LA XIVème GÉNÉRATION

3288 XII 3289

3290 XII 3291

6576 XIII 6577

6580 XIII 6581

13154 XIV 13155

13156 XIV 13157

6578 XIII 6579

6582 XIII 6583

13166 XIV 13167

13160 XIV 13161

1644 XI 1645

13152 XIV 13153

13162 XIV 13163

13158 XIV 13159

13164 XIV 13165

GX 822 Père

Sosa 411

GX 823 Mère

13170 XIV 13171

13176 XIV 13177

13172 XIV 13173

13182 XIV 13183

1646 XI 1647

13174 XIV 13175

13168 XIV 13169

6584 XIII 6585

6588 XIII 6589

13178 XIV 13179

13180 XIV 13181

6586 XIII 6587

6590 XIII 6591

3292 XII 3293

3294 XII 3295

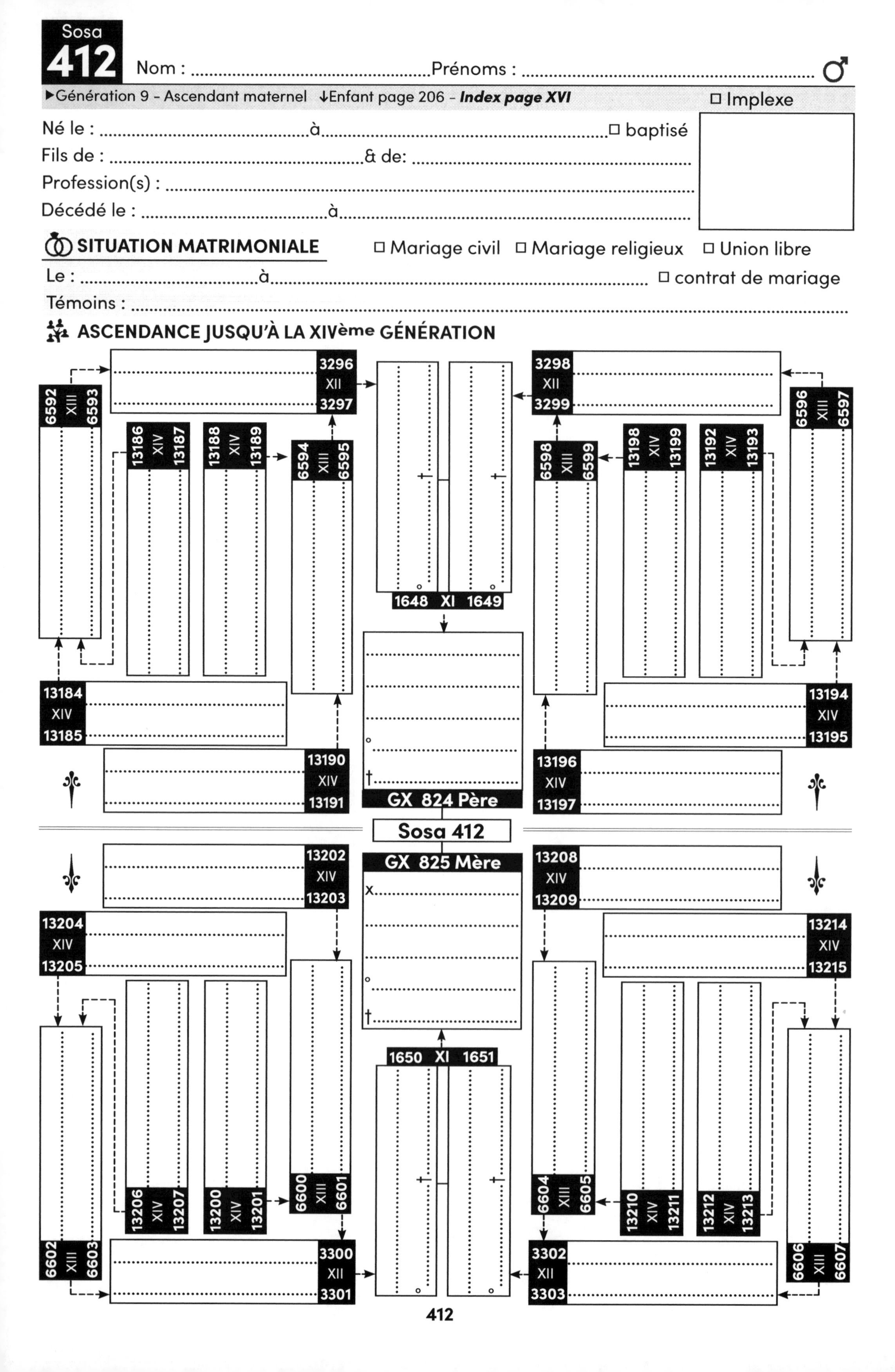

Sosa **412** Nom : .... Prénoms : .... ♂

▶Génération 9 - Ascendant maternel ↓Enfant page 206 - ***Index page XVI*** ☐ Implexe

Né le : .... à .... ☐ baptisé

Fils de : .... & de: ....

Profession(s) : ....

Décédé le : .... à ....

SITUATION MATRIMONIALE ☐ Mariage civil ☐ Mariage religieux ☐ Union libre

Le : .... à .... ☐ contrat de mariage

Témoins : ....

ASCENDANCE JUSQU'À LA XIVème GÉNÉRATION

3296 XII 3297 — 3298 XII 3299

6592 XIII 6593 — 13186 XIV 13187 — 13188 XIV 13189 — 6594 XIII 6595 — 6598 XIII 6599 — 13198 XIV 13199 — 13192 XIV 13193 — 6596 XIII 6597

1648 XI 1649

13184 XIV 13185 — 13194 XIV 13195

13190 XIV 13191 — 13196 XIV 13197

GX 824 Père

Sosa 412

GX 825 Mère

13202 XIV 13203 — 13208 XIV 13209

13204 XIV 13205 — 13214 XIV 13215

13206 XIV 13207 — 13200 XIV 13201 — 6600 XIII 6601 — 6604 XIII 6605 — 13210 XIV 13211 — 13212 XIV 13213

1650 XI 1651

6602 XIII 6603 — 3300 XII 3301 — 3302 XII 3303 — 6606 XIII 6607

Sosa **413**

♀ Nom : .... Prénoms : ....

▶Génération IX - Ascendant maternel ↓Enfant page 206 - ***Index page XVI*** ☐ Implexe

Née le : .... à .... ☐ baptisée

Fille de : .... & de: ....

Profession(s) : ....

Décédée le : .... à ....

ENFANTS ....

ASCENDANCE JUSQU'À LA XIVème GÉNÉRATION

3304 XII 3305

3306 XII 3307

6608 XIII 6609

13218 XIV 13219

13220 XIV 13221

6610 XIII 6611

1652 XI 1653

6614 XIII 6615

13230 XIV 13231

13224 XIV 13225

6612 XIII 6613

13216 XIV 13217

13226 XIV 13227

13222 XIV 13223

GX 826 Père

13228 XIV 13229

Sosa 413

13234 XIV 13235

GX 827 Mère

13240 XIV 13241

13236 XIV 13237

13246 XIV 13247

1654 XI 1655

6616 XIII 6617

13238 XIV 13239

13232 XIV 13233

6620 XIII 6621

13242 XIV 13243

13244 XIV 13245

6618 XIII 6619

3308 XII 3309

3310 XII 3311

6622 XIII 6623

Sosa 414 Nom : ....Prénoms : .... ♂

▸Génération 9 - Ascendant maternel ↓Enfant page 207 - ***Index page XVI*** ☐ Implexe

Né le : ....à...☐ baptisé

Fils de : ....& de: ....

Profession(s) : ....

Décédé le : ....à...

SITUATION MATRIMONIALE

☐ Mariage civil ☐ Mariage religieux ☐ Union libre

Le : ....à.. ☐ contrat de mariage

Témoins : ....

ASCENDANCE JUSQU'À LA XIVème GÉNÉRATION

3312 XII 3313

3314 XII 3315

6624 XIII 6625

6628 XIII 6629

13250 XIV 13251

13252 XIV 13253

6626 XIII 6627

6630 XIII 6631

13262 XIV 13263

13256 XIV 13257

1656 XI 1657

13248 XIV 13249

13258 XIV 13259

13254 XIV 13255

13260 XIV 13261

GX 828 Père

Sosa 414

GX 829 Mère

13266 XIV 13267

13272 XIV 13273

13268 XIV 13269

13278 XIV 13279

1658 XI 1659

6632 XIII 6633

6636 XIII 6637

13270 XIV 13271

13264 XIV 13265

13274 XIV 13275

13276 XIV 13277

6634 XIII 6635

6638 XIII 6639

3316 XII 3317

3318 XII 3319

Sosa **415**

♀ Nom : .... Prénoms : ....

▸Génération IX - Ascendant maternel ↓Enfant page 207 - ***Index page XVI*** ☐ Implexe

Née le : .... à .... ☐ baptisée

Fille de : .... & de: ....

Profession(s) : ....

Décédée le : .... à ....

ENFANTS ....

ASCENDANCE JUSQU'À LA XIVème GÉNÉRATION

3320 XII 3321

3322 XII 3323

6640 XIII 6641

13282 XIV 13283

13284 XIV 13285

6642 XIII 6643

6646 XIII 6647

13294 XIV 13295

13288 XIV 13289

6644 XIII 6645

1660 XI 1661

13280 XIV 13281

13290 XIV 13291

13286 XIV 13287

13292 XIV 13293

GX 830 Père

Sosa 415

GX 831 Mère

13298 XIV 13299

13304 XIV 13305

13300 XIV 13301

13310 XIV 13311

1662 XI 1663

13302 XIV 13303

13296 XIV 13297

6648 XIII 6649

6652 XIII 6653

13306 XIV 13307

13308 XIV 13309

6650 XIII 6651

3324 XII 3325

3326 XII 3327

6654 XIII 6655

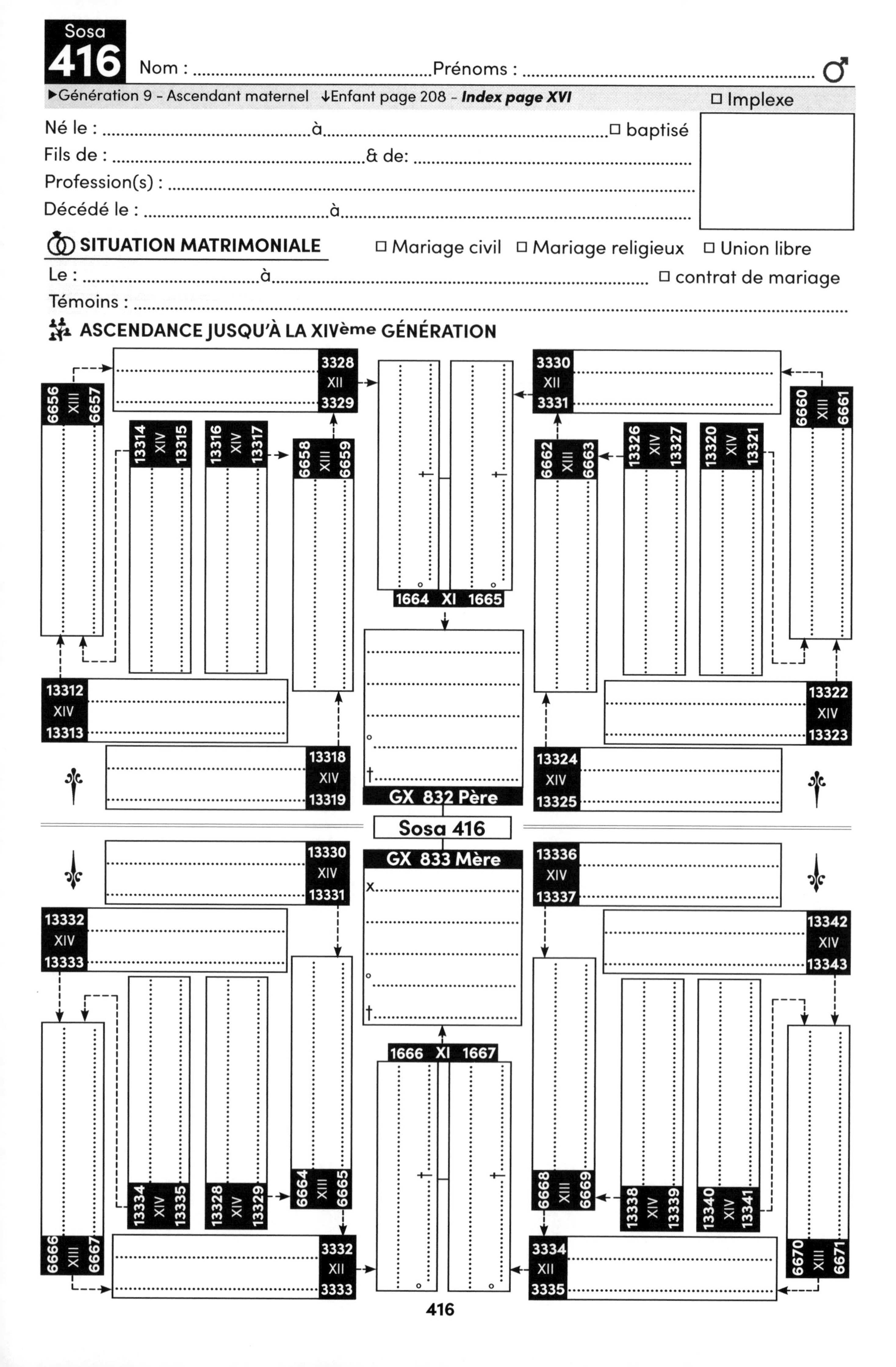

Sosa 416 Nom : .... Prénoms : .... ♂

▸Génération 9 - Ascendant maternel ↓Enfant page 208 - ***Index page XVI*** ☐ Implexe

Né le : .... à .... ☐ baptisé

Fils de : .... & de: ....

Profession(s) : ....

Décédé le : .... à ....

SITUATION MATRIMONIALE

☐ Mariage civil ☐ Mariage religieux ☐ Union libre

Le : .... à .... ☐ contrat de mariage

Témoins : ....

ASCENDANCE JUSQU'À LA XIVème GÉNÉRATION

3328 XII 3329 — 3330 XII 3331

6656 XIII 6657 — 13314 XIV 13315 — 13316 XIV 13317 — 6658 XIII 6659 — 1664 XI 1665 — 6662 XIII 6663 — 13326 XIV 13327 — 13320 XIV 13321 — 6660 XIII 6661

13312 XIV 13313 — 13322 XIV 13323

13318 XIV 13319 — 13324 XIV 13325

GX 832 Père

Sosa 416

GX 833 Mère

x

13330 XIV 13331 — 13336 XIV 13337

13332 XIV 13333 — 13342 XIV 13343

1666 XI 1667

13334 XIV 13335 — 13328 XIV 13329 — 6664 XIII 6665 — 6668 XIII 6669 — 13338 XIV 13339 — 13340 XIV 13341

6666 XIII 6667 — 3332 XII 3333 — 3334 XII 3335 — 6670 XIII 6671

Sosa
417

♀ Nom : .... Prénoms : ....

▶Génération IX - Ascendant maternel ↓Enfant page 208 - *Index page XVI* ☐ Implexe

Née le : .... à .... ☐ baptisée

Fille de : .... & de: ....

Profession(s) : ....

Décédée le : .... à ....

ENFANTS ....

....

....

ASCENDANCE JUSQU'À LA XIVème GÉNÉRATION

3336 XII 3337

3338 XII 3339

6672 XIII 6673

6676 XIII 6677

13346 XIV 13347

13348 XIV 13349

6674 XIII 6675

6678 XIII 6679

13358 XIV 13359

13352 XIV 13353

1668 XI 1669

13344 XIV 13345

13354 XIV 13355

13350 XIV 13351

13356 XIV 13357

GX 834 Père

Sosa 417

GX 835 Mère

13362 XIV 13363

13368 XIV 13369

13364 XIV 13365

13374 XIV 13375

1670 XI 1671

13366 XIV 13367

13360 XIV 13361

6680 XIII 6681

6684 XIII 6685

13370 XIV 13371

13372 XIV 13373

6682 XIII 6683

6686 XIII 6687

3340 XII 3341

3342 XII 3343

Sosa
418

Nom : .... Prénoms : .... ♂

▸Génération 9 - Ascendant maternel ↓Enfant page 209 - *Index page XVI* ☐ Implexe

Né le : .... à .... ☐ baptisé

Fils de : .... & de: ....

Profession(s) : ....

Décédé le : .... à ....

SITUATION MATRIMONIALE

☐ Mariage civil ☐ Mariage religieux ☐ Union libre

Le : .... à .... ☐ contrat de mariage

Témoins : ....

ASCENDANCE JUSQU'À LA XIVème GÉNÉRATION

3344 XII 3345
3346 XII 3347
6688 XIII 6689
13378 XIV 13379
13380 XIV 13381
6690 XIII 6691
6694 XIII 6695
13390 XIV 13391
13384 XIV 13385
6692 XIII 6693
1672 XI 1673
13376 XIV 13377
13386 XIV 13387
13382 XIV 13383
13388 XIV 13389
GX 836 Père

Sosa 418

GX 837 Mère
13394 XIV 13395
13400 XIV 13401
13396 XIV 13397
13406 XIV 13407
1674 XI 1675
6696 XIII 6697
13398 XIV 13399
13392 XIV 13393
6700 XIII 6701
13402 XIV 13403
13404 XIV 13405
6698 XIII 6699
3348 XII 3349
3350 XII 3351
6702 XIII 6703

Sosa **419**

♀ Nom : .... Prénoms : ....

▶Génération IX - Ascendant maternel ↓Enfant page 209 - ***Index page XVI*** ☐ Implexe

Née le : .... à .... ☐ baptisée

Fille de : .... & de: ....

Profession(s) : ....

Décédée le : .... à ....

ENFANTS ....

ASCENDANCE JUSQU'À LA XIVème GÉNÉRATION

3352 XII 3353

3354 XII 3355

6704 XIII 6705

13410 XIV 13411

13412 XIV 13413

6706 XIII 6707

6710 XIII 6711

13422 XIV 13423

13416 XIV 13417

6708 XIII 6709

1676 XI 1677

13408 XIV 13409

13418 XIV 13419

13414 XIV 13415

13420 XIV 13421

GX 838 Père

Sosa 419

GX 839 Mère

13426 XIV 13427

13432 XIV 13433

13428 XIV 13429

13438 XIV 13439

1678 XI 1679

6712 XIII 6713

13430 XIV 13431

13424 XIV 13425

6716 XIII 6717

13434 XIV 13435

13436 XIV 13437

6714 XIII 6715

6718 XIII 6719

3356 XII 3357

3358 XII 3359

Sosa **420** Nom : .... Prénoms : .... ♂

▸Génération 9 - Ascendant maternel ↓Enfant page 210 - ***Index page XVI*** ☐ Implexe

Né le : .... à .... ☐ baptisé

Fils de : .... & de: ....

Profession(s) : ....

Décédé le : .... à ....

SITUATION MATRIMONIALE

☐ Mariage civil ☐ Mariage religieux ☐ Union libre

Le : .... à .... ☐ contrat de mariage

Témoins : ....

ASCENDANCE JUSQU'À LA XIVème GÉNÉRATION

3360 XII 3361

3362 XII 3363

6720 XIII 6721

13442 XIV 13443

13444 XIV 13445

6722 XIII 6723

6726 XIII 6727

13454 XIV 13455

13448 XIV 13449

6724 XIII 6725

1680 XI 1681

13440 XIV 13441

13450 XIV 13451

13446 XIV 13447

13452 XIV 13453

GX 840 Père

Sosa 420

GX 841 Mère

13458 XIV 13459

13464 XIV 13465

13460 XIV 13461

13470 XIV 13471

1682 XI 1683

6728 XIII 6729

6732 XIII 6733

13462 XIV 13463

13456 XIV 13457

13466 XIV 13467

13468 XIV 13469

6730 XIII 6731

6734 XIII 6735

3364 XII 3365

3366 XII 3367

Sosa 421

♀ Nom : .... Prénoms : ....

▶Génération IX - Ascendant maternel ↓Enfant page 210 - ***Index page XVI*** ☐ Implexe

Née le : .... à .... ☐ baptisée

Fille de : .... & de: ....

Profession(s) : ....

Décédée le : .... à ....

ENFANTS ....

ASCENDANCE JUSQU'À LA XIVème GÉNÉRATION

3368 XII 3369

3370 XII 3371

6736 XIII 6737

6740 XIII 6741

13474 XIV 13475

13476 XIV 13477

6738 XIII 6739

6742 XIII 6743

13486 XIV 13487

13480 XIV 13481

1684 XI 1685

13472 XIV 13473

13482 XIV 13483

13478 XIV 13479

13484 XIV 13485

GX 842 Père

Sosa 421

GX 843 Mère

x

13490 XIV 13491

13496 XIV 13497

13492 XIV 13493

13502 XIV 13503

1686 XI 1687

13494 XIV 13495

13488 XIV 13489

6744 XIII 6745

6748 XIII 6749

13498 XIV 13499

13500 XIV 13501

6746 XIII 6747

3372 XII 3373

3374 XII 3375

6750 XIII 6751

Sosa
422

Nom : .... Prénoms : .... ♂

▶Génération 9 - Ascendant maternel ↓Enfant page 211 - ***Index page XVI*** ☐ Implexe

Né le : .... à .... ☐ baptisé

Fils de : .... & de: ....

Profession(s) : ....

Décédé le : .... à ....

SITUATION MATRIMONIALE

☐ Mariage civil ☐ Mariage religieux ☐ Union libre

Le : .... à .... ☐ contrat de mariage

Témoins : ....

ASCENDANCE JUSQU'À LA XIVème GÉNÉRATION

3376 XII 3377

3378 XII 3379

6752 XIII 6753

6756 XIII 6757

13506 XIV 13507

13508 XIV 13509

6754 XIII 6755

6758 XIII 6759

13518 XIV 13519

13512 XIV 13513

1688 XI 1689

13504 XIV 13505

13514 XIV 13515

13510 XIV 13511

13516 XIV 13517

GX 844 Père

Sosa 422

GX 845 Mère

x ....

13522 XIV 13523

13528 XIV 13529

13524 XIV 13525

13534 XIV 13535

1690 XI 1691

6760 XIII 6761

6764 XIII 6765

13526 XIV 13527

13520 XIV 13521

13530 XIV 13531

13532 XIV 13533

6762 XIII 6763

3380 XII 3381

3382 XII 3383

6766 XIII 6767

Sosa **423**

♀ Nom : .... Prénoms : ....

▶Génération IX - Ascendant maternel ↓Enfant page 211 - ***Index page XVI*** ☐ Implexe

Née le : .... à .... ☐ baptisée

Fille de : .... & de: ....

Profession(s) : ....

Décédée le : .... à ....

ENFANTS ....

ASCENDANCE JUSQU'À LA XIVème GÉNÉRATION

3384 XII 3385

3386 XII 3387

6768 XIII 6769

6772 XIII 6773

13538 XIV 13539

13540 XIV 13541

6770 XIII 6771

6774 XIII 6775

13550 XIV 13551

13544 XIV 13545

1692 XI 1693

13536 XIV 13537

13546 XIV 13547

13542 XIV 13543

13548 XIV 13549

GX 846 Père

Sosa 423

GX 847 Mère

13554 XIV 13555

13560 XIV 13561

13556 XIV 13557

13566 XIV 13567

1694 XI 1695

13558 XIV 13559

13552 XIV 13553

6776 XIII 6777

6780 XIII 6781

13562 XIV 13563

13564 XIV 13565

6778 XIII 6779

3388 XII 3389

3390 XII 3391

6782 XIII 6783

Sosa
424

Nom : .... Prénoms : .... ♂

▶Génération 9 - Ascendant maternel ↓Enfant page 212 - ***Index page XVI*** ☐ Implexe

Né le : .... à .... ☐ baptisé

Fils de : .... & de: ....

Profession(s) : ....

Décédé le : .... à ....

SITUATION MATRIMONIALE

☐ Mariage civil ☐ Mariage religieux ☐ Union libre

Le : .... à .... ☐ contrat de mariage

Témoins : ....

ASCENDANCE JUSQU'À LA XIVème GÉNÉRATION

3392 XII 3393

6784 XIII 6785

13570 XIV 13571

13572 XIV 13573

6786 XIII 6787

1696 XI 1697

3394 XII 3395

6788 XIII 6789

6790 XIII 6791

13582 XIV 13583

13576 XIV 13577

13568 XIV 13569

13574 XIV 13575

GX 848 Père

13578 XIV 13579

13580 XIV 13581

Sosa 424

13586 XIV 13587

GX 849 Mère

13592 XIV 13593

13588 XIV 13589

13598 XIV 13599

1698 XI 1699

6792 XIII 6793

13590 XIV 13591

13584 XIV 13585

6796 XIII 6797

13594 XIV 13595

13596 XIV 13597

6794 XIII 6795

3396 XII 3397

3398 XII 3399

6798 XIII 6799

♀ Nom : .... Prénoms : .... **Sosa 425**

▸Génération IX - Ascendant maternel ↓Enfant page 212 - ***Index page XVI*** ☐ Implexe

Née le : .... à .... ☐ baptisée

Fille de : .... & de: ....

Profession(s) : ....

Décédée le : .... à ....

ENFANTS ....

....

....

ASCENDANCE JUSQU'À LA XIVème GÉNÉRATION

3400 XII 3401

3402 XII 3403

6800 XIII 6801

13602 XIV 13603

13604 XIV 13605

6802 XIII 6803

6806 XIII 6807

13614 XIV 13615

13608 XIV 13609

6804 XIII 6805

1700 XI 1701

13600 XIV 13601

13610 XIV 13611

13606 XIV 13607

13612 XIV 13613

GX 850 Père

Sosa 425

GX 851 Mère

x

13618 XIV 13619

13624 XIV 13625

13620 XIV 13621

13630 XIV 13631

1702 XI 1703

13622 XIV 13623

13616 XIV 13617

6808 XIII 6809

6812 XIII 6813

13626 XIV 13627

13628 XIV 13629

6810 XIII 6811

3404 XII 3405

3406 XII 3407

6814 XIII 6815

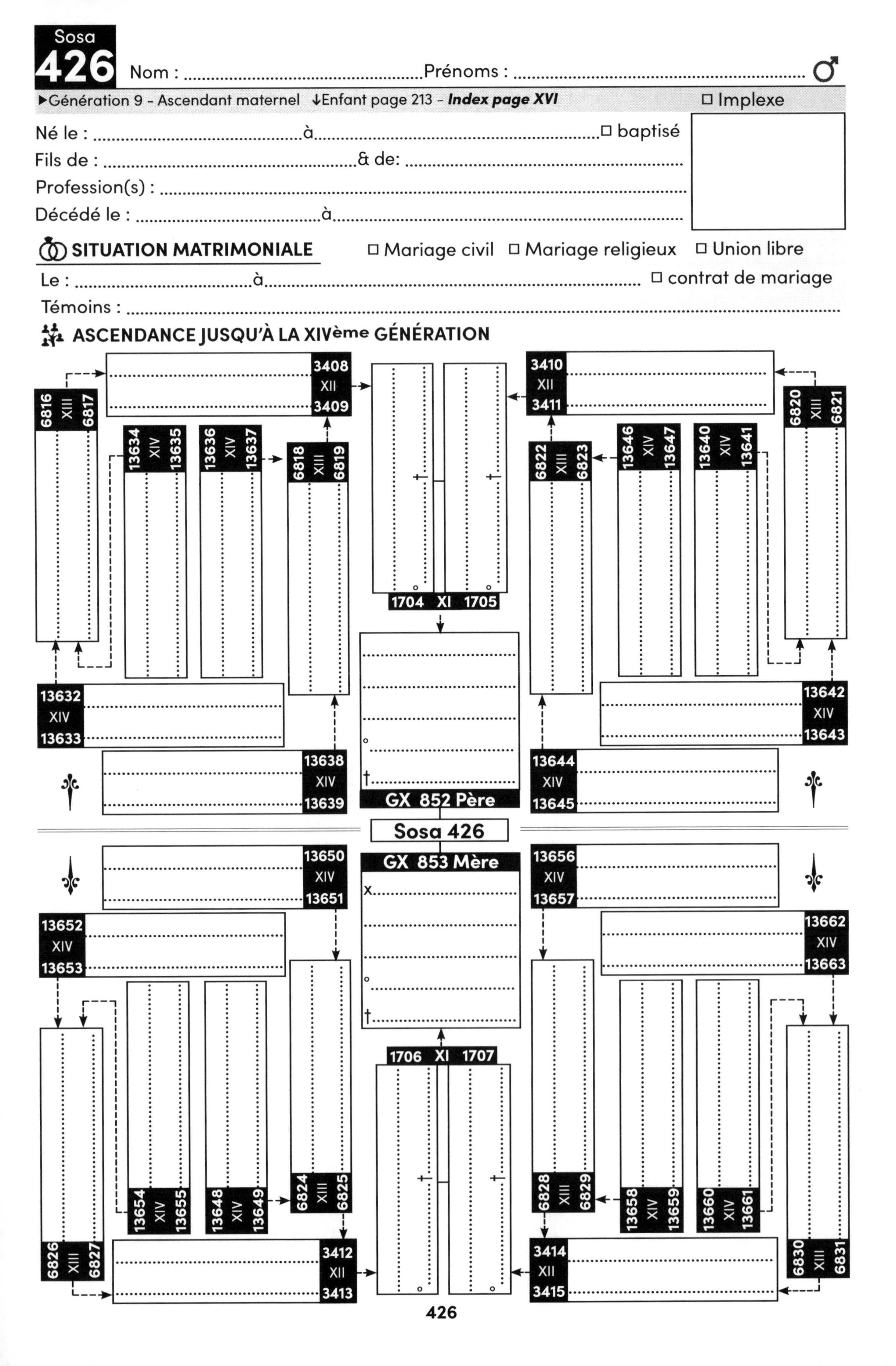

Sosa **426** Nom : .... Prénoms : .... ♂

▸Génération 9 - Ascendant maternel ↓Enfant page 213 - ***Index page XVI*** ☐ Implexe

Né le : .... à .... ☐ baptisé

Fils de : .... & de: ....

Profession(s) : ....

Décédé le : .... à ....

SITUATION MATRIMONIALE

☐ Mariage civil ☐ Mariage religieux ☐ Union libre

Le : .... à .... ☐ contrat de mariage

Témoins : ....

ASCENDANCE JUSQU'À LA XIVème GÉNÉRATION

3408 XII 3409

3410 XII 3411

6816 XIII 6817

6820 XIII 6821

13634 XIV 13635

13636 XIV 13637

6818 XIII 6819

6822 XIII 6823

13646 XIV 13647

13640 XIV 13641

1704 XI 1705

13632 XIV 13633

13642 XIV 13643

13638 XIV 13639

13644 XIV 13645

GX 852 Père

Sosa 426

GX 853 Mère

13650 XIV 13651

13656 XIV 13657

13652 XIV 13653

13662 XIV 13663

1706 XI 1707

13654 XIV 13655

13648 XIV 13649

6824 XIII 6825

6828 XIII 6829

13658 XIV 13659

13660 XIV 13661

6826 XIII 6827

6830 XIII 6831

3412 XII 3413

3414 XII 3415

♀ Nom : .... Prénoms : ....

Sosa 427

▶Génération IX - Ascendant maternel ↓Enfant page 213 - ***Index page XVI*** ☐ Implexe

Née le : .... à .... ☐ baptisée

Fille de : .... & de: ....

Profession(s) : ....

Décédée le : .... à ....

ENFANTS ....

....

....

ASCENDANCE JUSQU'À LA XIVème GÉNÉRATION

3416 XII 3417

3418 XII 3419

6832 XIII 6833

13666 XIV 13667

13668 XIV 13669

6834 XIII 6835

6838 XIII 6839

13678 XIV 13679

13672 XIV 13673

6836 XIII 6837

1708 XI 1709

13664 XIV 13665

13674 XIV 13675

13670 XIV 13671

13676 XIV 13677

GX 854 Père

Sosa 427

GX 855 Mère

13682 XIV 13683

13688 XIV 13689

13684 XIV 13685

13694 XIV 13695

1710 XI 1711

13686 XIV 13687

13680 XIV 13681

6840 XIII 6841

6844 XIII 6845

13690 XIV 13691

13692 XIV 13693

6842 XIII 6843

3420 XII 3421

3422 XII 3423

6846 XIII 6847

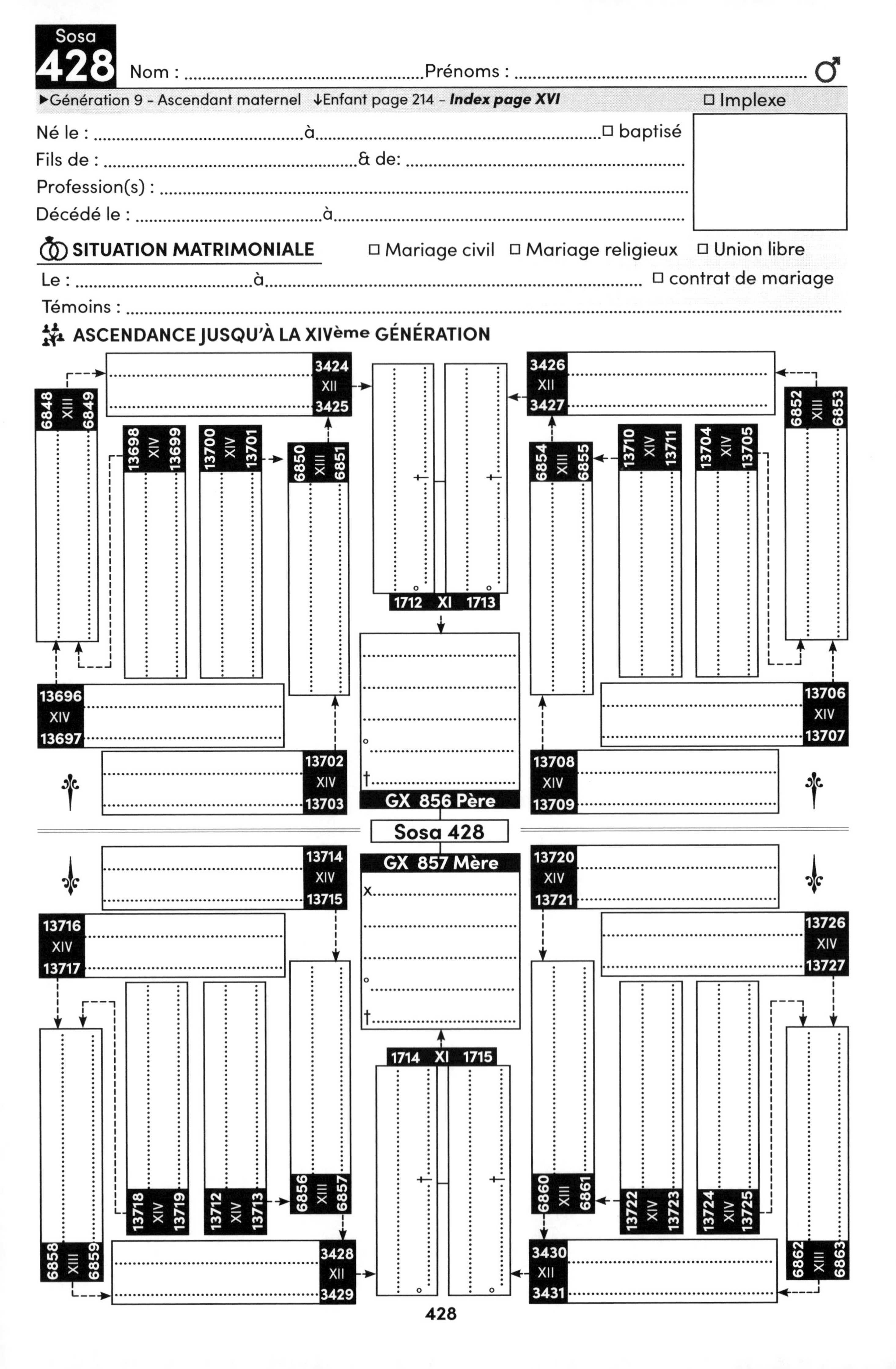

Sosa **428** Nom : .... Prénoms : .... ♂

▸Génération 9 - Ascendant maternel ↓Enfant page 214 - ***Index page XVI*** ☐ Implexe

Né le : .... à .... ☐ baptisé

Fils de : .... & de: ....

Profession(s) : ....

Décédé le : .... à ....

SITUATION MATRIMONIALE ☐ Mariage civil ☐ Mariage religieux ☐ Union libre

Le : .... à .... ☐ contrat de mariage

Témoins : ....

ASCENDANCE JUSQU'À LA XIVème GÉNÉRATION

3424 XII 3425

3426 XII 3427

6848 XIII 6849

6852 XIII 6853

13698 XIV 13699

13700 XIV 13701

6850 XIII 6851

6854 XIII 6855

13710 XIV 13711

13704 XIV 13705

1712 XI 1713

13696 XIV 13697

13706 XIV 13707

13702 XIV 13703

13708 XIV 13709

GX 856 Père

Sosa 428

GX 857 Mère

13714 XIV 13715

13720 XIV 13721

13716 XIV 13717

13726 XIV 13727

1714 XI 1715

6856 XIII 6857

6860 XIII 6861

13718 XIV 13719

13712 XIV 13713

13722 XIV 13723

13724 XIV 13725

6858 XIII 6859

6862 XIII 6863

3428 XII 3429

3430 XII 3431

Sosa
429

♀ Nom : .... Prénoms : ....

▶Génération IX – Ascendant maternel ↓Enfant page 214 – ***Index page XVI*** ☐ Implexe

Née le : .... à .... ☐ baptisée

Fille de : .... & de: ....

Profession(s) : ....

Décédée le : .... à ....

ENFANTS ....

ASCENDANCE JUSQU'À LA XIVème GÉNÉRATION

3432 XII 3433

3434 XII 3435

6864 XIII 6865

13730 XIV 13731

13732 XIV 13733

6866 XIII 6867

1716 XI 1717

6870 XIII 6871

13742 XIV 13743

13736 XIV 13737

6868 XIII 6869

13728 XIV 13729

13738 XIV 13739

13734 XIV 13735

13740 XIV 13741

GX 858 Père

Sosa 429

GX 859 Mère

13746 XIV 13747

13752 XIV 13753

13748 XIV 13749

13758 XIV 13759

1718 XI 1719

13750 XIV 13751

13744 XIV 13745

6872 XIII 6873

6876 XIII 6877

13754 XIV 13755

13756 XIV 13757

6874 XIII 6875

3436 XII 3437

3438 XII 3439

6878 XIII 6879

Sosa **430** Nom : .... Prénoms : .... ♂

▶Génération 9 - Ascendant maternel ↓Enfant page 215 - *Index page XVI* ☐ Implexe

Né le : .... à .... ☐ baptisé
Fils de : .... & de: ....
Profession(s) : ....
Décédé le : .... à ....

SITUATION MATRIMONIALE

☐ Mariage civil ☐ Mariage religieux ☐ Union libre

Le : .... à .... ☐ contrat de mariage

Témoins : ....

ASCENDANCE JUSQU'À LA XIVème GÉNÉRATION

3440 XII 3441 | 3442 XII 3443

6880 XIII 6881 | 13762 XIV 13763 | 13764 XIV 13765 | 6882 XIII 6883 | 6886 XIII 6887 | 13774 XIV 13775 | 13768 XIV 13769 | 6884 XIII 6885

1720 XI 1721

13760 XIV 13761 | 13770 XIV 13771

13766 XIV 13767 | 13772 XIV 13773

GX 860 Père

Sosa 430

GX 861 Mère

x

13778 XIV 13779 | 13784 XIV 13785

13780 XIV 13781 | 13790 XIV 13791

13782 XIV 13783 | 13776 XIV 13777 | 6888 XIII 6889 | 6892 XIII 6893 | 13786 XIV 13787 | 13788 XIV 13789

1722 XI 1723

6890 XIII 6891 | 3444 XII 3445 | 3446 XII 3447 | 6894 XIII 6895

Sosa
431

♀ Nom : .... Prénoms : ....

▶Génération IX - Ascendant maternel ↓Enfant page 215 - ***Index page XVI*** ☐ Implexe

Née le : .... à .... ☐ baptisée

Fille de : .... & de: ....

Profession(s) : ....

Décédée le : .... à ....

ENFANTS ....

ASCENDANCE JUSQU'À LA XIVème GÉNÉRATION

3448 XII 3449

3450 XII 3451

6896 XIII 6897

13794 XIV 13795

13796 XIV 13797

6898 XIII 6899

6902 XIII 6903

13806 XIV 13807

13800 XIV 13801

6900 XIII 6901

1724 XI 1725

13792 XIV 13793

13802 XIV 13803

13798 XIV 13799

13804 XIV 13805

GX 862 Père

Sosa 431

GX 863 Mère

13810 XIV 13811

13816 XIV 13817

13812 XIV 13813

13822 XIV 13823

1726 XI 1727

6904 XIII 6905

6908 XIII 6909

13814 XIV 13815

13808 XIV 13809

13818 XIV 13819

13820 XIV 13821

6906 XIII 6907

6910 XIII 6911

3452 XII 3453

3454 XII 3455

Sosa
432 Nom : ....Prénoms : .... ♂

▶Génération 9 - Ascendant maternel ↓Enfant page 216 - ***Index page XVI*** ☐ Implexe

Né le : ....à...☐ baptisé
Fils de : ....& de: ....
Profession(s) : ....
Décédé le : ....à...

SITUATION MATRIMONIALE

☐ Mariage civil ☐ Mariage religieux ☐ Union libre
Le : ....à.. ☐ contrat de mariage
Témoins : ....

ASCENDANCE JUSQU'À LA XIVème GÉNÉRATION

3456 XII 3457
3458 XII 3459
6912 XIII 6913
6916 XIII 6917
13826 XIV 13827
13828 XIV 13829
6914 XIII 6915
6918 XIII 6919
13838 XIV 13839
13832 XIV 13833
1728 XI 1729
13824 XIV 13825
13834 XIV 13835
13830 XIV 13831
13836 XIV 13837
GX 864 Père

Sosa 432

GX 865 Mère
13842 XIV 13843
13848 XIV 13849
13844 XIV 13845
13854 XIV 13855
1730 XI 1731
13846 XIV 13847
13840 XIV 13841
6920 XIII 6921
6924 XIII 6925
13850 XIV 13851
13852 XIV 13853
6922 XIII 6923
6926 XIII 6927
3460 XII 3461
3462 XII 3463

Sosa
433

♀ Nom : .... Prénoms : ....

▶Génération IX - Ascendant maternel ↓Enfant page 216 - ***Index page XVI*** ☐ Implexe

Née le : .... à .... ☐ baptisée

Fille de : .... & de: ....

Profession(s) : ....

Décédée le : .... à ....

ENFANTS ....

ASCENDANCE JUSQU'À LA XIVème GÉNÉRATION

3464 XII 3465

3466 XII 3467

6928 XIII 6929

6932 XIII 6933

13858 XIV 13859

13860 XIV 13861

6930 XIII 6931

6934 XIII 6935

13870 XIV 13871

13864 XIV 13865

1732 XI 1733

13856 XIV 13857

13866 XIV 13867

13862 XIV 13863

13868 XIV 13869

GX 866 Père

Sosa 433

GX 867 Mère

x

13874 XIV 13875

13880 XIV 13881

13876 XIV 13877

13886 XIV 13887

1734 XI 1735

6936 XIII 6937

6940 XIII 6941

13878 XIV 13879

13872 XIV 13873

13882 XIV 13883

13884 XIV 13885

6938 XIII 6939

6942 XIII 6943

3468 XII 3469

3470 XII 3471

Sosa
434 Nom : ....Prénoms : .... ♂

▸Génération 9 - Ascendant maternel ↓Enfant page 217 - ***Index page XVI*** ☐ Implexe

Né le : ....à...☐ baptisé

Fils de : ....& de: ....

Profession(s) : ....

Décédé le : ....à..

SITUATION MATRIMONIALE ☐ Mariage civil ☐ Mariage religieux ☐ Union libre

Le : ....à.. ☐ contrat de mariage

Témoins : ....

ASCENDANCE JUSQU'À LA XIVème GÉNÉRATION

3472 XII 3473

3474 XII 3475

6944 XIII 6945

13890 XIV 13891

13892 XIV 13893

6946 XIII 6947

6950 XIII 6951

13902 XIV 13903

13896 XIV 13897

6948 XIII 6949

1736 XI 1737

13888 XIV 13889

13898 XIV 13899

13894 XIV 13895

13900 XIV 13901

GX 868 Père

Sosa 434

GX 869 Mère

13906 XIV 13907

13912 XIV 13913

13908 XIV 13909

13918 XIV 13919

1738 XI 1739

6954 XIII 6955

13910 XIV 13911

13904 XIV 13905

6952 XIII 6953

6956 XIII 6957

13914 XIV 13915

13916 XIV 13917

6958 XIII 6959

3476 XII 3477

3478 XII 3479

Sosa **435**

♀ Nom : .... Prénoms : ....

▶Génération IX - Ascendant maternel ↓Enfant page 217 - ***Index page XVI*** ☐ Implexe

Née le : .... à .... ☐ baptisée

Fille de : .... & de: ....

Profession(s) : ....

Décédée le : .... à ....

ENFANTS ....

....

ASCENDANCE JUSQU'À LA XIVème GÉNÉRATION

3480 XII 3481

3482 XII 3483

6960 XIII 6961

13922 XIV 13923

13924 XIV 13925

6962 XIII 6963

6966 XIII 6967

13934 XIV 13935

13928 XIV 13929

6964 XIII 6965

1740 XI 1741

13920 XIV 13921

13930 XIV 13931

13926 XIV 13927

13932 XIV 13933

GX 870 Père

Sosa 435

GX 871 Mère

13938 XIV 13939

13944 XIV 13945

13940 XIV 13941

13950 XIV 13951

1742 XI 1743

13942 XIV 13943

13936 XIV 13937

6968 XIII 6969

6972 XIII 6973

13946 XIV 13947

13948 XIV 13949

6970 XIII 6971

3484 XII 3485

3486 XII 3487

6974 XIII 6975

Sosa
436 Nom : .... Prénoms : .... ♂

▸Génération 9 - Ascendant maternel ↓Enfant page 218 - ***Index page XVI*** ☐ Implexe

Né le : .... à .... ☐ baptisé
Fils de : .... & de: ....
Profession(s) : ....
Décédé le : .... à ....

SITUATION MATRIMONIALE

☐ Mariage civil ☐ Mariage religieux ☐ Union libre
Le : .... à .... ☐ contrat de mariage
Témoins : ....

ASCENDANCE JUSQU'À LA XIVème GÉNÉRATION

3488 XII 3489
3490 XII 3491
6976 XIII 6977
6980 XIII 6981
13954 XIV 13955
13956 XIV 13957
6978 XIII 6979
6982 XIII 6983
13966 XIV 13967
13960 XIV 13961
1744 XI 1745
13952 XIV 13953
13962 XIV 13963
13958 XIV 13959
13964 XIV 13965
GX 872 Père

Sosa 436

GX 873 Mère
13970 XIV 13971
13976 XIV 13977
13972 XIV 13973
13982 XIV 13983
1746 XI 1747
13974 XIV 13975
13968 XIV 13969
6984 XIII 6985
6988 XIII 6989
13978 XIV 13979
13980 XIV 13981
6986 XIII 6987
6990 XIII 6991
3492 XII 3493
3494 XII 3495

Sosa 437

♀ Nom : .... Prénoms : ....

▶Génération IX - Ascendant maternel ↓Enfant page 218 - ***Index page XVI*** ☐ Implexe

Née le : .... à .... ☐ baptisée

Fille de : .... & de : ....

Profession(s) : ....

Décédée le : .... à ....

ENFANTS ....

ASCENDANCE JUSQU'À LA XIVème GÉNÉRATION

3496 XII 3497

3498 XII 3499

6992 XIII 6993

13986 XIV 13987

13988 XIV 13989

6994 XIII 6995

6998 XIII 6999

13998 XIV 13999

13992 XIV 13993

6996 XIII 6997

1748 XI 1749

13984 XIV 13985

13994 XIV 13995

13990 XIV 13991

13996 XIV 13997

GX 874 Père

Sosa 437

GX 875 Mère

14002 XIV 14003

14008 XIV 14009

14004 XIV 14005

14014 XIV 14015

1750 XI 1751

7000 XIII 7001

7004 XIII 7005

14006 XIV 14007

14000 XIV 14001

14010 XIV 14011

14012 XIV 14013

7002 XIII 7003

7006 XIII 7007

3500 XII 3501

3502 XII 3503

Sosa
438 Nom : .... Prénoms : .... ♂

▶Génération 9 - Ascendant maternel ↓Enfant page 219 - **Index page XVI** ☐ Implexe

Né le : .... à .... ☐ baptisé

Fils de : .... & de: ....

Profession(s) : ....

Décédé le : .... à ....

SITUATION MATRIMONIALE

☐ Mariage civil ☐ Mariage religieux ☐ Union libre

Le : .... à .... ☐ contrat de mariage

Témoins : ....

ASCENDANCE JUSQU'À LA XIVème GÉNÉRATION

3504 XII 3505

3506 XII 3507

7008 XIII 7009

14018 XIV 14019

14020 XIV 14021

7010 XIII 7011

7014 XIII 7015

14030 XIV 14031

14024 XIV 14025

7012 XIII 7013

1752 XI 1753

14016 XIV 14017

14026 XIV 14027

14022 XIV 14023

14028 XIV 14029

GX 876 Père

Sosa 438

GX 877 Mère

14034 XIV 14035

14040 XIV 14041

14036 XIV 14037

14046 XIV 14047

1754 XI 1755

7016 XIII 7017

14038 XIV 14039

14032 XIV 14033

7020 XIII 7021

14042 XIV 14043

14044 XIV 14045

7018 XIII 7019

3508 XII 3509

3510 XII 3511

7022 XIII 7023

♀ Nom : .... Prénoms : ....

▶Génération IX - Ascendant maternel ↓Enfant page 219 - *Index page XVI* ☐ Implexe

Née le : .... à .... ☐ baptisée

Fille de : .... & de: ....

Profession(s) : ....

Décédée le : .... à ....

ENFANTS ....

....

ASCENDANCE JUSQU'À LA XIVème GÉNÉRATION

3512 XII 3513

3514 XII 3515

7024 XIII 7025

14050 XIV 14051

14052 XIV 14053

7026 XIII 7027

7030 XIII 7031

14062 XIV 14063

14056 XIV 14057

7028 XIII 7029

1756 XI 1757

14048 XIV 14049

14058 XIV 14059

14054 XIV 14055

14060 XIV 14061

GX 878 Père

Sosa 439

GX 879 Mère

14066 XIV 14067

14072 XIV 14073

14068 XIV 14069

14078 XIV 14079

1758 XI 1759

14070 XIV 14071

14064 XIV 14065

7032 XIII 7033

7036 XIII 7037

14074 XIV 14075

14076 XIV 14077

7034 XIII 7035

3516 XII 3517

3518 XII 3519

7038 XIII 7039

Sosa **440** Nom : .... Prénoms : .... ♂

▸Génération 9 - Ascendant maternel ↓Enfant page 220 - ***Index page XVI*** ☐ Implexe

Né le : .... à.. ☐ baptisé

Fils de : .... & de: ....

Profession(s) : ....

Décédé le : .... à..

SITUATION MATRIMONIALE

☐ Mariage civil ☐ Mariage religieux ☐ Union libre

Le : .... à.. ☐ contrat de mariage

Témoins : ....

ASCENDANCE JUSQU'À LA XIVème GÉNÉRATION

3520 XII 3521

3522 XII 3523

7040 XIII 7041

14082 XIV 14083

14084 XIV 14085

7042 XIII 7043

7046 XIII 7047

14094 XIV 14095

14088 XIV 14089

7044 XIII 7045

1760 XI 1761

14080 XIV 14081

14090 XIV 14091

14086 XIV 14087

14092 XIV 14093

GX 880 Père

Sosa 440

GX 881 Mère

14098 XIV 14099

14104 XIV 14105

14100 XIV 14101

14110 XIV 14111

1762 XI 1763

14102 XIV 14103

14096 XIV 14097

7048 XIII 7049

7052 XIII 7053

14106 XIV 14107

14108 XIV 14109

7050 XIII 7051

3524 XII 3525

3526 XII 3527

7054 XIII 7055

Sosa
441

♀ Nom : .... Prénoms : ....

▸Génération IX - Ascendant maternel ↓Enfant page 220 - ***Index page XVI*** ☐ Implexe

Née le : .... à.................................... ☐ baptisée

Fille de : .... & de: ....

Profession(s) : ....

Décédée le : .... à....................................

ENFANTS ....

ASCENDANCE JUSQU'À LA XIVème GÉNÉRATION

3528 XII 3529

3530 XII 3531

7056 XIII 7057

7060 XIII 7061

14114 XIV 14115

14116 XIV 14117

7058 XIII 7059

7062 XIII 7063

14126 XIV 14127

14120 XIV 14121

1764 XI 1765

14112 XIV 14113

14122 XIV 14123

14118 XIV 14119

14124 XIV 14125

GX 882 Père

Sosa 441

GX 883 Mère

x

14130 XIV 14131

14136 XIV 14137

14132 XIV 14133

14142 XIV 14143

1766 XI 1767

7064 XIII 7065

7068 XIII 7069

14134 XIV 14135

14128 XIV 14129

14138 XIV 14139

14140 XIV 14141

7066 XIII 7067

7070 XIII 7071

3532 XII 3533

3534 XII 3535

Sosa 442 Nom : .... Prénoms : .... ♂

▶Génération 9 - Ascendant maternel ↓Enfant page 221 - ***Index page XVI*** ☐ Implexe

Né le : .... à .... ☐ baptisé

Fils de : .... & de: ....

Profession(s) : ....

Décédé le : .... à ....

SITUATION MATRIMONIALE

☐ Mariage civil ☐ Mariage religieux ☐ Union libre

Le : .... à .... ☐ contrat de mariage

Témoins : ....

ASCENDANCE JUSQU'À LA XIVème GÉNÉRATION

3536 XII 3537

3538 XII 3539

7072 XIII 7073

14146 XIV 14147

14148 XIV 14149

7074 XIII 7075

7078 XIII 7079

14158 XIV 14159

14152 XIV 14153

7076 XIII 7077

1768 XI 1769

14144 XIV 14145

14154 XIV 14155

14150 XIV 14151

14156 XIV 14157

GX 884 Père

Sosa 442

GX 885 Mère

x

14162 XIV 14163

14168 XIV 14169

14164 XIV 14165

14174 XIV 14175

1770 XI 1771

7080 XIII 7081

14166 XIV 14167

14160 XIV 14161

7084 XIII 7085

14170 XIV 14171

14172 XIV 14173

7082 XIII 7083

7086 XIII 7087

3540 XII 3541

3542 XII 3543

Sosa **443**

♀ Nom : .... Prénoms : ....

▸Génération IX - Ascendant maternel ↓Enfant page 221 - ***Index page XVI*** ☐ Implexe

Née le : .... à .... ☐ baptisée

Fille de : .... & de: ....

Profession(s) : ....

Décédée le : .... à ....

ENFANTS ....

ASCENDANCE JUSQU'À LA XIVème GÉNÉRATION

3544 XII 3545

3546 XII 3547

7088 XIII 7089

7092 XIII 7093

14178 XIV 14179

14180 XIV 14181

7090 XIII 7091

7094 XIII 7095

14190 XIV 14191

14184 XIV 14185

1772 XI 1773

14176 XIV 14177

14186 XIV 14187

14182 XIV 14183

14188 XIV 14189

GX 886 Père

Sosa 443

GX 887 Mère

x

14194 XIV 14195

14200 XIV 14201

14196 XIV 14197

14206 XIV 14207

1774 XI 1775

7096 XIII 7097

7100 XIII 7101

14198 XIV 14199

14192 XIV 14193

14202 XIV 14203

14204 XIV 14205

7098 XIII 7099

3548 XII 3549

3550 XII 3551

7102 XIII 7103

Sosa **444** Nom : .... Prénoms : .... ♂

▸Génération 9 - Ascendant maternel ↓Enfant page 222 - ***Index page XVI*** ☐ Implexe

Né le : .... à .... ☐ baptisé

Fils de : .... & de: ....

Profession(s) : ....

Décédé le : .... à ....

SITUATION MATRIMONIALE

☐ Mariage civil ☐ Mariage religieux ☐ Union libre

Le : .... à .... ☐ contrat de mariage

Témoins : ....

ASCENDANCE JUSQU'À LA XIVème GÉNÉRATION

3552 XII 3553

3554 XII 3555

7104 XIII 7105

7108 XIII 7109

14210 XIV 14211

14212 XIV 14213

7106 XIII 7107

7110 XIII 7111

14222 XIV 14223

14216 XIV 14217

1776 XI 1777

14208 XIV 14209

14218 XIV 14219

14214 XIV 14215

14220 XIV 14221

GX 888 Père

Sosa 444

GX 889 Mère

14226 XIV 14227

14232 XIV 14233

14228 XIV 14229

14238 XIV 14239

1778 XI 1779

14230 XIV 14231

14224 XIV 14225

7112 XIII 7113

7116 XIII 7117

14234 XIV 14235

14236 XIV 14237

7114 XIII 7115

3556 XII 3557

3558 XII 3559

7118 XIII 7119

Sosa
445

♀ Nom : .... Prénoms : ....

▶Génération IX - Ascendant maternel ↓Enfant page 222 - ***Index page XVI*** ☐ Implexe

Née le : .... à .... ☐ baptisée

Fille de : .... & de: ....

Profession(s) : ....

Décédée le : .... à ....

ENFANTS ....

ASCENDANCE JUSQU'À LA XIVème GÉNÉRATION

3560 XII 3561

3562 XII 3563

7120 XIII 7121

14242 XIV 14243

14244 XIV 14245

7122 XIII 7123

7126 XIII 7127

14254 XIV 14255

14248 XIV 14249

7124 XIII 7125

1780 XI 1781

14240 XIV 14241

14250 XIV 14251

14246 XIV 14247

14252 XIV 14253

GX 890 Père

Sosa 445

GX 891 Mère

14258 XIV 14259

14264 XIV 14265

14260 XIV 14261

14270 XIV 14271

1782 XI 1783

7128 XIII 7129

7132 XIII 7133

14262 XIV 14263

14256 XIV 14257

14266 XIV 14267

14268 XIV 14269

7130 XIII 7131

3564 XII 3565

3566 XII 3567

7134 XIII 7135

Sosa **446** Nom : .... Prénoms : .... ♂

▸Génération 9 - Ascendant maternel ↓Enfant page 223 - ***Index page XVI*** ☐ Implexe

Né le : .... à .... ☐ baptisé

Fils de : .... & de: ....

Profession(s) : ....

Décédé le : .... à ....

SITUATION MATRIMONIALE

☐ Mariage civil ☐ Mariage religieux ☐ Union libre

Le : .... à .... ☐ contrat de mariage

Témoins : ....

ASCENDANCE JUSQU'À LA XIVème GÉNÉRATION

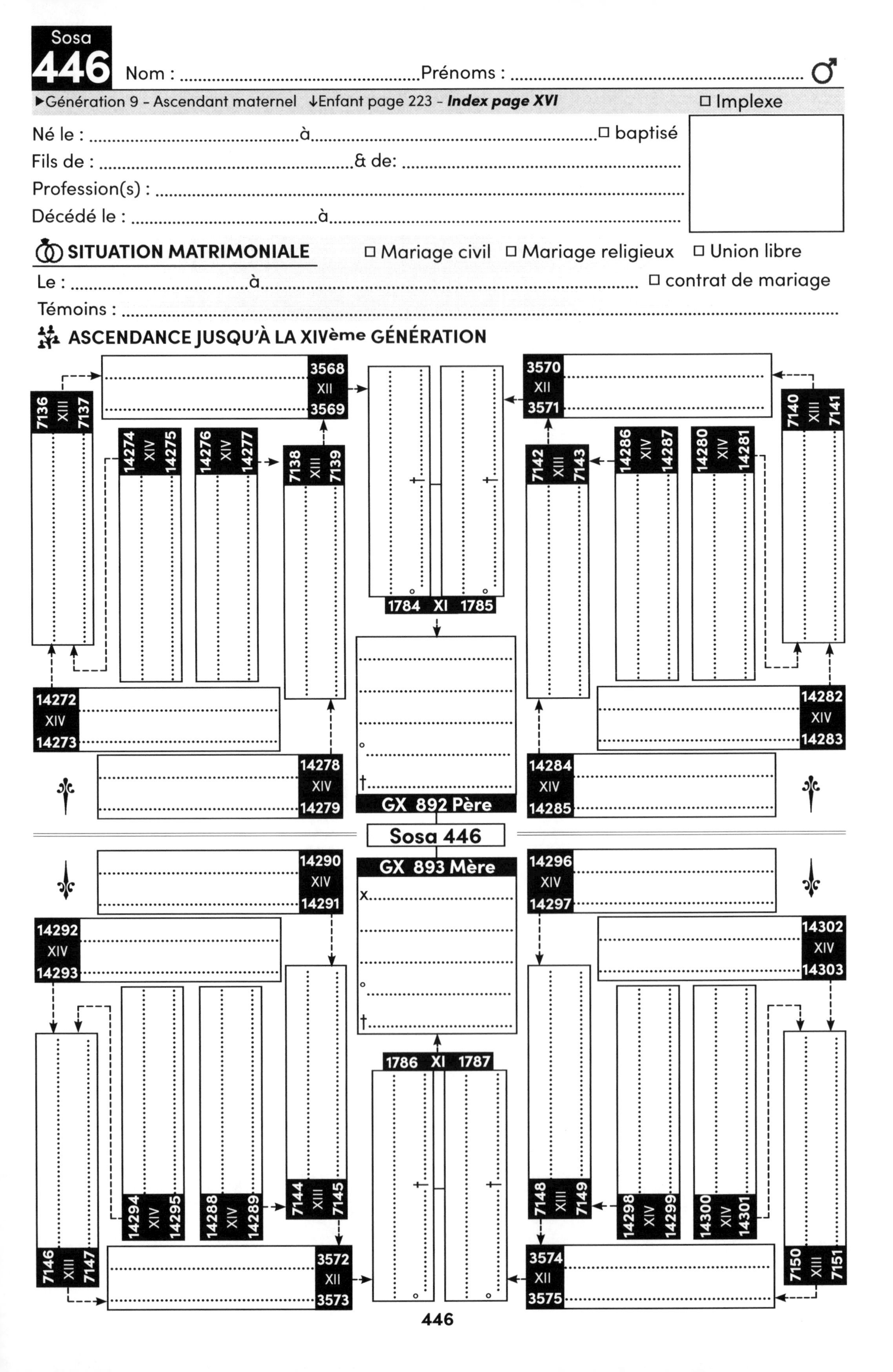

Sosa **447**

♀ Nom : .... Prénoms : ....

▸Génération IX - Ascendant maternel ↓Enfant page 223 - ***Index page XVI*** ☐ Implexe

Née le : .... à .... ☐ baptisée

Fille de : .... & de: ....

Profession(s) : ....

Décédée le : .... à ....

ENFANTS ....

ASCENDANCE JUSQU'À LA XIVème GÉNÉRATION

3576 XII 3577

3578 XII 3579

7152 XIII 7153

7156 XIII 7157

14306 XIV 14307

14308 XIV 14309

7154 XIII 7155

7158 XIII 7159

14318 XIV 14319

14312 XIV 14313

1788 XI 1789

14304 XIV 14305

14314 XIV 14315

14310 XIV 14311

14316 XIV 14317

GX 894 Père

Sosa 447

GX 895 Mère

14322 XIV 14323

14328 XIV 14329

14324 XIV 14325

14334 XIV 14335

1790 XI 1791

14326 XIV 14327

14320 XIV 14321

7160 XIII 7161

7164 XIII 7165

14330 XIV 14331

14332 XIV 14333

7162 XIII 7163

7166 XIII 7167

3580 XII 3581

3582 XII 3583

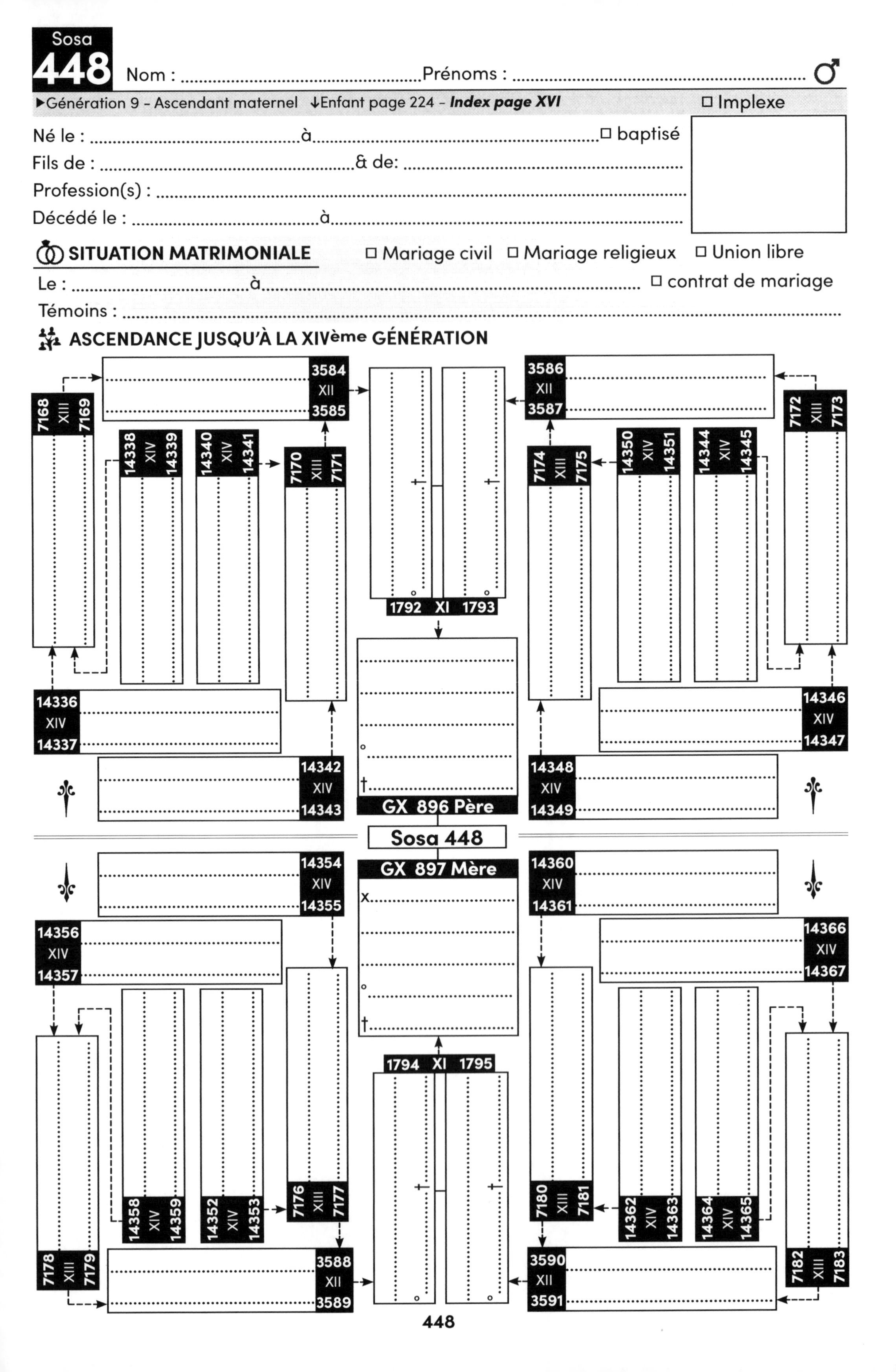

Sosa **448** Nom : .... Prénoms : .... ♂

▸Génération 9 - Ascendant maternel ↓Enfant page 224 - ***Index page XVI*** ☐ Implexe

Né le : .... à .... ☐ baptisé

Fils de : .... & de: ....

Profession(s) : ....

Décédé le : .... à ....

SITUATION MATRIMONIALE

☐ Mariage civil ☐ Mariage religieux ☐ Union libre

Le : .... à .... ☐ contrat de mariage

Témoins : ....

ASCENDANCE JUSQU'À LA XIVème GÉNÉRATION

3584 XII 3585 — 3586 XII 3587

7168 XIII 7169 — 7170 XIII 7171 — 7174 XIII 7175 — 7172 XIII 7173

14338 XIV 14339 — 14340 XIV 14341 — 14350 XIV 14351 — 14344 XIV 14345

1792 XI 1793

14336 XIV 14337 — 14346 XIV 14347

14342 XIV 14343 — 14348 XIV 14349

GX 896 Père

Sosa 448

GX 897 Mère

14354 XIV 14355 — 14360 XIV 14361

14356 XIV 14357 — 14366 XIV 14367

1794 XI 1795

7176 XIII 7177 — 7180 XIII 7181

14358 XIV 14359 — 14352 XIV 14353 — 14362 XIV 14363 — 14364 XIV 14365

7178 XIII 7179 — 7182 XIII 7183

3588 XII 3589 — 3590 XII 3591

Sosa **449**

♀ Nom : ....Prénoms : ....

▸Génération IX - Ascendant maternel ↓Enfant page 224 - *Index page XVI* ☐ Implexe

Née le : ....à...☐ baptisée

Fille de : ....& de: ....

Profession(s) : ....

Décédée le : ....à..

ENFANTS ....

ASCENDANCE JUSQU'À LA XIVème GÉNÉRATION

3592 XII 3593

3594 XII 3595

7184 XIII 7185

14370 XIV 14371

14372 XIV 14373

7186 XIII 7187

7190 XIII 7191

14382 XIV 14383

14376 XIV 14377

7188 XIII 7189

1796 XI 1797

14368 XIV 14369

14378 XIV 14379

14374 XIV 14375

14380 XIV 14381

GX 898 Père

Sosa 449

GX 899 Mère

14386 XIV 14387

14392 XIV 14393

14388 XIV 14389

14398 XIV 14399

1798 XI 1799

7192 XIII 7193

7196 XIII 7197

14390 XIV 14391

14384 XIV 14385

14394 XIV 14395

14396 XIV 14397

7194 XIII 7195

7198 XIII 7199

3596 XII 3597

3598 XII 3599

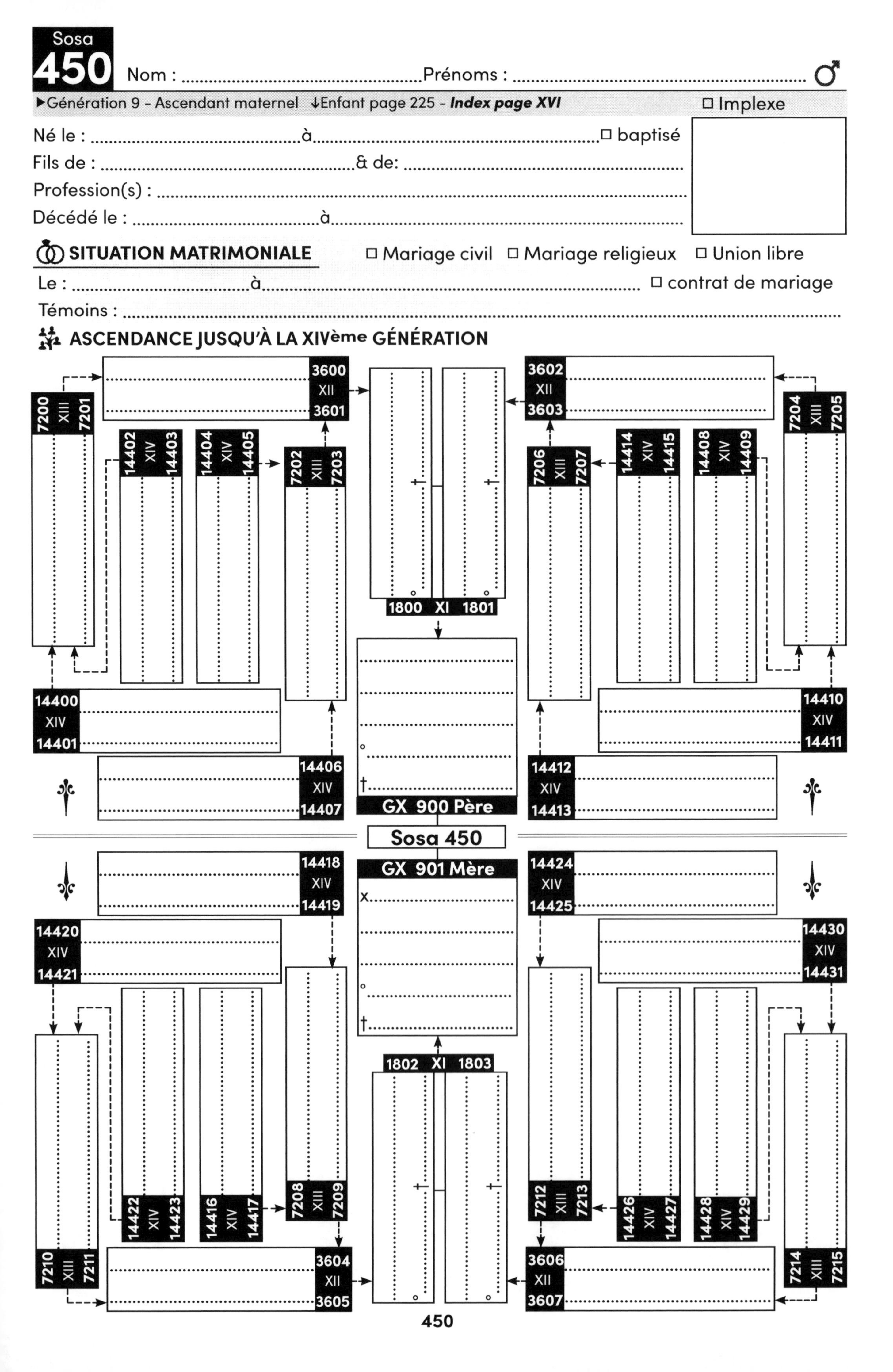

Sosa
450
Nom : Prénoms :
♂
▸Génération 9 - Ascendant maternel ↓Enfant page 225 - Index page XVI
☐ Implexe
Né le : à ☐ baptisé
Fils de : & de:
Profession(s) :
Décédé le : à
SITUATION MATRIMONIALE
☐ Mariage civil ☐ Mariage religieux ☐ Union libre
Le : à ☐ contrat de mariage
Témoins :
ASCENDANCE JUSQU'À LA XIVème GÉNÉRATION
3600 XII 3601
3602 XII 3603
7200 XIII 7201
7202 XIII 7203
7204 XIII 7205
7206 XIII 7207
14402 XIV 14403
14404 XIV 14405
14414 XIV 14415
14408 XIV 14409
1800 XI 1801
14400 XIV 14401
14410 XIV 14411
14406 XIV 14407
14412 XIV 14413
GX 900 Père
Sosa 450
GX 901 Mère
14418 XIV 14419
14424 XIV 14425
14420 XIV 14421
14430 XIV 14431
1802 XI 1803
14422 XIV 14423
14416 XIV 14417
7208 XIII 7209
7212 XIII 7213
14426 XIV 14427
14428 XIV 14429
7210 XIII 7211
3604 XII 3605
3606 XII 3607
7214 XIII 7215

Sosa
451

♀ Nom : .... Prénoms : ....

▶Génération IX - Ascendant maternel ↓Enfant page 225 - ***Index page XVI*** ☐ Implexe

Née le : .... à .... ☐ baptisée

Fille de : .... & de: ....

Profession(s) : ....

Décédée le : .... à ....

ENFANTS ....

ASCENDANCE JUSQU'À LA XIVème GÉNÉRATION

3608 XII 3609

3610 XII 3611

7216 XIII 7217

7220 XIII 7221

14434 XIV 14435

14436 XIV 14437

7218 XIII 7219

7222 XIII 7223

14446 XIV 14447

14440 XIV 14441

1804 XI 1805

14432 XIV 14433

14442 XIV 14443

14438 XIV 14439

14444 XIV 14445

GX 902 Père

Sosa 451

GX 903 Mère

14450 XIV 14451

14456 XIV 14457

14452 XIV 14453

14462 XIV 14463

x

1806 XI 1807

7224 XIII 7225

7228 XIII 7229

14454 XIV 14455

14448 XIV 14449

14458 XIV 14459

14460 XIV 14461

7226 XIII 7227

7230 XIII 7231

3612 XII 3613

3614 XII 3615

Sosa 452 Nom : .... Prénoms : .... ♂

▸Génération 9 - Ascendant maternel ↓Enfant page 226 - ***Index page XVI*** ☐ Implexe

Né le : .... à .... ☐ baptisé

Fils de : .... & de: ....

Profession(s) : ....

Décédé le : .... à ....

SITUATION MATRIMONIALE

☐ Mariage civil ☐ Mariage religieux ☐ Union libre

Le : .... à .... ☐ contrat de mariage

Témoins : ....

ASCENDANCE JUSQU'À LA XIVème GÉNÉRATION

3616 XII 3617

3618 XII 3619

7232 XIII 7233

14466 XIV 14467

14468 XIV 14469

7234 XIII 7235

1808 XI 1809

7238 XIII 7239

14478 XIV 14479

14472 XIV 14473

7236 XIII 7237

14464 XIV 14465

14474 XIV 14475

14470 XIV 14471

GX 904 Père

14476 XIV 14477

Sosa 452

14482 XIV 14483

GX 905 Mère

14488 XIV 14489

14484 XIV 14485

14494 XIV 14495

1810 XI 1811

7242 XIII 7243

14486 XIV 14487

14480 XIV 14481

7240 XIII 7241

7244 XIII 7245

14490 XIV 14491

14492 XIV 14493

7246 XIII 7247

3620 XII 3621

3622 XII 3623

Sosa **453**

♀ Nom : ....Prénoms : ....

▶Génération IX - Ascendant maternel ↓Enfant page 226 - ***Index page XVI*** ☐ Implexe

Née le : ....à..................................☐ baptisée

Fille de : ....& de: ....

Profession(s) : ....

Décédée le : ....à..................................

ENFANTS ....

....

....

ASCENDANCE JUSQU'À LA XIVème GÉNÉRATION

3624 XII 3625

3626 XII 3627

7248 XIII 7249

14498 XIV 14499

14500 XIV 14501

7250 XIII 7251

7254 XIII 7255

14510 XIV 14511

14504 XIV 14505

7252 XIII 7253

1812 XI 1813

14496 XIV 14497

14506 XIV 14507

14502 XIV 14503

14508 XIV 14509

GX 906 Père

Sosa 453

GX 907 Mère

14514 XIV 14515

14520 XIV 14521

14516 XIV 14517

14526 XIV 14527

x

1814 XI 1815

14518 XIV 14519

14512 XIV 14513

7256 XIII 7257

7260 XIII 7261

14522 XIV 14523

14524 XIV 14525

7258 XIII 7259

3628 XII 3629

3630 XII 3631

7262 XIII 7263

Sosa
454

Nom : ....Prénoms : .... ♂

▸Génération 9 - Ascendant maternel ↓Enfant page 227 - ***Index page XVI*** ☐ Implexe

Né le : ....à...☐ baptisé

Fils de : ....& de: ....

Profession(s) : ....

Décédé le : ....à...

SITUATION MATRIMONIALE

☐ Mariage civil ☐ Mariage religieux ☐ Union libre

Le : ....à.. ☐ contrat de mariage

Témoins : ....

ASCENDANCE JUSQU'À LA XIVème GÉNÉRATION

3632 XII 3633

3634 XII 3635

7264 XIII 7265

14530 XIV 14531

14532 XIV 14533

7266 XIII 7267

1816 XI 1817

7270 XIII 7271

14542 XIV 14543

14536 XIV 14537

7268 XIII 7269

14528 XIV 14529

14538 XIV 14539

14534 XIV 14535

14540 XIV 14541

GX 908 Père

Sosa 454

GX 909 Mère

14546 XIV 14547

14552 XIV 14553

14548 XIV 14549

14558 XIV 14559

14550 XIV 14551

14544 XIV 14545

7272 XIII 7273

1818 XI 1819

7276 XIII 7277

14554 XIV 14555

14556 XIV 14557

7274 XIII 7275

3636 XII 3637

3638 XII 3639

7278 XIII 7279

Sosa **455**

♀ Nom : .... Prénoms : ....

▶Génération IX - Ascendant maternel ↓Enfant page 227 - ***Index page XVI*** ☐ Implexe

Née le : .... à .... ☐ baptisée

Fille de : .... & de: ....

Profession(s) : ....

Décédée le : .... à ....

ENFANTS ....

ASCENDANCE JUSQU'À LA XIVème GÉNÉRATION

3640 XII 3641

3642 XII 3643

7280 XIII 7281

14562 XIV 14563

14564 XIV 14565

7282 XIII 7283

7286 XIII 7287

14574 XIV 14575

14568 XIV 14569

7284 XIII 7285

1820 XI 1821

14560 XIV 14561

14570 XIV 14571

14566 XIV 14567

14572 XIV 14573

GX 910 Père

Sosa 455

GX 911 Mère

14578 XIV 14579

14584 XIV 14585

14580 XIV 14581

14590 XIV 14591

1822 XI 1823

14582 XIV 14583

14576 XIV 14577

7288 XIII 7289

7292 XIII 7293

14586 XIV 14587

14588 XIV 14589

7290 XIII 7291

3644 XII 3645

3646 XII 3647

7294 XIII 7295

Sosa **456** Nom : .... Prénoms : .... ♂

▶Génération 9 - Ascendant maternel ↓Enfant page 228 - ***Index page XVI*** ☐ Implexe

Né le : .... à .... ☐ baptisé

Fils de : .... & de: ....

Profession(s) : ....

Décédé le : .... à ....

SITUATION MATRIMONIALE

☐ Mariage civil ☐ Mariage religieux ☐ Union libre

Le : .... à .... ☐ contrat de mariage

Témoins : ....

ASCENDANCE JUSQU'À LA XIVème GÉNÉRATION

3648 XII 3649

3650 XII 3651

7296 XIII 7297

7300 XIII 7301

14594 XIV 14595

14596 XIV 14597

7298 XIII 7299

1824 XI 1825

7302 XIII 7303

14606 XIV 14607

14600 XIV 14601

14592 XIV 14593

14602 XIV 14603

14598 XIV 14599

14604 XIV 14605

GX 912 Père

Sosa 456

GX 913 Mère

14610 XIV 14611

14616 XIV 14617

14612 XIV 14613

14622 XIV 14623

1826 XI 1827

14614 XIV 14615

14608 XIV 14609

7304 XIII 7305

7308 XIII 7309

14618 XIV 14619

14620 XIV 14621

7306 XIII 7307

3652 XII 3653

3654 XII 3655

7310 XIII 7311

Sosa **457**

♀ Nom : .... Prénoms : ....

▶Génération IX - Ascendant maternel ↓Enfant page 228 - ***Index page XVI*** ☐ Implexe

Née le : .... à .... ☐ baptisée

Fille de : .... & de: ....

Profession(s) : ....

Décédée le : .... à ....

ENFANTS ....

ASCENDANCE JUSQU'À LA XIVème GÉNÉRATION

3656 XII 3657

3658 XII 3659

7312 XIII 7313

14626 XIV 14627

14628 XIV 14629

7314 XIII 7315

1828 XI 1829

7318 XIII 7319

14638 XIV 14639

14632 XIV 14633

7316 XIII 7317

14624 XIV 14625

14634 XIV 14635

14630 XIV 14631

GX 914 Père

14636 XIV 14637

Sosa 457

14642 XIV 14643

GX 915 Mère

14648 XIV 14649

14644 XIV 14645

14654 XIV 14655

14646 XIV 14647

14640 XIV 14641

7320 XIII 7321

1830 XI 1831

7324 XIII 7325

14650 XIV 14651

14652 XIV 14653

7322 XIII 7323

3660 XII 3661

3662 XII 3663

7326 XIII 7327

Sosa **458** Nom : .... Prénoms : .... ♂

▶Génération 9 - Ascendant maternel ↓Enfant page 229 - ***Index page XVI*** ☐ Implexe

Né le : .... à.............................. ☐ baptisé

Fils de : .... & de: ....

Profession(s) : ....

Décédé le : .... à..............................

SITUATION MATRIMONIALE

☐ Mariage civil ☐ Mariage religieux ☐ Union libre

Le : .... à.............................. ☐ contrat de mariage

Témoins : ....

ASCENDANCE JUSQU'À LA XIVème GÉNÉRATION

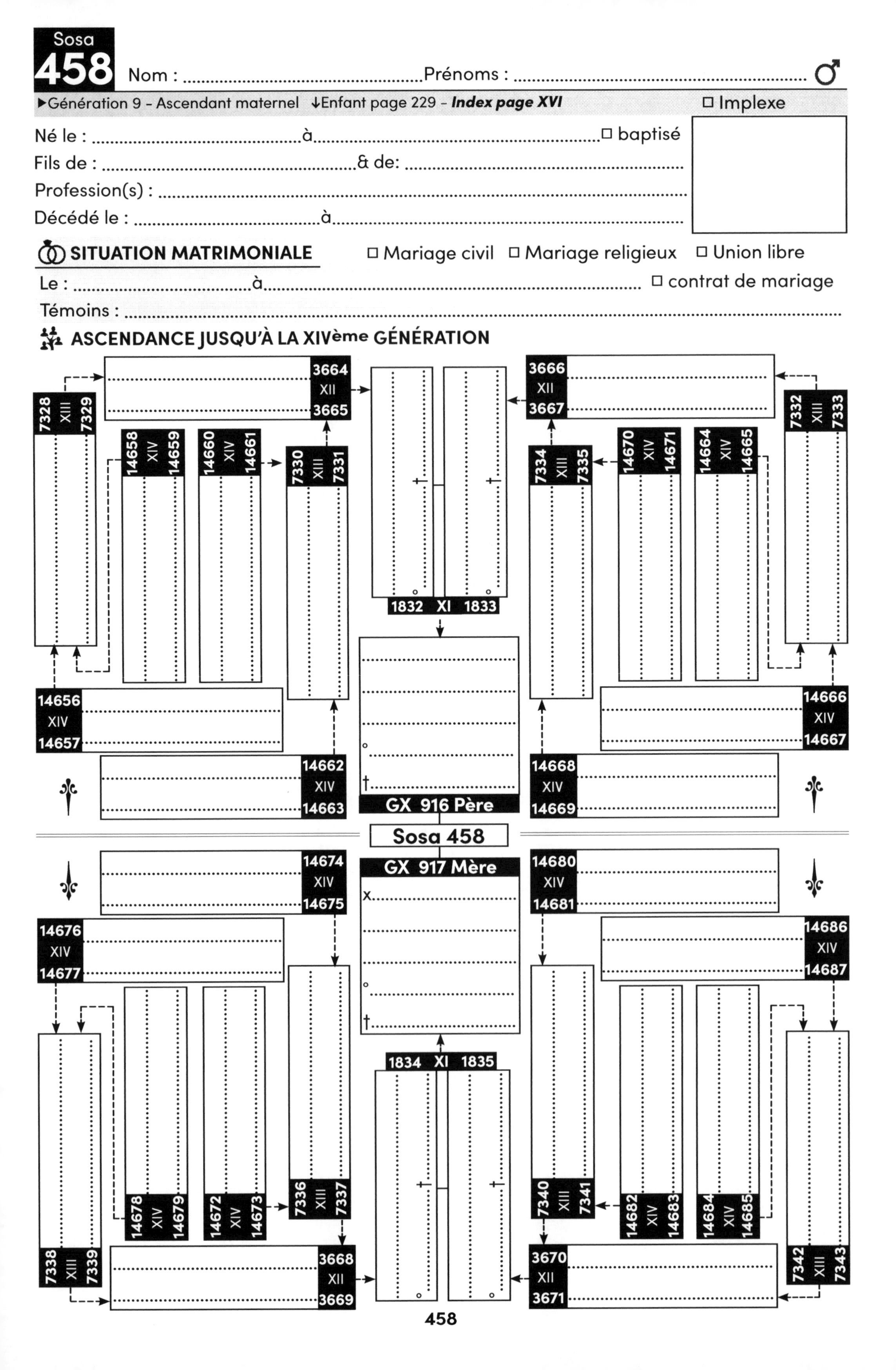

Sosa 459

♀ Nom : .... Prénoms : ....

▶Génération IX - Ascendant maternel ↓Enfant page 229 - ***Index page XVI*** ☐ Implexe

Née le : .... à .... ☐ baptisée

Fille de : .... & de: ....

Profession(s) : ....

Décédée le : .... à ....

ENFANTS ....

ASCENDANCE JUSQU'À LA XIVème GÉNÉRATION

3672 XII 3673

3674 XII 3675

7344 XIII 7345

7348 XIII 7349

14690 XIV 14691

14692 XIV 14693

7346 XIII 7347

7350 XIII 7351

14702 XIV 14703

14696 XIV 14697

1836 XI 1837

14688 XIV 14689

14698 XIV 14699

14694 XIV 14695

14700 XIV 14701

GX 918 Père

Sosa 459

GX 919 Mère

14706 XIV 14707

14712 XIV 14713

14708 XIV 14709

14718 XIV 14719

1838 XI 1839

7352 XIII 7353

7356 XIII 7357

14710 XIV 14711

14704 XIV 14705

14714 XIV 14715

14716 XIV 14717

7354 XIII 7355

7358 XIII 7359

3676 XII 3677

3678 XII 3679

Sosa
460 Nom : ....Prénoms : .... ♂

▶Génération 9 - Ascendant maternel ↓Enfant page 230 - *Index page XVI* ☐ Implexe

Né le : ....à..☐ baptisé

Fils de : ....& de: ....

Profession(s) : ....

Décédé le : ....à..

SITUATION MATRIMONIALE ☐ Mariage civil ☐ Mariage religieux ☐ Union libre

Le : ....à.. ☐ contrat de mariage

Témoins : ....

ASCENDANCE JUSQU'À LA XIVème GÉNÉRATION

3680 XII 3681

3682 XII 3683

7360 XIII 7361

7364 XIII 7365

14722 XIV 14723

14724 XIV 14725

7362 XIII 7363

7366 XIII 7367

14734 XIV 14735

14728 XIV 14729

1840 XI 1841

14720 XIV 14721

14730 XIV 14731

14726 XIV 14727

14732 XIV 14733

GX 920 Père

Sosa 460

GX 921 Mère

14738 XIV 14739

14744 XIV 14745

14740 XIV 14741

14750 XIV 14751

1842 XI 1843

14742 XIV 14743

14736 XIV 14737

7368 XIII 7369

7372 XIII 7373

14746 XIV 14747

14748 XIV 14749

7370 XIII 7371

3684 XII 3685

3686 XII 3687

7374 XIII 7375

Sosa **461**

♀ Nom : .... Prénoms : ....

▶Génération IX - Ascendant maternel ↓Enfant page 230 - ***Index page XVI*** ☐ Implexe

Née le : .... à .... ☐ baptisée

Fille de : .... & de: ....

Profession(s) : ....

Décédée le : .... à ....

ENFANTS ....

ASCENDANCE JUSQU'À LA XIVème GÉNÉRATION

3688 XII 3689

3690 XII 3691

7376 XIII 7377

7380 XIII 7381

14754 XIV 14755

14756 XIV 14757

7378 XIII 7379

7382 XIII 7383

14766 XIV 14767

14760 XIV 14761

1844 XI 1845

14752 XIV 14753

14762 XIV 14763

14758 XIV 14759

14764 XIV 14765

GX 922 Père

Sosa 461

GX 923 Mère

14770 XIV 14771

14776 XIV 14777

14772 XIV 14773

14782 XIV 14783

1846 XI 1847

14774 XIV 14775

14768 XIV 14769

7384 XIII 7385

7388 XIII 7389

14778 XIV 14779

14780 XIV 14781

7386 XIII 7387

7390 XIII 7391

3692 XII 3693

3694 XII 3695

Sosa
462

Nom : .... Prénoms : .... ♂

▶Génération 9 - Ascendant maternel ↓Enfant page 231 - ***Index page XVI*** ☐ Implexe

Né le : .... à.. ☐ baptisé

Fils de : .... & de: ....

Profession(s) : ....

Décédé le : .... à..

SITUATION MATRIMONIALE

☐ Mariage civil ☐ Mariage religieux ☐ Union libre

Le : .... à.. ☐ contrat de mariage

Témoins : ....

ASCENDANCE JUSQU'À LA XIVème GÉNÉRATION

3696 XII 3697

3698 XII 3699

7392 XIII 7393

14786 XIV 14787

14788 XIV 14789

7394 XIII 7395

7398 XIII 7399

14798 XIV 14799

14792 XIV 14793

7396 XIII 7397

1848 XI 1849

14784 XIV 14785

14794 XIV 14795

14790 XIV 14791

14796 XIV 14797

GX 924 Père

Sosa 462

GX 925 Mère

14802 XIV 14803

14808 XIV 14809

14804 XIV 14805

14814 XIV 14815

1850 XI 1851

14806 XIV 14807

14800 XIV 14801

7400 XIII 7401

7404 XIII 7405

14810 XIV 14811

14812 XIV 14813

7402 XIII 7403

3700 XII 3701

3702 XII 3703

7406 XIII 7407

Sosa **463**

♀ Nom : .... Prénoms : ....

▶Génération IX - Ascendant maternel ↓Enfant page 231 - ***Index page XVI*** ☐ Implexe

Née le : .... à.................................... ☐ baptisée

Fille de : .... & de: ....

Profession(s) : ....

Décédée le : .... à....................................

ENFANTS ....

ASCENDANCE JUSQU'À LA XIVème GÉNÉRATION

3704 XII 3705

3706 XII 3707

7408 XIII 7409

7412 XIII 7413

14818 XIV 14819

14820 XIV 14821

7410 XIII 7411

7414 XIII 7415

14830 XIV 14831

14824 XIV 14825

1852 XI 1853

14816 XIV 14817

14826 XIV 14827

14822 XIV 14823

14828 XIV 14829

GX 926 Père

Sosa 463

GX 927 Mère

14834 XIV 14835

14840 XIV 14841

14836 XIV 14837

14846 XIV 14847

1854 XI 1855

14838 XIV 14839

14832 XIV 14833

7416 XIII 7417

7420 XIII 7421

14842 XIV 14843

14844 XIV 14845

7418 XIII 7419

3708 XII 3709

3710 XII 3711

7422 XIII 7423

Sosa
464
Nom : .... Prénoms : .... ♂

▸Génération 9 - Ascendant maternel ↓Enfant page 232 - ***Index page XVI*** ☐ Implexe

Né le : .... à .... ☐ baptisé

Fils de : .... & de: ....

Profession(s) : ....

Décédé le : .... à ....

SITUATION MATRIMONIALE

☐ Mariage civil ☐ Mariage religieux ☐ Union libre

Le : .... à .... ☐ contrat de mariage

Témoins : ....

ASCENDANCE JUSQU'À LA XIVème GÉNÉRATION

3712 XII 3713

3714 XII 3715

7424 XIII 7425

7428 XIII 7429

14850 XIV 14851

14852 XIV 14853

7426 XIII 7427

7430 XIII 7431

14862 XIV 14863

14856 XIV 14857

1856 XI 1857

14848 XIV 14849

14858 XIV 14859

14854 XIV 14855

14860 XIV 14861

GX 928 Père

Sosa 464

GX 929 Mère

14866 XIV 14867

14872 XIV 14873

14868 XIV 14869

14878 XIV 14879

1858 XI 1859

14870 XIV 14871

14864 XIV 14865

7432 XIII 7433

7436 XIII 7437

14874 XIV 14875

14876 XIV 14877

7434 XIII 7435

7438 XIII 7439

3716 XII 3717

3718 XII 3719

Sosa **465**

♀ Nom : .... Prénoms : ....

▶Génération IX - Ascendant maternel ↓Enfant page 232 - ***Index page XVI*** ☐ Implexe

Née le : .... à .... ☐ baptisée

Fille de : .... & de: ....

Profession(s) : ....

Décédée le : .... à ....

ENFANTS ....

ASCENDANCE JUSQU'À LA XIVème GÉNÉRATION

3720 XII 3721

3722 XII 3723

7440 XIII 7441

14882 XIV 14883

14884 XIV 14885

7442 XIII 7443

7446 XIII 7447

14894 XIV 14895

14888 XIV 14889

7444 XIII 7445

1860 XI 1861

14880 XIV 14881

14890 XIV 14891

14886 XIV 14887

14892 XIV 14893

GX 930 Père

Sosa 465

GX 931 Mère

14898 XIV 14899

14904 XIV 14905

14900 XIV 14901

14910 XIV 14911

1862 XI 1863

14902 XIV 14903

14896 XIV 14897

7448 XIII 7449

7452 XIII 7453

14906 XIV 14907

14908 XIV 14909

7450 XIII 7451

3724 XII 3725

3726 XII 3727

7454 XIII 7455

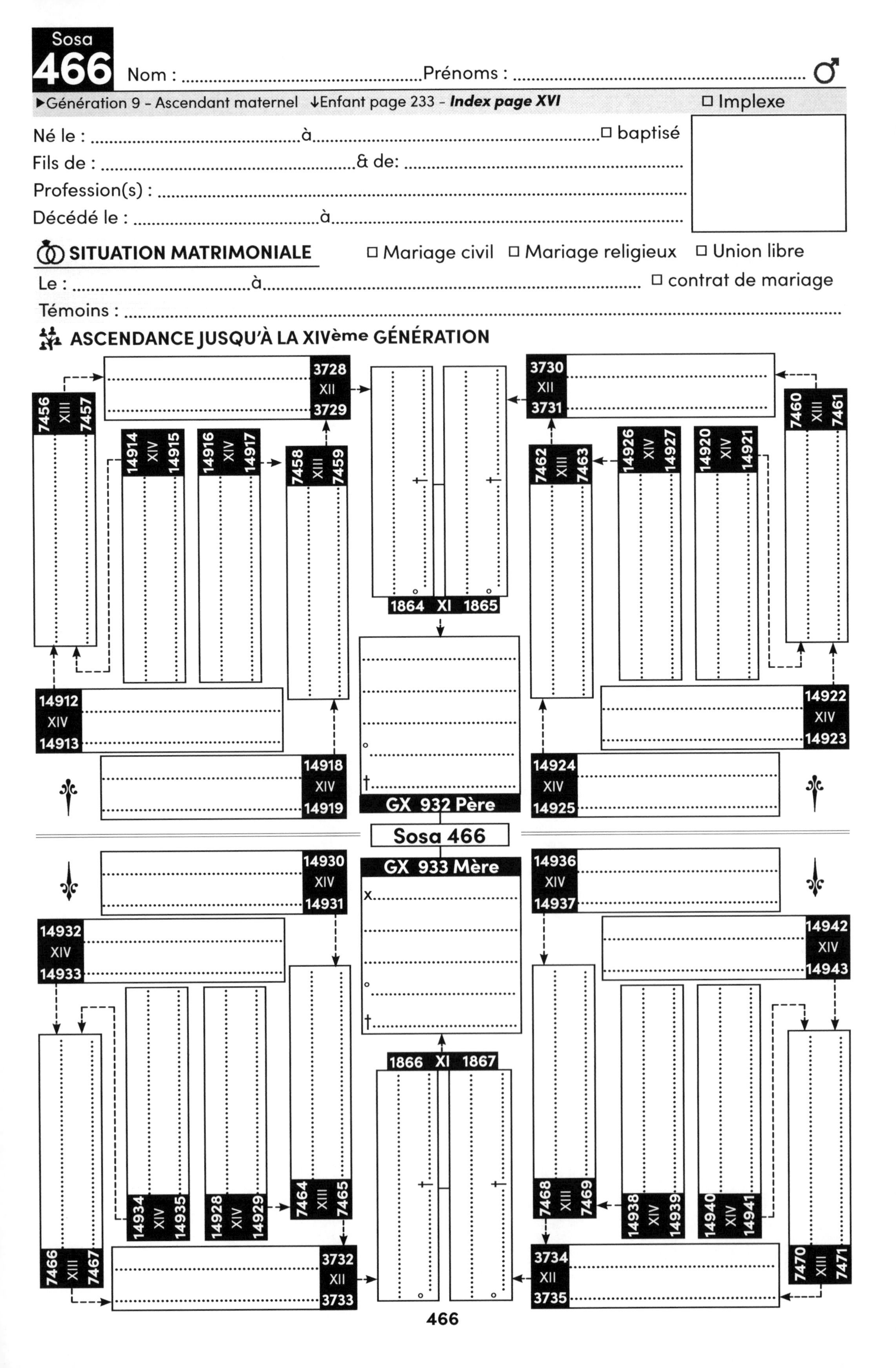

Sosa 466
Nom : Prénoms :
▸Génération 9 - Ascendant maternel ↓Enfant page 233 - Index page XVI
☐ Implexe
Né le : à ☐ baptisé
Fils de : & de:
Profession(s) :
Décédé le : à
SITUATION MATRIMONIALE
☐ Mariage civil ☐ Mariage religieux ☐ Union libre
Le : à ☐ contrat de mariage
Témoins :
ASCENDANCE JUSQU'À LA XIVème GÉNÉRATION
3728 XII 3729
3730 XII 3731
7456 XIII 7457
7460 XIII 7461
14914 XIV 14915
14916 XIV 14917
7458 XIII 7459
7462 XIII 7463
14926 XIV 14927
14920 XIV 14921
1864 XI 1865
14912 XIV 14913
14922 XIV 14923
14918 XIV 14919
14924 XIV 14925
GX 932 Père
Sosa 466
GX 933 Mère
14930 XIV 14931
14936 XIV 14937
14932 XIV 14933
14942 XIV 14943
1866 XI 1867
7464 XIII 7465
7468 XIII 7469
14934 XIV 14935
14928 XIV 14929
14938 XIV 14939
14940 XIV 14941
7466 XIII 7467
7470 XIII 7471
3732 XII 3733
3734 XII 3735

♀ Nom : .... Prénoms : ....

▶Génération IX - Ascendant maternel ↓Enfant page 233 - ***Index page XVI*** ☐ Implexe

Née le : .... à .... ☐ baptisée

Fille de : .... & de: ....

Profession(s) : ....

Décédée le : .... à ....

ENFANTS ....

ASCENDANCE JUSQU'À LA XIVème GÉNÉRATION

3736 XII 3737

3738 XII 3739

7472 XIII 7473

7476 XIII 7477

14946 XIV 14947

14948 XIV 14949

7474 XIII 7475

7478 XIII 7479

14958 XIV 14959

14952 XIV 14953

1868 XI 1869

14944 XIV 14945

14954 XIV 14955

14950 XIV 14951

14956 XIV 14957

GX 934 Père

Sosa 467

GX 935 Mère

14962 XIV 14963

14968 XIV 14969

14964 XIV 14965

14974 XIV 14975

1870 XI 1871

7480 XIII 7481

7484 XIII 7485

14966 XIV 14967

14960 XIV 14961

14970 XIV 14971

14972 XIV 14973

7482 XIII 7483

7486 XIII 7487

3740 XII 3741

3742 XII 3743

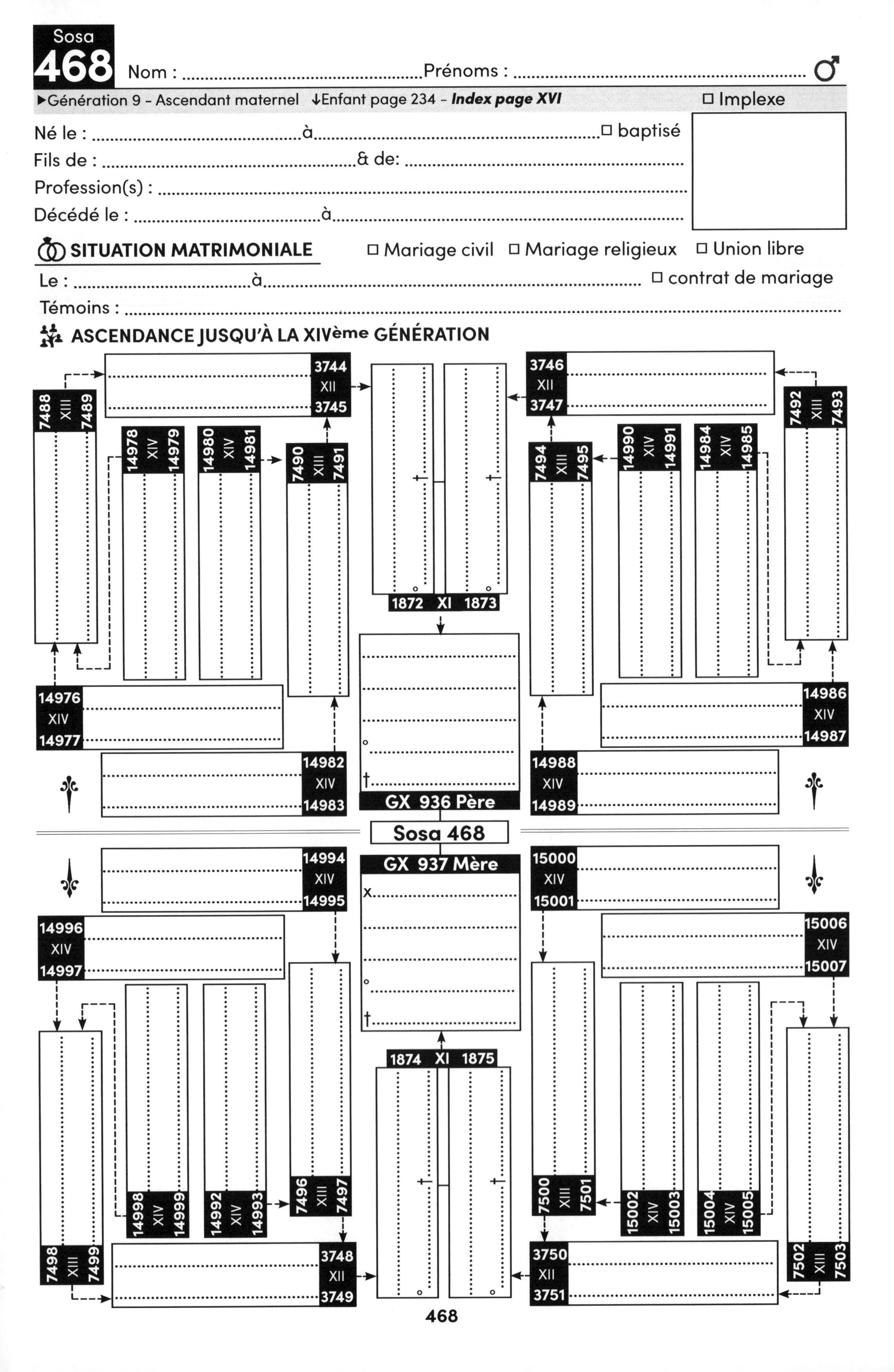

Sosa
468
Nom : Prénoms :
♂
▶Génération 9 - Ascendant maternel ↓Enfant page 234 - Index page XVI
☐ Implexe
Né le : à ☐ baptisé
Fils de : & de:
Profession(s) :
Décédé le : à
SITUATION MATRIMONIALE
☐ Mariage civil ☐ Mariage religieux ☐ Union libre
Le : à ☐ contrat de mariage
Témoins :
ASCENDANCE JUSQU'À LA XIVème GÉNÉRATION
3744 XII 3745
3746 XII 3747
7488 XIII 7489
14978 XIV 14979
14980 XIV 14981
7490 XIII 7491
7494 XIII 7495
14990 XIV 14991
14984 XIV 14985
7492 XIII 7493
1872 XI 1873
14976 XIV 14977
14986 XIV 14987
14982 XIV 14983
14988 XIV 14989
GX 936 Père
Sosa 468
GX 937 Mère
14994 XIV 14995
15000 XIV 15001
14996 XIV 14997
15006 XIV 15007
1874 XI 1875
14998 XIV 14999
14992 XIV 14993
7496 XIII 7497
7500 XIII 7501
15002 XIV 15003
15004 XIV 15005
7498 XIII 7499
7502 XIII 7503
3748 XII 3749
3750 XII 3751

Sosa **469**

♀ Nom : .... Prénoms : ....

▶Génération IX - Ascendant maternel ↓Enfant page 234 - ***Index page XVI*** ☐ Implexe

Née le : .... à .... ☐ baptisée

Fille de : .... & de: ....

Profession(s) : ....

Décédée le : .... à ....

ENFANTS ....

ASCENDANCE JUSQU'À LA XIVème GÉNÉRATION

3752 XII 3753

3754 XII 3755

7504 XIII 7505

7508 XIII 7509

15010 XIV 15011

15012 XIV 15013

7506 XIII 7507

7510 XIII 7511

15022 XIV 15023

15016 XIV 15017

1876 XI 1877

15008 XIV 15009

15018 XIV 15019

15014 XIV 15015

15020 XIV 15021

GX 938 Père

Sosa 469

GX 939 Mère

15026 XIV 15027

15032 XIV 15033

15028 XIV 15029

15038 XIV 15039

1878 XI 1879

15030 XIV 15031

15024 XIV 15025

7512 XIII 7513

7516 XIII 7517

15034 XIV 15035

15036 XIV 15037

7514 XIII 7515

7518 XIII 7519

3756 XII 3757

3758 XII 3759

Sosa
470 Nom : ....Prénoms : .... ♂

▸Génération 9 - Ascendant maternel ↓Enfant page 235 - *Index page XVI* ☐ Implexe

Né le : ....à..☐ baptisé
Fils de : ....& de: ....
Profession(s) : ....
Décédé le : ....à...

SITUATION MATRIMONIALE

☐ Mariage civil ☐ Mariage religieux ☐ Union libre

Le : ....à.. ☐ contrat de mariage

Témoins : ....

ASCENDANCE JUSQU'À LA XIVème GÉNÉRATION

3760 XII 3761

3762 XII 3763

7520 XIII 7521

15042 XIV 15043

15044 XIV 15045

7522 XIII 7523

7526 XIII 7527

15054 XIV 15055

15048 XIV 15049

7524 XIII 7525

1880 XI 1881

15040 XIV 15041

15050 XIV 15051

15046 XIV 15047

15052 XIV 15053

GX 940 Père

Sosa 470

GX 941 Mère

15058 XIV 15059

15064 XIV 15065

15060 XIV 15061

15070 XIV 15071

1882 XI 1883

7528 XIII 7529

7532 XIII 7533

15062 XIV 15063

15056 XIV 15057

15066 XIV 15067

15068 XIV 15069

7530 XIII 7531

7534 XIII 7535

3764 XII 3765

3766 XII 3767

♀ Nom : .... Prénoms : ....

▶Génération IX - Ascendant maternel ↓Enfant page 235 - ***Index page XVI*** ☐ Implexe

Née le : .... à .... ☐ baptisée

Fille de : .... & de: ....

Profession(s) : ....

Décédée le : .... à ....

ENFANTS ....

ASCENDANCE JUSQU'À LA XIVème GÉNÉRATION

3768 XII 3769

3770 XII 3771

7536 XIII 7537

15074 XIV 15075

15076 XIV 15077

7538 XIII 7539

7542 XIII 7543

15086 XIV 15087

15080 XIV 15081

7540 XIII 7541

1884 XI 1885

15072 XIV 15073

15082 XIV 15083

15078 XIV 15079

15084 XIV 15085

GX 942 Père

Sosa 471

GX 943 Mère

15090 XIV 15091

15096 XIV 15097

15092 XIV 15093

15102 XIV 15103

1886 XI 1887

15094 XIV 15095

15088 XIV 15089

7544 XIII 7545

7548 XIII 7549

15098 XIV 15099

15100 XIV 15101

7546 XIII 7547

3772 XII 3773

3774 XII 3775

7550 XIII 7551

Sosa **472** Nom : .... Prénoms : .... ♂

▸Génération 9 - Ascendant maternel ↓Enfant page 236 - ***Index page XVI*** ☐ Implexe

Né le : .... à .... ☐ baptisé

Fils de : .... & de: ....

Profession(s) : ....

Décédé le : .... à ....

SITUATION MATRIMONIALE

☐ Mariage civil ☐ Mariage religieux ☐ Union libre

Le : .... à .... ☐ contrat de mariage

Témoins : ....

ASCENDANCE JUSQU'À LA XIVème GÉNÉRATION

3776 XII 3777 | 3778 XII 3779

7552 XIII 7553 | 15106 XIV 15107 | 15108 XIV 15109 | 7554 XIII 7555 | 7558 XIII 7559 | 15118 XIV 15119 | 15112 XIV 15113 | 7556 XIII 7557

1888 XI 1889

15104 XIV 15105 | 15114 XIV 15115

15110 XIV 15111 | 15116 XIV 15117

GX 944 Père

Sosa 472

GX 945 Mère

x

15122 XIV 15123 | 15128 XIV 15129

15124 XIV 15125 | 15134 XIV 15135

1890 XI 1891

15126 XIV 15127 | 15120 XIV 15121 | 7560 XIII 7561 | 7564 XIII 7565 | 15130 XIV 15131 | 15132 XIV 15133

7562 XIII 7563 | 3780 XII 3781 | 3782 XII 3783 | 7566 XIII 7567

Sosa **473**

♀ Nom : .... Prénoms : ....

▸Génération IX - Ascendant maternel ↓Enfant page 236 - ***Index page XVI*** ☐ Implexe

Née le : .... à .... ☐ baptisée

Fille de : .... & de: ....

Profession(s) : ....

Décédée le : .... à ....

ENFANTS ....

ASCENDANCE JUSQU'À LA XIVème GÉNÉRATION

3784 XII 3785

3786 XII 3787

7568 XIII 7569

15138 XIV 15139

15140 XIV 15141

7570 XIII 7571

7574 XIII 7575

15150 XIV 15151

15144 XIV 15145

7572 XIII 7573

1892 XI 1893

15136 XIV 15137

15146 XIV 15147

15142 XIV 15143

15148 XIV 15149

GX 946 Père

Sosa 473

GX 947 Mère

15154 XIV 15155

15160 XIV 15161

15156 XIV 15157

15166 XIV 15167

1894 XI 1895

15158 XIV 15159

15152 XIV 15153

7576 XIII 7577

7580 XIII 7581

15162 XIV 15163

15164 XIV 15165

7578 XIII 7579

3788 XII 3789

3790 XII 3791

7582 XIII 7583

Sosa
474 Nom : ....Prénoms : .... ♂

▸Génération 9 - Ascendant maternel ↓Enfant page 237 - ***Index page XVI*** ☐ Implexe

Né le : ....à..☐ baptisé

Fils de : ....& de: ....

Profession(s) : ....

Décédé le : ....à..

SITUATION MATRIMONIALE ☐ Mariage civil ☐ Mariage religieux ☐ Union libre

Le : ....à.. ☐ contrat de mariage

Témoins : ....

ASCENDANCE JUSQU'À LA XIVème GÉNÉRATION

7584 XIII 7585

3792 XII 3793

15170 XIV 15171

15172 XIV 15173

7586 XIII 7587

1896 XI 1897

3794 XII 3795

7590 XIII 7591

15182 XIV 15183

15176 XIV 15177

7588 XIII 7589

15168 XIV 15169

15174 XIV 15175

GX 948 Père

15178 XIV 15179

15180 XIV 15181

Sosa 474

15186 XIV 15187

GX 949 Mère

15192 XIV 15193

15188 XIV 15189

15198 XIV 15199

1898 XI 1899

15190 XIV 15191

15184 XIV 15185

7592 XIII 7593

7596 XIII 7597

15194 XIV 15195

15196 XIV 15197

7594 XIII 7595

3796 XII 3797

3798 XII 3799

7598 XIII 7599

Sosa **475**

♀ Nom : .... Prénoms : ....

▸Génération IX - Ascendant maternel ↓Enfant page 237 - ***Index page XVI*** ☐ Implexe

Née le : .... à .... ☐ baptisée

Fille de : .... & de: ....

Profession(s) : ....

Décédée le : .... à ....

ENFANTS ....

ASCENDANCE JUSQU'À LA XIVème GÉNÉRATION

3800 XII 3801

3802 XII 3803

7600 XIII 7601

15202 XIV 15203

15204 XIV 15205

7602 XIII 7603

7606 XIII 7607

15214 XIV 15215

15208 XIV 15209

7604 XIII 7605

1900 XI 1901

15200 XIV 15201

15210 XIV 15211

15206 XIV 15207

15212 XIV 15213

GX 950 Père

Sosa 475

GX 951 Mère

15218 XIV 15219

15224 XIV 15225

15220 XIV 15221

15230 XIV 15231

1902 XI 1903

15222 XIV 15223

15216 XIV 15217

7608 XIII 7609

7612 XIII 7613

15226 XIV 15227

15228 XIV 15229

7610 XIII 7611

3804 XII 3805

3806 XII 3807

7614 XIII 7615

Sosa
476

Nom : .... Prénoms : .... ♂

▶Génération 9 - Ascendant maternel ↓Enfant page 238 - ***Index page XVI*** ☐ Implexe

Né le : .... à .... ☐ baptisé

Fils de : .... & de: ....

Profession(s) : ....

Décédé le : .... à ....

SITUATION MATRIMONIALE

☐ Mariage civil ☐ Mariage religieux ☐ Union libre

Le : .... à .... ☐ contrat de mariage

Témoins : ....

ASCENDANCE JUSQU'À LA XIVème GÉNÉRATION

3808 XII 3809

3810 XII 3811

7616 XIII 7617

7620 XIII 7621

15234 XIV 15235

15236 XIV 15237

7618 XIII 7619

7622 XIII 7623

15246 XIV 15247

15240 XIV 15241

1904 XI 1905

15232 XIV 15233

15242 XIV 15243

15238 XIV 15239

15244 XIV 15245

GX 952 Père

Sosa 476

GX 953 Mère

15250 XIV 15251

15256 XIV 15257

15252 XIV 15253

15262 XIV 15263

1906 XI 1907

7624 XIII 7625

7628 XIII 7629

15254 XIV 15255

15248 XIV 15249

15258 XIV 15259

15260 XIV 15261

7626 XIII 7627

7630 XIII 7631

3812 XII 3813

3814 XII 3815

Sosa
477

♀ Nom : .... Prénoms : ....

▸Génération IX - Ascendant maternel ↓Enfant page 238 - ***Index page XVI*** ☐ Implexe

Née le : .... à .... ☐ baptisée

Fille de : .... & de: ....

Profession(s) : ....

Décédée le : .... à ....

ENFANTS ....

....

....

ASCENDANCE JUSQU'À LA XIVème GÉNÉRATION

3816 XII 3817

3818 XII 3819

7632 XIII 7633

15266 XIV 15267

15268 XIV 15269

7634 XIII 7635

7638 XIII 7639

15278 XIV 15279

15272 XIV 15273

7636 XIII 7637

1908 XI 1909

15264 XIV 15265

15274 XIV 15275

15270 XIV 15271

15276 XIV 15277

GX 954 Père

Sosa 477

GX 955 Mère

x ....

15282 XIV 15283

15288 XIV 15289

15284 XIV 15285

15294 XIV 15295

1910 XI 1911

15286 XIV 15287

15280 XIV 15281

7640 XIII 7641

7644 XIII 7645

15290 XIV 15291

15292 XIV 15293

7642 XIII 7643

3820 XII 3821

3822 XII 3823

7646 XIII 7647

Sosa
478 Nom : ....Prénoms : .... ♂

▸Génération 9 - Ascendant maternel ↓Enfant page 239 - ***Index page XVI*** ☐ Implexe

Né le : ....à....................................☐ baptisé

Fils de : ....& de: ....

Profession(s) : ....

Décédé le : ....à....................................

SITUATION MATRIMONIALE ☐ Mariage civil ☐ Mariage religieux ☐ Union libre

Le : ....à.................................... ☐ contrat de mariage

Témoins : ....

ASCENDANCE JUSQU'À LA XIVème GÉNÉRATION

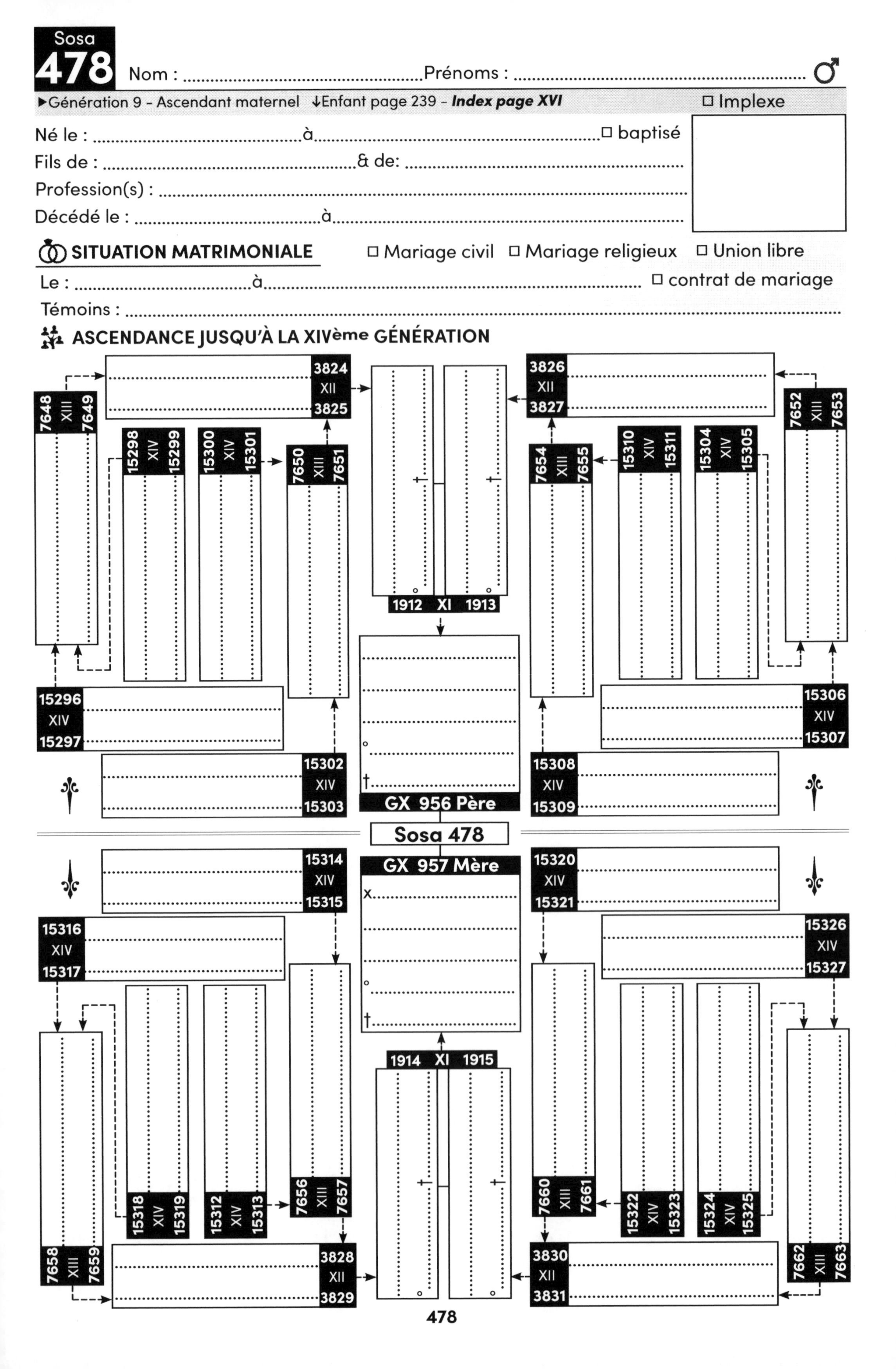

Sosa **479**

♀ Nom : .... Prénoms : ....

▶Génération IX - Ascendant maternel ↓Enfant page 239 - ***Index page XVI*** ☐ Implexe

Née le : .... à .... ☐ baptisée

Fille de : .... & de: ....

Profession(s) : ....

Décédée le : .... à ....

ENFANTS ....

ASCENDANCE JUSQU'À LA XIVème GÉNÉRATION

3832 XII 3833 — 3834 XII 3835

7664 XIII 7665 — 15330 XIV 15331 — 15332 XIV 15333 — 7666 XIII 7667 — 7670 XIII 7671 — 15342 XIV 15343 — 15336 XIV 15337 — 7668 XIII 7669

1916 XI 1917

15328 XIV 15329 — 15338 XIV 15339

15334 XIV 15335 — 15340 XIV 15341

GX 958 Père

Sosa 479

GX 959 Mère

15346 XIV 15347 — 15352 XIV 15353

15348 XIV 15349 — 15358 XIV 15359

1918 XI 1919

15350 XIV 15351 — 15344 XIV 15345 — 7672 XIII 7673 — 7676 XIII 7677 — 15354 XIV 15355 — 15356 XIV 15357

7674 XIII 7675 — 3836 XII 3837 — 3838 XII 3839 — 7678 XIII 7679

Sosa **480** Nom : ....Prénoms : .... ♂

▶Génération 9 - Ascendant maternel ↓Enfant page 240 - ***Index page XVI*** ☐ Implexe

Né le : ....à..☐ baptisé

Fils de : ....& de: ....

Profession(s) : ....

Décédé le : ....à..

SITUATION MATRIMONIALE

☐ Mariage civil ☐ Mariage religieux ☐ Union libre

Le : ....à.. ☐ contrat de mariage

Témoins : ....

ASCENDANCE JUSQU'À LA XIVème GÉNÉRATION

3840 XII 3841

3842 XII 3843

7680 XIII 7681

15362 XIV 15363

15364 XIV 15365

7682 XIII 7683

7686 XIII 7687

15374 XIV 15375

15368 XIV 15369

7684 XIII 7685

1920 XI 1921

15360 XIV 15361

15370 XIV 15371

15366 XIV 15367

15372 XIV 15373

GX 960 Père

Sosa 480

GX 961 Mère

15378 XIV 15379

15384 XIV 15385

15380 XIV 15381

15390 XIV 15391

1922 XI 1923

7688 XIII 7689

15382 XIV 15383

15376 XIV 15377

7692 XIII 7693

15386 XIV 15387

15388 XIV 15389

7690 XIII 7691

3844 XII 3845

3846 XII 3847

7694 XIII 7695

Sosa
481

♀ Nom : ....Prénoms : ....

▶Génération IX - Ascendant maternel ↓Enfant page 240 - ***Index page XVI*** ☐ Implexe

Née le : ....à..☐ baptisée

Fille de : ....& de: ....

Profession(s) : ....

Décédée le : ....à...

ENFANTS ....

....

....

ASCENDANCE JUSQU'À LA XIVème GÉNÉRATION

3848 XII 3849

3850 XII 3851

7696 XIII 7697

15394 XIV 15395

15396 XIV 15397

7698 XIII 7699

1924 XI 1925

7702 XIII 7703

15406 XIV 15407

15400 XIV 15401

7700 XIII 7701

15392 XIV 15393

15402 XIV 15403

15398 XIV 15399

15404 XIV 15405

GX 962 Père

Sosa 481

GX 963 Mère

15410 XIV 15411

15416 XIV 15417

15412 XIV 15413

15422 XIV 15423

1926 XI 1927

15414 XIV 15415

15408 XIV 15409

7704 XIII 7705

7708 XIII 7709

15418 XIV 15419

15420 XIV 15421

7706 XIII 7707

3852 XII 3853

3854 XII 3855

7710 XIII 7711

Sosa
482
Nom : .... Prénoms : .... ♂

▶Génération 9 - Ascendant maternel ↓Enfant page 241 - ***Index page XVI*** ☐ Implexe

Né le : .... à.. ☐ baptisé

Fils de : .... & de: ....

Profession(s) : ....

Décédé le : .... à..

SITUATION MATRIMONIALE

☐ Mariage civil ☐ Mariage religieux ☐ Union libre

Le : .... à.. ☐ contrat de mariage

Témoins : ....

ASCENDANCE JUSQU'À LA XIVème GÉNÉRATION

3856 XII 3857

1928 XI 1929

3858 XII 3859

7712 XIII 7713

15426 XIV 15427

15428 XIV 15429

7714 XIII 7715

7718 XIII 7719

15438 XIV 15439

15432 XIV 15433

7716 XIII 7717

15424 XIV 15425

15434 XIV 15435

15430 XIV 15431

15436 XIV 15437

° †

GX 964 Père

Sosa 482

GX 965 Mère

x

° †

15442 XIV 15443

15448 XIV 15449

15444 XIV 15445

15454 XIV 15455

1930 XI 1931

15446 XIV 15447

15440 XIV 15441

7720 XIII 7721

7724 XIII 7725

15450 XIV 15451

15452 XIV 15453

7722 XIII 7723

3860 XII 3861

3862 XII 3863

7726 XIII 7727

Sosa
483

♀ Nom : .... Prénoms : ....

▶Génération IX - Ascendant maternel ↓Enfant page 241 - ***Index page XVI*** ☐ Implexe

Née le : .... à.. ☐ baptisée

Fille de : .... & de: ....

Profession(s) : ....

Décédée le : .... à..

ENFANTS ....

....

....

ASCENDANCE JUSQU'À LA XIVème GÉNÉRATION

3864 XII 3865

3866 XII 3867

7728 XIII 7729

7732 XIII 7733

15458 XIV 15459

15460 XIV 15461

7730 XIII 7731

7734 XIII 7735

15470 XIV 15471

15464 XIV 15465

1932 XI 1933

15456 XIV 15457

15466 XIV 15467

15462 XIV 15463

15468 XIV 15469

GX 966 Père

Sosa 483

GX 967 Mère

15474 XIV 15475

15480 XIV 15481

15476 XIV 15477

15486 XIV 15487

1934 XI 1935

7736 XIII 7737

7740 XIII 7741

15478 XIV 15479

15472 XIV 15473

15482 XIV 15483

15484 XIV 15485

7738 XIII 7739

7742 XIII 7743

3868 XII 3869

3870 XII 3871

Sosa
484 Nom : ....Prénoms : .... ♂

▸Génération 9 - Ascendant maternel ↓Enfant page 242 - ***Index page XVI*** ☐ Implexe

Né le : ....à...☐ baptisé

Fils de : ....& de: ....

Profession(s) : ....

Décédé le : ....à..

SITUATION MATRIMONIALE ☐ Mariage civil ☐ Mariage religieux ☐ Union libre

Le : ....à.. ☐ contrat de mariage

Témoins : ....

ASCENDANCE JUSQU'À LA XIVème GÉNÉRATION

3872 XII 3873

3874 XII 3875

7744 XIII 7745

7748 XIII 7749

15490 XIV 15491

15492 XIV 15493

7746 XIII 7747

7750 XIII 7751

15502 XIV 15503

15496 XIV 15497

1936 XI 1937

15488 XIV 15489

15498 XIV 15499

15494 XIV 15495

15500 XIV 15501

GX 968 Père

Sosa 484

GX 969 Mère

15506 XIV 15507

15512 XIV 15513

15508 XIV 15509

15518 XIV 15519

1938 XI 1939

15510 XIV 15511

15504 XIV 15505

7752 XIII 7753

7756 XIII 7757

15514 XIV 15515

15516 XIV 15517

7754 XIII 7755

3876 XII 3877

3878 XII 3879

7758 XIII 7759

Sosa **485**

♀ Nom : .... Prénoms : ....

▶Génération IX - Ascendant maternel ↓Enfant page 242 - ***Index page XVI*** ☐ Implexe

Née le : .... à .... ☐ baptisée

Fille de : .... & de: ....

Profession(s) : ....

Décédée le : .... à ....

ENFANTS ....

ASCENDANCE JUSQU'À LA XIVème GÉNÉRATION

3880 XII 3881

3882 XII 3883

7760 XIII 7761

15522 XIV 15523

15524 XIV 15525

7762 XIII 7763

1940 XI 1941

7766 XIII 7767

15534 XIV 15535

15528 XIV 15529

7764 XIII 7765

15520 XIV 15521

15530 XIV 15531

15526 XIV 15527

GX 970 Père

15532 XIV 15533

Sosa 485

15538 XIV 15539

GX 971 Mère

15544 XIV 15545

15540 XIV 15541

15550 XIV 15551

1942 XI 1943

15542 XIV 15543

15536 XIV 15537

7768 XIII 7769

7772 XIII 7773

15546 XIV 15547

15548 XIV 15549

7770 XIII 7771

3884 XII 3885

3886 XII 3887

7774 XIII 7775

Sosa
486

Nom : .... Prénoms : .... ♂

▶Génération 9 - Ascendant maternel ↓Enfant page 243 - ***Index page XVI***

☐ Implexe

Né le : .... à.. ☐ baptisé

Fils de : .... & de: ....

Profession(s) : ....

Décédé le : .... à...

SITUATION MATRIMONIALE

☐ Mariage civil ☐ Mariage religieux ☐ Union libre

Le : .... à.. ☐ contrat de mariage

Témoins : ....

ASCENDANCE JUSQU'À LA XIVème GÉNÉRATION

3888 XII 3889

3890 XII 3891

7776 XIII 7777

15554 XIV 15555

15556 XIV 15557

7778 XIII 7779

1944 XI 1945

7782 XIII 7783

15566 XIV 15567

15560 XIV 15561

7780 XIII 7781

15552 XIV 15553

15562 XIV 15563

15558 XIV 15559

15564 XIV 15565

GX 972 Père

Sosa 486

GX 973 Mère

15570 XIV 15571

15576 XIV 15577

15572 XIV 15573

15582 XIV 15583

1946 XI 1947

15574 XIV 15575

15568 XIV 15569

7784 XIII 7785

7788 XIII 7789

15578 XIV 15579

15580 XIV 15581

7786 XIII 7787

3892 XII 3893

3894 XII 3895

7790 XIII 7791

♀ Nom : .... Prénoms : ....

▶Génération IX - Ascendant maternel ↓Enfant page 243 - ***Index page XVI*** ☐ Implexe

Née le : .... à .... ☐ baptisée

Fille de : .... & de: ....

Profession(s) : ....

Décédée le : .... à ....

ENFANTS ....

ASCENDANCE JUSQU'À LA XIVème GÉNÉRATION

3896 XII 3897

3898 XII 3899

7792 XIII 7793

15586 XIV 15587

15588 XIV 15589

7794 XIII 7795

7798 XIII 7799

15598 XIV 15599

15592 XIV 15593

7796 XIII 7797

1948 XI 1949

15584 XIV 15585

15594 XIV 15595

15590 XIV 15591

15596 XIV 15597

GX 974 Père

Sosa 487

GX 975 Mère

15602 XIV 15603

15608 XIV 15609

15604 XIV 15605

15614 XIV 15615

1950 XI 1951

15606 XIV 15607

15600 XIV 15601

7800 XIII 7801

7804 XIII 7805

15610 XIV 15611

15612 XIV 15613

7802 XIII 7803

3900 XII 3901

3902 XII 3903

7806 XIII 7807

Sosa **488** Nom : .... Prénoms : .... ♂

▸Génération 9 - Ascendant maternel ↓Enfant page 244 - *Index page XVI* ☐ Implexe

Né le : .... à .... ☐ baptisé

Fils de : .... & de: ....

Profession(s) : ....

Décédé le : .... à ....

SITUATION MATRIMONIALE

☐ Mariage civil ☐ Mariage religieux ☐ Union libre

Le : .... à .... ☐ contrat de mariage

Témoins : ....

ASCENDANCE JUSQU'À LA XIVème GÉNÉRATION

3904 XII 3905

3906 XII 3907

7808 XIII 7809

7812 XIII 7813

15618 XIV 15619

15620 XIV 15621

7810 XIII 7811

7814 XIII 7815

15630 XIV 15631

15624 XIV 15625

1952 XI 1953

15616 XIV 15617

15626 XIV 15627

15622 XIV 15623

15628 XIV 15629

GX 976 Père

Sosa 488

GX 977 Mère

15634 XIV 15635

15640 XIV 15641

15636 XIV 15637

15646 XIV 15647

1954 XI 1955

15638 XIV 15639

15632 XIV 15633

7816 XIII 7817

7820 XIII 7821

15642 XIV 15643

15644 XIV 15645

7818 XIII 7819

3908 XII 3909

3910 XII 3911

7822 XIII 7823

♀ Nom : .... Prénoms : ....

▸Génération IX - Ascendant maternel ↓Enfant page 244 - ***Index page XVI*** ☐ Implexe

Née le : .... à .... ☐ baptisée

Fille de : .... & de: ....

Profession(s) : ....

Décédée le : .... à ....

ENFANTS ....

ASCENDANCE JUSQU'À LA XIVème GÉNÉRATION

3912 XII 3913

3914 XII 3915

7824 XIII 7825

7828 XIII 7829

15650 XIV 15651

15652 XIV 15653

7826 XIII 7827

7830 XIII 7831

15662 XIV 15663

15656 XIV 15657

1956 XI 1957

15648 XIV 15649

15658 XIV 15659

15654 XIV 15655

15660 XIV 15661

GX 978 Père

Sosa 489

GX 979 Mère

15666 XIV 15667

15672 XIV 15673

15668 XIV 15669

15678 XIV 15679

1958 XI 1959

15670 XIV 15671

15664 XIV 15665

7832 XIII 7833

7836 XIII 7837

15674 XIV 15675

15676 XIV 15677

7834 XIII 7835

7838 XIII 7839

3916 XII 3917

3918 XII 3919

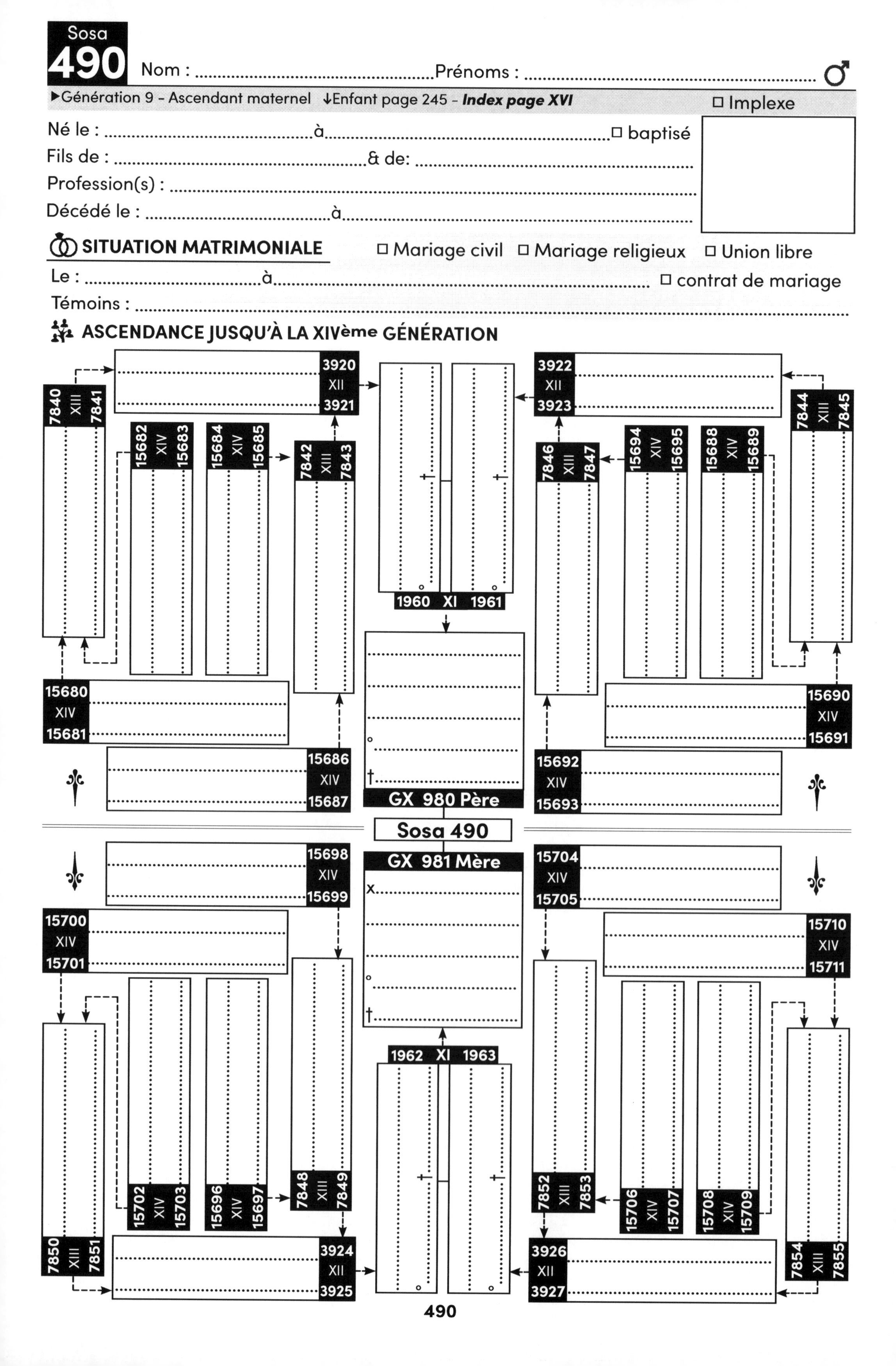

Sosa
490
Nom : Prénoms :
▶Génération 9 - Ascendant maternel ↓Enfant page 245 - Index page XVI
□ Implexe
Né le : à □ baptisé
Fils de : & de:
Profession(s) :
Décédé le : à
SITUATION MATRIMONIALE
□ Mariage civil □ Mariage religieux □ Union libre
Le : à □ contrat de mariage
Témoins :
ASCENDANCE JUSQU'À LA XIVème GÉNÉRATION
3920 XII 3921
3922 XII 3923
7840 XIII 7841
15682 XIV 15683
15684 XIV 15685
7842 XIII 7843
7846 XIII 7847
15694 XIV 15695
15688 XIV 15689
7844 XIII 7845
1960 XI 1961
15680 XIV 15681
15690 XIV 15691
15686 XIV 15687
15692 XIV 15693
GX 980 Père
Sosa 490
GX 981 Mère
15698 XIV 15699
15704 XIV 15705
15700 XIV 15701
15710 XIV 15711
1962 XI 1963
15702 XIV 15703
15696 XIV 15697
7848 XIII 7849
7852 XIII 7853
15706 XIV 15707
15708 XIV 15709
7850 XIII 7851
3924 XII 3925
3926 XII 3927
7854 XIII 7855

Sosa **491**

♀ Nom : .... Prénoms : ....

▶Génération IX - Ascendant maternel ↓Enfant page 245 - ***Index page XVI*** ☐ Implexe

Née le : .... à .... ☐ baptisée

Fille de : .... & de: ....

Profession(s) : ....

Décédée le : .... à ....

ENFANTS ....

ASCENDANCE JUSQU'À LA XIVème GÉNÉRATION

3928 XII 3929

3930 XII 3931

7856 XIII 7857

15714 XIV 15715

15716 XIV 15717

7858 XIII 7859

7862 XIII 7863

15726 XIV 15727

15720 XIV 15721

7860 XIII 7861

1964 XI 1965

15712 XIV 15713

15722 XIV 15723

15718 XIV 15719

15724 XIV 15725

GX 982 Père

Sosa 491

GX 983 Mère

15730 XIV 15731

15736 XIV 15737

15732 XIV 15733

15742 XIV 15743

1966 XI 1967

7866 XIII 7867

15734 XIV 15735

15728 XIV 15729

7864 XIII 7865

7868 XIII 7869

15738 XIV 15739

15740 XIV 15741

7870 XIII 7871

3932 XII 3933

3934 XII 3935

Sosa
492 Nom : .... Prénoms : .... ♂

▶Génération 9 - Ascendant maternel ↓Enfant page 246 - *Index page XVI* ☐ Implexe

Né le : .... à .... ☐ baptisé

Fils de : .... & de: ....

Profession(s) : ....

Décédé le : .... à ....

SITUATION MATRIMONIALE

☐ Mariage civil ☐ Mariage religieux ☐ Union libre

Le : .... à .... ☐ contrat de mariage

Témoins : ....

ASCENDANCE JUSQU'À LA XIVème GÉNÉRATION

3936 XII 3937

3938 XII 3939

7872 XIII 7873

7876 XIII 7877

15746 XIV 15747

15748 XIV 15749

7874 XIII 7875

7878 XIII 7879

15758 XIV 15759

15752 XIV 15753

1968 XI 1969

15744 XIV 15745

15754 XIV 15755

15750 XIV 15751

15756 XIV 15757

°

†

GX 984 Père

Sosa 492

GX 985 Mère

x

°

†

15762 XIV 15763

15768 XIV 15769

15764 XIV 15765

15774 XIV 15775

1970 XI 1971

15766 XIV 15767

15760 XIV 15761

7880 XIII 7881

7884 XIII 7885

15770 XIV 15771

15772 XIV 15773

7882 XIII 7883

3940 XII 3941

3942 XII 3943

7886 XIII 7887

♀ Nom : .... Prénoms : ....

▶Génération IX - Ascendant maternel ↓Enfant page 246 - ***Index page XVI*** ☐ Implexe

Née le : .... à.. ☐ baptisée

Fille de : .... & de: ....

Profession(s) : ....

Décédée le : .... à..

ENFANTS ....

....

....

ASCENDANCE JUSQU'À LA XIVème GÉNÉRATION

3944 XII 3945

3946 XII 3947

7888 XIII 7889

7892 XIII 7893

15778 XIV 15779

15780 XIV 15781

7890 XIII 7891

7894 XIII 7895

15790 XIV 15791

15784 XIV 15785

1972 XI 1973

15776 XIV 15777

15786 XIV 15787

15782 XIV 15783

15788 XIV 15789

GX 986 Père

Sosa 493

GX 987 Mère

15794 XIV 15795

15800 XIV 15801

15796 XIV 15797

15806 XIV 15807

1974 XI 1975

7896 XIII 7897

7900 XIII 7901

15798 XIV 15799

15792 XIV 15793

15802 XIV 15803

15804 XIV 15805

7898 XIII 7899

7902 XIII 7903

3948 XII 3949

3950 XII 3951

Sosa
494 Nom : ....Prénoms : .... ♂

▸Génération 9 - Ascendant maternel ↓Enfant page 247 - ***Index page XVI*** ☐ Implexe

Né le : ....à..☐ baptisé
Fils de : ....& de: ....
Profession(s) : ....
Décédé le : ....à..

SITUATION MATRIMONIALE
☐ Mariage civil ☐ Mariage religieux ☐ Union libre
Le : ....à.. ☐ contrat de mariage
Témoins : ....

ASCENDANCE JUSQU'À LA XIVème GÉNÉRATION

7904 XIII 7905
3952 XII 3953
15810 XIV 15811
15812 XIV 15813
7906 XIII 7907
3954 XII 3955
7908 XIII 7909
7910 XIII 7911
15822 XIV 15823
15816 XIV 15817
1976 XI 1977
15808 XIV 15809
15818 XIV 15819
15814 XIV 15815
15820 XIV 15821
GX 988 Père

Sosa 494

GX 989 Mère
15826 XIV 15827
15832 XIV 15833
15828 XIV 15829
15838 XIV 15839
1978 XI 1979
15830 XIV 15831
15824 XIV 15825
7912 XIII 7913
7916 XIII 7917
15834 XIV 15835
15836 XIV 15837
7914 XIII 7915
3956 XII 3957
3958 XII 3959
7918 XIII 7919

Sosa 495

♀ Nom : .... Prénoms : ....

▶Génération IX - Ascendant maternel ↓Enfant page 247 - ***Index page XVI*** ☐ Implexe

Née le : .... à.............................. ☐ baptisée

Fille de : .... & de: ....

Profession(s) : ....

Décédée le : .... à..............................

ENFANTS

....

ASCENDANCE JUSQU'À LA XIVème GÉNÉRATION

3960 XII 3961

3962 XII 3963

7920 XIII 7921

15842 XIV 15843

15844 XIV 15845

7922 XIII 7923

7926 XIII 7927

15854 XIV 15855

15848 XIV 15849

7924 XIII 7925

1980 XI 1981

15840 XIV 15841

15850 XIV 15851

15846 XIV 15847

15852 XIV 15853

GX 990 Père

Sosa 495

GX 991 Mère

15858 XIV 15859

15864 XIV 15865

15860 XIV 15861

15870 XIV 15871

1982 XI 1983

7928 XIII 7929

7932 XIII 7933

15862 XIV 15863

15856 XIV 15857

15866 XIV 15867

15868 XIV 15869

7930 XIII 7931

3964 XII 3965

3966 XII 3967

7934 XIII 7935

Sosa
496
Nom : ....Prénoms : .... ♂

▸Génération 9 - Ascendant maternel ↓Enfant page 248 - ***Index page XVI*** ☐ Implexe

Né le : ....à...☐ baptisé

Fils de : ....& de: ....

Profession(s) : ....

Décédé le : ....à...

SITUATION MATRIMONIALE
☐ Mariage civil ☐ Mariage religieux ☐ Union libre

Le : ....à... ☐ contrat de mariage

Témoins : ....

ASCENDANCE JUSQU'À LA XIVème GÉNÉRATION

3968 XII 3969

3970 XII 3971

7936 XIII 7937

7940 XIII 7941

15874 XIV 15875

15876 XIV 15877

7938 XIII 7939

7942 XIII 7943

15886 XIV 15887

15880 XIV 15881

1984 XI 1985

15872 XIV 15873

15882 XIV 15883

15878 XIV 15879

15884 XIV 15885

GX 992 Père

Sosa 496

GX 993 Mère

15890 XIV 15891

15896 XIV 15897

15892 XIV 15893

15902 XIV 15903

1986 XI 1987

7944 XIII 7945

7948 XIII 7949

15894 XIV 15895

15888 XIV 15889

15898 XIV 15899

15900 XIV 15901

7946 XIII 7947

7950 XIII 7951

3972 XII 3973

3974 XII 3975

Sosa
497

♀ Nom : .... Prénoms : ....

▶Génération IX - Ascendant maternel ↓Enfant page 248 - ***Index page XVI*** ☐ Implexe

Née le : .... à .... ☐ baptisée

Fille de : .... & de: ....

Profession(s) : ....

Décédée le : .... à ....

ENFANTS ....

....

....

ASCENDANCE JUSQU'À LA XIVème GÉNÉRATION

3976 XII 3977

3978 XII 3979

7952 XIII 7953

15906 XIV 15907

15908 XIV 15909

7954 XIII 7955

7958 XIII 7959

15918 XIV 15919

15912 XIV 15913

7956 XIII 7957

1988 XI 1989

15904 XIV 15905

15914 XIV 15915

15910 XIV 15911

15916 XIV 15917

GX 994 Père

Sosa 497

GX 995 Mère

15922 XIV 15923

15928 XIV 15929

15924 XIV 15925

15934 XIV 15935

1990 XI 1991

7962 XIII 7963

15926 XIV 15927

15920 XIV 15921

7960 XIII 7961

7964 XIII 7965

15930 XIV 15931

15932 XIV 15933

7966 XIII 7967

3980 XII 3981

3982 XII 3983

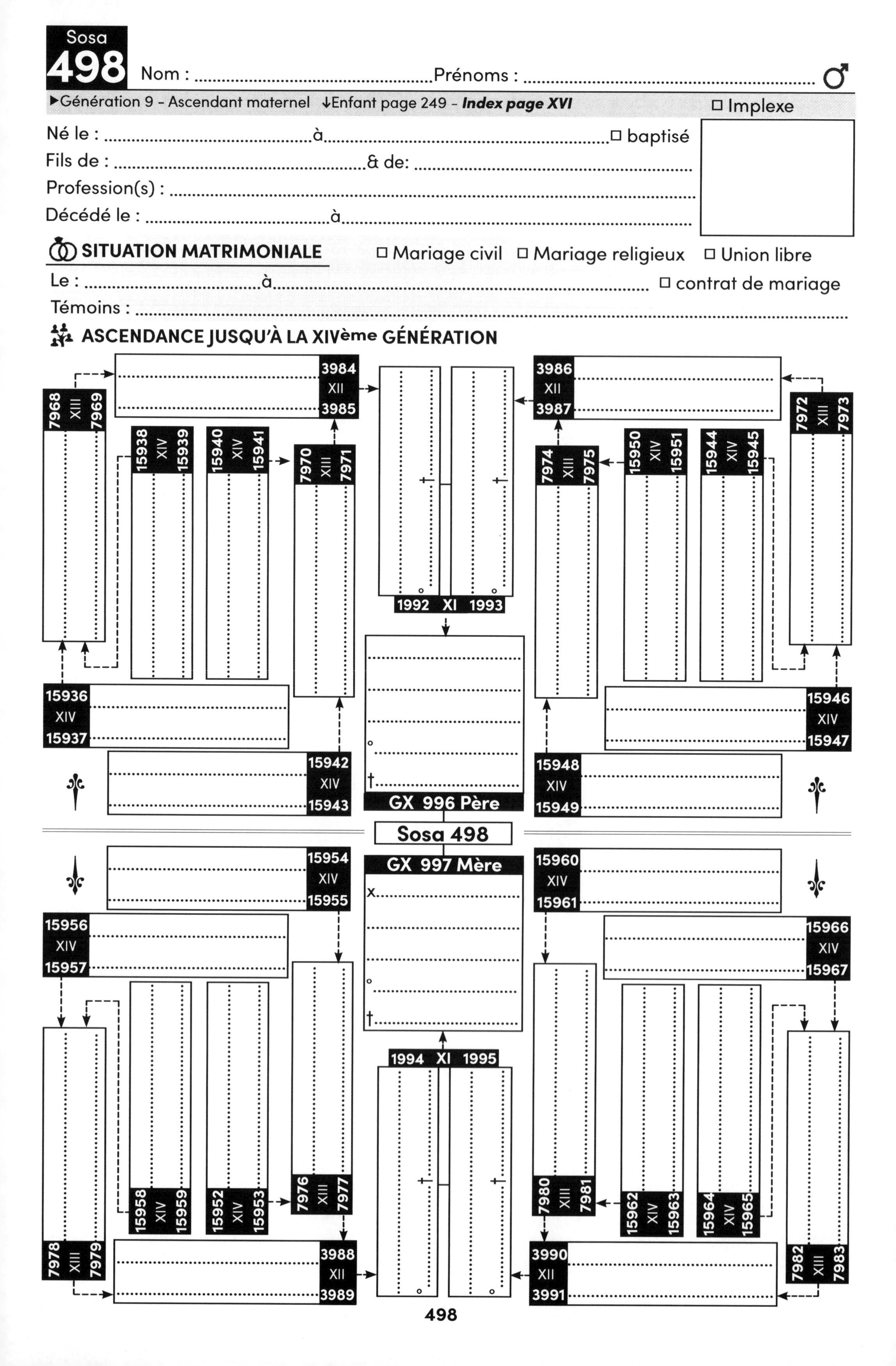

Sosa 498
Nom : Prénoms : ♂
▸Génération 9 - Ascendant maternel ↓Enfant page 249 - Index page XVI
☐ Implexe
Né le : à ☐ baptisé
Fils de : & de:
Profession(s) :
Décédé le : à
SITUATION MATRIMONIALE
☐ Mariage civil ☐ Mariage religieux ☐ Union libre
Le : à ☐ contrat de mariage
Témoins :
ASCENDANCE JUSQU'À LA XIVème GÉNÉRATION
3984 XII 3985
3986 XII 3987
7968 XIII 7969
7972 XIII 7973
15938 XIV 15939
15940 XIV 15941
7970 XIII 7971
7974 XIII 7975
15950 XIV 15951
15944 XIV 15945
1992 XI 1993
15936 XIV 15937
15946 XIV 15947
15942 XIV 15943
15948 XIV 15949
GX 996 Père
Sosa 498
GX 997 Mère
15954 XIV 15955
15960 XIV 15961
15956 XIV 15957
15966 XIV 15967
1994 XI 1995
15958 XIV 15959
15952 XIV 15953
7976 XIII 7977
7980 XIII 7981
15962 XIV 15963
15964 XIV 15965
7978 XIII 7979
3988 XII 3989
3990 XII 3991
7982 XIII 7983

Sosa **499**

♀ Nom : .... Prénoms : ....

▸Génération IX - Ascendant maternel ↓Enfant page 249 - ***Index page XVI*** ☐ Implexe

Née le : .... à.............................. ☐ baptisée

Fille de : .... & de: ....

Profession(s) : ....

Décédée le : .... à..............................

ENFANTS ....

ASCENDANCE JUSQU'À LA XIVème GÉNÉRATION

3992 XII 3993

3994 XII 3995

7984 XIII 7985

15970 XIV 15971

15972 XIV 15973

7986 XIII 7987

7990 XIII 7991

15982 XIV 15983

15976 XIV 15977

7988 XIII 7989

1996 XI 1997

15968 XIV 15969

15978 XIV 15979

15974 XIV 15975

15980 XIV 15981

GX 998 Père

Sosa 499

GX 999 Mère

15986 XIV 15987

15992 XIV 15993

15988 XIV 15989

15998 XIV 15999

1998 XI 1999

15990 XIV 15991

15984 XIV 15985

7992 XIII 7993

7996 XIII 7997

15994 XIV 15995

15996 XIV 15997

7994 XIII 7995

3996 XII 3997

3998 XII 3999

7998 XIII 7999

Sosa
500 Nom : .... Prénoms : .... ♂

▸Génération 9 - Ascendant maternel ↓Enfant page 250 - ***Index page XVI*** ☐ Implexe

Né le : .... à .... ☐ baptisé

Fils de : .... & de: ....

Profession(s) : ....

Décédé le : .... à ....

SITUATION MATRIMONIALE ☐ Mariage civil ☐ Mariage religieux ☐ Union libre

Le : .... à .... ☐ contrat de mariage

Témoins : ....

ASCENDANCE JUSQU'À LA XIVème GÉNÉRATION

4000 XII 4001

4002 XII 4003

8000 XIII 8001

8004 XIII 8005

16002 XIV 16003

16004 XIV 16005

8002 XIII 8003

8006 XIII 8007

16014 XIV 16015

16008 XIV 16009

2000 XI 2001

16000 XIV 16001

16010 XIV 16011

16006 XIV 16007

16012 XIV 16013

GX 1000 Père

Sosa 500

GX 1001 Mère

16018 XIV 16019

16024 XIV 16025

16020 XIV 16021

16030 XIV 16031

2002 XI 2003

8008 XIII 8009

8012 XIII 8013

16022 XIV 16023

16016 XIV 16017

16026 XIV 16027

16028 XIV 16029

8010 XIII 8011

8014 XIII 8015

4004 XII 4005

4006 XII 4007

Sosa **501**

♀ Nom : .... Prénoms : ....

▸Génération IX - Ascendant maternel ↓Enfant page 250 - ***Index page XVI*** ☐ Implexe

Née le : .... à .... ☐ baptisée

Fille de : .... & de: ....

Profession(s) : ....

Décédée le : .... à ....

ENFANTS ....

ASCENDANCE JUSQU'À LA XIVème GÉNÉRATION

4008 XII 4009

4010 XII 4011

8016 XIII 8017

16034 XIV 16035

16036 XIV 16037

8018 XIII 8019

8022 XIII 8023

16046 XIV 16047

16040 XIV 16041

8020 XIII 8021

2004 XI 2005

16032 XIV 16033

16042 XIV 16043

16038 XIV 16039

16044 XIV 16045

GX 1002 Père

Sosa 501

GX 1003 Mère

x

16050 XIV 16051

16056 XIV 16057

16052 XIV 16053

16062 XIV 16063

2006 XI 2007

8024 XIII 8025

16054 XIV 16055

16048 XIV 16049

8028 XIII 8029

16058 XIV 16059

16060 XIV 16061

8026 XIII 8027

4012 XII 4013

4014 XII 4015

8030 XIII 8031

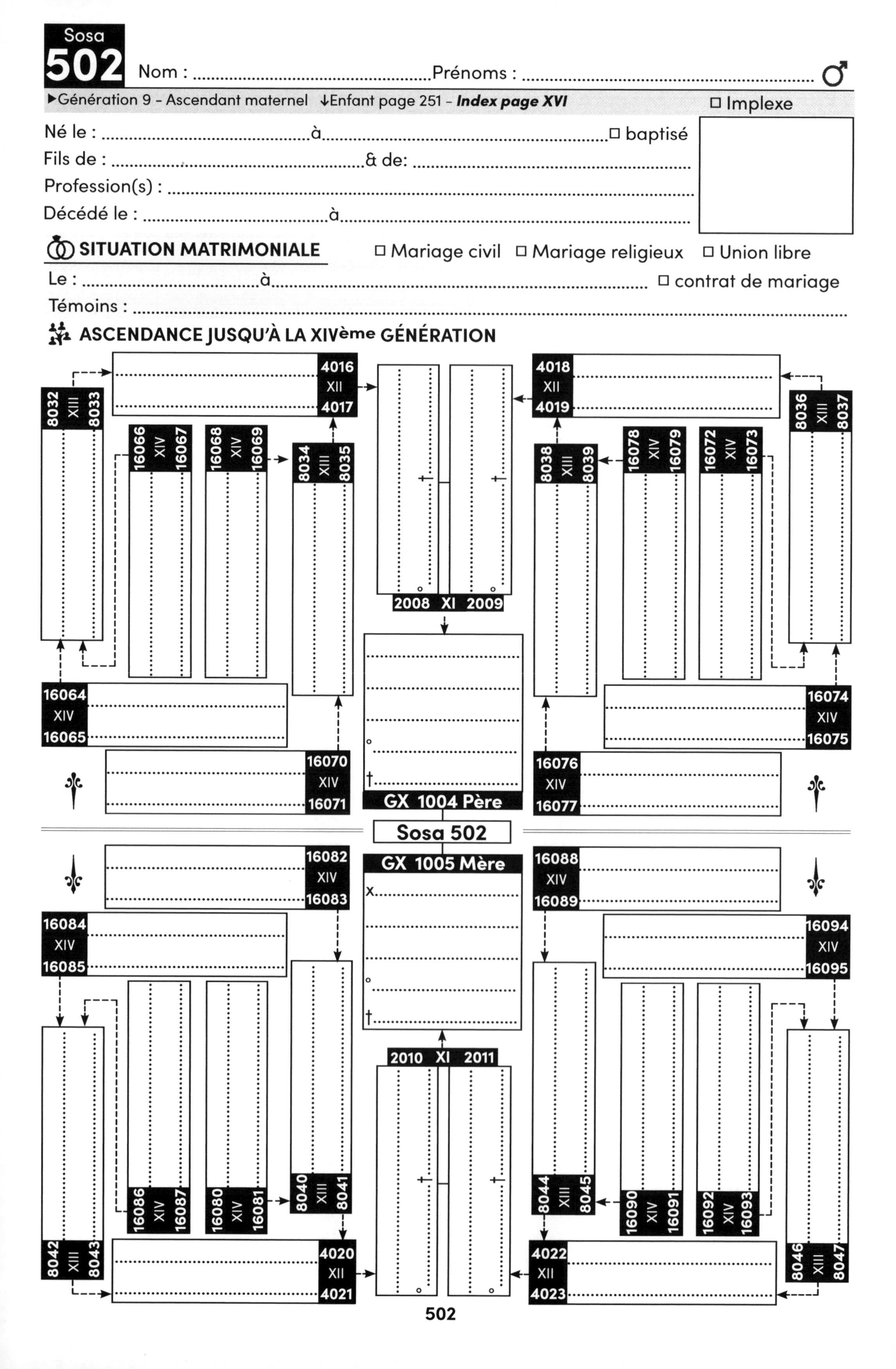

Sosa
502 Nom : ....Prénoms : .... ♂

▸Génération 9 - Ascendant maternel ↓Enfant page 251 - ***Index page XVI***

☐ Implexe

Né le : ....à..☐ baptisé
Fils de : ....& de: ....
Profession(s) : ....
Décédé le : ....à...

SITUATION MATRIMONIALE

☐ Mariage civil ☐ Mariage religieux ☐ Union libre

Le : ....à... ☐ contrat de mariage
Témoins : ....

ASCENDANCE JUSQU'À LA XIVème GÉNÉRATION

4016 XII 4017
2008 XI 2009
4018 XII 4019
8032 XIII 8033
16066 XIV 16067
16068 XIV 16069
8034 XIII 8035
8038 XIII 8039
16078 XIV 16079
16072 XIV 16073
8036 XIII 8037
16064 XIV 16065
16074 XIV 16075
16070 XIV 16071
16076 XIV 16077
GX 1004 Père

Sosa 502

GX 1005 Mère
x
16082 XIV 16083
16088 XIV 16089
16084 XIV 16085
16094 XIV 16095
2010 XI 2011
8040 XIII 8041
8044 XIII 8045
16086 XIV 16087
16080 XIV 16081
16090 XIV 16091
16092 XIV 16093
8042 XIII 8043
8046 XIII 8047
4020 XII 4021
4022 XII 4023

Sosa **503**

♀ Nom : .... Prénoms : ....

▶Génération IX - Ascendant maternel ↓Enfant page 251 - ***Index page XVI*** ☐ Implexe

Née le : .... à .... ☐ baptisée

Fille de : .... & de: ....

Profession(s) : ....

Décédée le : .... à ....

ENFANTS

....

ASCENDANCE JUSQU'À LA XIVème GÉNÉRATION

4024 XII 4025

4026 XII 4027

8048 XIII 8049

8052 XIII 8053

16098 XIV 16099

16100 XIV 16101

8050 XIII 8051

8054 XIII 8055

16110 XIV 16111

16104 XIV 16105

2012 XI 2013

16096 XIV 16097

16106 XIV 16107

16102 XIV 16103

16108 XIV 16109

GX 1006 Père

Sosa 503

GX 1007 Mère

x

16114 XIV 16115

16120 XIV 16121

16116 XIV 16117

16126 XIV 16127

2014 XI 2015

8056 XIII 8057

8060 XIII 8061

16118 XIV 16119

16112 XIV 16113

16122 XIV 16123

16124 XIV 16125

8058 XIII 8059

8062 XIII 8063

4028 XII 4029

4030 XII 4031

Sosa
504 Nom : ....Prénoms : .... ♂

▶Génération 9 - Ascendant maternel ↓Enfant page 252 - ***Index page XVI*** ☐ Implexe

Né le : ....à..☐ baptisé
Fils de : ....& de: ....
Profession(s) : ....
Décédé le : ....à..

SITUATION MATRIMONIALE

☐ Mariage civil ☐ Mariage religieux ☐ Union libre

Le : ....à.. ☐ contrat de mariage
Témoins : ....

ASCENDANCE JUSQU'À LA XIVème GÉNÉRATION

4032 XII 4033

4034 XII 4035

8064 XIII 8065

8068 XIII 8069

16130 XIV 16131

16132 XIV 16133

8066 XIII 8067

8070 XIII 8071

16142 XIV 16143

16136 XIV 16137

2016 XI 2017

16128 XIV 16129

16138 XIV 16139

16134 XIV 16135

16140 XIV 16141

GX 1008 Père

Sosa 504

GX 1009 Mère

16146 XIV 16147

16152 XIV 16153

16148 XIV 16149

16158 XIV 16159

2018 XI 2019

8072 XIII 8073

8076 XIII 8077

16150 XIV 16151

16144 XIV 16145

16154 XIV 16155

16156 XIV 16157

8074 XIII 8075

8078 XIII 8079

4036 XII 4037

4038 XII 4039

Sosa **505**

♀ Nom : ....Prénoms : ....

▸Génération IX - Ascendant maternel ↓Enfant page 252 - ***Index page XVI*** ☐ Implexe

Née le : ....à...☐ baptisée

Fille de : ....& de: ....

Profession(s) : ....

Décédée le : ....à...

ENFANTS ....

....

....

ASCENDANCE JUSQU'À LA XIVème GÉNÉRATION

4040 XII 4041

4042 XII 4043

8080 XIII 8081

8084 XIII 8085

16162 XIV 16163

16164 XIV 16165

8082 XIII 8083

2020 XI 2021

8086 XIII 8087

16174 XIV 16175

16168 XIV 16169

16160 XIV 16161

16170 XIV 16171

16166 XIV 16167

GX 1010 Père

16172 XIV 16173

Sosa 505

16178 XIV 16179

GX 1011 Mère

x

16184 XIV 16185

16180 XIV 16181

16190 XIV 16191

2022 XI 2023

16182 XIV 16183

16176 XIV 16177

8088 XIII 8089

8092 XIII 8093

16186 XIV 16187

16188 XIV 16189

8090 XIII 8091

4044 XII 4045

4046 XII 4047

8094 XIII 8095

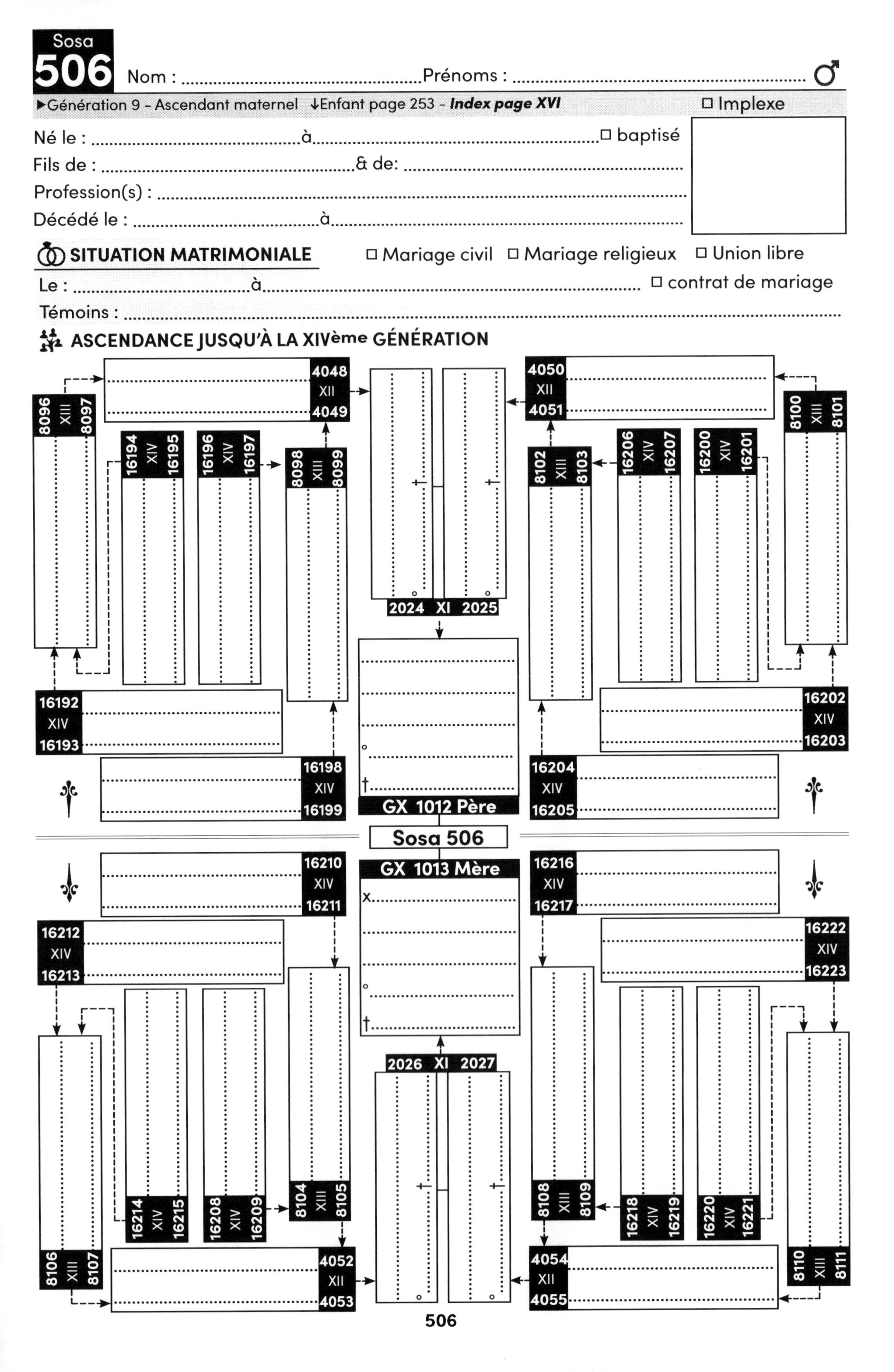
Sosa
506
Nom : Prénoms :
▶Génération 9 - Ascendant maternel ↓Enfant page 253 - Index page XVI
☐ Implexe
Né le : à ☐ baptisé
Fils de : & de:
Profession(s) :
Décédé le : à
SITUATION MATRIMONIALE
☐ Mariage civil ☐ Mariage religieux ☐ Union libre
Le : à ☐ contrat de mariage
Témoins :
ASCENDANCE JUSQU'À LA XIVème GÉNÉRATION
4048 XII 4049
4050 XII 4051
8096 XIII 8097
8100 XIII 8101
16194 XIV 16195
16196 XIV 16197
8098 XIII 8099
8102 XIII 8103
16206 XIV 16207
16200 XIV 16201
2024 XI 2025
16192 XIV 16193
16202 XIV 16203
16198 XIV 16199
16204 XIV 16205
GX 1012 Père
Sosa 506
GX 1013 Mère
16210 XIV 16211
16216 XIV 16217
16212 XIV 16213
16222 XIV 16223
2026 XI 2027
16214 XIV 16215
16208 XIV 16209
8104 XIII 8105
8108 XIII 8109
16218 XIV 16219
16220 XIV 16221
8106 XIII 8107
4052 XII 4053
4054 XII 4055
8110 XIII 8111

Sosa **507**

♀ Nom : .... Prénoms : ....

▶Génération IX - Ascendant maternel ↓Enfant page 253 - ***Index page XVI*** ☐ Implexe

Née le : .... à .... ☐ baptisée

Fille de : .... & de: ....

Profession(s) : ....

Décédée le : .... à ....

ENFANTS ....

ASCENDANCE JUSQU'À LA XIVème GÉNÉRATION

4056 XII 4057

8112 XIII 8113

16226 XIV 16227

16228 XIV 16229

8114 XIII 8115

2028 XI 2029

4058 XII 4059

8116 XIII 8117

8118 XIII 8119

16238 XIV 16239

16232 XIV 16233

16224 XIV 16225

16230 XIV 16231

GX 1014 Père

16234 XIV 16235

16236 XIV 16237

Sosa 507

16242 XIV 16243

GX 1015 Mère

16248 XIV 16249

16244 XIV 16245

16254 XIV 16255

2030 XI 2031

16246 XIV 16247

16240 XIV 16241

8120 XIII 8121

8124 XIII 8125

16250 XIV 16251

16252 XIV 16253

8122 XIII 8123

4060 XII 4061

4062 XII 4063

8126 XIII 8127

Sosa 508 Nom : .... Prénoms : .... ♂

▶Génération 9 - Ascendant maternel ↓Enfant page 254 - *Index page XVI* ☐ Implexe

Né le : .... à .... ☐ baptisé

Fils de : .... & de: ....

Profession(s) : ....

Décédé le : .... à ....

SITUATION MATRIMONIALE

☐ Mariage civil ☐ Mariage religieux ☐ Union libre

Le : .... à .... ☐ contrat de mariage

Témoins : ....

ASCENDANCE JUSQU'À LA XIVème GÉNÉRATION

4064 XII 4065

4066 XII 4067

8128 XIII 8129

16258 XIV 16259

16260 XIV 16261

8130 XIII 8131

8134 XIII 8135

16270 XIV 16271

16264 XIV 16265

8132 XIII 8133

2032 XI 2033

16256 XIV 16257

16266 XIV 16267

16262 XIV 16263

16268 XIV 16269

GX 1016 Père

Sosa 508

GX 1017 Mère

16274 XIV 16275

16280 XIV 16281

16276 XIV 16277

16286 XIV 16287

2034 XI 2035

8138 XIII 8139

16278 XIV 16279

16272 XIV 16273

8136 XIII 8137

8140 XIII 8141

16282 XIV 16283

16284 XIV 16285

8142 XIII 8143

4068 XII 4069

4070 XII 4071

Sosa **509**

♀ Nom : ....Prénoms : ....

▸Génération IX - Ascendant maternel ↓Enfant page 254 - ***Index page XVI*** ☐ Implexe

Née le : ....à...☐ baptisée

Fille de : ....& de: ....

Profession(s) : ....

Décédée le : ....à...

ENFANTS ....

....

....

ASCENDANCE JUSQU'À LA XIVème GÉNÉRATION

4072 XII 4073

4074 XII 4075

8144 XIII 8145

8148 XIII 8149

16290 XIV 16291

16292 XIV 16293

8146 XIII 8147

8150 XIII 8151

16302 XIV 16303

16296 XIV 16297

2036 XI 2037

16288 XIV 16289

16298 XIV 16299

16294 XIV 16295

16300 XIV 16301

GX 1018 Père

Sosa 509

GX 1019 Mère

16306 XIV 16307

16312 XIV 16313

16308 XIV 16309

16318 XIV 16319

2038 XI 2039

16310 XIV 16311

16304 XIV 16305

8152 XIII 8153

8156 XIII 8157

16314 XIV 16315

16316 XIV 16317

8154 XIII 8155

4076 XII 4077

4078 XII 4079

8158 XIII 8159

Sosa
510

Nom : ....Prénoms : .... ♂

▸Génération 9 - Ascendant maternel ↓Enfant page 255 - ***Index page XVI***

☐ Implexe

Né le : ....à...☐ baptisé

Fils de : ....& de: ....

Profession(s) : ....

Décédé le : ....à...

SITUATION MATRIMONIALE

☐ Mariage civil ☐ Mariage religieux ☐ Union libre

Le : ....à.. ☐ contrat de mariage

Témoins : ....

ASCENDANCE JUSQU'À LA XIVème GÉNÉRATION

4080 XII 4081

4082 XII 4083

8160 XIII 8161

16322 XIV 16323

16324 XIV 16325

8162 XIII 8163

8166 XIII 8167

16334 XIV 16335

16328 XIV 16329

8164 XIII 8165

2040 XI 2041

16320 XIV 16321

16330 XIV 16331

16326 XIV 16327

16332 XIV 16333

°
†

GX 1020 Père

Sosa 510

GX 1021 Mère

x
°
†

16338 XIV 16339

16344 XIV 16345

16340 XIV 16341

16350 XIV 16351

2042 XI 2043

16342 XIV 16343

16336 XIV 16337

8168 XIII 8169

8172 XIII 8173

16346 XIV 16347

16348 XIV 16349

8170 XIII 8171

4084 XII 4085

4086 XII 4087

8174 XIII 8175

♀ Nom : .... Prénoms : ....

▶Génération IX - Ascendant maternel ↓Enfant page 255 - ***Index page XVI*** ☐ Implexe

Née le : .... à .... ☐ baptisée

Fille de : .... & de: ....

Profession(s) : ....

Décédée le : .... à ....

ENFANTS ....

....

....

ASCENDANCE JUSQU'À LA XIVème GÉNÉRATION

4088 XII 4089

4090 XII 4091

8176 XIII 8177

16354 XIV 16355

16356 XIV 16357

8178 XIII 8179

8182 XIII 8183

16366 XIV 16367

16360 XIV 16361

8180 XIII 8181

2044 XI 2045

16352 XIV 16353

16362 XIV 16363

16358 XIV 16359

16364 XIV 16365

GX 1022 Père

Sosa 511

GX 1023 Mère

x

16370 XIV 16371

16376 XIV 16377

16372 XIV 16373

16382 XIV 16383

2046 XI 2047

8184 XIII 8185

8188 XIII 8189

16374 XIV 16375

16368 XIV 16369

16378 XIV 16379

16380 XIV 16381

8186 XIII 8187

8190 XIII 8191

4092 XII 4093

4094 XII

Nom du lieu: ....

Type de lieu :

....

Latitude :

....

Longitude :

....

Sosas concernés

....

....

....

....

....

....

Notes: ....

....

....

Nom du lieu: ....

Type de lieu :

....

Latitude :

....

Longitude :

....

Sosas concernés

....

....

....

....

....

....

Notes: ....

....

....

Nom du lieu: ....

Type de lieu :

....

Latitude :

....

Longitude :

....

Sosas concernés

....

....

....

....

....

....

Notes: ....

....

....

Nom du lieu: ....

Type de lieu :

....

Latitude :

....

Longitude :

....

Sosas concernés

....

....

....

....

....

....

Notes: ....

....

....

Nom du lieu: ....

Type de lieu :

....

Latitude :

....

Longitude :

....

Sosas concernés

....

....

....

....

....

....

Notes: ....

....

....

Nom du lieu: ....

Type de lieu :

....

Latitude :

....

Longitude :

....

Sosas concernés

....

....

....

....

....

....

Notes: ....

....

....

Nom du lieu: ....

Type de lieu :

....

Latitude :

....

Longitude :

....

Sosas concernés

....

....

....

....

....

....

Notes: ....

....

....

Nom du lieu: ....

Type de lieu :

....

Latitude :

....

Longitude :

....

Sosas concernés

....

....

....

....

....

....

Notes: ....

....

....

Nom du lieu: ....

Type de lieu :

....

Latitude :

....

Longitude :

....

Sosas concernés

....

....

....

....

....

....

Notes: ....

....

....

Nom du lieu: ....

Type de lieu :

....

Latitude :

....

Longitude :

....

Sosas concernés

....

....

....

....

....

....

Notes: ....

....

....

Nom du lieu: ....

Type de lieu :

....

Latitude :

....

Longitude :

....

Sosas concernés

....

....

....

....

....

....

Notes: ....

....

....

Nom du lieu: ....

Type de lieu :

....

Latitude :

....

Longitude :

....

Sosas concernés

....

....

....

....

....

....

Notes: ....

....

....

Nom du lieu: ....

Type de lieu :

....

Latitude :

....

Longitude :

....

Sosas concernés

....

....

....

....

....

....

Notes: ....

....

....

Nom du lieu: ....

Type de lieu :

....

Latitude :

....

Longitude :

....

Sosas concernés

....

....

....

....

....

....

Notes: ....

....

....

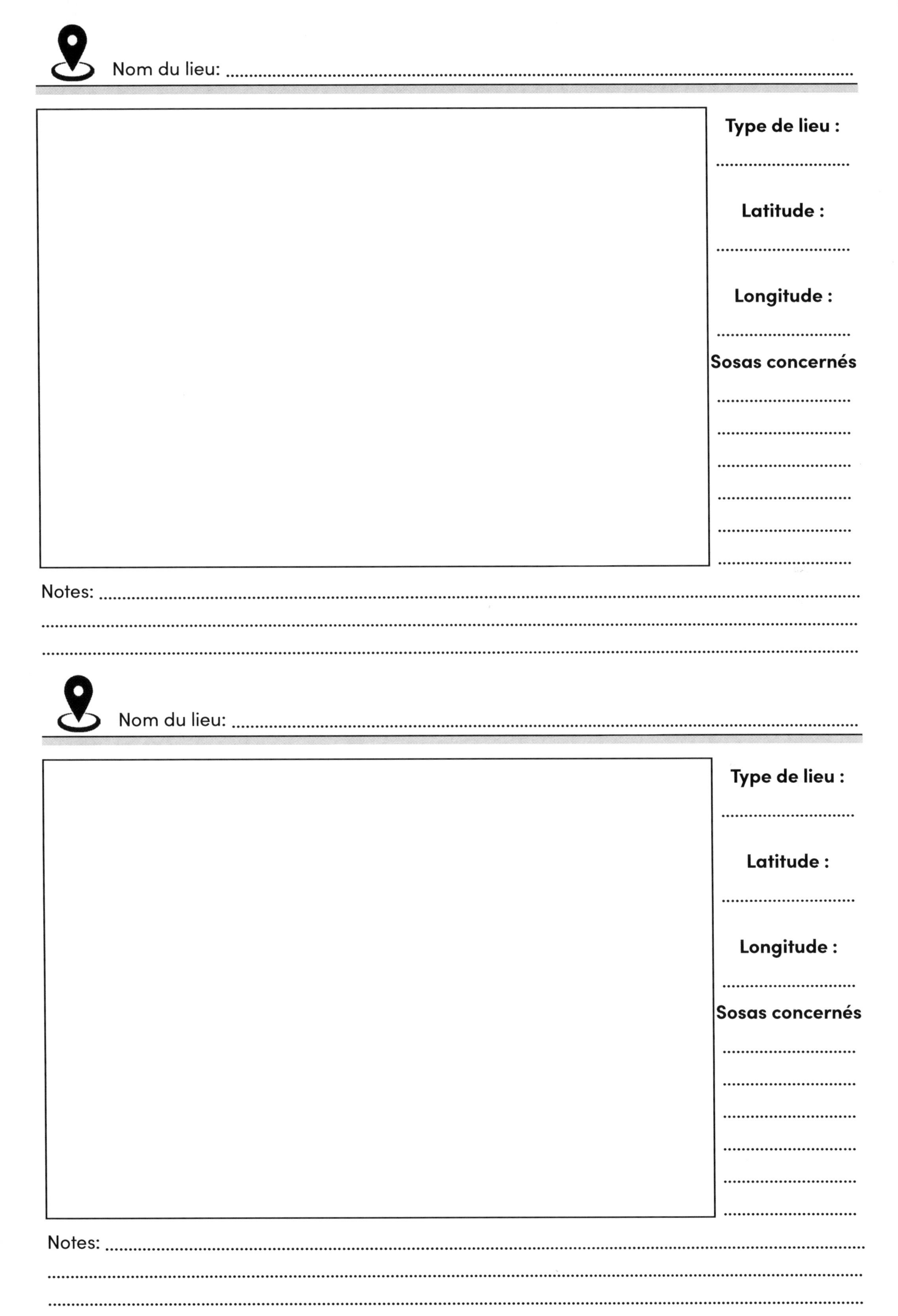

Nom du lieu: ....

Type de lieu :

....

Latitude :

....

Longitude :

....

Sosas concernés

....

....

....

....

....

....

Notes: ....

....

....

Nom du lieu: ....

Type de lieu :

....

Latitude :

....

Longitude :

....

Sosas concernés

....

....

....

....

....

....

Notes: ....

....

....

Nom du lieu: ....

Type de lieu :

....

Latitude :

....

Longitude :

....

Sosas concernés

....

....

....

....

....

....

Notes: ....

....

....

Nom du lieu: ....

Type de lieu :

....

Latitude :

....

Longitude :

....

Sosas concernés

....

....

....

....

....

....

Notes: ....

....

....

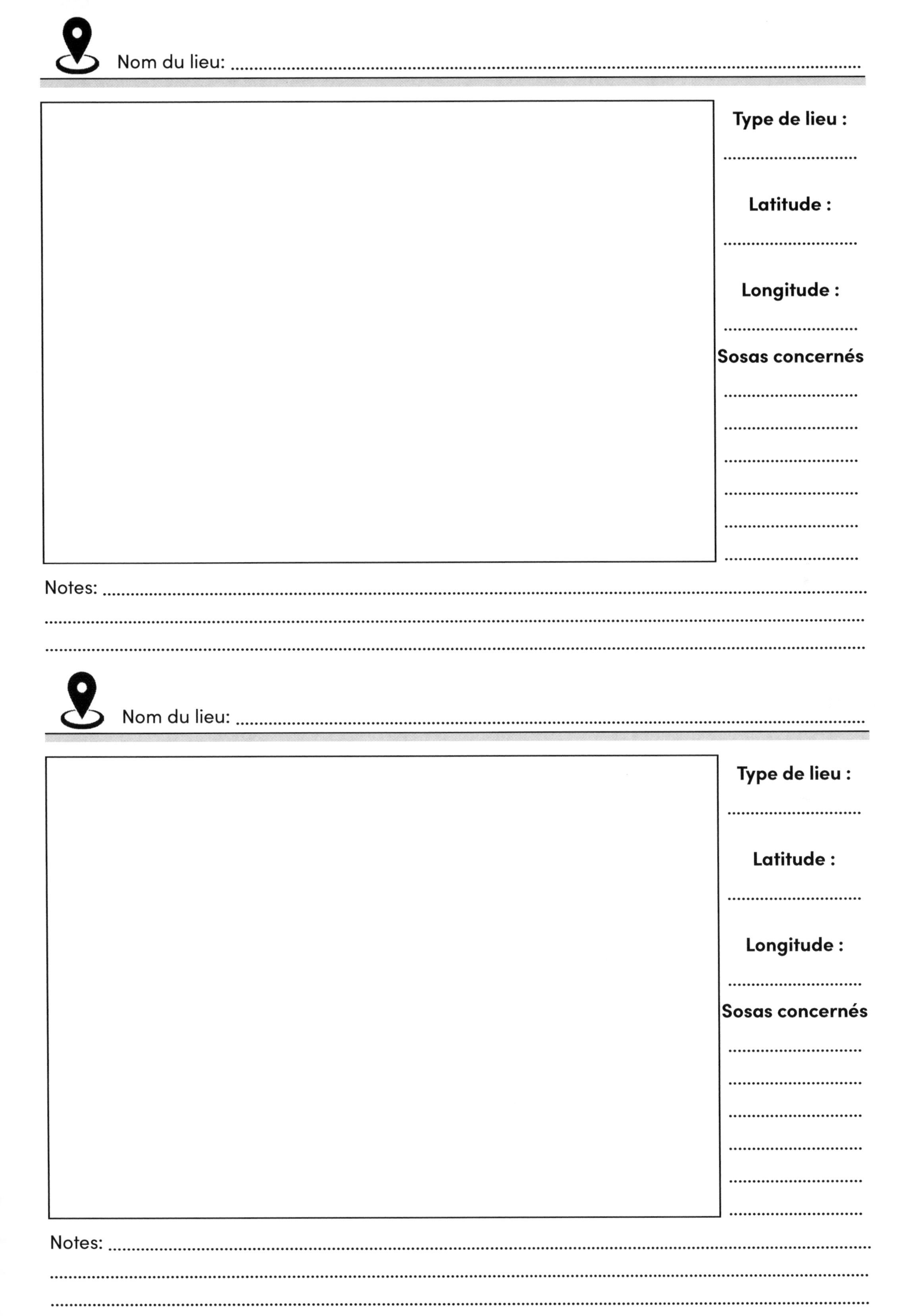

Nom du lieu: ....

Type de lieu :

....

Latitude :

....

Longitude :

....

Sosas concernés

....

....

....

....

....

....

Notes: ....

....

....

Nom du lieu: ....

Type de lieu :

....

Latitude :

....

Longitude :

....

Sosas concernés

....

....

....

....

....

....

Notes: ....

....

....

Nom du lieu: ....

Type de lieu :

....

Latitude :

....

Longitude :

....

Sosas concernés

....

....

....

....

....

....

Notes: ....

....

....

Nom du lieu: ....

Type de lieu :

....

Latitude :

....

Longitude :

....

Sosas concernés

....

....

....

....

....

....

Notes: ....

....

....

Nom du lieu: ....

Type de lieu :

....

Latitude :

....

Longitude :

....

Sosas concernés

....

....

....

....

....

....

Notes: ....

....

....

Nom du lieu: ....

Type de lieu :

....

Latitude :

....

Longitude :

....

Sosas concernés

....

....

....

....

....

....

Notes: ....

....

....

Nom du lieu: ....

Type de lieu :

....

Latitude :

....

Longitude :

....

Sosas concernés

....

....

....

....

....

....

Notes: ....

....

....

Nom du lieu: ....

Type de lieu :

....

Latitude :

....

Longitude :

....

Sosas concernés

....

....

....

....

....

....

Notes: ....

....

....

Nom du lieu: ....

Type de lieu :

....

Latitude :

....

Longitude :

....

Sosas concernés

....

....

....

....

....

....

Notes: ....

....

....

Nom du lieu: ....

Type de lieu :

....

Latitude :

....

Longitude :

....

Sosas concernés

....

....

....

....

....

....

Notes: ....

....

....

Nom du lieu: ....

Type de lieu :

....

Latitude :

....

Longitude :

....

Sosas concernés

....

....

....

....

....

....

Notes: ....

....

....

Nom du lieu: ....

Type de lieu :

....

Latitude :

....

Longitude :

....

Sosas concernés

....

....

....

....

....

....

Notes: ....

....

....

Nom du lieu: ....

Type de lieu :

....

Latitude :

....

Longitude :

....

Sosas concernés

....

....

....

....

....

....

Notes: ....

....

....

Nom du lieu: ....

Type de lieu :

....

Latitude :

....

Longitude :

....

Sosas concernés

....

....

....

....

....

....

Notes: ....

....

....

Nom du lieu: ....

Type de lieu :

....

Latitude :

....

Longitude :

....

Sosas concernés

....

....

....

....

....

....

Notes: ....

....

....

Nom du lieu: ....

Type de lieu :

....

Latitude :

....

Longitude :

....

Sosas concernés

....

....

....

....

....

....

Notes: ....

....

....

Nom du lieu: ....

Type de lieu :

....

Latitude :

....

Longitude :

....

Sosas concernés

....

....

....

....

....

....

Notes: ....

....

....

Nom du lieu: ....

Type de lieu :

....

Latitude :

....

Longitude :

....

Sosas concernés

....

....

....

....

....

....

Notes: ....

....

....

Nom du lieu: ....

Type de lieu :

....

Latitude :

....

Longitude :

....

Sosas concernés

....

....

....

....

....

....

Notes: ....

....

....

Nom du lieu: ....

Type de lieu :

....

Latitude :

....

Longitude :

....

Sosas concernés

....

....

....

....

....

....

Notes: ....

....

....

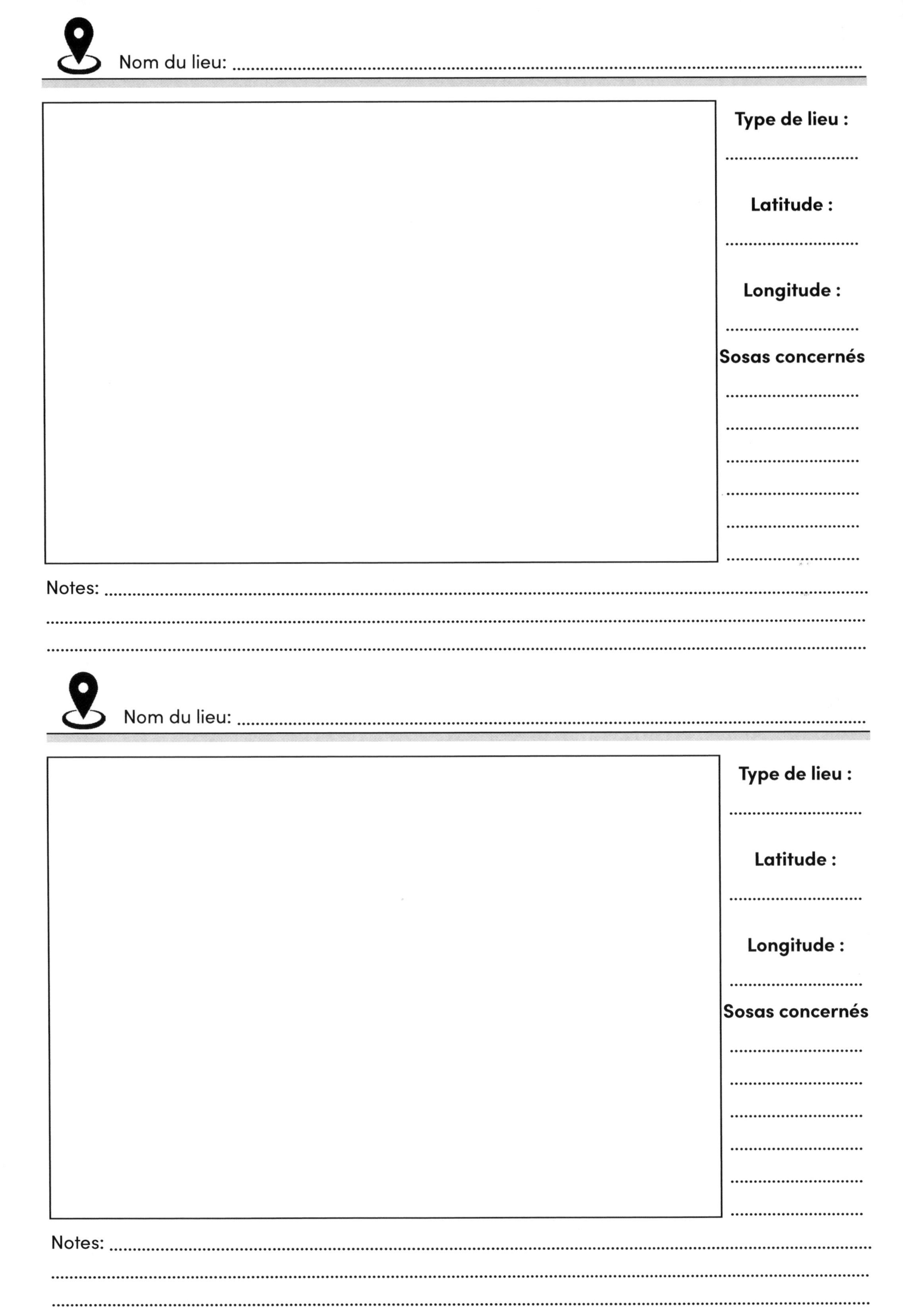

Nom du lieu: ....

Type de lieu :

....

Latitude :

....

Longitude :

....

Sosas concernés

....

....

....

....

....

....

Notes: ....

....

....

Nom du lieu: ....

Type de lieu :

....

Latitude :

....

Longitude :

....

Sosas concernés

....

....

....

....

....

....

Notes: ....

....

....

Nom du lieu: ....

Type de lieu :

....

Latitude :

....

Longitude :

....

Sosas concernés

....

....

....

....

....

....

Notes: ....

....

....

Nom du lieu: ....

Type de lieu :

....

Latitude :

....

Longitude :

....

Sosas concernés

....

....

....

....

....

....

Notes: ....

....

....

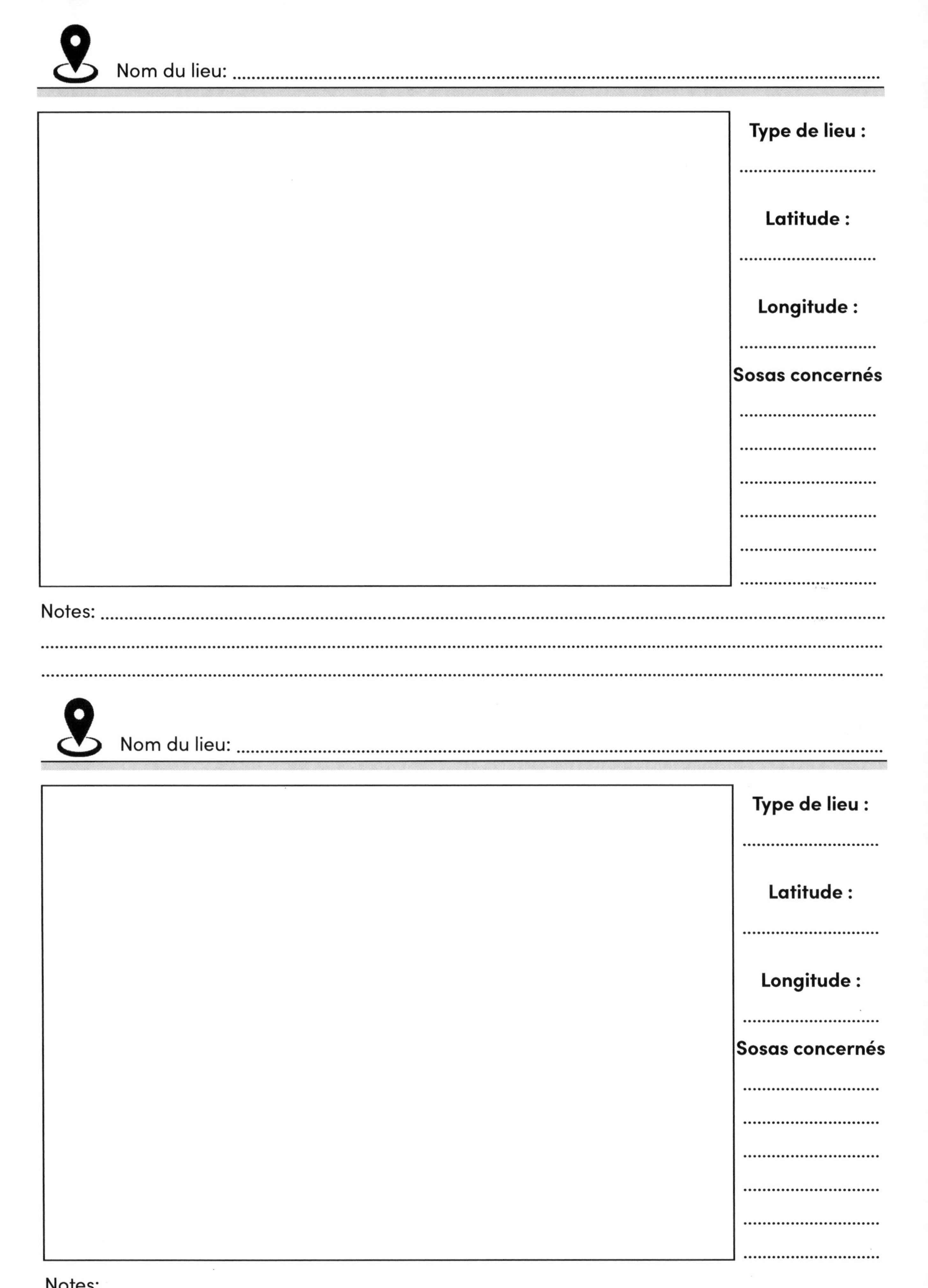
Nom du lieu:
Type de lieu :
Latitude :
Longitude :
Sosas concernés
Notes:
Nom du lieu:
Type de lieu :
Latitude :
Longitude :
Sosas concernés
Notes:

Nom du lieu: ....

Type de lieu :

....

Latitude :

....

Longitude :

....

Sosas concernés

....

....

....

....

....

....

Notes: ....

....

....

Nom du lieu: ....

Type de lieu :

....

Latitude :

....

Longitude :

....

Sosas concernés

....

....

....

....

....

....

Notes: ....

....

....

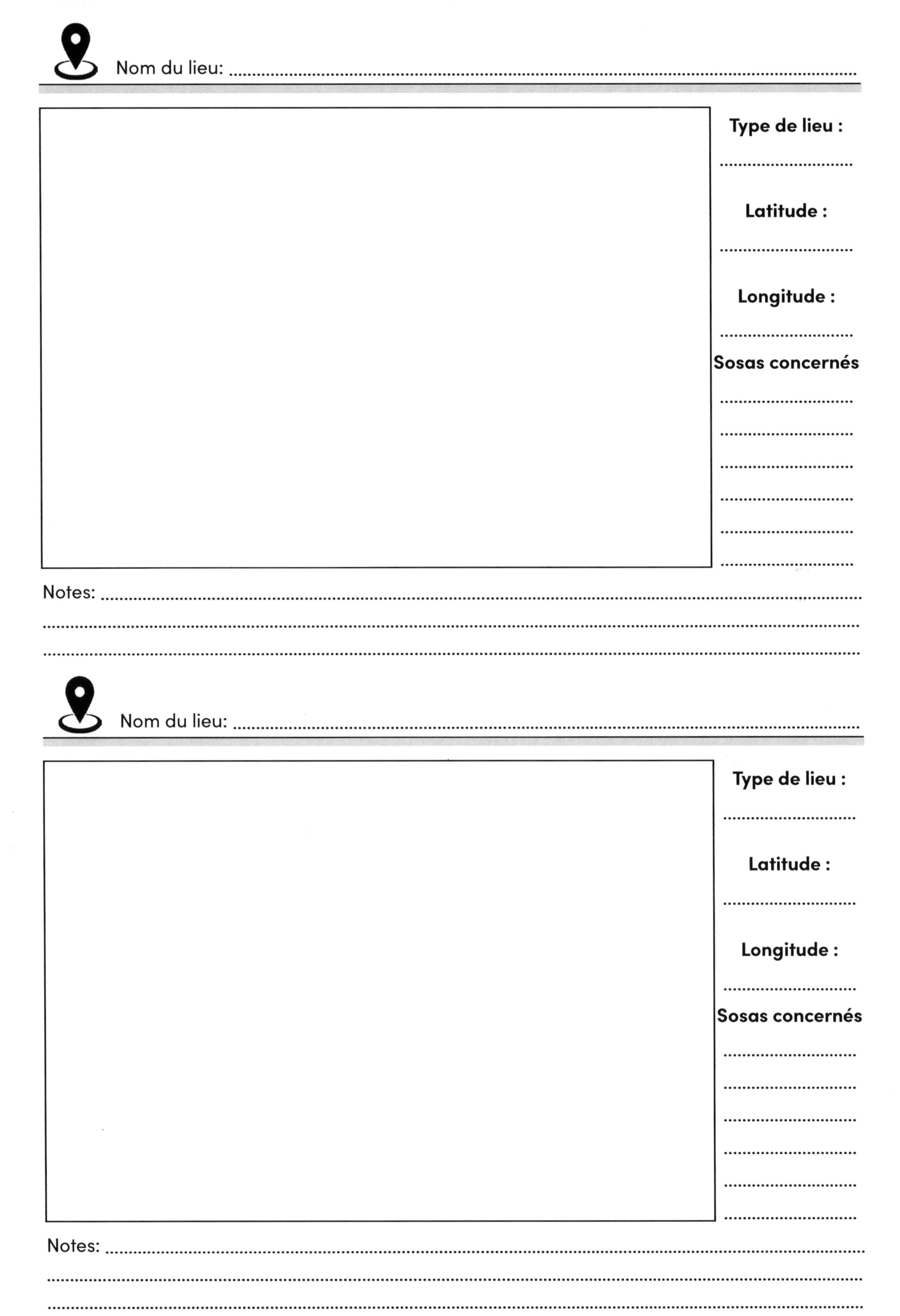
Nom du lieu: ....
Type de lieu :
....
Latitude :
....
Longitude :
....
Sosas concernés
....
....
....
....
....
....
Notes: ....
....
....
Nom du lieu: ....
Type de lieu :
....
Latitude :
....
Longitude :
....
Sosas concernés
....
....
....
....
....
....
Notes: ....
....
....

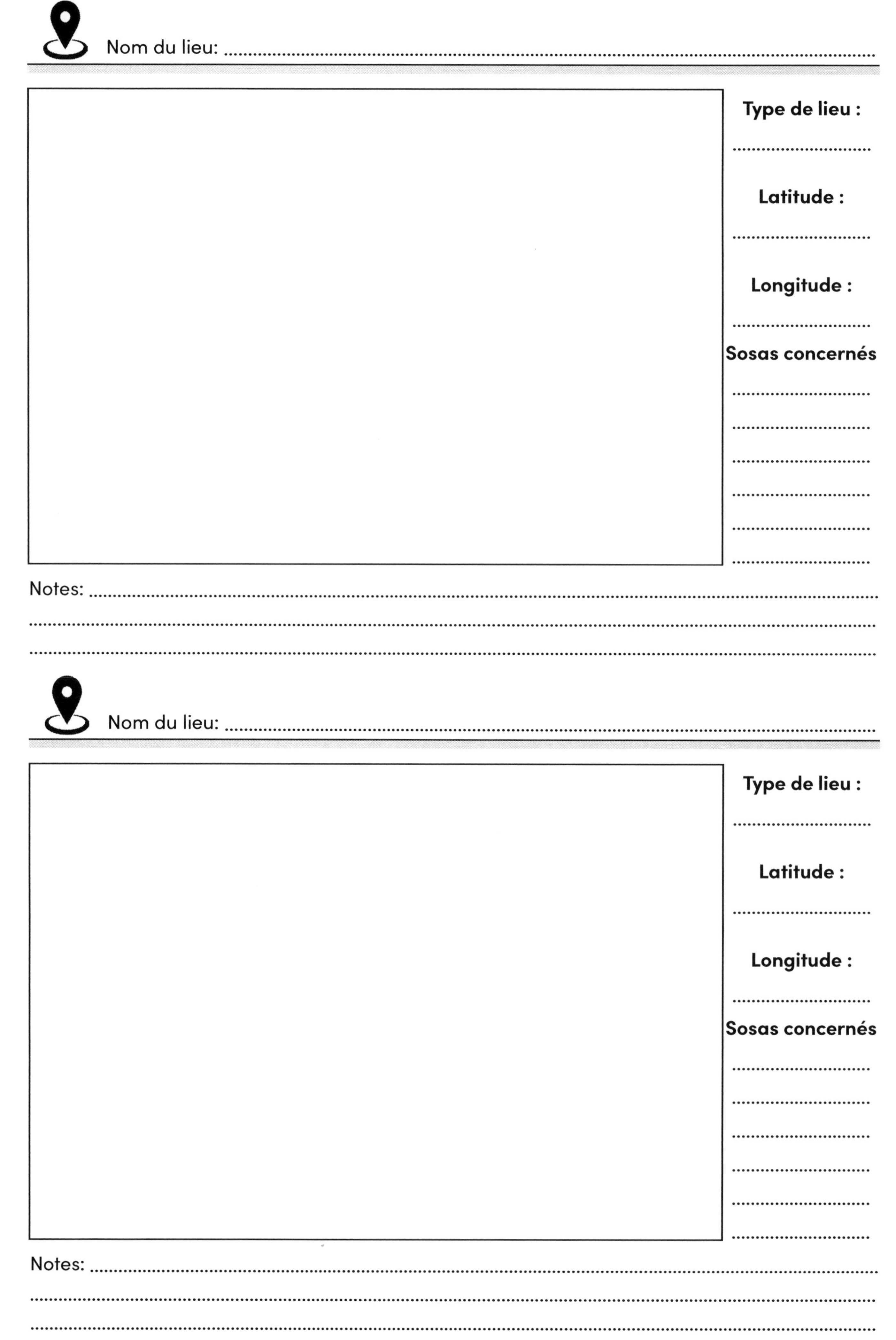
Nom du lieu: ....

Type de lieu :

....

Latitude :

....

Longitude :

....

Sosas concernés

....

....

....

....

....

....

Notes: ....

....

....

Nom du lieu: ....

Type de lieu :

....

Latitude :

....

Longitude :

....

Sosas concernés

....

....

....

....

....

....

Notes: ....

....

....

Nom du lieu:
Type de lieu :
Latitude :
Longitude :
Sosas concernés
Notes:
Nom du lieu:
Type de lieu :
Latitude :
Longitude :
Sosas concernés
Notes:

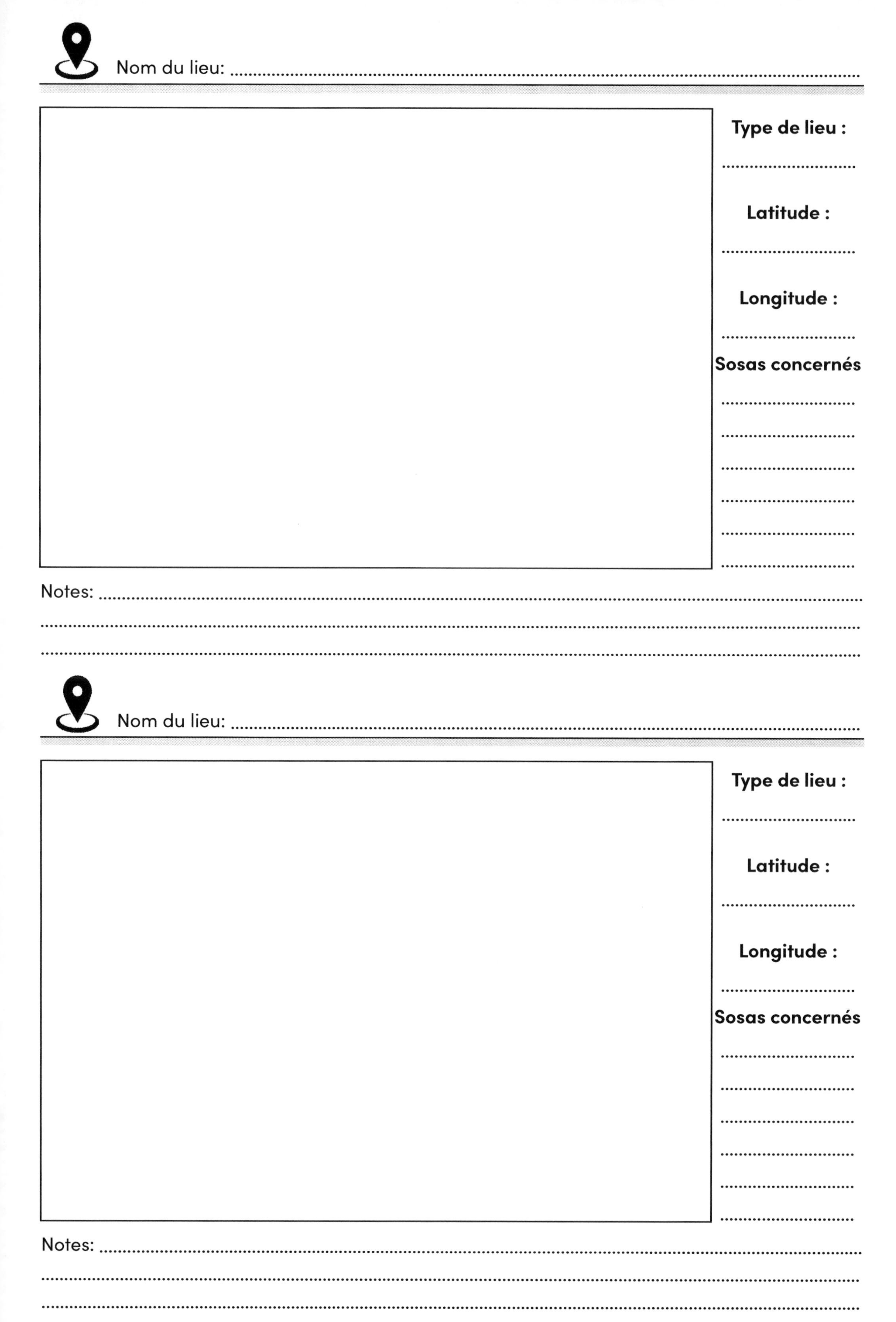

Nom du lieu: ....

Type de lieu :

....

Latitude :

....

Longitude :

....

Sosas concernés

....

....

....

....

....

....

Notes: ....

....

....

Nom du lieu: ....

Type de lieu :

....

Latitude :

....

Longitude :

....

Sosas concernés

....

....

....

....

....

....

Notes: ....

....

....

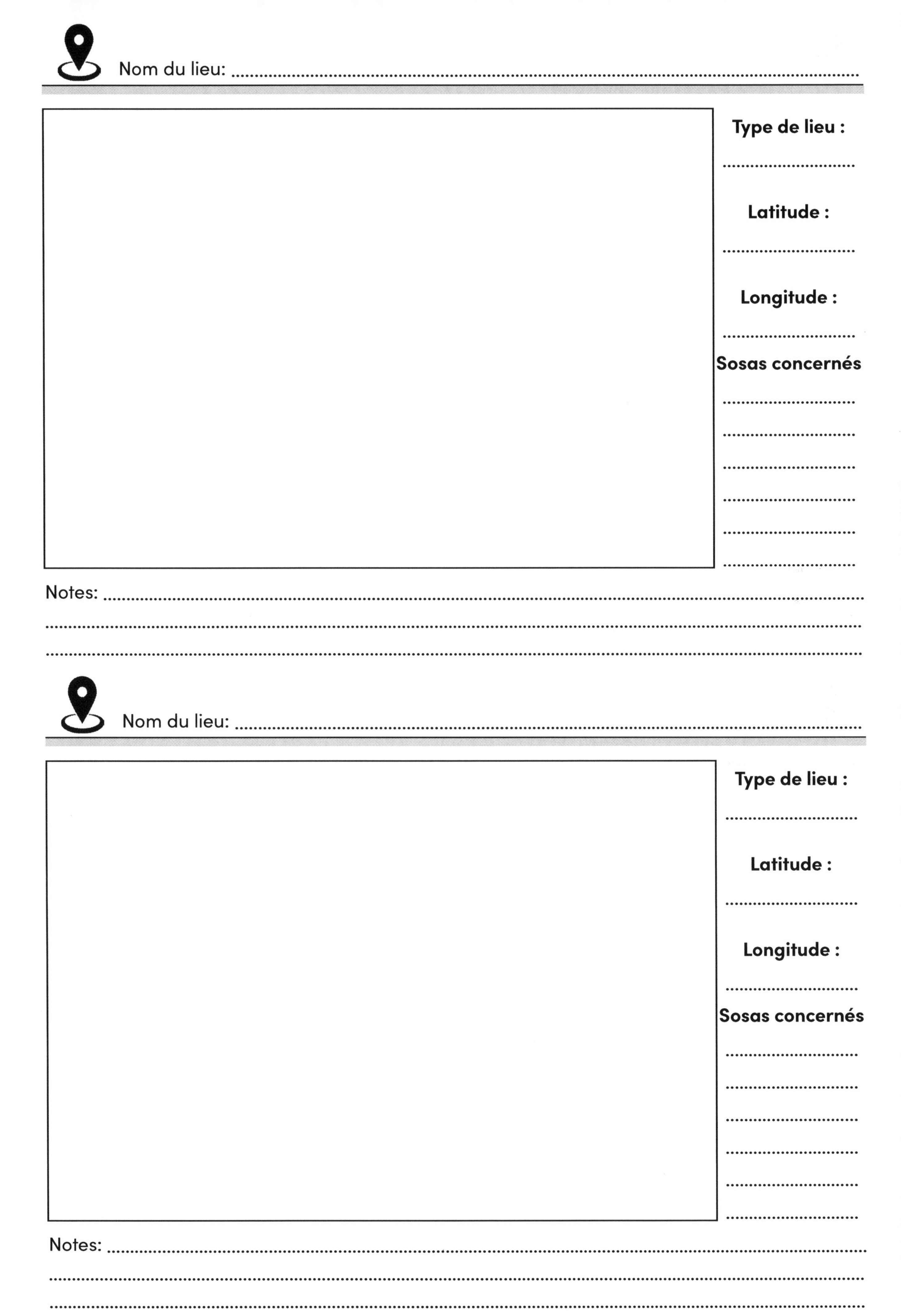
Nom du lieu: ....
Type de lieu :
Latitude :
Longitude :
Sosas concernés
Notes: ....
Nom du lieu: ....
Type de lieu :
Latitude :
Longitude :
Sosas concernés
Notes: ....

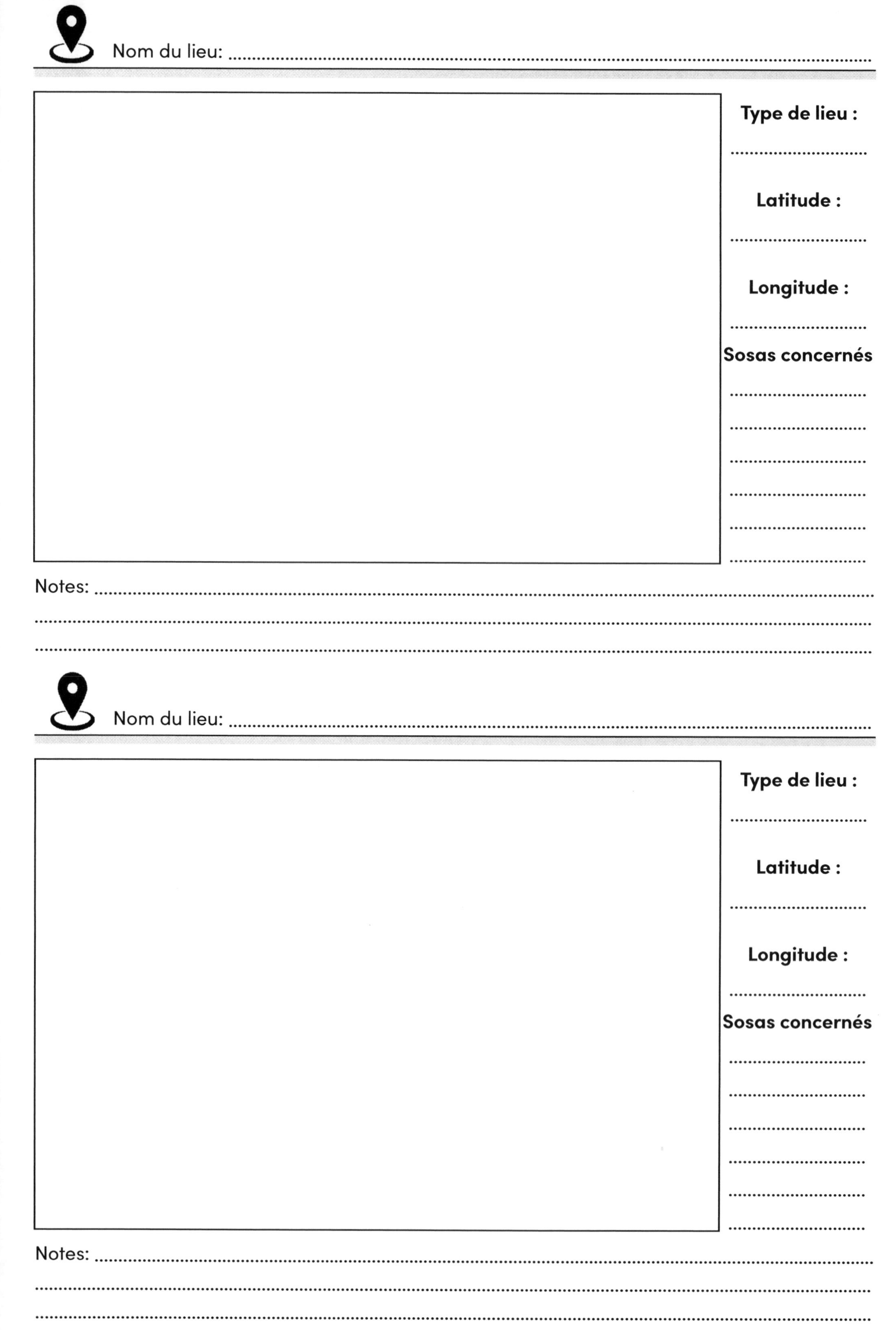
Nom du lieu: ....

Type de lieu :

....

Latitude :

....

Longitude :

....

Sosas concernés

....
....
....
....
....
....

Notes: ....
....
....

Nom du lieu: ....

Type de lieu :

....

Latitude :

....

Longitude :

....

Sosas concernés

....
....
....
....
....
....

Notes: ....
....
....

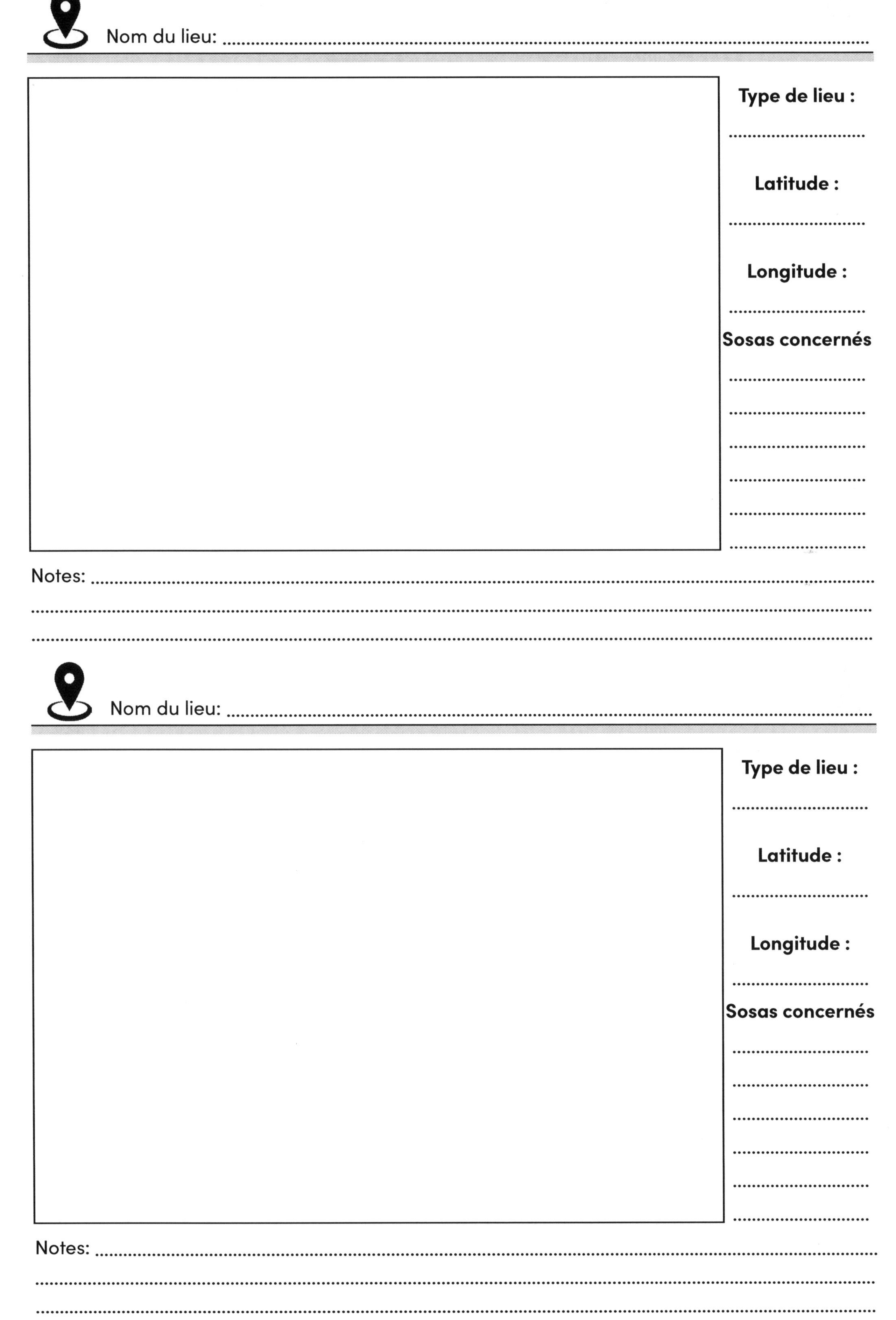

Nom du lieu: ....

Type de lieu :

....

Latitude :

....

Longitude :

....

Sosas concernés

....

....

....

....

....

....

Notes: ....

....

....

Nom du lieu: ....

Type de lieu :

....

Latitude :

....

Longitude :

....

Sosas concernés

....

....

....

....

....

....

Notes: ....

....

....

Nom du lieu: ....

Type de lieu :

....

Latitude :

....

Longitude :

....

Sosas concernés

....

....

....

....

....

....

Notes: ....

....

....

Nom du lieu: ....

Type de lieu :

....

Latitude :

....

Longitude :

....

Sosas concernés

....

....

....

....

....

....

Notes: ....

....

....

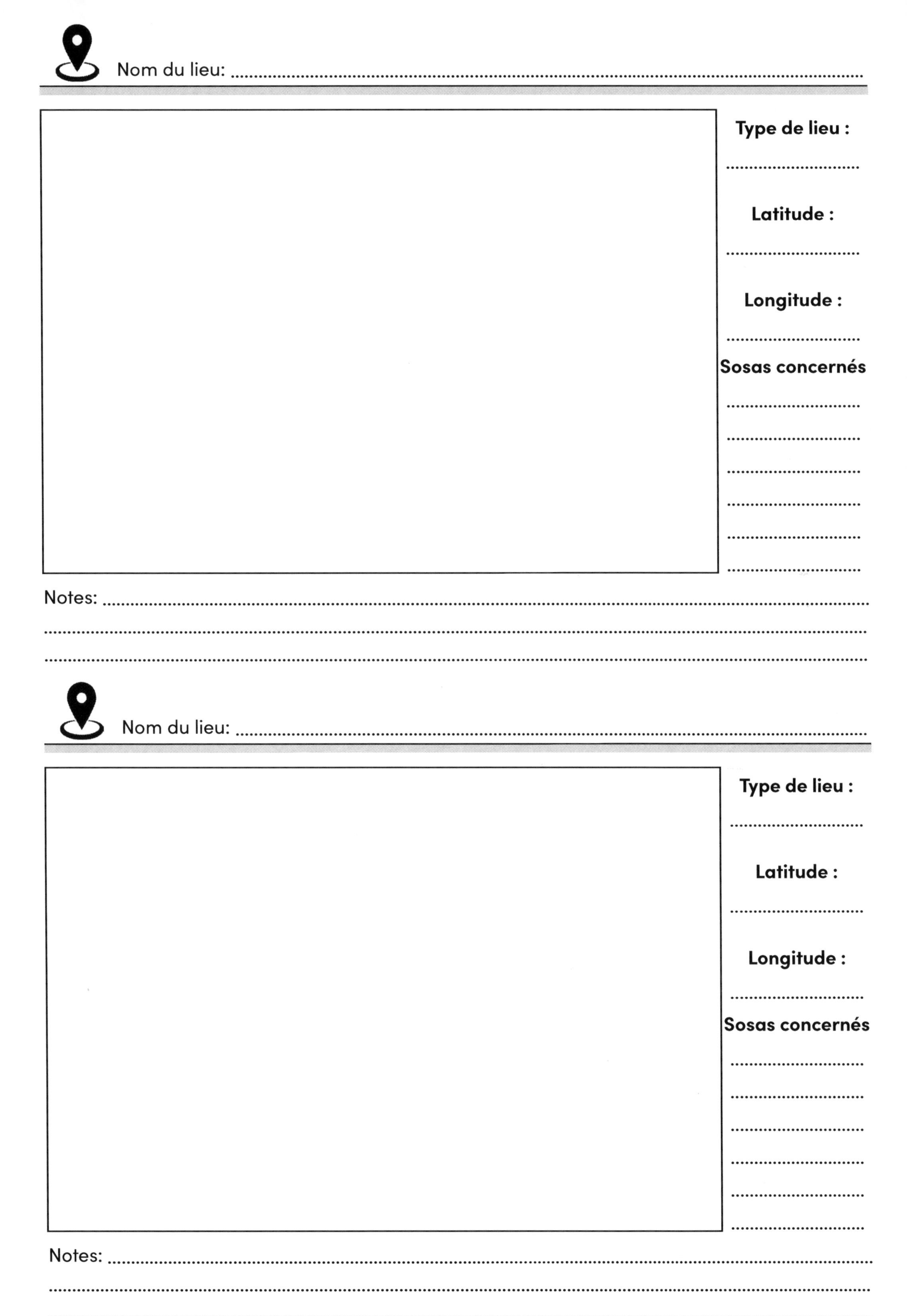

Nom du lieu: ....

Type de lieu :

....

Latitude :

....

Longitude :

....

Sosas concernés

....

....

....

....

....

....

Notes: ....

....

....

Nom du lieu: ....

Type de lieu :

....

Latitude :

....

Longitude :

....

Sosas concernés

....

....

....

....

....

....

Notes: ....

....

....

Nom du lieu: ....

Type de lieu :

....

Latitude :

....

Longitude :

....

Sosas concernés

....

....

....

....

....

....

Notes: ....

....

....

Nom du lieu: ....

Type de lieu :

....

Latitude :

....

Longitude :

....

Sosas concernés

....

....

....

....

....

....

Notes: ....

....

....

Nom du lieu: ....

Type de lieu :

....

Latitude :

....

Longitude :

....

Sosas concernés

....

....

....

....

....

....

Notes: ....

....

....

Nom du lieu: ....

Type de lieu :

....

Latitude :

....

Longitude :

....

Sosas concernés

....

....

....

....

....

....

Notes: ....

....

....

Nom du lieu: ....

Type de lieu :

....

Latitude :

....

Longitude :

....

Sosas concernés

....

....

....

....

....

....

Notes: ....

....

....

Nom du lieu: ....

Type de lieu :

....

Latitude :

....

Longitude :

....

Sosas concernés

....

....

....

....

....

....

Notes: ....

....

....

Nom du lieu: ....

Type de lieu :

....

Latitude :

....

Longitude :

....

Sosas concernés

....

....

....

....

....

....

Notes: ....

....

....

Nom du lieu: ....

Type de lieu :

....

Latitude :

....

Longitude :

....

Sosas concernés

....

....

....

....

....

....

Notes: ....

....

....

Nom du lieu: ....

Type de lieu :

....

Latitude :

....

Longitude :

....

Sosas concernés

....

....

....

....

....

....

Notes: ....

....

....

Nom du lieu: ....

Type de lieu :

....

Latitude :

....

Longitude :

....

Sosas concernés

....

....

....

....

....

....

Notes: ....

....

....

Nom du lieu: ....

Type de lieu :

....

Latitude :

....

Longitude :

....

Sosas concernés

....

....

....

....

....

....

Notes: ....

....

....

Nom du lieu: ....

Type de lieu :

....

Latitude :

....

Longitude :

....

Sosas concernés

....

....

....

....

....

....

Notes: ....

....

....

Nom du lieu: ....

Type de lieu :

....

Latitude :

....

Longitude :

....

Sosas concernés

....

....

....

....

....

....

Notes: ....

....

....

Nom du lieu: ....

Type de lieu :

....

Latitude :

....

Longitude :

....

Sosas concernés

....

....

....

....

....

....

Notes: ....

....

....

Nom du lieu: ....

Type de lieu :

....

Latitude :

....

Longitude :

....

Sosas concernés

....

....

....

....

....

....

Notes: ....

....

....

Nom du lieu: ....

Type de lieu :

....

Latitude :

....

Longitude :

....

Sosas concernés

....

....

....

....

....

....

Notes: ....

....

....

Nom du lieu: ....

Type de lieu :

....

Latitude :

....

Longitude :

....

Sosas concernés

....

....

....

....

....

....

Notes: ....

....

....

Nom du lieu: ....

Type de lieu :

....

Latitude :

....

Longitude :

....

Sosas concernés

....

....

....

....

....

....

Notes: ....

....

....

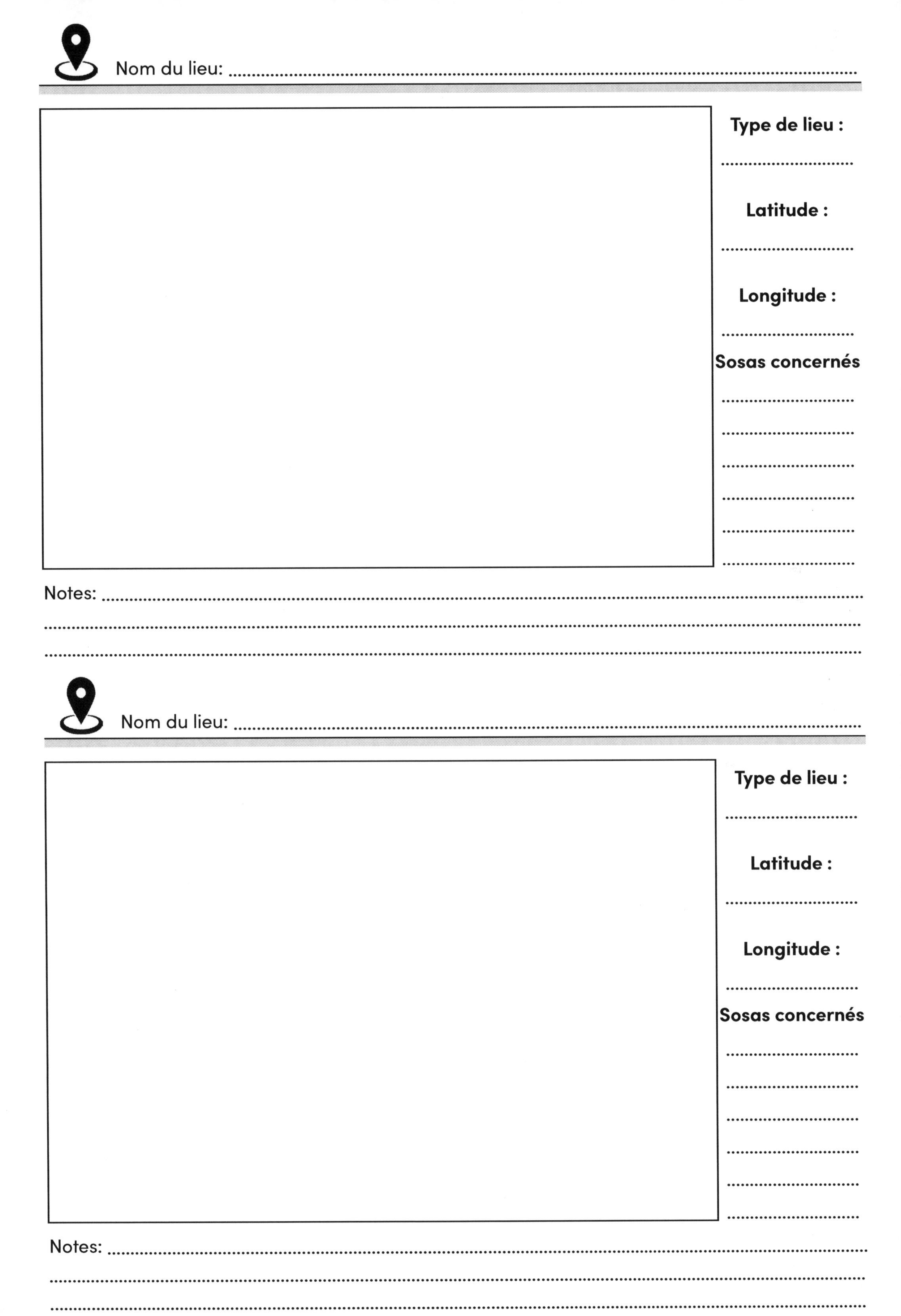

Nom du lieu: ....

Type de lieu :

....

Latitude :

....

Longitude :

....

Sosas concernés

....

....

....

....

....

....

Notes: ....

....

....

Nom du lieu: ....

Type de lieu :

....

Latitude :

....

Longitude :

....

Sosas concernés

....

....

....

....

....

....

Notes: ....

....

....

Nom du lieu: ....

Type de lieu :

....

Latitude :

....

Longitude :

....

Sosas concernés

....

....

....

....

....

....

Notes: ....

....

....

Nom du lieu: ....

Type de lieu :

....

Latitude :

....

Longitude :

....

Sosas concernés

....

....

....

....

....

....

Notes: ....

....

....

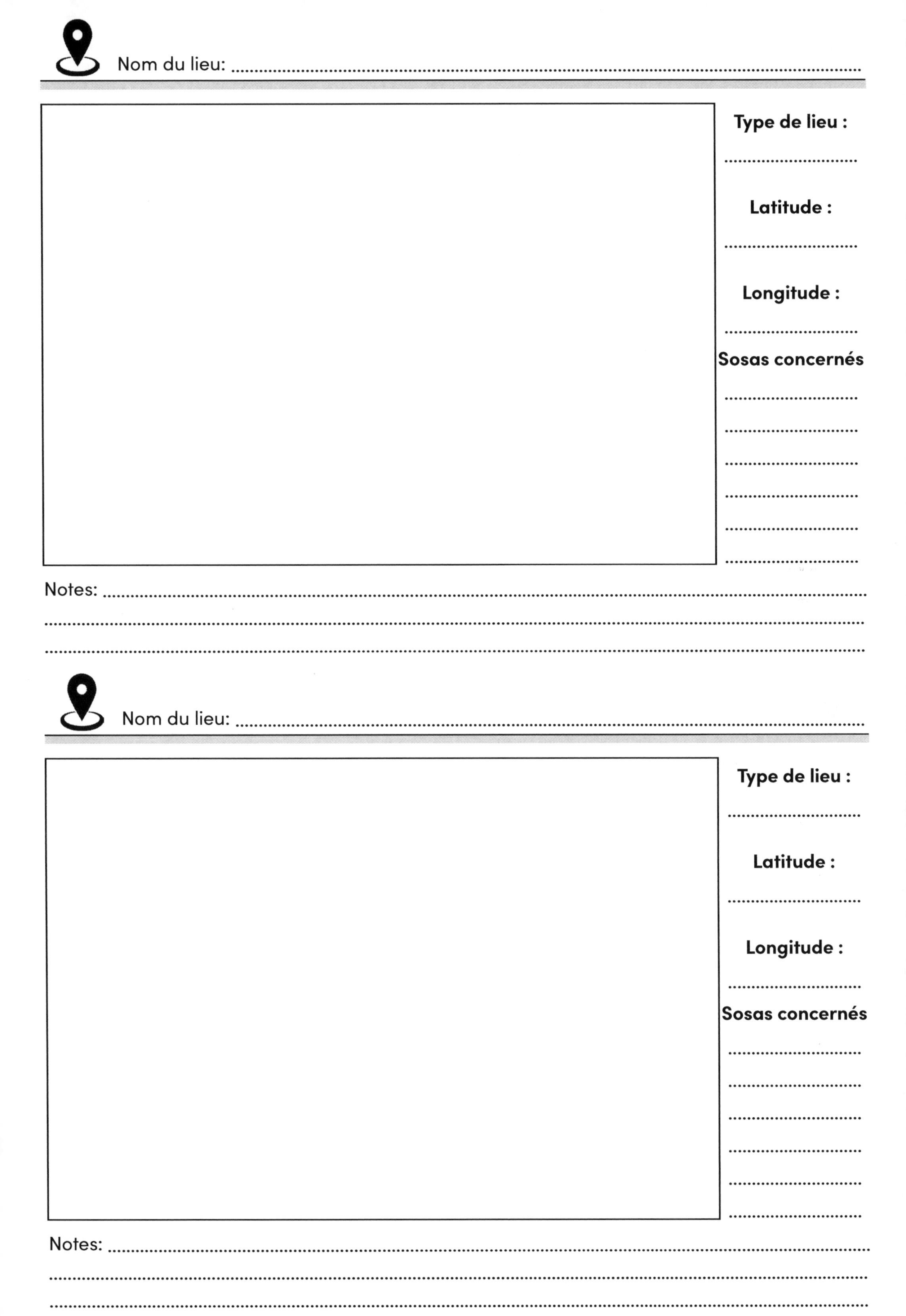

Nom du lieu: ....

Type de lieu :

....

Latitude :

....

Longitude :

....

Sosas concernés

....

....

....

....

....

....

Notes: ....

....

....

Nom du lieu: ....

Type de lieu :

....

Latitude :

....

Longitude :

....

Sosas concernés

....

....

....

....

....

....

Notes: ....

....

....

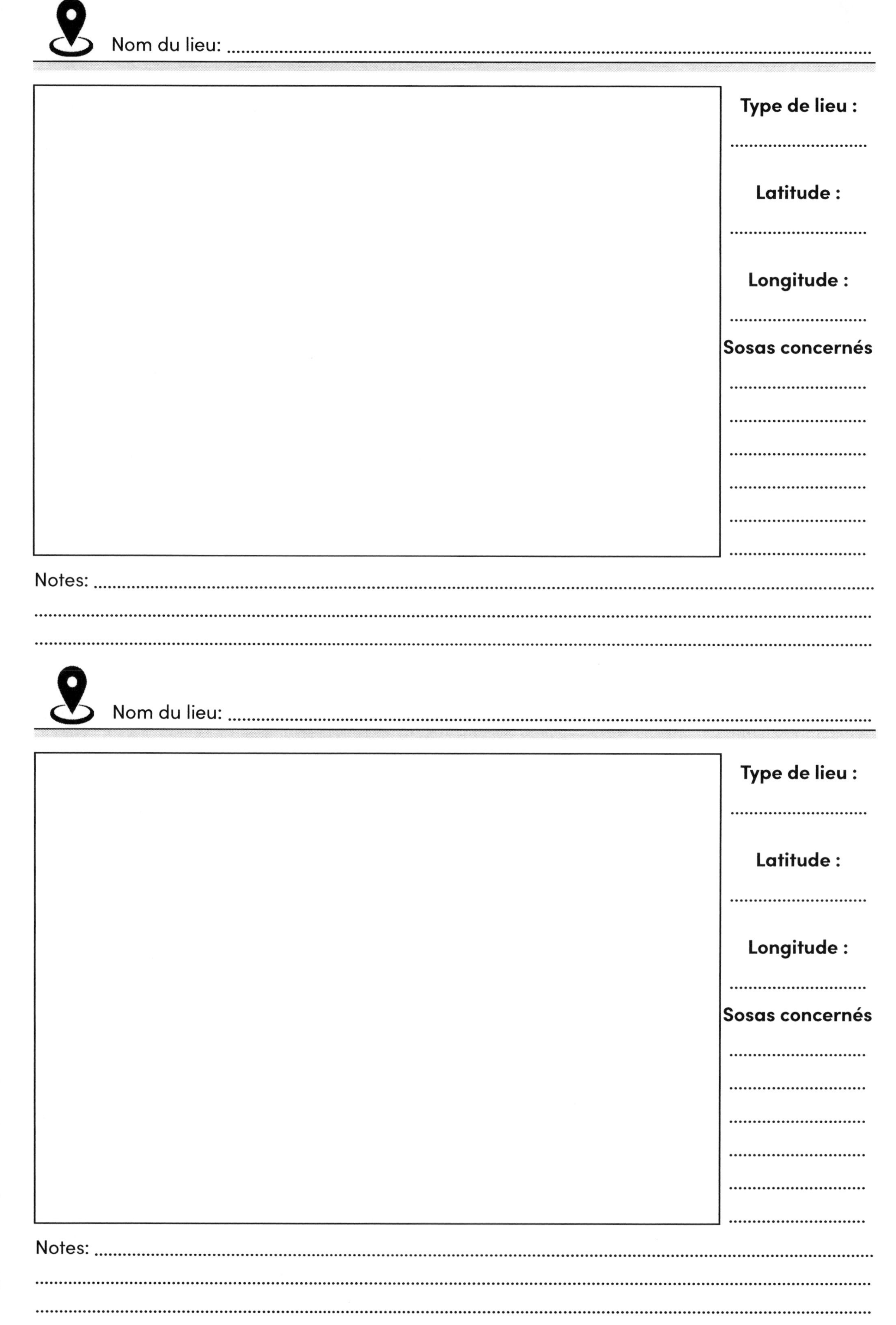

Nom du lieu: ....

Type de lieu :

....

Latitude :

....

Longitude :

....

Sosas concernés

....

....

....

....

....

....

Notes: ....

....

....

Nom du lieu: ....

Type de lieu :

....

Latitude :

....

Longitude :

....

Sosas concernés

....

....

....

....

....

....

Notes: ....

....

....

Nom du lieu: ....

Type de lieu :

....

Latitude :

....

Longitude :

....

Sosas concernés

....

....

....

....

....

....

Notes: ....

....

....

Nom du lieu: ....

Type de lieu :

....

Latitude :

....

Longitude :

....

Sosas concernés

....

....

....

....

....

....

Notes: ....

....

....

Nom du lieu: ....

Type de lieu :

....

Latitude :

....

Longitude :

....

Sosas concernés

....

....

....

....

....

....

Notes: ....

....

....

Nom du lieu: ....

Type de lieu :

....

Latitude :

....

Longitude :

....

Sosas concernés

....

....

....

....

....

....

Notes: ....

....

....

Nom du lieu: ....

Type de lieu :

....

Latitude :

....

Longitude :

....

Sosas concernés

....

....

....

....

....

....

Notes: ....

....

....

Nom du lieu: ....

Type de lieu :

....

Latitude :

....

Longitude :

....

Sosas concernés

....

....

....

....

....

....

Notes: ....

....

....

Nom du lieu: ....

Type de lieu :

....

Latitude :

....

Longitude :

....

Sosas concernés

....

....

....

....

....

....

Notes: ....

....

....

Nom du lieu: ....

Type de lieu :

....

Latitude :

....

Longitude :

....

Sosas concernés

....

....

....

....

....

....

Notes: ....

....

....

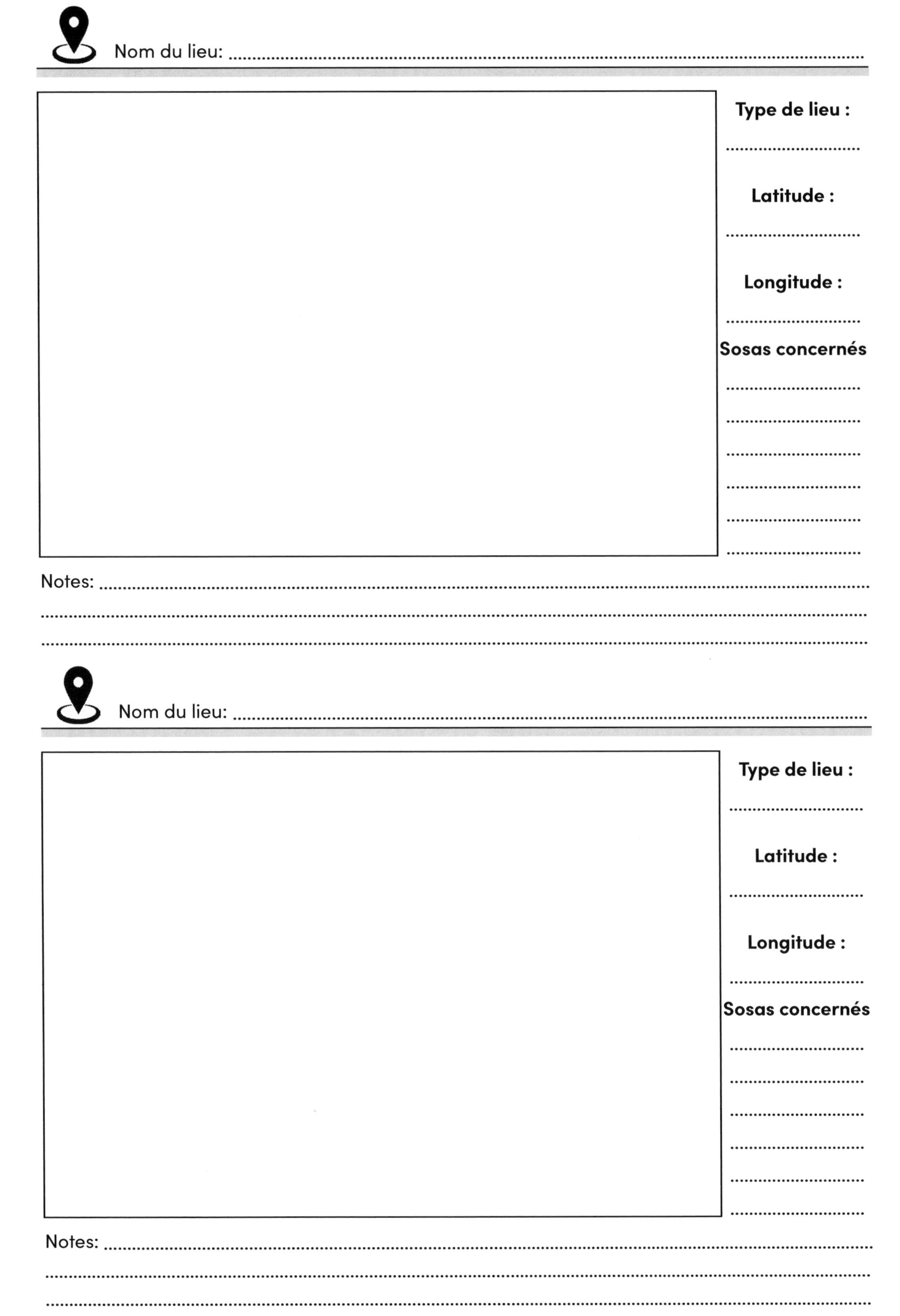
Nom du lieu: ....

Type de lieu :

....

Latitude :

....

Longitude :

....

Sosas concernés

....

....

....

....

....

....

Notes: ....

....

....

Nom du lieu: ....

Type de lieu :

....

Latitude :

....

Longitude :

....

Sosas concernés

....

....

....

....

....

....

Notes: ....

....

....

 Nom : ....Prénoms : ....

□ *Homme* □ *Femme* Individu lié avec sosa(s) : ....
Type de lien:..
Né(e) le : ....à..............................
Fils/Fille de : ....& de: ....
Profession(s) : ....
Décédé(e) le : ....à....................Cause:....................
Notes : ....
....
....

Nom : ....Prénoms : ....

□ *Homme* □ *Femme* Individu lié avec sosa(s) : ....
Type de lien:..
Né(e) le : ....à..............................
Fils/Fille de : ....& de: ....
Profession(s) : ....
Décédé(e) le : ....à....................Cause:....................
Notes : ....
....
....

Nom : ....Prénoms : ....

□ *Homme* □ *Femme* Individu lié avec sosa(s) : ....
Type de lien:..
Né(e) le : ....à..............................
Fils/Fille de : ....& de: ....
Profession(s) : ....
Décédé(e) le : ....à....................Cause:....................
Notes : ....
....
....

Nom : ....Prénoms : ....

□ *Homme* □ *Femme* Individu lié avec sosa(s) : ....
Type de lien:..
Né(e) le : ....à..............................
Fils/Fille de : ....& de: ....
Profession(s) : ....
Décédé(e) le : ....à....................Cause:....................
Notes : ....
....
....

Nom : .... Prénoms : ....

☐ *Homme* ☐ *Femme* Individu lié avec sosa(s) : ....

Type de lien:..

Né(e) le : .... à..

Fils/Fille de : .... & de: ....

Profession(s) : ....

Décédé(e) le : .... à.......................... Cause:..........................

Notes : ....

....

....

Nom : .... Prénoms : ....

☐ *Homme* ☐ *Femme* Individu lié avec sosa(s) : ....

Type de lien:..

Né(e) le : .... à..

Fils/Fille de : .... & de: ....

Profession(s) : ....

Décédé(e) le : .... à.......................... Cause:..........................

Notes : ....

....

....

Nom : .... Prénoms : ....

☐ *Homme* ☐ *Femme* Individu lié avec sosa(s) : ....

Type de lien:..

Né(e) le : .... à..

Fils/Fille de : .... & de: ....

Profession(s) : ....

Décédé(e) le : .... à.......................... Cause:..........................

Notes : ....

....

....

Nom : .... Prénoms : ....

☐ *Homme* ☐ *Femme* Individu lié avec sosa(s) : ....

Type de lien:..

Né(e) le : .... à..

Fils/Fille de : .... & de: ....

Profession(s) : ....

Décédé(e) le : .... à.......................... Cause:..........................

Notes : ....

....

....

Nom : .... Prénoms : ....

☐ *Homme* ☐ *Femme* Individu lié avec sosa(s) : ....
Type de lien: ....
Né(e) le : .... à ....
Fils/Fille de : .... & de: ....
Profession(s) : ....
Décédé(e) le : .... à .... Cause: ....
Notes : ....
....
....

Nom : .... Prénoms : ....

☐ *Homme* ☐ *Femme* Individu lié avec sosa(s) : ....
Type de lien: ....
Né(e) le : .... à ....
Fils/Fille de : .... & de: ....
Profession(s) : ....
Décédé(e) le : .... à .... Cause: ....
Notes : ....
....
....

Nom : .... Prénoms : ....

☐ *Homme* ☐ *Femme* Individu lié avec sosa(s) : ....
Type de lien: ....
Né(e) le : .... à ....
Fils/Fille de : .... & de: ....
Profession(s) : ....
Décédé(e) le : .... à .... Cause: ....
Notes : ....
....
....

Nom : .... Prénoms : ....

☐ *Homme* ☐ *Femme* Individu lié avec sosa(s) : ....
Type de lien: ....
Né(e) le : .... à ....
Fils/Fille de : .... & de: ....
Profession(s) : ....
Décédé(e) le : .... à .... Cause: ....
Notes : ....
....
....

Nom : ....Prénoms : ....

☐ *Homme* ☐ *Femme* Individu lié avec sosa(s) : ....

Type de lien:..

Né(e) le : ....à..

Fils/Fille de : ....& de: ....

Profession(s) : ....

Décédé(e) le : ....à..Cause:........................

Notes : ....

....

....

Nom : ....Prénoms : ....

☐ *Homme* ☐ *Femme* Individu lié avec sosa(s) : ....

Type de lien:..

Né(e) le : ....à..

Fils/Fille de : ....& de: ....

Profession(s) : ....

Décédé(e) le : ....à..Cause:........................

Notes : ....

....

....

Nom : ....Prénoms : ....

☐ *Homme* ☐ *Femme* Individu lié avec sosa(s) : ....

Type de lien:..

Né(e) le : ....à..

Fils/Fille de : ....& de: ....

Profession(s) : ....

Décédé(e) le : ....à..Cause:........................

Notes : ....

....

....

Nom : ....Prénoms : ....

☐ *Homme* ☐ *Femme* Individu lié avec sosa(s) : ....

Type de lien:..

Né(e) le : ....à..

Fils/Fille de : ....& de: ....

Profession(s) : ....

Décédé(e) le : ....à..Cause:........................

Notes : ....

....

....

Nom : ....Prénoms : ....

☐ *Homme* ☐ *Femme* Individu lié avec sosa(s) : ....
Type de lien:...
Né(e) le : ....à..
Fils/Fille de : ....& de: ....
Profession(s) : ....
Décédé(e) le : ....à...Cause:........................
Notes : ....
....
....

Nom : ....Prénoms : ....

☐ *Homme* ☐ *Femme* Individu lié avec sosa(s) : ....
Type de lien:...
Né(e) le : ....à..
Fils/Fille de : ....& de: ....
Profession(s) : ....
Décédé(e) le : ....à...Cause:........................
Notes : ....
....
....

Nom : ....Prénoms : ....

☐ *Homme* ☐ *Femme* Individu lié avec sosa(s) : ....
Type de lien:...
Né(e) le : ....à..
Fils/Fille de : ....& de: ....
Profession(s) : ....
Décédé(e) le : ....à...Cause:........................
Notes : ....
....
....

Nom : ....Prénoms : ....

☐ *Homme* ☐ *Femme* Individu lié avec sosa(s) : ....
Type de lien:...
Né(e) le : ....à..
Fils/Fille de : ....& de: ....
Profession(s) : ....
Décédé(e) le : ....à...Cause:........................
Notes : ....
....
....

Nom : .... Prénoms : ....

☐ *Homme* ☐ *Femme* Individu lié avec sosa(s) : ....

Type de lien:..

Né(e) le : .... à ....

Fils/Fille de : .... & de: ....

Profession(s) : ....

Décédé(e) le : .... à .... Cause: ....

Notes : ....

....

....

Nom : .... Prénoms : ....

☐ *Homme* ☐ *Femme* Individu lié avec sosa(s) : ....

Type de lien:..

Né(e) le : .... à ....

Fils/Fille de : .... & de: ....

Profession(s) : ....

Décédé(e) le : .... à .... Cause: ....

Notes : ....

....

....

Nom : .... Prénoms : ....

☐ *Homme* ☐ *Femme* Individu lié avec sosa(s) : ....

Type de lien:..

Né(e) le : .... à ....

Fils/Fille de : .... & de: ....

Profession(s) : ....

Décédé(e) le : .... à .... Cause: ....

Notes : ....

....

....

Nom : .... Prénoms : ....

☐ *Homme* ☐ *Femme* Individu lié avec sosa(s) : ....

Type de lien:..

Né(e) le : .... à ....

Fils/Fille de : .... & de: ....

Profession(s) : ....

Décédé(e) le : .... à .... Cause: ....

Notes : ....

....

....

Nom : .... Prénoms : ....

☐ *Homme* ☐ *Femme* Individu lié avec sosa(s) : ....
Type de lien:..
Né(e) le : .... à..
Fils/Fille de : .... & de: ....
Profession(s) : ....
Décédé(e) le : .... à.. Cause:........................
Notes : ....
....
....

Nom : .... Prénoms : ....

☐ *Homme* ☐ *Femme* Individu lié avec sosa(s) : ....
Type de lien:..
Né(e) le : .... à..
Fils/Fille de : .... & de: ....
Profession(s) : ....
Décédé(e) le : .... à.. Cause:........................
Notes : ....
....
....

Nom : .... Prénoms : ....

☐ *Homme* ☐ *Femme* Individu lié avec sosa(s) : ....
Type de lien:..
Né(e) le : .... à..
Fils/Fille de : .... & de: ....
Profession(s) : ....
Décédé(e) le : .... à.. Cause:........................
Notes : ....
....
....

Nom : .... Prénoms : ....

☐ *Homme* ☐ *Femme* Individu lié avec sosa(s) : ....
Type de lien:..
Né(e) le : .... à..
Fils/Fille de : .... & de: ....
Profession(s) : ....
Décédé(e) le : .... à.. Cause:........................
Notes : ....
....
....

 Nom : ....Prénoms : ....

☐ *Homme* ☐ *Femme* Individu lié avec sosa(s) : ....
Type de lien:..
Né(e) le : ....à..
Fils/Fille de : ....& de: ....
Profession(s) : ....
Décédé(e) le : ....à.................................Cause:......................
Notes : ....
....
....

Nom : ....Prénoms : ....

☐ *Homme* ☐ *Femme* Individu lié avec sosa(s) : ....
Type de lien:..
Né(e) le : ....à..
Fils/Fille de : ....& de: ....
Profession(s) : ....
Décédé(e) le : ....à.................................Cause:......................
Notes : ....
....
....

Nom : ....Prénoms : ....

☐ *Homme* ☐ *Femme* Individu lié avec sosa(s) : ....
Type de lien:..
Né(e) le : ....à..
Fils/Fille de : ....& de: ....
Profession(s) : ....
Décédé(e) le : ....à.................................Cause:......................
Notes : ....
....
....

Nom : ....Prénoms : ....

☐ *Homme* ☐ *Femme* Individu lié avec sosa(s) : ....
Type de lien:..
Né(e) le : ....à..
Fils/Fille de : ....& de: ....
Profession(s) : ....
Décédé(e) le : ....à.................................Cause:......................
Notes : ....
....
....

 Nom : ....Prénoms : ....

☐ *Homme* ☐ *Femme* Individu lié avec sosa(s) : ....
Type de lien:..
Né(e) le : ....à...
Fils/Fille de : ....& de: ....
Profession(s) : ....
Décédé(e) le : ....à...................................Cause:.......................
Notes : ....
....
....

Nom : ....Prénoms : ....

☐ *Homme* ☐ *Femme* Individu lié avec sosa(s) : ....
Type de lien:..
Né(e) le : ....à...
Fils/Fille de : ....& de: ....
Profession(s) : ....
Décédé(e) le : ....à...................................Cause:.......................
Notes : ....
....
....

Nom : ....Prénoms : ....

☐ *Homme* ☐ *Femme* Individu lié avec sosa(s) : ....
Type de lien:..
Né(e) le : ....à...
Fils/Fille de : ....& de: ....
Profession(s) : ....
Décédé(e) le : ....à...................................Cause:.......................
Notes : ....
....
....

Nom : ....Prénoms : ....

☐ *Homme* ☐ *Femme* Individu lié avec sosa(s) : ....
Type de lien:..
Né(e) le : ....à...
Fils/Fille de : ....& de: ....
Profession(s) : ....
Décédé(e) le : ....à...................................Cause:.......................
Notes : ....
....
....

Nom : Prénoms :

☐ *Homme* ☐ *Femme* Individu lié avec sosa(s) :
Type de lien:
Né(e) le : à
Fils/Fille de : & de:
Profession(s) :
Décédé(e) le : à Cause:
Notes :

Nom : Prénoms :

☐ *Homme* ☐ *Femme* Individu lié avec sosa(s) :
Type de lien:
Né(e) le : à
Fils/Fille de : & de:
Profession(s) :
Décédé(e) le : à Cause:
Notes :

Nom : Prénoms :

☐ *Homme* ☐ *Femme* Individu lié avec sosa(s) :
Type de lien:
Né(e) le : à
Fils/Fille de : & de:
Profession(s) :
Décédé(e) le : à Cause:
Notes :

Nom : Prénoms :

☐ *Homme* ☐ *Femme* Individu lié avec sosa(s) :
Type de lien:
Né(e) le : à
Fils/Fille de : & de:
Profession(s) :
Décédé(e) le : à Cause:
Notes :

Nom : ....Prénoms : ....

☐ *Homme* ☐ *Femme* Individu lié avec sosa(s) : ....
Type de lien:..
Né(e) le : ....à...
Fils/Fille de : ....& de: ....
Profession(s) : ....
Décédé(e) le : ....à..................................Cause:.....................
Notes : ....
....
....

Nom : ....Prénoms : ....

☐ *Homme* ☐ *Femme* Individu lié avec sosa(s) : ....
Type de lien:..
Né(e) le : ....à...
Fils/Fille de : ....& de: ....
Profession(s) : ....
Décédé(e) le : ....à..................................Cause:.....................
Notes : ....
....
....

Nom : ....Prénoms : ....

☐ *Homme* ☐ *Femme* Individu lié avec sosa(s) : ....
Type de lien:..
Né(e) le : ....à...
Fils/Fille de : ....& de: ....
Profession(s) : ....
Décédé(e) le : ....à..................................Cause:.....................
Notes : ....
....
....

Nom : ....Prénoms : ....

☐ *Homme* ☐ *Femme* Individu lié avec sosa(s) : ....
Type de lien:..
Né(e) le : ....à...
Fils/Fille de : ....& de: ....
Profession(s) : ....
Décédé(e) le : ....à..................................Cause:.....................
Notes : ....
....
....

Nom : .... Prénoms : ....

☐ *Homme* ☐ *Femme* Individu lié avec sosa(s) : ....

Type de lien:..............................

Né(e) le : .... à..............................

Fils/Fille de : .... & de: ....

Profession(s) : ....

Décédé(e) le : .... à.............................. Cause:..............................

Notes : ....

....

....

Nom : .... Prénoms : ....

☐ *Homme* ☐ *Femme* Individu lié avec sosa(s) : ....

Type de lien:..............................

Né(e) le : .... à..............................

Fils/Fille de : .... & de: ....

Profession(s) : ....

Décédé(e) le : .... à.............................. Cause:..............................

Notes : ....

....

....

Nom : .... Prénoms : ....

☐ *Homme* ☐ *Femme* Individu lié avec sosa(s) : ....

Type de lien:..............................

Né(e) le : .... à..............................

Fils/Fille de : .... & de: ....

Profession(s) : ....

Décédé(e) le : .... à.............................. Cause:..............................

Notes : ....

....

....

Nom : .... Prénoms : ....

☐ *Homme* ☐ *Femme* Individu lié avec sosa(s) : ....

Type de lien:..............................

Né(e) le : .... à..............................

Fils/Fille de : .... & de: ....

Profession(s) : ....

Décédé(e) le : .... à.............................. Cause:..............................

Notes : ....

....

....

Nom : .... Prénoms : ....

☐ *Homme* ☐ *Femme* Individu lié avec sosa(s) : ....

Type de lien:..

Né(e) le : ....à...

Fils/Fille de : ....& de: ....

Profession(s) : ....

Décédé(e) le : ....à.......................................Cause:.....................

Notes : ....

....

....

Nom : .... Prénoms : ....

☐ *Homme* ☐ *Femme* Individu lié avec sosa(s) : ....

Type de lien:..

Né(e) le : ....à...

Fils/Fille de : ....& de: ....

Profession(s) : ....

Décédé(e) le : ....à.......................................Cause:.....................

Notes : ....

....

....

Nom : .... Prénoms : ....

☐ *Homme* ☐ *Femme* Individu lié avec sosa(s) : ....

Type de lien:..

Né(e) le : ....à...

Fils/Fille de : ....& de: ....

Profession(s) : ....

Décédé(e) le : ....à.......................................Cause:.....................

Notes : ....

....

....

Nom : .... Prénoms : ....

☐ *Homme* ☐ *Femme* Individu lié avec sosa(s) : ....

Type de lien:..

Né(e) le : ....à...

Fils/Fille de : ....& de: ....

Profession(s) : ....

Décédé(e) le : ....à.......................................Cause:.....................

Notes : ....

....

....

Nom : ....Prénoms : ....

☐ *Homme* ☐ *Femme* Individu lié avec sosa(s) : ....

Type de lien:...

Né(e) le : ....à...

Fils/Fille de : ....& de: ....

Profession(s) : ....

Décédé(e) le : ....à..Cause:........................

Notes : ....

....

....

Nom : ....Prénoms : ....

☐ *Homme* ☐ *Femme* Individu lié avec sosa(s) : ....

Type de lien:...

Né(e) le : ....à...

Fils/Fille de : ....& de: ....

Profession(s) : ....

Décédé(e) le : ....à..Cause:........................

Notes : ....

....

....

Nom : ....Prénoms : ....

☐ *Homme* ☐ *Femme* Individu lié avec sosa(s) : ....

Type de lien:...

Né(e) le : ....à...

Fils/Fille de : ....& de: ....

Profession(s) : ....

Décédé(e) le : ....à..Cause:........................

Notes : ....

....

....

Nom : ....Prénoms : ....

☐ *Homme* ☐ *Femme* Individu lié avec sosa(s) : ....

Type de lien:...

Né(e) le : ....à...

Fils/Fille de : ....& de: ....

Profession(s) : ....

Décédé(e) le : ....à..Cause:........................

Notes : ....

....

....

Nom : .... Prénoms : ....

☐ *Homme* ☐ *Femme* Individu lié avec sosa(s) : ....

Type de lien: ....

Né(e) le : .... à ....

Fils/Fille de : .... & de: ....

Profession(s) : ....

Décédé(e) le : .... à .... Cause: ....

Notes : ....

....

....

Nom : .... Prénoms : ....

☐ *Homme* ☐ *Femme* Individu lié avec sosa(s) : ....

Type de lien: ....

Né(e) le : .... à ....

Fils/Fille de : .... & de: ....

Profession(s) : ....

Décédé(e) le : .... à .... Cause: ....

Notes : ....

....

....

Nom : .... Prénoms : ....

☐ *Homme* ☐ *Femme* Individu lié avec sosa(s) : ....

Type de lien: ....

Né(e) le : .... à ....

Fils/Fille de : .... & de: ....

Profession(s) : ....

Décédé(e) le : .... à .... Cause: ....

Notes : ....

....

....

Nom : .... Prénoms : ....

☐ *Homme* ☐ *Femme* Individu lié avec sosa(s) : ....

Type de lien: ....

Né(e) le : .... à ....

Fils/Fille de : .... & de: ....

Profession(s) : ....

Décédé(e) le : .... à .... Cause: ....

Notes : ....

....

....

Nom : .... Prénoms : ....

☐ *Homme* ☐ *Femme* Individu lié avec sosa(s) : ....
Type de lien:...
Né(e) le : .... à...
Fils/Fille de : ....& de: ....
Profession(s) : ....
Décédé(e) le : .... à..................................... Cause:..................
Notes : ....
....
....

Nom : .... Prénoms : ....

☐ *Homme* ☐ *Femme* Individu lié avec sosa(s) : ....
Type de lien:...
Né(e) le : .... à...
Fils/Fille de : ....& de: ....
Profession(s) : ....
Décédé(e) le : .... à..................................... Cause:..................
Notes : ....
....
....

Nom : .... Prénoms : ....

☐ *Homme* ☐ *Femme* Individu lié avec sosa(s) : ....
Type de lien:...
Né(e) le : .... à...
Fils/Fille de : ....& de: ....
Profession(s) : ....
Décédé(e) le : .... à..................................... Cause:..................
Notes : ....
....
....

Nom : .... Prénoms : ....

☐ *Homme* ☐ *Femme* Individu lié avec sosa(s) : ....
Type de lien:...
Né(e) le : .... à...
Fils/Fille de : ....& de: ....
Profession(s) : ....
Décédé(e) le : .... à..................................... Cause:..................
Notes : ....
....
....

Nom : .... Prénoms : ....

☐ *Homme* ☐ *Femme* Individu lié avec sosa(s) : ....

Type de lien: ....

Né(e) le : .... à ....

Fils/Fille de : .... & de: ....

Profession(s) : ....

Décédé(e) le : .... à .... Cause: ....

Notes : ....

....

....

Nom : .... Prénoms : ....

☐ *Homme* ☐ *Femme* Individu lié avec sosa(s) : ....

Type de lien: ....

Né(e) le : .... à ....

Fils/Fille de : .... & de: ....

Profession(s) : ....

Décédé(e) le : .... à .... Cause: ....

Notes : ....

....

....

Nom : .... Prénoms : ....

☐ *Homme* ☐ *Femme* Individu lié avec sosa(s) : ....

Type de lien: ....

Né(e) le : .... à ....

Fils/Fille de : .... & de: ....

Profession(s) : ....

Décédé(e) le : .... à .... Cause: ....

Notes : ....

....

....

Nom : .... Prénoms : ....

☐ *Homme* ☐ *Femme* Individu lié avec sosa(s) : ....

Type de lien: ....

Né(e) le : .... à ....

Fils/Fille de : .... & de: ....

Profession(s) : ....

Décédé(e) le : .... à .... Cause: ....

Notes : ....

....

....

Nom : .... Prénoms : ....

☐ *Homme* ☐ *Femme* Individu lié avec sosa(s) : ....
Type de lien:..
Né(e) le : .... à..
Fils/Fille de : .... & de: ....
Profession(s) : ....
Décédé(e) le : .... à.............................. Cause:....................
Notes : ....
....
....

Nom : .... Prénoms : ....

☐ *Homme* ☐ *Femme* Individu lié avec sosa(s) : ....
Type de lien:..
Né(e) le : .... à..
Fils/Fille de : .... & de: ....
Profession(s) : ....
Décédé(e) le : .... à.............................. Cause:....................
Notes : ....
....
....

Nom : .... Prénoms : ....

☐ *Homme* ☐ *Femme* Individu lié avec sosa(s) : ....
Type de lien:..
Né(e) le : .... à..
Fils/Fille de : .... & de: ....
Profession(s) : ....
Décédé(e) le : .... à.............................. Cause:....................
Notes : ....
....
....

Nom : .... Prénoms : ....

☐ *Homme* ☐ *Femme* Individu lié avec sosa(s) : ....
Type de lien:..
Né(e) le : .... à..
Fils/Fille de : .... & de: ....
Profession(s) : ....
Décédé(e) le : .... à.............................. Cause:....................
Notes : ....
....
....

Nom : .... Prénoms : ....

☐ *Homme* ☐ *Femme* Individu lié avec sosa(s) : ....
Type de lien:...
Né(e) le : ....à...
Fils/Fille de : ....& de: ....
Profession(s) : ....
Décédé(e) le : ....à.................................Cause:...................
Notes : ....
....
....

Nom : .... Prénoms : ....

☐ *Homme* ☐ *Femme* Individu lié avec sosa(s) : ....
Type de lien:...
Né(e) le : ....à...
Fils/Fille de : ....& de: ....
Profession(s) : ....
Décédé(e) le : ....à.................................Cause:...................
Notes : ....
....
....

Nom : .... Prénoms : ....

☐ *Homme* ☐ *Femme* Individu lié avec sosa(s) : ....
Type de lien:...
Né(e) le : ....à...
Fils/Fille de : ....& de: ....
Profession(s) : ....
Décédé(e) le : ....à.................................Cause:...................
Notes : ....
....
....

Nom : .... Prénoms : ....

☐ *Homme* ☐ *Femme* Individu lié avec sosa(s) : ....
Type de lien:...
Né(e) le : ....à...
Fils/Fille de : ....& de: ....
Profession(s) : ....
Décédé(e) le : ....à.................................Cause:...................
Notes : ....
....
....

Nom : .... Prénoms : ....

☐ *Homme* ☐ *Femme* Individu lié avec sosa(s) : ....
Type de lien:...
Né(e) le : .... à...........................
Fils/Fille de : .... & de: ....
Profession(s) : ....
Décédé(e) le : .... à..................... Cause:....................
Notes : ....

Nom : .... Prénoms : ....

☐ *Homme* ☐ *Femme* Individu lié avec sosa(s) : ....
Type de lien:...
Né(e) le : .... à...........................
Fils/Fille de : .... & de: ....
Profession(s) : ....
Décédé(e) le : .... à..................... Cause:....................
Notes : ....

Nom : .... Prénoms : ....

☐ *Homme* ☐ *Femme* Individu lié avec sosa(s) : ....
Type de lien:...
Né(e) le : .... à...........................
Fils/Fille de : .... & de: ....
Profession(s) : ....
Décédé(e) le : .... à..................... Cause:....................
Notes : ....

Nom : .... Prénoms : ....

☐ *Homme* ☐ *Femme* Individu lié avec sosa(s) : ....
Type de lien:...
Né(e) le : .... à...........................
Fils/Fille de : .... & de: ....
Profession(s) : ....
Décédé(e) le : .... à..................... Cause:....................
Notes : ....

Nom : ....Prénoms : ....

☐ *Homme* ☐ *Femme* Individu lié avec sosa(s) : ....
Type de lien:...
Né(e) le : ....à...
Fils/Fille de : ....& de: ....
Profession(s) : ....
Décédé(e) le : ....à.....................................Cause:....................
Notes : ....
....
....

Nom : ....Prénoms : ....

☐ *Homme* ☐ *Femme* Individu lié avec sosa(s) : ....
Type de lien:...
Né(e) le : ....à...
Fils/Fille de : ....& de: ....
Profession(s) : ....
Décédé(e) le : ....à.....................................Cause:....................
Notes : ....
....
....

Nom : ....Prénoms : ....

☐ *Homme* ☐ *Femme* Individu lié avec sosa(s) : ....
Type de lien:...
Né(e) le : ....à...
Fils/Fille de : ....& de: ....
Profession(s) : ....
Décédé(e) le : ....à.....................................Cause:....................
Notes : ....
....
....

Nom : ....Prénoms : ....

☐ *Homme* ☐ *Femme* Individu lié avec sosa(s) : ....
Type de lien:...
Né(e) le : ....à...
Fils/Fille de : ....& de: ....
Profession(s) : ....
Décédé(e) le : ....à.....................................Cause:....................
Notes : ....
....
....

Nom : .... Prénoms : ....

☐ *Homme* ☐ *Femme* Individu lié avec sosa(s) : ....

Type de lien:...

Né(e) le : .... à...

Fils/Fille de : .... & de: ....

Profession(s) : ....

Décédé(e) le : .... à.................................... Cause:........................

Notes : ....

....

....

Nom : .... Prénoms : ....

☐ *Homme* ☐ *Femme* Individu lié avec sosa(s) : ....

Type de lien:...

Né(e) le : .... à...

Fils/Fille de : .... & de: ....

Profession(s) : ....

Décédé(e) le : .... à.................................... Cause:........................

Notes : ....

....

....

Nom : .... Prénoms : ....

☐ *Homme* ☐ *Femme* Individu lié avec sosa(s) : ....

Type de lien:...

Né(e) le : .... à...

Fils/Fille de : .... & de: ....

Profession(s) : ....

Décédé(e) le : .... à.................................... Cause:........................

Notes : ....

....

....

Nom : .... Prénoms : ....

☐ *Homme* ☐ *Femme* Individu lié avec sosa(s) : ....

Type de lien:...

Né(e) le : .... à...

Fils/Fille de : .... & de: ....

Profession(s) : ....

Décédé(e) le : .... à.................................... Cause:........................

Notes : ....

....

....

Nom : ....Prénoms : ....

☐ *Homme* ☐ *Femme* Individu lié avec sosa(s) : ....
Type de lien:..
Né(e) le : ....à...
Fils/Fille de : ....& de: ....
Profession(s) : ....
Décédé(e) le : ....à.......................................Cause:.........................
Notes : ....
....
....

Nom : ....Prénoms : ....

☐ *Homme* ☐ *Femme* Individu lié avec sosa(s) : ....
Type de lien:..
Né(e) le : ....à...
Fils/Fille de : ....& de: ....
Profession(s) : ....
Décédé(e) le : ....à.......................................Cause:.........................
Notes : ....
....
....

Nom : ....Prénoms : ....

☐ *Homme* ☐ *Femme* Individu lié avec sosa(s) : ....
Type de lien:..
Né(e) le : ....à...
Fils/Fille de : ....& de: ....
Profession(s) : ....
Décédé(e) le : ....à.......................................Cause:.........................
Notes : ....
....
....

Nom : ....Prénoms : ....

☐ *Homme* ☐ *Femme* Individu lié avec sosa(s) : ....
Type de lien:..
Né(e) le : ....à...
Fils/Fille de : ....& de: ....
Profession(s) : ....
Décédé(e) le : ....à.......................................Cause:.........................
Notes : ....
....
....

Nom : .... Prénoms : ....

☐ *Homme* ☐ *Femme* Individu lié avec sosa(s) : ....
Type de lien:...
Né(e) le : .... à...
Fils/Fille de : .... & de: ....
Profession(s) : ....
Décédé(e) le : .... à.. Cause:.........................
Notes : ....
....
....

Nom : .... Prénoms : ....

☐ *Homme* ☐ *Femme* Individu lié avec sosa(s) : ....
Type de lien:...
Né(e) le : .... à...
Fils/Fille de : .... & de: ....
Profession(s) : ....
Décédé(e) le : .... à.. Cause:.........................
Notes : ....
....
....

Nom : .... Prénoms : ....

☐ *Homme* ☐ *Femme* Individu lié avec sosa(s) : ....
Type de lien:...
Né(e) le : .... à...
Fils/Fille de : .... & de: ....
Profession(s) : ....
Décédé(e) le : .... à.. Cause:.........................
Notes : ....
....
....

Nom : .... Prénoms : ....

☐ *Homme* ☐ *Femme* Individu lié avec sosa(s) : ....
Type de lien:...
Né(e) le : .... à...
Fils/Fille de : .... & de: ....
Profession(s) : ....
Décédé(e) le : .... à.. Cause:.........................
Notes : ....
....
....

Nom : ....Prénoms : ....

☐ *Homme* ☐ *Femme* Individu lié avec sosa(s) : ....
Type de lien:...
Né(e) le : ....à..
Fils/Fille de : ....& de: ....
Profession(s) : ....
Décédé(e) le : ....à...Cause:..........................
Notes : ....
....
....

Nom : ....Prénoms : ....

☐ *Homme* ☐ *Femme* Individu lié avec sosa(s) : ....
Type de lien:...
Né(e) le : ....à..
Fils/Fille de : ....& de: ....
Profession(s) : ....
Décédé(e) le : ....à...Cause:..........................
Notes : ....
....
....

Nom : ....Prénoms : ....

☐ *Homme* ☐ *Femme* Individu lié avec sosa(s) : ....
Type de lien:...
Né(e) le : ....à..
Fils/Fille de : ....& de: ....
Profession(s) : ....
Décédé(e) le : ....à...Cause:..........................
Notes : ....
....
....

Nom : ....Prénoms : ....

☐ *Homme* ☐ *Femme* Individu lié avec sosa(s) : ....
Type de lien:...
Né(e) le : ....à..
Fils/Fille de : ....& de: ....
Profession(s) : ....
Décédé(e) le : ....à...Cause:..........................
Notes : ....
....
....

Nom : ....Prénoms : ....

☐ *Homme* ☐ *Femme* Individu lié avec sosa(s) : ....
Type de lien:...
Né(e) le : ....à...
Fils/Fille de : ....& de: ....
Profession(s) : ....
Décédé(e) le : ....à..Cause:.......................
Notes : ....
....
....

Nom : ....Prénoms : ....

☐ *Homme* ☐ *Femme* Individu lié avec sosa(s) : ....
Type de lien:...
Né(e) le : ....à...
Fils/Fille de : ....& de: ....
Profession(s) : ....
Décédé(e) le : ....à..Cause:.......................
Notes : ....
....
....

Nom : ....Prénoms : ....

☐ *Homme* ☐ *Femme* Individu lié avec sosa(s) : ....
Type de lien:...
Né(e) le : ....à...
Fils/Fille de : ....& de: ....
Profession(s) : ....
Décédé(e) le : ....à..Cause:.......................
Notes : ....
....
....

Nom : ....Prénoms : ....

☐ *Homme* ☐ *Femme* Individu lié avec sosa(s) : ....
Type de lien:...
Né(e) le : ....à...
Fils/Fille de : ....& de: ....
Profession(s) : ....
Décédé(e) le : ....à..Cause:.......................
Notes : ....
....
....

Nom : ....Prénoms : ....

☐ *Homme* ☐ *Femme* Individu lié avec sosa(s) : ....
Type de lien:..
Né(e) le : ....à..............................
Fils/Fille de : ....& de: ....
Profession(s) : ....
Décédé(e) le : ....à..............................Cause:..............................
Notes : ....
....
....

Nom : ....Prénoms : ....

☐ *Homme* ☐ *Femme* Individu lié avec sosa(s) : ....
Type de lien:..
Né(e) le : ....à..............................
Fils/Fille de : ....& de: ....
Profession(s) : ....
Décédé(e) le : ....à..............................Cause:..............................
Notes : ....
....
....

Nom : ....Prénoms : ....

☐ *Homme* ☐ *Femme* Individu lié avec sosa(s) : ....
Type de lien:..
Né(e) le : ....à..............................
Fils/Fille de : ....& de: ....
Profession(s) : ....
Décédé(e) le : ....à..............................Cause:..............................
Notes : ....
....
....

Nom : ....Prénoms : ....

☐ *Homme* ☐ *Femme* Individu lié avec sosa(s) : ....
Type de lien:..
Né(e) le : ....à..............................
Fils/Fille de : ....& de: ....
Profession(s) : ....
Décédé(e) le : ....à..............................Cause:..............................
Notes : ....
....
....

Nom : ....Prénoms : ....

☐ *Homme* ☐ *Femme* Individu lié avec sosa(s) : ....
Type de lien:..
Né(e) le : ....à..
Fils/Fille de : ....& de: ....
Profession(s) : ....
Décédé(e) le : ....à..Cause:............................
Notes : ....
....
....

Nom : ....Prénoms : ....

☐ *Homme* ☐ *Femme* Individu lié avec sosa(s) : ....
Type de lien:..
Né(e) le : ....à..
Fils/Fille de : ....& de: ....
Profession(s) : ....
Décédé(e) le : ....à..Cause:............................
Notes : ....
....
....

Nom : ....Prénoms : ....

☐ *Homme* ☐ *Femme* Individu lié avec sosa(s) : ....
Type de lien:..
Né(e) le : ....à..
Fils/Fille de : ....& de: ....
Profession(s) : ....
Décédé(e) le : ....à..Cause:............................
Notes : ....
....
....

Nom : ....Prénoms : ....

☐ *Homme* ☐ *Femme* Individu lié avec sosa(s) : ....
Type de lien:..
Né(e) le : ....à..
Fils/Fille de : ....& de: ....
Profession(s) : ....
Décédé(e) le : ....à..Cause:............................
Notes : ....
....
....

 Nom : ....Prénoms : ....

☐ *Homme* ☐ *Femme* Individu lié avec sosa(s) : ....
Type de lien:...
Né(e) le : ....à...
Fils/Fille de : ....& de: ....
Profession(s) : ....
Décédé(e) le : ....à....................................Cause:......................
Notes : ....
....
....

Nom : ....Prénoms : ....

☐ *Homme* ☐ *Femme* Individu lié avec sosa(s) : ....
Type de lien:...
Né(e) le : ....à...
Fils/Fille de : ....& de: ....
Profession(s) : ....
Décédé(e) le : ....à....................................Cause:......................
Notes : ....
....
....

Nom : ....Prénoms : ....

☐ *Homme* ☐ *Femme* Individu lié avec sosa(s) : ....
Type de lien:...
Né(e) le : ....à...
Fils/Fille de : ....& de: ....
Profession(s) : ....
Décédé(e) le : ....à....................................Cause:......................
Notes : ....
....
....

Nom : ....Prénoms : ....

☐ *Homme* ☐ *Femme* Individu lié avec sosa(s) : ....
Type de lien:...
Né(e) le : ....à...
Fils/Fille de : ....& de: ....
Profession(s) : ....
Décédé(e) le : ....à....................................Cause:......................
Notes : ....
....
....

Nom : .... Prénoms : ....

☐ *Homme* ☐ *Femme* Individu lié avec sosa(s) : ....
Type de lien:...
Né(e) le : .... à...
Fils/Fille de : .... & de: ....
Profession(s) : ....
Décédé(e) le : .... à............................... Cause:...............
Notes : ....
....
....

Nom : .... Prénoms : ....

☐ *Homme* ☐ *Femme* Individu lié avec sosa(s) : ....
Type de lien:...
Né(e) le : .... à...
Fils/Fille de : .... & de: ....
Profession(s) : ....
Décédé(e) le : .... à............................... Cause:...............
Notes : ....
....
....

Nom : .... Prénoms : ....

☐ *Homme* ☐ *Femme* Individu lié avec sosa(s) : ....
Type de lien:...
Né(e) le : .... à...
Fils/Fille de : .... & de: ....
Profession(s) : ....
Décédé(e) le : .... à............................... Cause:...............
Notes : ....
....
....

Nom : .... Prénoms : ....

☐ *Homme* ☐ *Femme* Individu lié avec sosa(s) : ....
Type de lien:...
Né(e) le : .... à...
Fils/Fille de : .... & de: ....
Profession(s) : ....
Décédé(e) le : .... à............................... Cause:...............
Notes : ....
....
....

Nom : ....Prénoms : ....

☐ *Homme* ☐ *Femme* Individu lié avec sosa(s) : ....
Type de lien:..
Né(e) le : ....à..
Fils/Fille de : ....& de: ....
Profession(s) : ....
Décédé(e) le : ....à............................Cause:....................
Notes : ....
....
....

Nom : ....Prénoms : ....

☐ *Homme* ☐ *Femme* Individu lié avec sosa(s) : ....
Type de lien:..
Né(e) le : ....à..
Fils/Fille de : ....& de: ....
Profession(s) : ....
Décédé(e) le : ....à............................Cause:....................
Notes : ....
....
....

Nom : ....Prénoms : ....

☐ *Homme* ☐ *Femme* Individu lié avec sosa(s) : ....
Type de lien:..
Né(e) le : ....à..
Fils/Fille de : ....& de: ....
Profession(s) : ....
Décédé(e) le : ....à............................Cause:....................
Notes : ....
....
....

Nom : ....Prénoms : ....

☐ *Homme* ☐ *Femme* Individu lié avec sosa(s) : ....
Type de lien:..
Né(e) le : ....à..
Fils/Fille de : ....& de: ....
Profession(s) : ....
Décédé(e) le : ....à............................Cause:....................
Notes : ....
....
....

Nom : ....Prénoms : ....

☐ *Homme* ☐ *Femme* Individu lié avec sosa(s) : ....
Type de lien:..
Né(e) le : ....à...
Fils/Fille de : ....& de: ....
Profession(s) : ....
Décédé(e) le : ....à....................................Cause:......................
Notes : ....
....
....

Nom : ....Prénoms : ....

☐ *Homme* ☐ *Femme* Individu lié avec sosa(s) : ....
Type de lien:..
Né(e) le : ....à...
Fils/Fille de : ....& de: ....
Profession(s) : ....
Décédé(e) le : ....à....................................Cause:......................
Notes : ....
....
....

Nom : ....Prénoms : ....

☐ *Homme* ☐ *Femme* Individu lié avec sosa(s) : ....
Type de lien:..
Né(e) le : ....à...
Fils/Fille de : ....& de: ....
Profession(s) : ....
Décédé(e) le : ....à....................................Cause:......................
Notes : ....
....
....

Nom : ....Prénoms : ....

☐ *Homme* ☐ *Femme* Individu lié avec sosa(s) : ....
Type de lien:..
Né(e) le : ....à...
Fils/Fille de : ....& de: ....
Profession(s) : ....
Décédé(e) le : ....à....................................Cause:......................
Notes : ....
....
....

 Nom : .... Prénoms : ....

☐ *Homme* ☐ *Femme* Individu lié avec sosa(s) : ....
Type de lien:..
Né(e) le : .... à..
Fils/Fille de : .... & de: ....
Profession(s) : ....
Décédé(e) le : .... à........................ Cause:........................
Notes : ....
....
....

Nom : .... Prénoms : ....

☐ *Homme* ☐ *Femme* Individu lié avec sosa(s) : ....
Type de lien:..
Né(e) le : .... à..
Fils/Fille de : .... & de: ....
Profession(s) : ....
Décédé(e) le : .... à........................ Cause:........................
Notes : ....
....
....

Nom : .... Prénoms : ....

☐ *Homme* ☐ *Femme* Individu lié avec sosa(s) : ....
Type de lien:..
Né(e) le : .... à..
Fils/Fille de : .... & de: ....
Profession(s) : ....
Décédé(e) le : .... à........................ Cause:........................
Notes : ....
....
....

Nom : .... Prénoms : ....

☐ *Homme* ☐ *Femme* Individu lié avec sosa(s) : ....
Type de lien:..
Né(e) le : .... à..
Fils/Fille de : .... & de: ....
Profession(s) : ....
Décédé(e) le : .... à........................ Cause:........................
Notes : ....
....
....

Nom : ....Prénoms : ....

☐ *Homme* ☐ *Femme* Individu lié avec sosa(s) : ....
Type de lien:..
Né(e) le : ....à..
Fils/Fille de : ....& de: ....
Profession(s) : ....
Décédé(e) le : ....à..............................Cause:..................
Notes : ....
....
....

Nom : ....Prénoms : ....

☐ *Homme* ☐ *Femme* Individu lié avec sosa(s) : ....
Type de lien:..
Né(e) le : ....à..
Fils/Fille de : ....& de: ....
Profession(s) : ....
Décédé(e) le : ....à..............................Cause:..................
Notes : ....
....
....

Nom : ....Prénoms : ....

☐ *Homme* ☐ *Femme* Individu lié avec sosa(s) : ....
Type de lien:..
Né(e) le : ....à..
Fils/Fille de : ....& de: ....
Profession(s) : ....
Décédé(e) le : ....à..............................Cause:..................
Notes : ....
....
....

Nom : ....Prénoms : ....

☐ *Homme* ☐ *Femme* Individu lié avec sosa(s) : ....
Type de lien:..
Né(e) le : ....à..
Fils/Fille de : ....& de: ....
Profession(s) : ....
Décédé(e) le : ....à..............................Cause:..................
Notes : ....
....
....

Nom : .... Prénoms : ....

☐ *Homme* ☐ *Femme* Individu lié avec sosa(s) : ....

Type de lien:..

Né(e) le : .... à..

Fils/Fille de : ....& de: ....

Profession(s) : ....

Décédé(e) le : ....à.................................Cause:......................

Notes : ....

....

....

Nom : .... Prénoms : ....

☐ *Homme* ☐ *Femme* Individu lié avec sosa(s) : ....

Type de lien:..

Né(e) le : .... à..

Fils/Fille de : ....& de: ....

Profession(s) : ....

Décédé(e) le : ....à.................................Cause:......................

Notes : ....

....

....

Nom : .... Prénoms : ....

☐ *Homme* ☐ *Femme* Individu lié avec sosa(s) : ....

Type de lien:..

Né(e) le : .... à..

Fils/Fille de : ....& de: ....

Profession(s) : ....

Décédé(e) le : ....à.................................Cause:......................

Notes : ....

....

....

Nom : .... Prénoms : ....

☐ *Homme* ☐ *Femme* Individu lié avec sosa(s) : ....

Type de lien:..

Né(e) le : .... à..

Fils/Fille de : ....& de: ....

Profession(s) : ....

Décédé(e) le : ....à.................................Cause:......................

Notes : ....

....

....

Nom : .... Prénoms : ....

☐ *Homme* ☐ *Femme* Individu lié avec sosa(s) : ....
Type de lien:..
Né(e) le : .... à..
Fils/Fille de : .... & de: ....
Profession(s) : ....
Décédé(e) le : .... à .... Cause: ....
Notes : ....
....
....

Nom : .... Prénoms : ....

☐ *Homme* ☐ *Femme* Individu lié avec sosa(s) : ....
Type de lien:..
Né(e) le : .... à..
Fils/Fille de : .... & de: ....
Profession(s) : ....
Décédé(e) le : .... à .... Cause: ....
Notes : ....
....
....

Nom : .... Prénoms : ....

☐ *Homme* ☐ *Femme* Individu lié avec sosa(s) : ....
Type de lien:..
Né(e) le : .... à..
Fils/Fille de : .... & de: ....
Profession(s) : ....
Décédé(e) le : .... à .... Cause: ....
Notes : ....
....
....

Nom : .... Prénoms : ....

☐ *Homme* ☐ *Femme* Individu lié avec sosa(s) : ....
Type de lien:..
Né(e) le : .... à..
Fils/Fille de : .... & de: ....
Profession(s) : ....
Décédé(e) le : .... à .... Cause: ....
Notes : ....
....
....

Nom : ....Prénoms : ....

☐ *Homme* ☐ *Femme* Individu lié avec sosa(s) : ....
Type de lien:..
Né(e) le : ....à..
Fils/Fille de : ....& de: ....
Profession(s) : ....
Décédé(e) le : ....à.....................................Cause:.......................
Notes : ....
....
....

Nom : ....Prénoms : ....

☐ *Homme* ☐ *Femme* Individu lié avec sosa(s) : ....
Type de lien:..
Né(e) le : ....à..
Fils/Fille de : ....& de: ....
Profession(s) : ....
Décédé(e) le : ....à.....................................Cause:.......................
Notes : ....
....
....

Nom : ....Prénoms : ....

☐ *Homme* ☐ *Femme* Individu lié avec sosa(s) : ....
Type de lien:..
Né(e) le : ....à..
Fils/Fille de : ....& de: ....
Profession(s) : ....
Décédé(e) le : ....à.....................................Cause:.......................
Notes : ....
....
....

Nom : ....Prénoms : ....

☐ *Homme* ☐ *Femme* Individu lié avec sosa(s) : ....
Type de lien:..
Né(e) le : ....à..
Fils/Fille de : ....& de: ....
Profession(s) : ....
Décédé(e) le : ....à.....................................Cause:.......................
Notes : ....
....
....

Nom : ....Prénoms : ....

☐ *Homme* ☐ *Femme* Individu lié avec sosa(s) : ....

Type de lien:..

Né(e) le : ....à...

Fils/Fille de : ....& de: ....

Profession(s) : ....

Décédé(e) le : ....à......................................Cause:.......................

Notes : ....

....

....

Nom : ....Prénoms : ....

☐ *Homme* ☐ *Femme* Individu lié avec sosa(s) : ....

Type de lien:..

Né(e) le : ....à...

Fils/Fille de : ....& de: ....

Profession(s) : ....

Décédé(e) le : ....à......................................Cause:.......................

Notes : ....

....

....

Nom : ....Prénoms : ....

☐ *Homme* ☐ *Femme* Individu lié avec sosa(s) : ....

Type de lien:..

Né(e) le : ....à...

Fils/Fille de : ....& de: ....

Profession(s) : ....

Décédé(e) le : ....à......................................Cause:.......................

Notes : ....

....

....

Nom : ....Prénoms : ....

☐ *Homme* ☐ *Femme* Individu lié avec sosa(s) : ....

Type de lien:..

Né(e) le : ....à...

Fils/Fille de : ....& de: ....

Profession(s) : ....

Décédé(e) le : ....à......................................Cause:.......................

Notes : ....

....

....

Nom : .... Prénoms : ....

☐ *Homme* ☐ *Femme* Individu lié avec sosa(s) : ....
Type de lien: ....
Né(e) le : .... à ....
Fils/Fille de : .... & de: ....
Profession(s) : ....
Décédé(e) le : .... à .... Cause: ....
Notes : ....
....
....

Nom : .... Prénoms : ....

☐ *Homme* ☐ *Femme* Individu lié avec sosa(s) : ....
Type de lien: ....
Né(e) le : .... à ....
Fils/Fille de : .... & de: ....
Profession(s) : ....
Décédé(e) le : .... à .... Cause: ....
Notes : ....
....
....

Nom : .... Prénoms : ....

☐ *Homme* ☐ *Femme* Individu lié avec sosa(s) : ....
Type de lien: ....
Né(e) le : .... à ....
Fils/Fille de : .... & de: ....
Profession(s) : ....
Décédé(e) le : .... à .... Cause: ....
Notes : ....
....
....

Nom : .... Prénoms : ....

☐ *Homme* ☐ *Femme* Individu lié avec sosa(s) : ....
Type de lien: ....
Né(e) le : .... à ....
Fils/Fille de : .... & de: ....
Profession(s) : ....
Décédé(e) le : .... à .... Cause: ....
Notes : ....
....
....

Nom : ....Prénoms : ....

☐ *Homme* ☐ *Femme* Individu lié avec sosa(s) : ....

Type de lien:..

Né(e) le : ....à..

Fils/Fille de : ....& de: ....

Profession(s) : ....

Décédé(e) le : ....à....................................Cause:......................

Notes : ....

....

....

Nom : ....Prénoms : ....

☐ *Homme* ☐ *Femme* Individu lié avec sosa(s) : ....

Type de lien:..

Né(e) le : ....à..

Fils/Fille de : ....& de: ....

Profession(s) : ....

Décédé(e) le : ....à....................................Cause:......................

Notes : ....

....

....

Nom : ....Prénoms : ....

☐ *Homme* ☐ *Femme* Individu lié avec sosa(s) : ....

Type de lien:..

Né(e) le : ....à..

Fils/Fille de : ....& de: ....

Profession(s) : ....

Décédé(e) le : ....à....................................Cause:......................

Notes : ....

....

....

Nom : ....Prénoms : ....

☐ *Homme* ☐ *Femme* Individu lié avec sosa(s) : ....

Type de lien:..

Né(e) le : ....à..

Fils/Fille de : ....& de: ....

Profession(s) : ....

Décédé(e) le : ....à....................................Cause:......................

Notes : ....

....

....

Nom : ....Prénoms : ....

☐ *Homme* ☐ *Femme* Individu lié avec sosa(s) : ....

Type de lien:..

Né(e) le : ....à...

Fils/Fille de : ....& de: ....

Profession(s) : ....

Décédé(e) le : ....à.......................................Cause:.......................

Notes : ....

....

....

Nom : ....Prénoms : ....

☐ *Homme* ☐ *Femme* Individu lié avec sosa(s) : ....

Type de lien:..

Né(e) le : ....à...

Fils/Fille de : ....& de: ....

Profession(s) : ....

Décédé(e) le : ....à.......................................Cause:.......................

Notes : ....

....

....

Nom : ....Prénoms : ....

☐ *Homme* ☐ *Femme* Individu lié avec sosa(s) : ....

Type de lien:..

Né(e) le : ....à...

Fils/Fille de : ....& de: ....

Profession(s) : ....

Décédé(e) le : ....à.......................................Cause:.......................

Notes : ....

....

....

Nom : ....Prénoms : ....

☐ *Homme* ☐ *Femme* Individu lié avec sosa(s) : ....

Type de lien:..

Né(e) le : ....à...

Fils/Fille de : ....& de: ....

Profession(s) : ....

Décédé(e) le : ....à.......................................Cause:.......................

Notes : ....

....

....

Nom : ....Prénoms : ....

☐ *Homme* ☐ *Femme* Individu lié avec sosa(s) : ....
Type de lien:..
Né(e) le : ....à..
Fils/Fille de : ....& de: ....
Profession(s) : ....
Décédé(e) le : ....à..............................Cause:..................
Notes : ....
....
....

Nom : ....Prénoms : ....

☐ *Homme* ☐ *Femme* Individu lié avec sosa(s) : ....
Type de lien:..
Né(e) le : ....à..
Fils/Fille de : ....& de: ....
Profession(s) : ....
Décédé(e) le : ....à..............................Cause:..................
Notes : ....
....
....

Nom : ....Prénoms : ....

☐ *Homme* ☐ *Femme* Individu lié avec sosa(s) : ....
Type de lien:..
Né(e) le : ....à..
Fils/Fille de : ....& de: ....
Profession(s) : ....
Décédé(e) le : ....à..............................Cause:..................
Notes : ....
....
....

Nom : ....Prénoms : ....

☐ *Homme* ☐ *Femme* Individu lié avec sosa(s) : ....
Type de lien:..
Né(e) le : ....à..
Fils/Fille de : ....& de: ....
Profession(s) : ....
Décédé(e) le : ....à..............................Cause:..................
Notes : ....
....
....

 Nom : .... Prénoms : ....

☐ *Homme* ☐ *Femme* Individu lié avec sosa(s) : ....

Type de lien: ....

Né(e) le : .... à ....

Fils/Fille de : .... & de: ....

Profession(s) : ....

Décédé(e) le : .... à .... Cause: ....

Notes : ....

....

....

Nom : .... Prénoms : ....

☐ *Homme* ☐ *Femme* Individu lié avec sosa(s) : ....

Type de lien: ....

Né(e) le : .... à ....

Fils/Fille de : .... & de: ....

Profession(s) : ....

Décédé(e) le : .... à .... Cause: ....

Notes : ....

....

....

Nom : .... Prénoms : ....

☐ *Homme* ☐ *Femme* Individu lié avec sosa(s) : ....

Type de lien: ....

Né(e) le : .... à ....

Fils/Fille de : .... & de: ....

Profession(s) : ....

Décédé(e) le : .... à .... Cause: ....

Notes : ....

....

....

Nom : .... Prénoms : ....

☐ *Homme* ☐ *Femme* Individu lié avec sosa(s) : ....

Type de lien: ....

Né(e) le : .... à ....

Fils/Fille de : .... & de: ....

Profession(s) : ....

Décédé(e) le : .... à .... Cause: ....

Notes : ....

....

....

Nom : ....Prénoms : ....

☐ *Homme* ☐ *Femme* Individu lié avec sosa(s) : ....
Type de lien:..
Né(e) le : ....à..
Fils/Fille de : ....& de: ....
Profession(s) : ....
Décédé(e) le : ....à..Cause:..
Notes : ....
....
....

Nom : ....Prénoms : ....

☐ *Homme* ☐ *Femme* Individu lié avec sosa(s) : ....
Type de lien:..
Né(e) le : ....à..
Fils/Fille de : ....& de: ....
Profession(s) : ....
Décédé(e) le : ....à..Cause:..
Notes : ....
....
....

Nom : ....Prénoms : ....

☐ *Homme* ☐ *Femme* Individu lié avec sosa(s) : ....
Type de lien:..
Né(e) le : ....à..
Fils/Fille de : ....& de: ....
Profession(s) : ....
Décédé(e) le : ....à..Cause:..
Notes : ....
....
....

Nom : ....Prénoms : ....

☐ *Homme* ☐ *Femme* Individu lié avec sosa(s) : ....
Type de lien:..
Né(e) le : ....à..
Fils/Fille de : ....& de: ....
Profession(s) : ....
Décédé(e) le : ....à..Cause:..
Notes : ....
....
....

Nom : ....Prénoms : ....

☐ *Homme* ☐ *Femme* Individu lié avec sosa(s) : ....
Type de lien:..
Né(e) le : ....à..
Fils/Fille de : ....& de: ....
Profession(s) : ....
Décédé(e) le : ....à..............................Cause:..............................
Notes : ....
....
....

Nom : ....Prénoms : ....

☐ *Homme* ☐ *Femme* Individu lié avec sosa(s) : ....
Type de lien:..
Né(e) le : ....à..
Fils/Fille de : ....& de: ....
Profession(s) : ....
Décédé(e) le : ....à..............................Cause:..............................
Notes : ....
....
....

Nom : ....Prénoms : ....

☐ *Homme* ☐ *Femme* Individu lié avec sosa(s) : ....
Type de lien:..
Né(e) le : ....à..
Fils/Fille de : ....& de: ....
Profession(s) : ....
Décédé(e) le : ....à..............................Cause:..............................
Notes : ....
....
....

Nom : ....Prénoms : ....

☐ *Homme* ☐ *Femme* Individu lié avec sosa(s) : ....
Type de lien:..
Né(e) le : ....à..
Fils/Fille de : ....& de: ....
Profession(s) : ....
Décédé(e) le : ....à..............................Cause:..............................
Notes : ....
....
....

Nom : ....Prénoms : ....

☐ *Homme* ☐ *Femme* Individu lié avec sosa(s) : ....
Type de lien:..
Né(e) le : ....à..
Fils/Fille de : ....& de: ....
Profession(s) : ....
Décédé(e) le : ....à....................................Cause:....................
Notes : ....
....
....

Nom : ....Prénoms : ....

☐ *Homme* ☐ *Femme* Individu lié avec sosa(s) : ....
Type de lien:..
Né(e) le : ....à..
Fils/Fille de : ....& de: ....
Profession(s) : ....
Décédé(e) le : ....à....................................Cause:....................
Notes : ....
....
....

Nom : ....Prénoms : ....

☐ *Homme* ☐ *Femme* Individu lié avec sosa(s) : ....
Type de lien:..
Né(e) le : ....à..
Fils/Fille de : ....& de: ....
Profession(s) : ....
Décédé(e) le : ....à....................................Cause:....................
Notes : ....
....
....

Nom : ....Prénoms : ....

☐ *Homme* ☐ *Femme* Individu lié avec sosa(s) : ....
Type de lien:..
Né(e) le : ....à..
Fils/Fille de : ....& de: ....
Profession(s) : ....
Décédé(e) le : ....à....................................Cause:....................
Notes : ....
....
....

 Nom : ....Prénoms : ....

□ *Homme* □ *Femme* Individu lié avec sosa(s) : ....
Type de lien:..
Né(e) le : ....à...
Fils/Fille de : ....& de: ....
Profession(s) : ....
Décédé(e) le : ....à...................................Cause:.....................
Notes : ....
....
....

Nom : ....Prénoms : ....

□ *Homme* □ *Femme* Individu lié avec sosa(s) : ....
Type de lien:..
Né(e) le : ....à...
Fils/Fille de : ....& de: ....
Profession(s) : ....
Décédé(e) le : ....à...................................Cause:.....................
Notes : ....
....
....

Nom : ....Prénoms : ....

□ *Homme* □ *Femme* Individu lié avec sosa(s) : ....
Type de lien:..
Né(e) le : ....à...
Fils/Fille de : ....& de: ....
Profession(s) : ....
Décédé(e) le : ....à...................................Cause:.....................
Notes : ....
....
....

Nom : ....Prénoms : ....

□ *Homme* □ *Femme* Individu lié avec sosa(s) : ....
Type de lien:..
Né(e) le : ....à...
Fils/Fille de : ....& de: ....
Profession(s) : ....
Décédé(e) le : ....à...................................Cause:.....................
Notes : ....
....
....

Nom : ....Prénoms : ....

☐ *Homme* ☐ *Femme* Individu lié avec sosa(s) : ....
Type de lien:...
Né(e) le : ....à..
Fils/Fille de : ....& de: ....
Profession(s) : ....
Décédé(e) le : ....à...................................Cause:......................
Notes : ....
....
....

Nom : ....Prénoms : ....

☐ *Homme* ☐ *Femme* Individu lié avec sosa(s) : ....
Type de lien:...
Né(e) le : ....à..
Fils/Fille de : ....& de: ....
Profession(s) : ....
Décédé(e) le : ....à...................................Cause:......................
Notes : ....
....
....

Nom : ....Prénoms : ....

☐ *Homme* ☐ *Femme* Individu lié avec sosa(s) : ....
Type de lien:...
Né(e) le : ....à..
Fils/Fille de : ....& de: ....
Profession(s) : ....
Décédé(e) le : ....à...................................Cause:......................
Notes : ....
....
....

Nom : ....Prénoms : ....

☐ *Homme* ☐ *Femme* Individu lié avec sosa(s) : ....
Type de lien:...
Né(e) le : ....à..
Fils/Fille de : ....& de: ....
Profession(s) : ....
Décédé(e) le : ....à...................................Cause:......................
Notes : ....
....
....

Nom : ....Prénoms : ....

☐ *Homme* ☐ *Femme* Individu lié avec sosa(s) : ....
Type de lien:..
Né(e) le : ....à...
Fils/Fille de : ....& de: ....
Profession(s) : ....
Décédé(e) le : ....à...Cause:.......................
Notes : ....
....
....

Nom : ....Prénoms : ....

☐ *Homme* ☐ *Femme* Individu lié avec sosa(s) : ....
Type de lien:..
Né(e) le : ....à...
Fils/Fille de : ....& de: ....
Profession(s) : ....
Décédé(e) le : ....à...Cause:.......................
Notes : ....
....
....

Nom : ....Prénoms : ....

☐ *Homme* ☐ *Femme* Individu lié avec sosa(s) : ....
Type de lien:..
Né(e) le : ....à...
Fils/Fille de : ....& de: ....
Profession(s) : ....
Décédé(e) le : ....à...Cause:.......................
Notes : ....
....
....

Nom : ....Prénoms : ....

☐ *Homme* ☐ *Femme* Individu lié avec sosa(s) : ....
Type de lien:..
Né(e) le : ....à...
Fils/Fille de : ....& de: ....
Profession(s) : ....
Décédé(e) le : ....à...Cause:.......................
Notes : ....
....
....

Nom : ....Prénoms : ....

☐ *Homme* ☐ *Femme* Individu lié avec sosa(s) : ....
Type de lien:...
Né(e) le : ....à...
Fils/Fille de : ....& de: ....
Profession(s) : ....
Décédé(e) le : ....à.......................................Cause:.........................
Notes : ....
....
....

Nom : ....Prénoms : ....

☐ *Homme* ☐ *Femme* Individu lié avec sosa(s) : ....
Type de lien:...
Né(e) le : ....à...
Fils/Fille de : ....& de: ....
Profession(s) : ....
Décédé(e) le : ....à.......................................Cause:.........................
Notes : ....
....
....

Nom : ....Prénoms : ....

☐ *Homme* ☐ *Femme* Individu lié avec sosa(s) : ....
Type de lien:...
Né(e) le : ....à...
Fils/Fille de : ....& de: ....
Profession(s) : ....
Décédé(e) le : ....à.......................................Cause:.........................
Notes : ....
....
....

Nom : ....Prénoms : ....

☐ *Homme* ☐ *Femme* Individu lié avec sosa(s) : ....
Type de lien:...
Né(e) le : ....à...
Fils/Fille de : ....& de: ....
Profession(s) : ....
Décédé(e) le : ....à.......................................Cause:.........................
Notes : ....
....
....

 Nom : ....Prénoms : ....

☐ *Homme* ☐ *Femme* Individu lié avec sosa(s) : ....
Type de lien:..
Né(e) le : ....à..
Fils/Fille de : ....& de: ....
Profession(s) : ....
Décédé(e) le : ....à...................................Cause:.......................
Notes : ....
....
....

Nom : ....Prénoms : ....

☐ *Homme* ☐ *Femme* Individu lié avec sosa(s) : ....
Type de lien:..
Né(e) le : ....à..
Fils/Fille de : ....& de: ....
Profession(s) : ....
Décédé(e) le : ....à...................................Cause:.......................
Notes : ....
....
....

Nom : ....Prénoms : ....

☐ *Homme* ☐ *Femme* Individu lié avec sosa(s) : ....
Type de lien:..
Né(e) le : ....à..
Fils/Fille de : ....& de: ....
Profession(s) : ....
Décédé(e) le : ....à...................................Cause:.......................
Notes : ....
....
....

Nom : ....Prénoms : ....

☐ *Homme* ☐ *Femme* Individu lié avec sosa(s) : ....
Type de lien:..
Né(e) le : ....à..
Fils/Fille de : ....& de: ....
Profession(s) : ....
Décédé(e) le : ....à...................................Cause:.......................
Notes : ....
....
....

 Nom : ....Prénoms : ....

☐ *Homme* ☐ *Femme* Individu lié avec sosa(s) : ....
Type de lien:..
Né(e) le : ....à..
Fils/Fille de : ....& de: ....
Profession(s) : ....
Décédé(e) le : ....à......................................Cause:....................
Notes : ....
....
....

Nom : ....Prénoms : ....

☐ *Homme* ☐ *Femme* Individu lié avec sosa(s) : ....
Type de lien:..
Né(e) le : ....à..
Fils/Fille de : ....& de: ....
Profession(s) : ....
Décédé(e) le : ....à......................................Cause:....................
Notes : ....
....
....

Nom : ....Prénoms : ....

☐ *Homme* ☐ *Femme* Individu lié avec sosa(s) : ....
Type de lien:..
Né(e) le : ....à..
Fils/Fille de : ....& de: ....
Profession(s) : ....
Décédé(e) le : ....à......................................Cause:....................
Notes : ....
....
....

Nom : ....Prénoms : ....

☐ *Homme* ☐ *Femme* Individu lié avec sosa(s) : ....
Type de lien:..
Né(e) le : ....à..
Fils/Fille de : ....& de: ....
Profession(s) : ....
Décédé(e) le : ....à......................................Cause:....................
Notes : ....
....
....

Migrations en France Métroplitaine

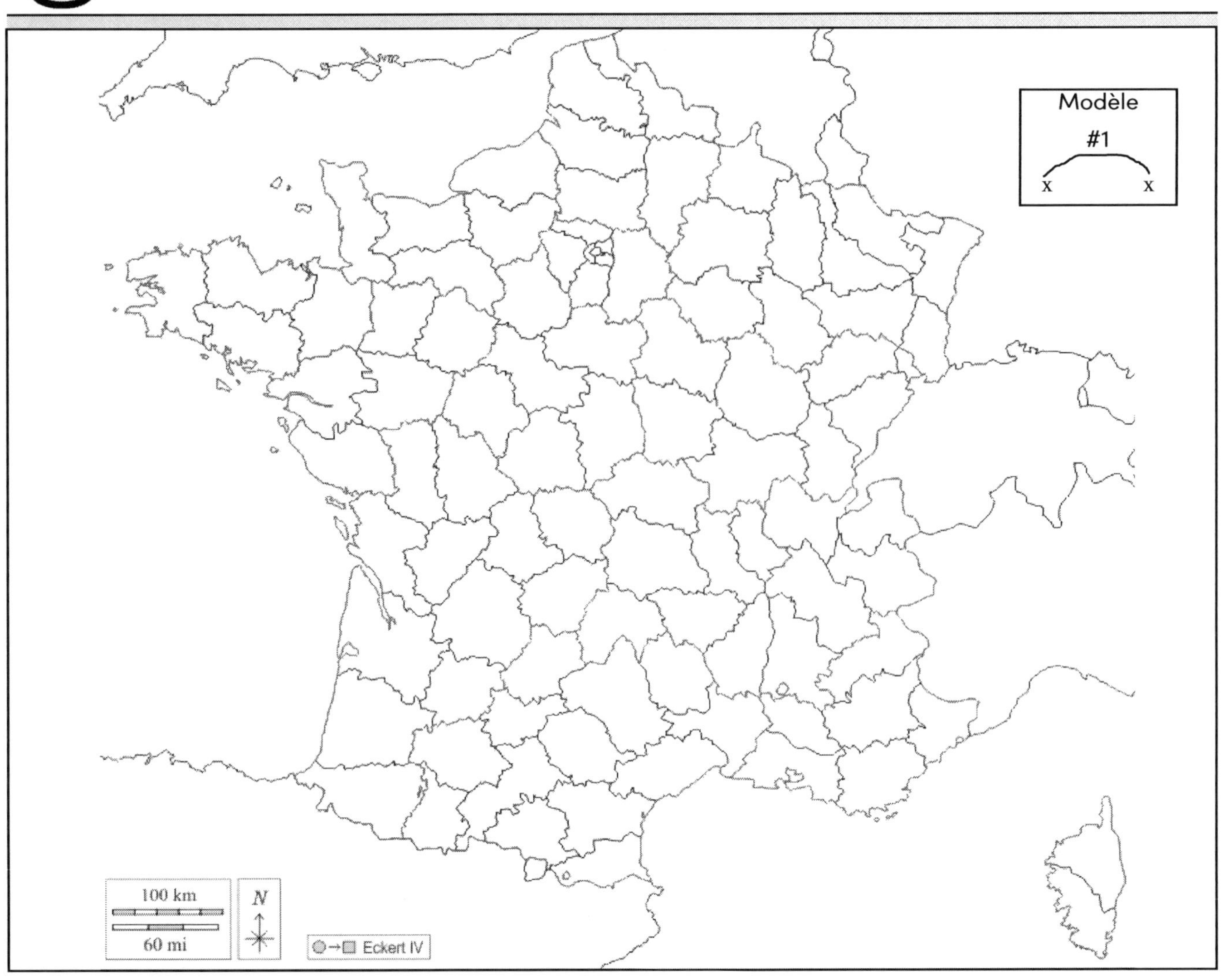

N°	Noms	Années	Départ	Arrivée

N°	Noms	Années	Départ	Arrivée

Migrations en France Métroplitaine

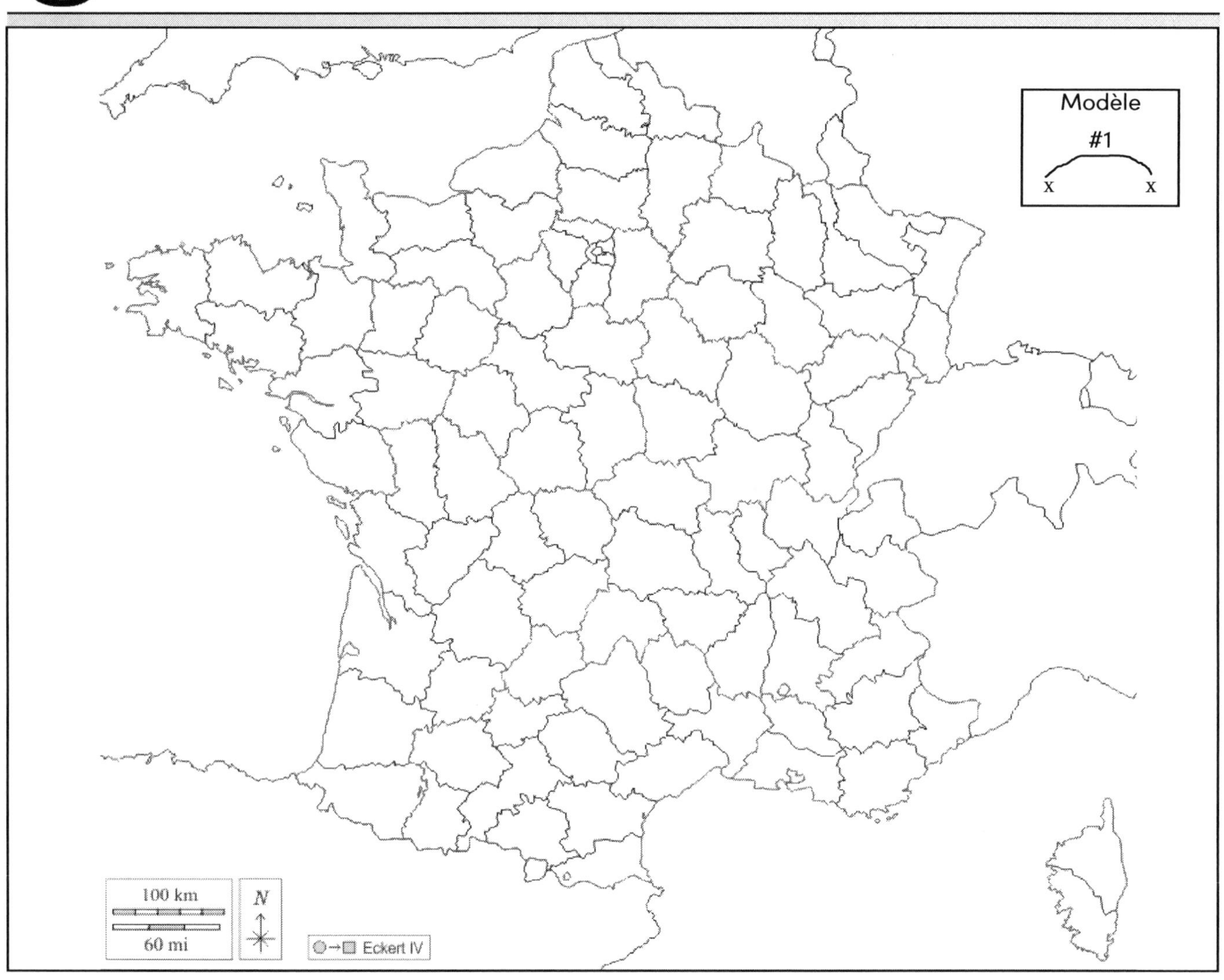

N°	Noms	Années	Départ	Arrivée

N°	Noms	Années	Départ	Arrivée

Migrations en France Métroplitaine

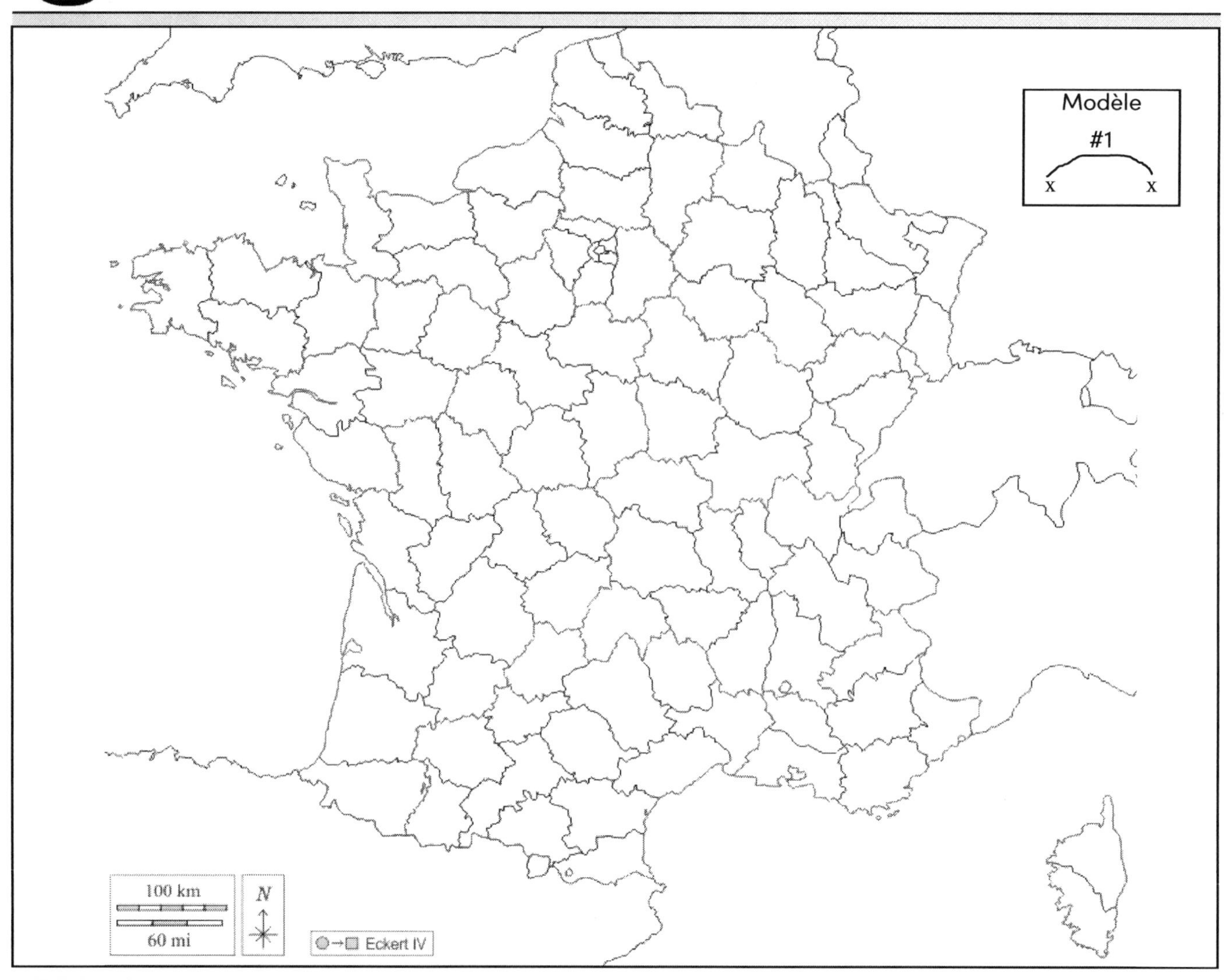

N°	Noms	Années	Départ	Arrivée

N°	Noms	Années	Départ	Arrivée

Migrations en Europe

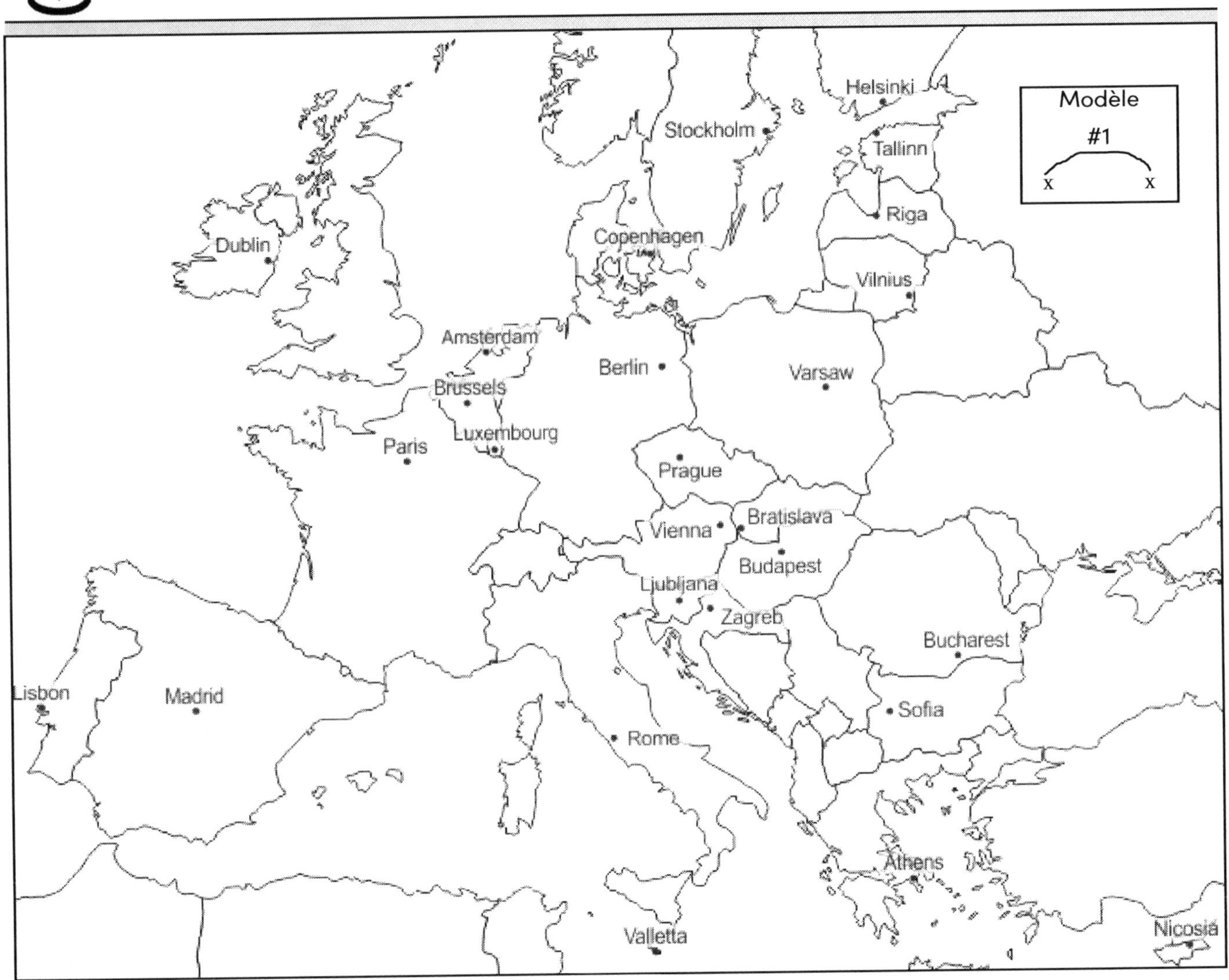

N°	Noms	Années	Départ	Arrivée

N°	Noms	Années	Départ	Arrivée

Migrations en Méditerranée

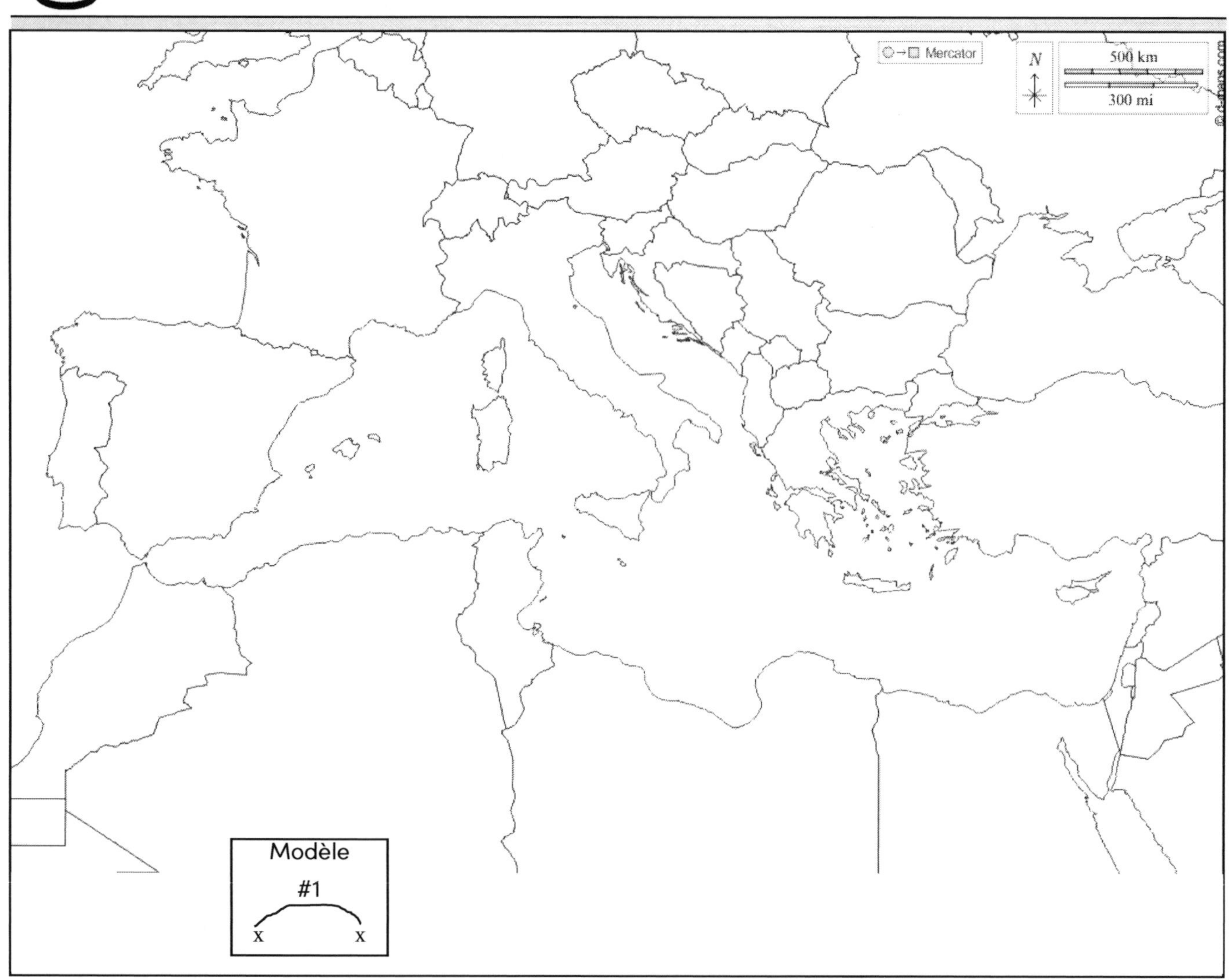

N°	Noms	Années	Départ	Arrivée

N°	Noms	Années	Départ	Arrivée

Migrations en Afrique

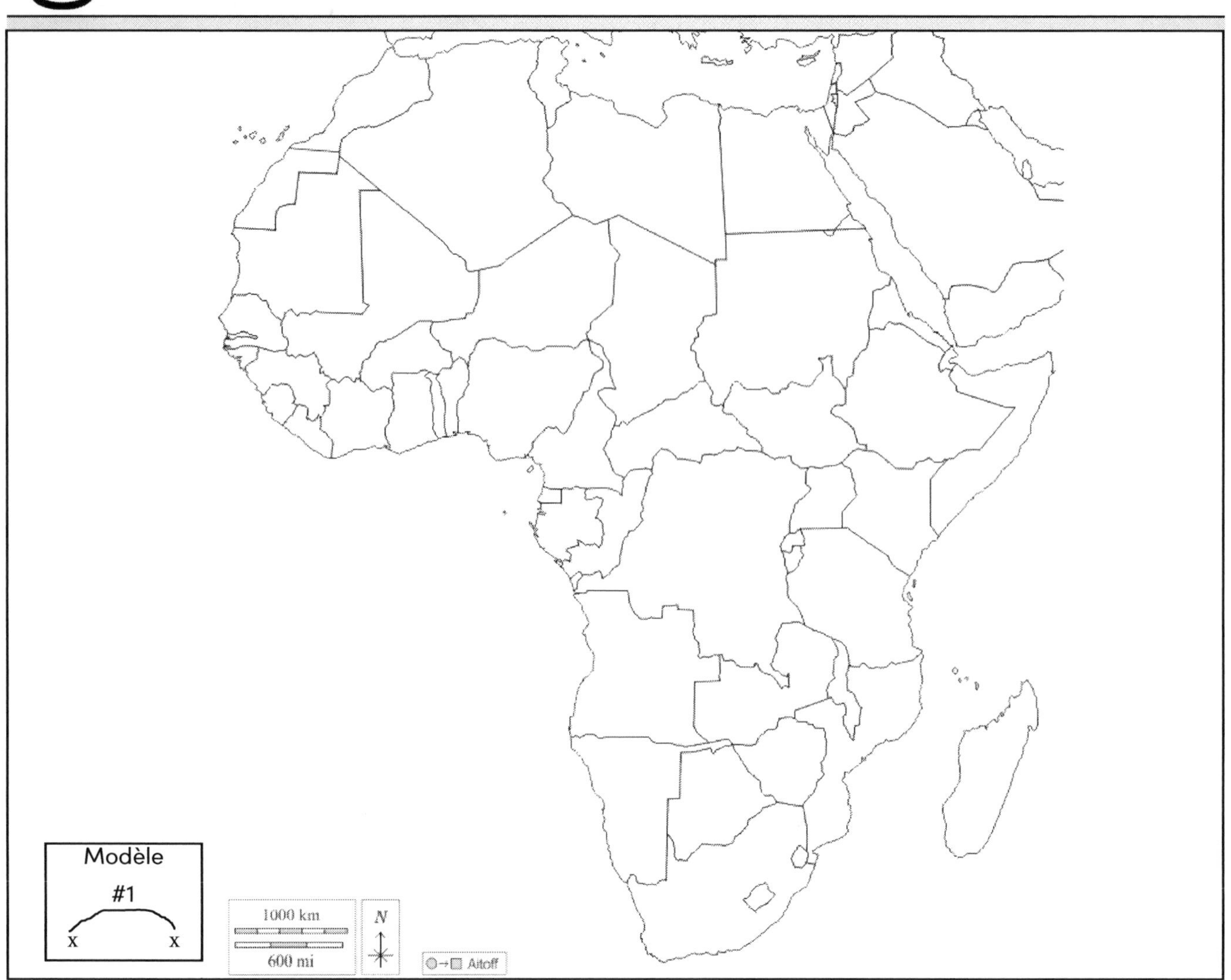

N°	Noms	Années	Départ	Arrivée

N°	Noms	Années	Départ	Arrivée

Migrations en Amérique du Nord

N°	Noms	Années	Départ	Arrivée

N°	Noms	Années	Départ	Arrivée

Migrations en Amérique du Sud

N°	Noms	Années	Départ	Arrivée

N°	Noms	Années	Départ	Arrivée

Migrations en Asie

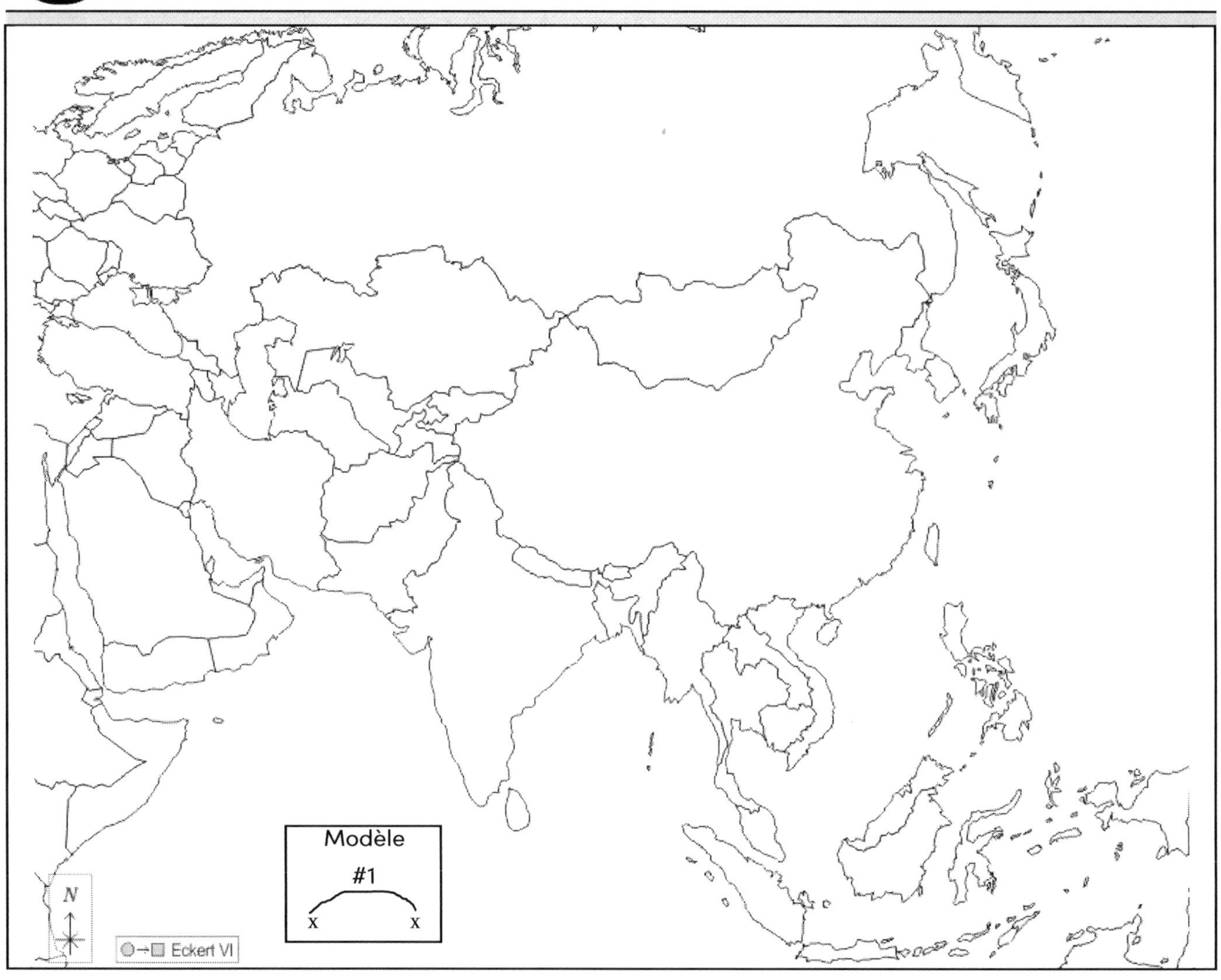

N°	Noms	Années	Départ	Arrivée

N°	Noms	Années	Départ	Arrivée

Migrations en Océanie

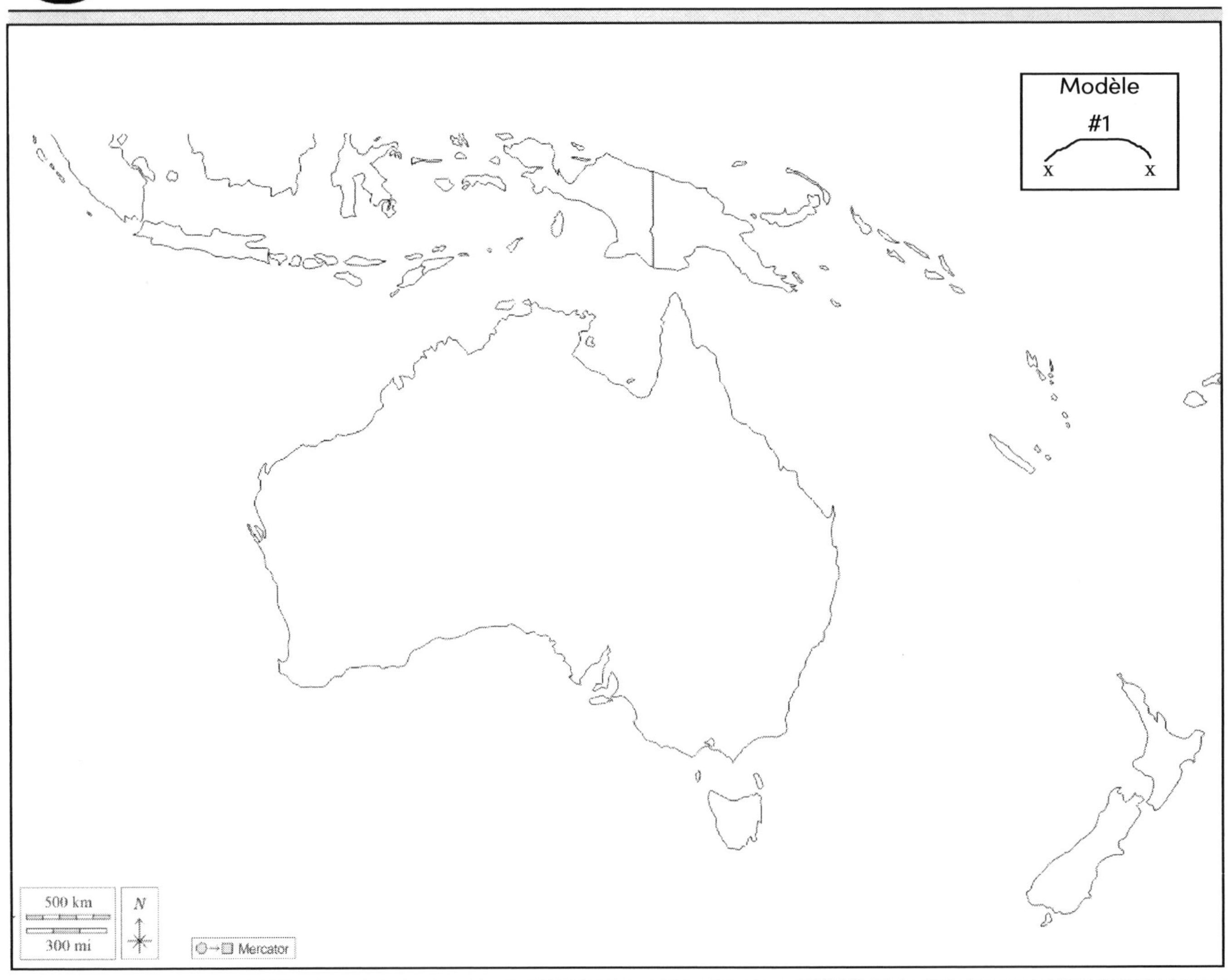

N°	Noms	Années	Départ	Arrivée

N°	Noms	Années	Départ	Arrivée

Frises chronologiques

Titre: .... Années : ....

Titre: .... Années : ....

Titre: .... Années : ....

Titre: .... Années : ....

Frises chronologiques

Titre: .... Années : ....

Titre: .... Années : ....

Titre: .... Années : ....

Titre: .... Années : ....

Titre: .... Années : ....

Titre: .... Années : ....

Titre: .... Années : ....

Titre: .... Années : ....

Frises chronologiques

Titre: .... Années : ....

Titre: .... Années : ....

Titre: .... Années : ....

Titre: .... Années : ....

Frises chronologiques

Titre: .... Années : ....

Titre: .... Années : ....

Titre: .... Années : ....

Titre: .... Années : ....

Frises chronologiques

Titre: .... Années : ....

Titre: .... Années : ....

Titre: .... Années : ....

Titre: .... Années : ....

Frises chronologiques

Titre: .... Années : ....

Titre: .... Années : ....

Titre: .... Années : ....

Titre: .... Années : ....

Frises chronologiques

Titre: ....Années : ....

Titre: ....Années : ....

Titre: ....Années : ....

Titre: ....Années : ....

Frises chronologiques

Titre: .... Années : ....

Titre: .... Années : ....

Titre: .... Années : ....

Titre: .... Années : ....

Frises chronologiques

Titre: .... Années : ....

Titre: .... Années : ....

Titre: .... Années : ....

Titre: .... Années : ....

Sources

N°	Nom de la source	Lien/Contact	Commentaires

Sources

N°	Nom de la source	Lien/Contact	Commentaires

Sources

N°	Nom de la source	Lien/Contact	Commentaires

Sources

N°	Nom de la source	Lien/Contact	Commentaires

Sources

N°	Nom de la source	Lien/Contact	Commentaires

Sources

N°	Nom de la source	Lien/Contact	Commentaires

N°	Nom de la source	Lien/Contact	Commentaires

Sources

N°	Nom de la source	Lien/Contact	Commentaires

Notes

Notes

Notes

Notes

Notes

Notes

Notes

Notes

Notes

Notes

Notes

Notes

Notes

Notes

Notes

Notes

Notes

Printed in Great Britain
by Amazon